教育科學的國際化與本土化

國立臺灣師範大學教育學系教育部國家講座◎主編

序

　　西方教育學之科學化孕育自十七世紀以降啓蒙運動之科學理想，認爲世界是一個數理化的結構，人性和自然均統之於普遍的法則。透過科學研究，尋繹主宰人性發展的法則，據以規劃教育活動，以開展人性，促進不斷的進步，是爲啓蒙以降，教育科學發展的共同信念。特拉普（E. Chr. Trapp）在一七八〇年刊行的《教育學探究》（*Versuch einer Pädagogik*）即本此信念，試圖將教育學建立成以實驗爲基礎的嚴格科學。

　　這種以實驗爲基礎，建立教育發展通則的理念，基本上建基在歐洲人的理性邏輯思考上。西方自啓蒙運動以來的現代化運動實即爲理性克服神話思維的思想與社會運動，促使人類對於永恆直線進步充滿了憧憬。十九世紀以降，隨著西歐殖民主義的擴展，這種以理性邏輯爲中心的現代化運動更擴及於世界各地。一九八九年法國學者S. Latouche刊行《世界的西化》一書（英譯本一九九六年出版）即指出，當西方建立「進步」（progress）爲現代化基石時，所有成爲西方犧牲品的國家都感染了一種難以治療之病－落後（backwardness）。爲解除落後之苦，徹底的辦法是引進西方的價值－科學、技術、經濟、發展以及對自然的宰制。因此，西方價值幾乎廣被於全球，成爲國際化的心理態度、生活型式與文化組型。教育研究的科學化也是國際性西方化的一環。

　　一九六〇年代全球性的現代化運動達於鼎盛，以西方理性邏

輯為基底的實徵主義教育研究也成為國際性的教育研究主流。實徵主義所探索的法則之普遍化，被誤解為國際化，國際化被誤解為徹底的西方化。大量的西方書籍、理論與方法被引介到非西方國家，主宰非西方國家的教育研究。一九九○年「國際教育成就評量協會」前主席Torsten Husen在計畫編輯《國際教育百科全書》時，曾調查一九五○年代以降世界各地的教育研究計畫與出版品，發現一半以上的研究之執行與出版品之發行均在美國，次為歐洲。而第三世界的教育研究人員大多在美國或歐洲接受教育，也因而大量移殖歐美的理論與方法，造成難以擺脫的方法論上的殖民現象，研究結果不盡然符合第三世界國家發展的需求。

近年來全球地緣政治關係急劇變遷，擺脫貧窮落後以及西方殖民主義，成為發展中國家的共同訴求，建立植基於本土的獨立自主學術研究即為這種訴求之一環。後現代主義思潮的興起，強烈批判西方中心、理性中心的思考模式，強調尊重「他者」，更使得這種訴求衍而為探討本土知識在教育研究與教育改革過程中的重要性。一九九○年在泰國Jomtien舉行的「世界全民基本教育會議」，不少學者就提出呼籲，未來的教育改革，應有社區人士的參與，應深入探討不同族群之獨特生活方式及認知模式，才能使改革符應不同區域的特殊需求。C. Geertz、V. Rust、R. G. Paulston、V. Masemann等更以未來的教育研究與教育改革應以較為含容與全球化的觀點，將本土的知識含攝其中，才能建構合宜的教育知識，也才能推動適切的教育改革。

檢視台灣近四十年來教育研究主要趨勢，幾乎是西方理論與方法的全盤移殖，談不上本土教育知識的建構。近年來雖也有不少學者對於這種方法論上的殖民化提出批判性的反省，然則，建構本土知識所植基的本土文化型態及認知基本類型仍有待教育學術界更進一步的深入研究。再者，本土化的強調，是否會使台灣

的教育學研究自外於國際性的學術主流，仍滋生不少疑慮，有待釐清。

國立台灣師範大學教育系過去數年來教育研究成果粲然可觀，第一屆教育部國家講座教育學門又在本系設置，本系更覺責無旁貸，有必要對教育學研究國際化與本土化雙重訴求所滋生的問題進行深入研討，因此邀約海內外學者會聚一堂，共同討論。中央研究院副院長楊國樞院士以其多年來從事本土心理學研究的豐富經驗，蒞臨專題演講，對心理學的國際化與本土化作鞭辟入裡的分析，對所有與會人士及教育學術界當有極深的啓迪，謹在此敬表萬分的謝悃。海外學者V. Rust、A. Welch、S. B. Merriam等分從不同角度對於教育研究國際化與本土化所涉及的相關問題作深入分析，相信對我國未來教育研究應極具參考。國內的論文發表人、評論人以及參與討論的學者均為教育研究各領域一時之選，深信本次研討會是近年來對於教育學各領域的研究檢討最為深入而徹底的一次，對未來教育研究的發展應具有指標性的作用，謹在此向論文發表人、評論人及與會討論的學者，敬致謝意。

本次會議之圓滿進行有賴於國立台灣師範大學教育系張建成、張明輝、林逢祺、游進年等教授率領林秀珍、魯先華、黃嘉莉、齊淑芬等老師及教育系碩士班研究生徐振邦、呂小陸、吳曉青、陳宜宣、梁文蓁、孫依萍、陳玉娟、張碧玲等以及大學部學生丁時達等全心投入，備極辛勞，均於此致謝。會議之經費及本書的出版得國家科學委員會、國立台灣師範大學學術基金會之補助及教育部國家講座的經費支援，謹此致謝。揚智文化出版公司葉忠賢先生俞允本書的出版，在此一併申謝。

謝文全 楊深坑 謹誌

作者簡介

（依字母筆畫順序排列）

◎Anthony R. Welch

　　School of Social, Policy and Curriculum Studies, University of Sydney

◎Sharan B. Merriam

　　The University of Georgia, Athens

◎Val D. Rust

　　University of California, Los Angeles

◎王秋絨

　　國立暨南國際大學成人及繼續教育研究所所長

◎伍振鷟

　　中國文化大學教育學系主任

◎李奉儒

　　國立暨南國際大學比較教育研究所副教授兼所長

◎吳美娟

　　國立臺灣師範大學教育學系博士班研究生

◎吳家瑩

　　國立花蓮師範學院國民教育研究所教授

◎李錦旭

　　國立屏東師範學院社會科教育學系副教授

◎沈姍姍

　　國立新竹師範學院初等教育學系教授

◎周愚文

　　國立臺灣師範大學教育學系教授

◎柯華葳

國立中正大學心理學系教授

◎馬信行

國立政治大學教育學系教授

◎高強華

國立臺灣師範大學教育學系教授

◎秦夢群

國立政治大學教育學系教授兼系主任

◎崔光宙

國立東華大學教育研究所所長

◎張建成

國立臺灣師範大學教育學系副教授

◎張景媛

國立臺灣師範大學教育心理與輔導學系教授

◎黃宗顯

國立臺南師範學院初等教育學系教授

◎莊明貞

國立台北師範學院課程與教學研究所

◎楊忠斌

國立臺灣師範大學教育學系博士班研究生

◎楊思偉

國立臺灣師範大學教育學系教授教育研究中心主任

◎楊國樞

中央研究院民族學研究所

國立臺灣大學心理學系

◎楊深坑

國立臺灣師範大學教育學系教授

◎甄曉蘭

　　國立臺灣師範大學教育學系副教授

◎郭實渝

　　中央研究院歐美研究所研究員

◎潘慧玲

　　國立臺灣師範大學教育學系教授

◎謝美慧

　　國立臺灣師範大學教育學系博士班研究生

◎蘇永明

　　國立新竹師範學院初等教育學系副教授

目錄

第六部份

第一部份

社會科學研究的本土化與國際化

楊國樞

前言：西化華人心理學

　　本文雖然名為「社會科學研究的本土化與國際化」，但基本上筆者是以心理學研究的本土化與國際化為例來說明。這是因為：第一，心理學研究的本土化與國際化方面所碰到的問題，可以說跟其他的社會科學大致相似。例如，也許有人會認為心理學與經濟學的問題並不同。但在某些方面兩者的差異其實不是很大，因為經濟學與心理學都同樣面臨社會科學中資料蒐集的問題。第二，心理學與其它社會科學所用的很多理念、概念、工具、方法以及理論發展等問題，都同樣很容易陷入一種西化的——尤其是「美化的」（Americanized）——概念和理論。由於大部分社會科學界與心理學界所遭遇的困境是相似的，因此筆者擬以心理學為例來談談社會科學研究本土化與國際化的問題。

　　當前台灣心理學研究所面臨的一個重要問題，即是「西化華人心理學」（Westernized Chinese psychology）的問題，更確切而言，應該是「美化華人心理學」（Americanized Chinese psychology）的問題。過去半個世紀以來，在國際政治與國際經濟的侷限裏，台灣是生存在美國的羽翼之下，我們不能或不易接觸歐洲或別的地方的東西，只能接觸美國的東西。在此情況之下，無論是國內的心理學教科書、研究方法、研究工具或研究問題等，大都是美國的產物，甚至連應邀來訪問的外國學者也絕大部份是美國學者。所以，我們的心理學實際上變成了美國心理學的殖民地。

　　此種「西化華人心理學」的困境在那裡呢？如同我們在一九八一年出版的《社會及行為科學研究的中國化》中所寫的：

但是，我們所探討的對象雖是中國社會與中國社會的中國人，所採用的理論卻幾乎完全是西方的或西方式的。在日常生活中，我們是中國人；在從事研究工作時，我們卻變成了西方人。我們有意無意地抑制自己中國式的思想觀念與哲學取向，使其難以表現在研究的歷程之中，而只是不加批評地接受與承襲西方的問題、理論及方法。在這種情形下，我們充其量只能亦步亦趨，以趕上國外的學術潮流為能事。在研究的數量上，我們既無法與西方相比；在研究的性質上，也未能與眾不同。時至今日，在世界的社會及行為科學界，只落得是多我們不為多，少我們不為少。（序言ii）

這就是今日台灣心理學研究的寫照。長此下去，恐怕再過半個世紀，我們的心理學研究還是無法擺脫西方心理學的宰制。我們對這個現象要早一點反省覺悟，不要再繼續執迷不悟、自欺欺人。

華人心理學本土化的目的

為了要掙脫西方心理學的宰制，以建立真正的華人心理與行為的知識體系，我們必須趕快建立本土化的華人心理學。華人心理學本土化的目的可分為消極與積極兩方面：

消極目的

覺醒

不再將歐美本土心理學（特別是美國本土心理學），或其他
外國本土心理學，視為中國人的本土心理學或全人類的心理
學。

美國心理學及西方各國的心理學（包括：德國心理學、法國
心理學等）都是一種本土心理學，整個歐美的心理學也是一種較
大的本土心理學，是一種西方文化下的心理學。

近幾十年在心理學的研究上，包含非西方國家在內的各國心
理學者倡導「本土心理學」，已引起國際心理學界的注意。美國心
理學者也開始承認：美國心理學是一種本土心理學。例如，Harry
Triandis 在一九九七年出版的Robert Hogan等人所編著《人格心理
學大全》（*Handbook of personalityl Personality*）一書中寫了一篇
文章，清楚地指出北美心理學是一種本土化的心理學。此一說法
是正確的，因為不管美國心理學、西方心理學有多龐大，都不能
以之代表全人類的心理學。我們不能要求各國的心理學家都要按
照西方的理論與工具來做研究，變成西方式、美國式的心理學。
如此一種心理學，絕對不是全人類的心理學，因為它只以美國人
或西方人為唯一樣本。但世界上有各式各樣的人，種族、文化、
社會、歷史都不相同，人性在不同文化、種族之下所做的「實驗」
結果，怎麼可能會是一樣的？所以，我們不要將歐美以及其他外
國的本土心理學，視為中國人的本土心理學或全人類的心理學。
我們推動心理學研究的本土化，就是可以不斷提醒我們要「覺

醒」。

斷奶

避免盲目而不加批評地套用或接受西方心理學的概念、理論、方法及知識。

「斷奶」的意思就是不要再像過去一樣，不管是在國內或國外，都以背誦及套用西方心理學、美國心理學為能事。而且越是好的學生，被洗腦的越厲害，所以越容易拿到學位、成為教授，繼續代表美國心理學或西方心理學來進行「國內洗腦」。長此下去，使我們大家都失去了創造力、反省力，只會套用外國現成的概念、理論、方法、工具，這是一個非常令人痛心的現象。

戒惰

戒絕缺乏反省力、分析力及創造力的研究習慣與態度。

「戒惰」意指要自己去思考，不要只想用別人的研究成果。做研究不能依賴西方的理論，否則就只是在做複製的工作而已。我常常告訴學生，如果老是要套用別人的東西，那就不需要我們去做學者、去從事學術研究了，不如改行做一些不需要動腦筋，不需要創造分析的事。

積極目的

積極的目的也有三個：

沈潛

切實而徹底地描述、分析、理解及預測各地華人的心理與行為，進而建立有關中國人的心理與行為的知識體系。

此處「中國人」就是「華人」的意思。我們可以中國人或是華人做爲研究對象，建立一套心理學的知識體系。美國心理學早期雖亦受到歐洲心理學的影響，但後來的美國心理學是自己發展出來的。他們從草根做起，之後便形成百花齊放、百鳥爭鳴的美國本土心理學。美國學者創造、開發了許多研究課題，以及許多的理論、概念、方法和工具，建立了屬於他們自己的本土心理學，而不再是歐洲心理學的附庸。所以我們也應該像美國一樣建立華人的本土心理學。

務實

深入而有效地探討與理解華人社會的各種社會問題（包括：各種政治的、經濟的、文化的及教育的問題），進而提出切合社會文化因素與心理生理因素的預防及解決之道。

過去以西方的理論來處理華人社會問題，常令人感到格格不入。因爲我們課堂上所學的知識是西方的產物，所以在解決華人現實的、實際的問題時，並沒有顯出太大效果。雖然大家都是人類，多少有其共通性，但是西方的心理學並不能切實、準確、深入地瞭解與解決華人的問題。所以我們的心理學若能變成眞正本土化的華人心理學，將有助於瞭解華人社會的各種問題，並且能幫助我們預防或解決華人的社會問題。因此發展一個本土化的華人心理學是很重要的。

致遠

　　為建立真正的全人類心理學（或世界心理學）提供有關中國
　　人之心理與行為的豐富而深入的理論、知識及資料。

　　　建立華人的本土心理學不只是爲了更能瞭解華人的心理、行
爲與生活，而且也希望能更切實地解決問題，這當然也是個別本
土心理學的任務。但是各國的本土心理學最後還要整合在一起，
產生一個「均衡的人類心理學」（balanced human psychology）或
「普遍的人類心理學」（universal human psychology）。若只將美國
或西方心理學視爲普遍的人類心理學，則是大錯特錯的。我們希
望將來把人類心理學的建立落實在一個非常穩固的基礎上面，此
即各國發展出來的本土心理學。當然這需要一步一步來做，不能
要求各國本土心理學立刻就要達到美國本土心理學的水準與成
就。
　　　一九九四年有一本名爲《本土心理學》（*Indigenous
Psychologics*）的書，是由韓國與加拿大的兩位教授合編的。這本
書的最後一章，是一位叫John Berry的有名學者所寫的，篇名爲
〈展望未來：從各個本土心理學到普遍（世界）心理學〉（"The
Way Ahead: From Indigenious Psychologies to a Universal
Psychology"）。他主張要以世界各地的本土心理學爲基礎，統整爲
一個普遍的人類心理學。雖然我們已經有了美國的、德國的、法
國的、英國的、甚至加拿大的心理學，但卻沒有華人的本土心理
學。由於現在跟西方文化還能有很大不同的主要是亞洲文化，尤
其是華人文化。所以華人本土心理學的建立是將來建立全人類心
理學的一個非常重要的基礎。

心理學研究的本土契合性—自主性問題

　　本土心理學即是一種具有自主性的心理學，但此處的自主性並非指民族自尊心，也無關乎民族主義、排他主義或義和拳思想。所謂「自主性」，就是指從概念、理論到方法、工具等，任何研究都要真正扣緊當地人生活中的心理與行為現象。我們之所以說西化或美化的華人心理學不是一種有自主性的心理學，就是因為它根本不是採用適當的本土化方法來研究華人心理，而是套用西方或西方化概念、理論及工具來研究華人心理，以致無法有效展現華人心理與行為的實情與意義。

　　我記得在一次本土心理學的研討會上，一位比較年長的教授發表了一篇論文，其內容其實並非是真正本土化的研究。某位對本土心理學比較瞭解的年輕教授發言說：「您的研究不是採用本土化的研究方法，好像不是本土化的研究。」發表論文的教授卻振振有辭地回應說：「我是中國人，這篇論文是用中文寫的，我所研究的對象也是中國人。既然如此，怎麼能說這不是本土化的研究？」

　　以上的例子顯示了對「本土化」意義的誤解。事實上，西化的華人心理學研究也都滿足了這三點，但其所用的概念、理論、方法、工具、甚至研究的主題，在美國或其他國家具有很高的貼切性與優先性（priority），在華人社會裡卻非如此。例如，我們的研究課題可能是外國沒有的或無人研究過的，因為對他們而言這些課題並不重要，亦即主題的優先性不一樣。我們的研究應該扣緊自己社會中重要的問題，而不是被西方學界牽著鼻子走。如果在問題、概念、理論及方法上，不能和華人的心理行為現象高度貼合，而只是套用西方的做法，即使華人學者將研究華人所得的

結果以中文發表，也不能算是本土化的研究。

　　譬如：中、西都講「自尊」（self-esteem），但西方人或美國人的自尊，跟東方人的自尊並不一樣，可是我們卻沿用西方心理學者的自尊的概念、定義，也直接使用他們由此概念發展出來的測量工具。我們將其理論與工具翻譯過來，把例子或名詞換一換，美其名為「國情化」，就認為自己的研究已是「本土化」了。這實在是一個錯誤的觀念。

　　個人認為所謂心理學研究的本土化，就是要做到具有「本土契合性」（indigenous compatibility）。亦即心理學的研究，從課題的選擇、現象的概念化（conceptualization）、理論的建構（假如有理論建構的話），一直到方法、工具，都要跟所研究的心理行為現象及其脈絡能高度的契合、符合或貼合。簡言之，心理學研究的本土契合性就是：

> 研究者之研究活動及研究成果與被研究者之心理行為以及其生態、經濟、社會、文化、及歷史脈絡密切或高度配合、符合或調和的狀態，即為本土契合性（或本土性契合）。只有具有足夠本土契合性的研究，才能有效反映、顯露、展現或重構所探討的心理行為及其脈絡。

　　比如說研究「自尊」的問題，我們必須先進入中國人的社會生活中去觀察瞭解中國人的自尊心理與行為，然後再對照美國人所講的自尊。當我們發現中、美有其重要差異之處，也就不敢再隨意套用了，下一步就會發展出適當的工具，這也正是目前我們研究中國人的自我心理應做的工作。中國人的「關係性自我」（relational self）跟西方人的「獨立性自我」（independent self）、「自足性自我」（self-sufficient self）、或「自主性自我」

圖1 民眾心理及行為之形成歷程的概念架構─人類／環境互動論

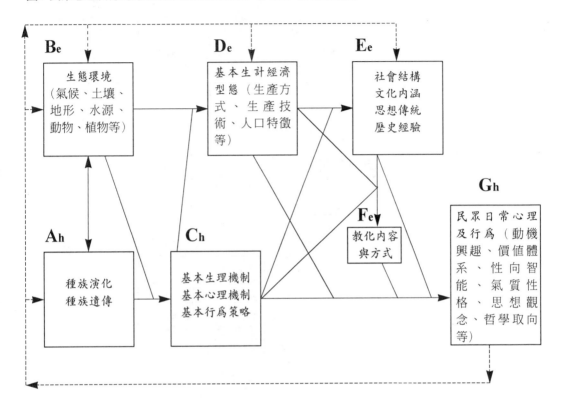

（autonomous self）是不一樣的。所以心理學的研究活動（課題的選擇、現象的概念化、工具的設計、理論的發展）以及研究所獲的成果，要高度符合所研究的現象及其脈絡，尤其是社會文化脈絡。

　　以上只是一個初步的定義，底下我們將以三個圖來進一步說明本土契合性的意義。首先我們以（圖1）說明民眾心理及行為之形成歷程的概念架構。

　　圖中所呈現的是一種文化生態互動模式（cultural ecological interactionistic model）。簡言之，透過種族演化、遺傳（Ah）與生

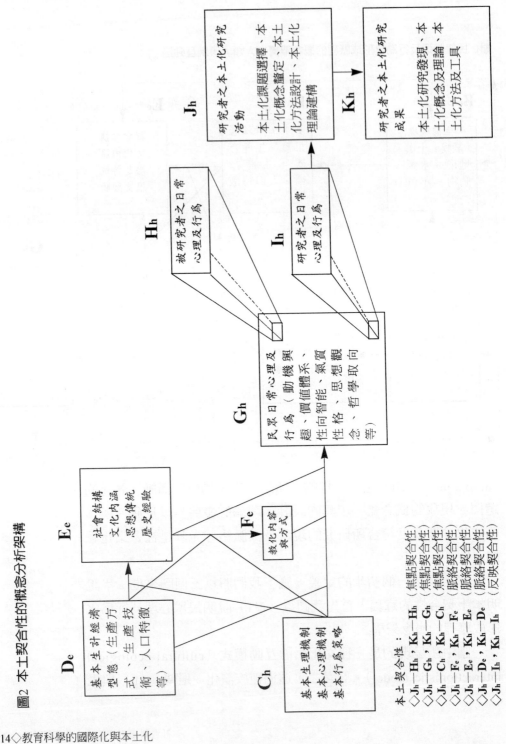

圖2 本土契合性的概念分析架構

De 基本生計經濟型態（生產方式、生產技術、人口特徵等）

Ee 社會結構、文化內涵、思想傳統、歷史經驗

Fe 教化內容與方式

Ch 基本生理機制、基本心理機制、基本行為策略

Gh 民眾日常心理及行為（興趣、動機、性向、價值體能、思格系觀念、氣想取等哲向）

Hh 被研究者之日常心理及行為

Ih 研究者之日常心理及行為

Jh 研究者之本土化研究活動：本土化課題選擇、本土化概念釐定、本土化方法設計、本土化理論建構

Kh 研究者之本土化研究成果：本土化研究發現、本土化概念及理論、本土化方法及工具

本土契合性：
◇Jh—Hh，Kh—Hh （焦點契合性）
◇Jh—Gh，Kh—Gh （焦點契合性）
◇Jh—Ch，Kh—Ch （焦點契合性）
◇Jh—Fe，Kh—Fe （脈絡契合性）
◇Jh—Ee，Kh—Ee （脈絡契合性）
◇Jh—De，Kh—De （脈絡契合性）
◇Jh—Ih，Kh—Ih （反映契合性）

態環境（Be）的互動（interaction），形成人類的基本生理機制、基本心理機制，以及基本行為策略（Ch）。Ch與生態環境互動以後，形成基本生計經濟型態（De），亦即維持生存、生活的經濟。這是最基本的，不管經濟型態是務農的、漁獵的、或畜牧的。Ch與經濟型態互動，可以形成社會結構、文化內涵、思想傳統、歷史傳統（Ee）。然後Ee又可以與Cb、De分別互動而形成教化（socialization）的基本內涵和方式（Fe）。Ch與De，Ch與Ee，Ch與Fe分別互動又可以導致Gh。所以總共有三條線都可以形成Gh。這整個模式稱之為民眾日常心理與行為之形成歷程的「文化生態互動模式」。我就是在這樣一個模式的脈絡中來談論本土契合性。

　　圖2將對本土契合性的概念架構從事進一步的分析。依上文所說的定義，本土契合性是指研究者的研究活動（Jh）及研究成果（Kh）與被研究者的心理與行為（Hh，兼及Gh、Ch）及其生態、經濟、社會、文化、歷史脈絡（Dh、Eh、Fh）之間的高度配合、符合或調合。依此可將本土契合性分為兩大類。被研究者之心理與行為是心理學研究的重點或焦點，因而Jh、Kh與Hh、Gh、Ch的高度配合、符合或調和，可以稱為「焦點本土契合性」（簡稱「焦點契合性」）（focal indigenous compatibility）。焦點契合性有三小類，即Jh、Kh與Hh的契合，Jh、Kh與Gh的契合，及Jh、Kh與Ch的契合。Ch之基本心理機制與行為策略，比Gh、Hh之一般心理與行為更屬深層，但亦為心理學者探討之重要領域。被研究者之心理與行為的有關脈絡亦為心理學者所關注，Jh、Kh與Dh、Eh、Fh的高度配合、符合或調和，可以稱為「脈絡本土契合性」（簡稱「脈絡契合性」（contextual indigenous compatibility）」。脈絡契合性亦有三小類，即Jh、Kh與Fh的契合，Jh、Kh與Eh的契合，及Jh、Kh與Dh的契合。綜合而言，在研究者方面有Jh、Kh兩個層次，在被研究者方面有六個層次（心理行為方面有三層次，脈絡

方面有三層次），故配合後共有十二種本土契合性，即Jh-Hh、Kh-Hh、Jh-Gh、Kh-Gh、Jh-Ch、Kh-Ch、Jh-Fh、Kh-Fh、Jh-Eh、Kh-Eh、Jh-Dh、Kh-Dh。

另外一種為「脈絡契合性」，即心理學的研究概念不單要與Gh、Hh、Ih契合，而且要跟De、Ee、Fe契合，甚至要與生態環境（Be）契合。因為不管是生態環境、基本生計經濟、社會文化，對Jh、Kh而言，它們都是脈絡因素（contextual factor）。美國本土心理學的研究是符合其社會文化脈絡的，所以我們這邊的研究也要與自己的社會文化脈絡符合，這種符合就叫做脈絡契合性。

不過，此處有兩個概念尚須加以分辨，即「獨立於脈絡」（context-independent）的研究與「依賴於脈絡」（context-dependent）的研究。從美國心理學的研究來看，他們大部分是屬於第一類，即脈絡獨立的研究。美國人研究自我就只單單研究自我，並不直接研究自我所依存的脈絡。這是因為美國是一個「個人主義取向的社會」（individualistic-oriented society），在概念上每一個人是自我獨立、自律的個體。所以他們重在研究個人的內在心理特點、性格。當代美國心理學多是研究自我概念、認知歷程、性格特質、Big 5、價值觀念等，這些心理結構、歷程及狀態都是在人的皮膚以內，好像身外的世界不大相干。但中國人則是關係取向（relationship orientation）的，或是社會取向（social orientation）的，行為的重點是放在人與人之間的關係。所以對我們而言，脈絡非常重要，華人本土心理學與美國本土心理學的重要差異之一就在此處。只針對心理或行為現象本身來做研究，而不直接研究其脈絡，可稱之為「脈絡獨立契合性」（context-independent compatibility）；將現象與其依存的脈絡一起研究，可稱之為「脈絡依附契合性」（context-dependent compatibility）。華人本土心理學者應多做強調脈絡依附契合性的研究，而不是像美

國本土心理學者那樣多做脈絡獨立契合性的研究。

其次要談的是「反映性本土契合性」（reflective indigenous coupatibility）。從知識社會學（sociology of knowledge）的觀點來看，知識（科學知識亦然）並非產生於思想的真空之中，而是受到知識創造者所處的生態、經濟、社會、文化、歷史環境或脈絡的影響、制約或決定。但是生態、經濟、社會、文化、歷史不一定直接影響知識創造者所創造的知識，而是先影響民眾的日常心理與行為（包括知識創造者的日常心理與行靈，即Ih），然後再影響知識創造者（研究者）的研究活動（Jh）與研究成果（Kh）。此處所需討論的是此一因果鍊中之Ih與Jh（及Kh）的關係。簡單地說，Ih對Jh（及Kh）的影響主要有兩種歷程，即自然反映與內省體認。自然反映歷程是指：在不加壓抑的情況下，研究者的日常心理與行為會自然（不知不覺）反映或表現在他（或她）的研究活動及研究成果中。在正常條件下，這一歷程會促進Jh（及Kh）配合、符合或吻合Ih的程度。至於內省體認歷程，所指的範圍較小。在正常情形下，研究者在研究某類心理或行為時，會透過自行內省的方法，努力就自己的同類心理或行為進行體認與分析，以作為從事有關該項心理或行為之研究活動的參考或依據。研究者之所以會如此去做，是因為他（她）認為自己與生活於同一社會的被研究者在所研究的心理或行為上應有相似性（自認相似性越大，愈會去做內省體認）。瞭解了自己的同類心理與行為，有助於瞭解被研究者的該類心理與行為。以上所說的這兩種歷程，都會促成Jh（及Kh）對Ih的配合、符合或吻合。這種本土契合性主要是由研究者有意或無意地將自己的心理與行為有效反映或表達在研究活動之中，因此可以稱為「反映性本土契合性」（簡稱「反映契合性」）。此種契合性有助於其他各種本土契合性（見圖2）的增進。

圖3的內涵，則是要指出西化華人心理學或美化華人心理學的困境。在正常情形，在Hh-Jh之間、Ih-Jh之間都是Hh、Ih直接而充份地影響Jh及Kh，這自然是一種有足夠本土契合性的本土華人心理學。但是目前所流行的是一種西化華人心理學或美化華人心理學。研究者根本不太花時間去瞭解被研究者的心理與行為。對被研究者的心理與行為現象都沒有弄清楚，就直接把西方理論與工具拿來套用。所以Hh、Ih並沒有機會去影響非西方社會的研究者之研究活動，圖3中Hh、Ih與Jh之間以虛線表示，意即在此。當然此處也不能說完全沒有影響，但只有一點影響是不夠的。那麼主要的影響是什麼？主要影響來自WHh、WIh、WJh、WKh，即西方社會的研究者之研究活動與成果直接決定wJh。我們可以清楚地看到從WKh到wJh這條線，把Hh與Ih對當地研究者之研究活動的影響切斷了，因而使西化心理學的研究缺乏本土契合性。

提昇本土契合性的具體做法

　　以上我們大致瞭解了什麼是本土契合性，以及心理學研究應有什麼樣的本土契合性。但是，要如何才能夠達成契合性？我認為有「七不十要」，即七件事不要做，十件事要趕快做。底下先說明「七不」的意思：

　　1.**不要套用他國理論與方法**：此非意指不能參考他國的理論，而是說不要盲目的、不加思考的、不加批評的套用。

　　2.**不忽略他國理論與方法（非民族主義、排外主義或義和拳思想）**：強調本土化研究並不表示就可以不讀外國的文章，不留意外國的研究。因為他們發展的研究概念、經驗、程序，可以使

圖3 非西方社會中之西化心理學的基本困境

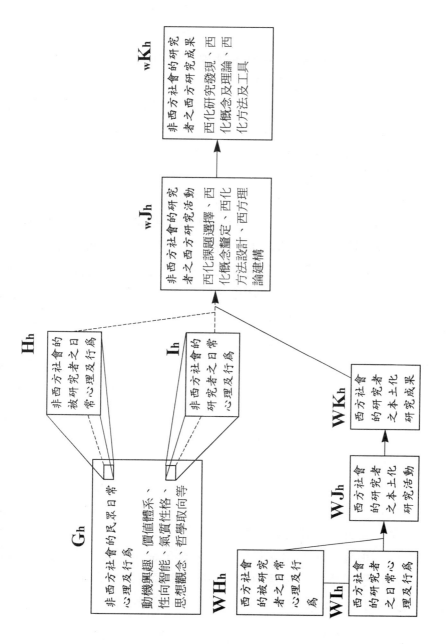

研究者的一般訓練的成熟度提高，所以我們是不能不注意參考的。但是此非套用，而是經由瞭解我們自己所研究的現象，再來自己創造性地發展有本土契合性的概念、理論與方法。

3.**不排斥其他本國學者所發展的方法**：對於這一點，我一直覺得很難過，因為我們太崇洋了。崇洋到有人根本不讀用中文寫的論文及華人寫的論文。在外國，如果有的學者研究的題目被認為值得發展，立刻就會有國內同行學者一起投入研究，形成一種團隊研究，因而容易獲得重大的成果。此間的學者則不會跟著別的國內學者去做相同的研究，似乎做了別的學者想出的課題就高捧了他。國內學者只會去抬舉美國或歐洲心理學者，對本國的心理學者多不予重視，所以不易累積研究成果。大家距離越近越容易彼此鄙夷，越遠越容易崇拜，實在是一個很不好的現象。

4.**不誤用跨文化研究策略**（cross-cultural approach）：有些人以為我反對跨文化心理學的研究，事實上我反對的是現在的跨文化心理學的研究，因為這都是套用美國心理學、或以美國心理學為主體的研究。美國人或其他外國人訓練我們的留學生，後者回到國內後便去測試前者的理論、方法，看看是否也能推展適用。國內很多留學生即是將美國老師的研究工具翻譯過來，然後測個樣本比一比，輕輕鬆鬆就完成一篇論文。美國學者的理論也因此能夠不斷的擴展，這跟經濟的擴展、軍事的擴展、政治的擴展有什麼差別？美國學者或外國學者並不是真正要瞭解其他國家的人民或文化，只是把其他社會的人當成一種測試的工具。瞭解華人社會問題一定要靠當地的學者自己發展出的理論、方法，不宜輕率直接引用外國的心理學。

現在一般的跨文化研究其實幾乎是完全被美化心理學或西化心理學所宰制。這種現象可以用一術語形容之，即「強加客位式策略」（impose-etic approach），把西方的問題、概念、理論、方

法，強加到其他國家的人民身上。我非常反對當前這種方式的跨文化心理學研究，因為這對人類的知識的增進毫無用處、毫無貢獻，無助於人類心理知識的進展。

個人曾參與一九七〇年代跨文化心理學創始階段的國際研究，而且也曾經做過JCCP（Journal of Cross-Cultural Psychology）的顧問編輯多年，後來我辭職了，因為這種研究沒有前途。我認為若要做跨文化研究必須換個方法，即採取「跨文化本土研究法」（cross-cultural indigenous approach）。簡言之，即在兩個以上的社會裡都用本土化的方法來做同一課題的研究，然後再加以比較。所以我不是反對跨文化心理學的研究，而是反對那種把西方或美國心理學的概念與工具強加到其他國家的跨文化心理學的研究。這種心理學不僅不能提供什麼真正的知識，且對被研究的人非常不公平，也不能顯露真實的現象。

就心理學研究而言，被測者即使從來沒有所測的經驗，只要按照西方或西化測量工具內容的字面上的意思猜一猜也會做反應，所以往往可以得到研究者預期的結果。西方心理學者就會據以下結論說：「我的研究結論可以適用於台灣人，適用於阿拉伯人，適用於天下人」，慢慢增強了美國心理學家與歐洲心理學家的「我族中心主義」（ethnocentrism）。當年中國人在歷史上也有非常強烈的「華夏中心主義」（Sinocentnism），現在則是「美國中心主義」，這是一種很不好的情形。不過非西方國家卻也是促成這種西方我族中心主義的幫兇，因為我們還是在不斷套用他們的理論，甚且引以為傲。

5.**不選擇抽象性過高的研究項目**：因為抽象性太高的心理與行為，全世界的人都會一樣，猜一猜也猜得到，就不必再做什麼研究了。

6.**不用外語進行研究思考**：這並非主張不要學外文，而是說

即使外文再好，在研究華人的心理與行為時，也要儘量避免用英文思考。很多科學研究發現，語言是帶著文化的，語言會侷限、控制我們思考的內涵與方向。所以我們研究華人本土心理學時，必須要用當地語言來思考，這樣才會自然而然地將和被研究的人相似的那些想法反映在研究者的概念形成、理論發展與方法設計裡。當然，若要將研究的結果發表到國際上，最後還是可以用外文寫作的。

7.**不將學術研究政治化**：不要一提到本土化，就扯到可以提高民族自尊心，可以使我們中國人出頭天，這是不大相干的事情。不要將純學術跟政治意識型態混在一起。

除了以上的「七不」之外，我們還要做到「十要」：

1.**要忍受懸疑未決的狀態**：我們在想一個研究問題的時候，要忍受懸疑未決的狀態。很多人受不了含糊、曖昧、不清楚的狀態，尤其是中國人最不喜歡這種感受，因為中國人的「曖昧忍受力」（tolerance of ambiguity）很弱。於是，我們常會急忙將西方的理論、概念或工具直接借過來用。因此我們強調的是，應該儘量讓懸疑未決的狀態持久一點，好有機會讓本土性的想法出現。要控制著自己，不要輕易去套用現成的外國東西，拖得越久，屬於自己創造的成果就會越多。

2.**要儘量反映中國人的思想**：在整個研究歷程中，要讓自身作為一個中國人（臺灣人、大陸人或香港人）所具有的本土性思想、觀念及認知方式反映在問題界定、概念分析、方法設計、工具製作、結果解釋及理論建構之中，以有利於本土性概念、理論及方法的創造。也就是說，在學術研究活動中，要全心全意地做一個華人，而不是不知不覺地做一個西方人（特別是美國人）。

3.**要批判地運用西方理論**：在研究過程中，如確有採用西方概念、理論及方法的必要，則要以敏感、機智及批判的態度，仔細分析所探討之心理與行為本身的內涵及特徵，深切體認其背後的社會歷程與文化機制，認真判斷所採用的西方概念、理論或方法中哪些部份應該保存，哪些部份應該修改，哪些部份應該揚棄，並完成修訂後的整合，務使貼合所研究的現象。

4.**要強調社會文化的脈絡**：界定及分析所擬探討的心理與行為現象，要儘量將其置於當地的社會、文化及歷史脈絡之中，並仔細釐清其與特定社會、文化及歷史因素的關係，以彰顯現象本身在華人社會中的特殊意義。只有在具體而複雜的社會背景與真實生活中，才能有效瞭解中國人之心理與行為的確切面貌及功能。

5.**要研究特有心理與行為**：本土心理學的學者曾經研究過面子、關係、緣、報這一類的主題，有人即認為本土心理學與西方心理學的區別就如同中醫與西醫的區別一樣，事實上此種說法並不正確。本土化的取向可以研究舊有的、傳統的行為，也可以研究全新的、現代的行為。華人本土心理學研究的初期，應當探討中國人特有的心理與行為，因為這些心理與行為是西方人比較少有或者不顯著的特性，所以他們的心理學者不會研究這些問題，因此也就不會發展出現成的概念、理論、方法或工具。以此而言，我們比較容易「斷奶」，因為我們不得不站在自己的腳跟上，就華人特有的問題，來重新概念化我們的現象，以及重新做理論的思考及方法的設計。

6.**要詳細觀察或描述所研究的現象**：做研究一定要先進入現象裏，浸潤到現象裏，先用質化的方式去蒐集原始資料，不必急著立刻建構理論。我們可以用參與觀察法（participant observation），也可以用深度訪談法（depth interview）、開放式問

題法（open-ended question），甚至紮根理論（grounded theory）等方法蒐集資料。研究者要先進入現象，花很長一段時間來蒐集資料，深入瞭解那些心理現象的特徵與型式（pattern）。依據筆者的經驗，當我們對某個現象瞭解多了，就會發現西方的理論、方法無法直接套用，這也正是我們發展本土化概念、方法、工具、理論的最好時機。

7.**要同樣重視內容與機制（歷程）**：我們不僅要研究心理或行為內容，也要研究心理或行為內容背後的機制（mechanism）與過程。因為表面上，我們的行為跟美國人的行為也許差不多，但是背後的機制跟過程卻是不一樣的。

8.**要與華人學術傳統銜接**：從以前到現在的華人心理學者，都是將其研究跟西方的思想傳統（intellectual tradition）銜接，而不去跟中國人的思想傳統銜接。我們對西方心理學史的瞭解，遠比對中國心理學史或華人心理思想史的瞭解為多，這是非常荒謬的一件事情，但是非西方國家大都有類似的情況。未來我們在做研究時，一定要與華人社會的學術傳統銜接。由於我們的行為也是從這個傳統來的，所以研究就比較容易具有足夠的本土契合性。

9.**要兼顧傳統與現代心理**：我們不僅應研究現代的心理與行為，也要研究傳統的心理與行為，尤其是傳統的與現代的心理或行為之關聯性的研究。此種研究頗有特色，特別能顯現出華人的特點，也特別不必倚賴西方學者的概念。

10.**要兼研今人與古人心理**：除了研究今人心理之外，對於古人心理的研究也不可忽略。現在的行為是經過幾百年或幾千年來不斷發展才形成的，所以要瞭解現在的行為，不只是要研究當前活人的心理，也要研究歷史上各個階段的古人心理。這種研究必須透過文獻、史料的分析。我們目前也在從事「歷史心理學」

（historical psychology）的研究。我們目前所做的明末與清代中國人的性慾望、男女兩性關係的研究，即是透過明清狐狸精的故事（有六、七百個）來進行研究。凡是歷史上留下的任何資料、文獻，包括藝術、文學等，都可以做爲研究的材料。

若能做到以上的「七不十要」，我們的研究大概就容易具有本土契合性了。

心理學研究與交流的國際化（或全球化）

雖然我們現在亟待從事本土化的華人心理學研究，但心理學研究的國際化也是不可忽略的。如果只是關起門來做研究，不與國際的同行交流，將會大大侷限我們的視野。心理學研究的國際化可以從學術研究、學術交流兩方面來說：

學術研究

1.首先要談的是單文化本土化研究成果之國際化的問題。單一社會之文化、社會或國家之本土心理學的研究成果，可以用來討論國際同行間所關心或爭議的共同重要學術問題，從而提出支持或反對的論證。不同國家的心理學者，先後各以本土化方法從事相關課題的研究，既可發現心理行爲的殊相，也可發現其共相。

意即每一個單文化的本土心理學，其研究的成果可以發表在國際期刊或會議，對於國際上重要的學術問題表示意見或看法。這就是單文化本土心理學研究成果的國際化運用。

舉例而言，美國人採用描寫性格的大量英文形容詞，分析出五個基本人格向度，此即美國人的Big 5（American Big 5）。我們也曾蒐集中國人用來形容人的性格的大量形容詞，分析之後發現也有五個人格向度，此即中國人的Big 5（Chinese Big 5）。原本美國學者以為美國人、中國人都有類似的Big 5，內容都差不多，所以McCrae與Costa等學者就一再強調其普遍性，認為它們是全世界的人為了適應環境、適應生活必須要有的五個性格特性。但是我們做了華人Big 5的研究之後，發現不同於美國人的Big 5。所以我們於1990年在JPSP上發表了一篇文章，質疑歐美學者的主張。我們可以討論國際上大家共同關心的學術論題，就像討論「Big 5是不是具有普遍性」這個議題一樣。總之，單文化本土心理學研究成果的國際化運用是學術研究國際化的一種重要方式。

　　2.本土心理學學者主要採用單文化本土研究法，但同時亦可採用跨文化本土化研究法。在以後類方法從事研究時，來自不同國家的學者可以組成研究群，就同一研究主題同時分別在自己國家的進行本土化實徵研究。根據在不同社會所獲得的本土性研究資料，乃可就同一範圍內的心理行為的殊相與共相從事分析、比較與統合，以達到跨文化的研究目的。以這種國際合作研究方式所獲得的成果，才是最可靠的跨文化心理學知識。

　　3.一位或數位來自不同國家的心理學者，可以利用各國本土心理學者各自就類似範圍內的心理與行為所已發表的本土性研究成果，系統地分析、比較有關現象的殊相與共相，以達到跨文化統合的學術目的。

學術交流

　　1.本土心理學者就某類心理與行為研究有成後，行有餘力，

應將研究成果寫成英文或其他外文，找機會在相關國際會議發表，好讓他國學者獲知我們的研究發現與經驗，同時也可瞭解他國同行的研究成果與方向。為了引起他國學者的興趣，最好能將自己的研究成果與他國學者在類似課題上的研究成果加以比較與討論。

2.本土心理學者可在本國主辦國際會議，廣邀他國的同行（尤其是他國的本土心理學者）參加，以相互交流研究經驗與成果，並彼此批評與鼓勵。以本土心理學為研討主題的國際會議（特別是中小型會議），尤宜優先舉行。

3.本土心理學者除在國內中文期刊發表論文外，行有餘力，亦應努力在國際學刊發表論文，或在國際專書發表專章，好讓各國心理學者瞭解我們的研究成果與經驗。當然也可透過相同的管道或途徑，瞭解他國本土心理學者的研究成果與經驗。

在以上六項學術活動中，前三者屬學術研究，後三者屬學術交流。從這六項活動可知，不但在學術交流方面本土化與國際化互不牴觸，在學術研究方面兩者也互不矛盾。由此觀之，我們不能從「本土」與「國際」兩詞望文生義，直覺得認為「本土化」與「國際化」是有所衝突的。實則，兩者相輔相成。

結論

各國本土心理學的發展是人類心理學健全發展的基礎。本土心理學的建立及其研究成果的國際化，實是人類心理學發展的必經之途。心理學研究與交流的本土化與國際化不但是互不牴觸的，而且是相輔相成的。本文的各項論點，大都亦可適用於心理

學以外的其他社會科學。

※本文係依演講錄音整理而成,其中部分內容與以下兩文部分內容相同:〈我們為什麼要建立中國人的本土心理學?〉發表於《本土心理學研究》,1993,創刊號;〈心理學研究的本土契合性及其相關問題〉,發表於《本土心理學研究》,1997,第八期。

Toward a Taiwanese Educational Policy : Internationalization and Indigenization

Val D. Rust

Introduction

It is a pleasure to participate in this international education conference in Taiwan dealing with the issue of internationalization or indigenization. My primary association with your country has been mainly in connection with several UCLA doctoral students from Taiwan. Through these students I have gained a great respect for your country, because I have always found students be well educated, well informed, and dedicated to their professional careers.

I do not specialize in the geographic region of Asia, and so I find the topic of the conference to be rather complex. I am aware that Taiwan's population is usually divided into three ethnic groups, the so-called aborigines (less than two percent of the population), the so-called Taiwanese (about 84 percent), consisting of the Hakka, who came from south China and the Fukienese, who came from China's Fukien Province directly across the Taiwan Strait, and the so-called "mainlanders" (about 14 percent), who came from various parts of China after World War II, mostly in 1949 after the defeat of the Chaing Kai-Shek.

It is clear that in the past several decades educational policy in Taiwan has been mainly based on the interests of the mainlanders, who have held political power. And it is clear that this policy is under attack, and that attack comes primarily though not exclusively from two directions. First, shall Taiwan's educational policy yield to international forces that are increasingly dictating education policy throughout the world? Second, shall Taiwan's educational policy yield to increasing internal pressures being raised by "indigenous" forces.

I begin by skirting the specific title of this conference—internationalization or indigenization—and focus on a closely related issue, that of globalization versus localization. This shift helps me cast the issues in a somewhat different framework.

Globalization and Localization

On the surface, globalization and localization appear to be divergent processes, but they are increasingly seen by most scholars as being complementary. Giddens (1995: 80-1) reminds us that globalization is really about the transformation of time and space and increasingly engages not only large-scale systems but also local bodies and individuals. According to David Held (1991: 9) globalization marks "the intensification of worldwide social relations which link distant localities in such a way that local happenings are shaped by events occurring many miles away and *vice-versa*."

Both Giddens and Held claim that today the local is integrally tied to the global, and the global to the local.[1] It is a mistake to argue that one can be disentangled from the other, as is assumed by authors such as Jerry Mander and Edward Goldsmith (1996). Our technological world provides instant access to almost every corner of the globe through the use of electricity, electronic signals, paper, wheels, roads, and wings. These enable local social relations - economic, cultural and political - to form transnational connections. Although I shall deal with this issue in greater detail, let me provide a single example of how the local affects the global. The World Wide Web page of the Zapatista Front of National Liberation in Mexico illustrates how almost daily messages on the Web by a small group of guerillas in the jungles of Chiapas, Mexico, can mobilize the world against an entire nation state in favor of the Zapatista liberation agenda.

Global relations are transnational because they do not rely on state territories and state frontiers. Whereas international relations embody the notion of relationships and transactions between nations, global relations imply that economic, political and cultural activities have disengaged themselves from territorial authority and jurisdictions (Hobsbawm 1994; Giddens 1995; Waters 1995), and have begun to transcend the nation state and to function according to more immediate imperatives and interests. To this point the greatest interest has been shown toward economic globalization, which interpreters claim emerged after the end of the 1960s.

Economic Globalization: The global economy is seen to have transcended national economies and is dominated by market forces run by " transnational corporations that owe allegiance to no nation state and locate wherever in the globe market advantage dictates" (Hirst and Thompson 1996: 1). Interpreters claim the economy of the world is now driven by some 600 mega-firms that account for more than 20 percent of the world's economic production. Few of these firms are nationally based. Let us take a single example: Japanese auto firms. Ford owns 25 percent of Mazda; Honda cars are increasingly built in the US and shipped even to Japan; General Motors is the largest single stockholder of Isuzu (Toffler 1990: 460-1). Economic globalization is intrinsically bound up with capitalist development and has been variously described as "McDonaldization," "Coca-Colaization,""Toyotism,""Post-Fordism,"but these characterizations refer mainly to the value system behind economic globalization, including an emphasis on economic efficiency and a tendency toward homogenizing practices (see, for example,1995; Barber 1995; Wilms 1996).

Parallel with the development of multinational industries is the development of a global electronic finance market that exchanges more than a trillion dollars a day. This market has little to do with trade but is oriented almost entirely toward speculation in currency and paper money (Bergsten 1988). The financial markets are pushing giant mergers of financial institutions as well as a surge in new charters of local institutions that address speciality needs and small businesses.

Malcolm Waters (1995) reminds us that globalization goes far beyond economic processes and includes political and cultural processes as well.

Political Globalization: A common political culture has emerged in the eyes of people such as Francis Fukayama (1992), who claims the collapse of communism and the authoritarian right has resulted in global political liberalism. Political globalization signals the surrender of sovereignty on the part of nation states and the emergence of larger political units (European Union), multilateral treaties (NAFTA), and international organizations (UN, IMF). The rational consequence of these trends would be a system of global governance with the decline of state powers and authority (Held 1991: 207-9). Such a scenario seems reasonable, but actual political developments are not so clear.

Cultural Globalization: Globalism also includes the notion of cultural globalization. We speak now of a global village, with its intimate variety of "neighborhoods" that can be visited in person, on the television screen, or via the web. At the end of 1998, 72 million Americans (33 % of the adult population) had direct home and office access to the internet. They include more than 350,000 American teachers, who have on-line access. In Taiwan more than two million computers are currently connected with the internet, and because more than 3.5 million people in Taiwan are already connected with cable, the potential for internet expansion is tremendous.

Telecommunications is revolutionizing our world. Charles Jencks (1990: 75) claims Americans now live in a 24-hour"information world" where people not only consume information every minute of the day, but up to 75 percent of the workforce is now employed for the purposes of information production and distribution (Toffler 1990). However, it would be a mistake to identify cultural globalization with cultural integration (Archer 1985), although at some abstract level we might speak of integration at least in terms of the means of communication and interaction and what Roland Robertson (1992) describes as the compression of the world and an intensified consciousness of the whole. There is growing evidence, however, that beyond these superficial uniformities, cultures are increasingly growing and changing in different directions. According to Hannerz (1990: 2376) the world "is marked by an organization of diversity rather than by a replication of uniformity. No total homogenization of systems of meaning and expression has occurred, nor does it appear likely that there will be one at any time soon." This claim is also accompanied by recent theoretical orientations, including complexification theory, self-organization theory, the theory of fractal sets, and chaos theory that suggest substantial local variation within the framework of broader, universal developments (Eisler and Loye 1983; Jantsch 1980; Shieve and Allen 1982 Prigogine and Stengers 1989).

Now via the internet I and my friends in California can visit the Taiwanese International Boutique at the Global Village International Mall, and order wooden and stone sculptures from Taiwanese aboriginal artists Sa Pa Ri and Sha Wa An. Or I can inform myself of Buddhist studies at National Taiwan University and even gain access to the catalogue of Buddhist literature at the center. Or from my living room I can find people in Taiwan of like mind and heart, and in neighborly fashion, show them how to bake an American pie or how I cultivate my garden. And I can ask them how they prepare their foods and how they make their homes more beautiful.

Innovative products travel with lightening speed throughout the world. Debra Chandler has studied the spread of simple cooking stoves made by women throughout the world, and finds them penetrating every corner of the globe. In my own work with refugees in Azerbaijan we found a small group of families that were able to make simple, inexpensive heating units from surplus metal. They were so successful for the refugees in Azerbaijan that UNHCR carried the idea to all places where heating units were important for dispossessed refugees.

Besides having instant access to the virtual world, through global travel I can visit these neighborhoods in person. By 1989 one billion passengers had traveled each year by air; by the end of this decade that figure will reach two billion (Naisbitt and Aburdene, 1990: 119).

The globalization process includes the increasing development of bi-national and transnational orientations, including a multiplicity of involvements--familial, friendship, social, organizational, religious, and political--that span across borders (Schiller, Basch, and Balnc-Szanton 1994). Illustrative are the contacts millions of Taiwanese living in the United States maintain with their families, neighborhoods, and culture in Taiwan.

The Shifting Role of the Nation State

In spite of these ongoing globalization and localization processes, the nation state remains important, with educational policy responses by-and-large the responsibility of the state. And the importance of the state does not appear to be waning, though social scientists are finally beginning to recognize that the concept of the nation state is far more complex than the model provided by modern Europe with its relatively fixed boundaries and populations. A number of scholars studying the Caribbean islands and other places in the world, for example, find that the concept of the nation state remains too static in that the state is seen as a "discrete and bounded entity with its own separate economy, culture, and historical trajectory" (Schiller, Basch, and Balnc-Szanton 1994: p.6). These scholars argue for a recognition of transnationalism, which allows for more fluid and even multiple identities within a nation state. They find that many small nations, including many in the Caribbean, Hong Kong, and elsewhere, are populated largely by people whose family networks and loyalties transcend national boundaries (Wiltshire 1992). And I am certain that many citizens of Taiwan have a more flexible definition of their nation state than would be the case in the more static European countries, simply because of the recent immigration of so many mainlanders.

Even though we are beginning to define the nation state in a more fluid way, nationalism continues to be reinforced by a number of factors. On the one hand, international and global political bodies have relatively little formal authority, which remains in the hands of the nation state. On the other hand, local forces reinforce the status of the nation state in that they attempt to divide states into smaller "national" units, as has occurred in Czechoslovakia, the Soviet Union, and Yugoslavia, or they attempt to gain a greater share of power and influence over policy in the existing nation state. I think the second course of action most typifies Taiwan. In the recent past certain groups have been systematically deprived of a full voice in their country. The 1990s in Taiwan has been characterized by a struggle for control of government. Those previously deprived of political power have campaigned for a Taiwan, independent of mainland China. The argument has been for self-determination and independence on the part of the Taiwanese who have lived in Taiwan for as long as 400 years.

However, recent discourse about power relations suggests a political and cultural imperative must be initiated; otherwise, the world may fall victim to the catastrophic consequences of narrow, nationalistic loyalties. It would be unfortunate if the Taiwanese attempted simply to take over the power previously held by the mainlanders. For such a takeover follows what Riane Eisler (1987) refers to as the dominator model, or the ranking of one part of the population of Taiwan over the other. Eisler suggests a more fruitful social relations model would be a partnership model, which does not equate groups of people either with superiority or inferiority but as cultural and biological equals. I suspect such a model has profound implications for Taiwan. It has implications not only for political relationships between Taiwanese and mainlanders, but for gender and ethnic relationships (Chinese Education Translation Project 1990).[2]

Educational Implications

An axiom of modern education has been that the nation state is responsible for education within the borders of its domain. During the past two hundred years people have thought in terms of educational systems structured by nation-states that behaved as if they were stable, autonomous, self-sufficient entities. But, does this assumption hold for a turbulent, globalized world? I think not, unless some sort of superstate emerges which certainly has not yet occurred, although some kinds of international formations have taken place, including the United Nations. The most striking relations over the past decades have been a growing regionalization, giving us acronyms such as ASEAN, NAFTA, and APEC. The main model for regional coalitions comes from Western Europe, where the European Union (EU) has taken the lead in redefining national sovereignty by forging what some people call "Fortress Europe" (Aho 1994). The EU has established an impressive model for education within a free trade agenda. Article 126 of the Mastricht Treaty signed in 1992, gives priority to education within the EU and Article 128 stresses that the Treaty intends to "contribute to the flowering of the cultures of the Member States, while respecting their national and regional diversity and at the same time bringing the common cultural heritage to the fore."

Various international educational agreements focus mainly on higher education. These agreements include student agreements, recognition of credits, internationalization of diplomas and certificates, establishment of branch campuses and universities in various countries, distance education programs that extend across national boundaries, international research projects (Rust and Kim 1997). While most attention is being directed toward higher education, some activities are taking place related to general secondary education, including school partnerships, social science and language curricula. To this point almost no attention has been given to the curricular implications of unification for primary school pupils. This is the clearest indication that schooling remains largely focused on national interests. Almost no attention has yet been given to any set of common values that schools ought to foster. In Europe, some consideration has been given to some common European values and cultural aspects that ought to be re-emphasized throughout Europe. In Germany, Wolfgang Mickel (1992, p.252) suggests that a set of "minimum common foundation values" might include peace, justice, international cooperation, common heritage, personal and political freedom, and the rule of law and democracy. In Great Britain, Martin McLean (1992) has attempted to translate some of this into curricular possibilities, but he concludes that the multiplicity of traditions and orientations dictate an allegiance to local and even traditional school-based instructional processes and curriculum (Rust, 1991).

Educational globalization and localization

There is persuasive evidence that education in the world is becoming more and uniform. In other words, education is becoming more and more globalized. The goal of every country is to have all children attend school for a certain period of time. The schools are vertically age-graded and divided into primary, lower secondary, and upper secondary levels. Teachers increasingly possess post-secondary teaching credentials. Essentially the same curriculum is taught in every environment. Children are trained to contribute to the global economy (see, for example, Meyer and Hannan 1979).

Simultaneous with globalizing tendencies in education, strong localizing forces are promoting revitalization of local cultures and economies (Schriewer 1998). Individual and cultural needs are incorporated into the abstractly uniform curriculum in such a way that diversity and uniqueness are encouraged. Local narratives and stories are highlighted as much as universal narratives and stories. Various learning styles are not only recognized but increasingly appreciated. Difference is encouraged and rewarded (Mander and Goldsmith 1996). In this manner the global and the local harmonize with each other.

In addition to these structural trends, education throughout the world is being confronted with difficult dilemmas and opportunities. The internet illustrates what most people would consider to be a positive turbulence in that it provides the possibility that any person can interact with another person, anywhere in the world, as easily as if that person were sitting directly in front of the other. This has created tremendous educational possibilities. Finland, for example, has incorporated e-mail into its foreign language education programs, so that students might interact directly with young people whose mother tongue is the language being studied.

In addition, educators are finally able to talk about genuine equality of educational opportunity, at least in terms of accessibility. Those who have long been disadvantaged because they were living far removed from centers of learning now have direct access to those centers. In New Mexico, for example, remote high schools are engaged in interactive instruction through two-way video hook-ups with community colleges, which provide instruction in the most current courses available anywhere. One of the major breakthroughs in education is that institutions of higher learning are no longer some distant place of advanced learning. They are becoming increasingly integrated into the everyday life of school kids. In North Carolina, for example, Appalachian State University has joined with private enterprises such as AT&T and Southern Bell to provide rural high schools with the most current concepts and information (Dalin and Rust 1996, p.116).

Technology has moved so quickly that it promises soon to give learners access to information, wherever and whenever the learner wishes to access that knowledge. Already major projects are being developed that aim to make that promise a reality. The European Union, for example, has taken the initiative to develop the so-called DELTA project, which attempts to provide direct and remote access to learning resources throughout Europe. With a budget of 100 million dollars in 1994 alone, it draws 174 organizations together to focus on more than 300 sub-projects intending to facilitate networks of information (Collis & de Vries 1994).

While the DELTA project is marvelous, the new technology promises to engulf the entire world. With telecommunications developments, the necessity of schools remaining in large complexes is quickly becoming obsolete. It is possible to bring people from everywhere together in face-to-face meetings from almost anywhere on the globe. The local school appears to be much too confining in face of a world open to all. But the policy issues go beyond curriculum and instruction. In fact, the school itself is now in question. It is clear that the modern school is modeled after modern industrial institutions. The modern school is now as obsolete as the modern factory. Comparative educators and policy studies specialists must work together in designing an educational system that satisfies the new technology and educational imperatives of young and old alike.

Educational Implications for Taiwan

What does this mean for Taiwan? I would begin by noting the tremendous achievements of Taiwan's educational system. By any measure, its educational system must be judged to have been successful. Its students are ranked among the best in the world, and strict attention is given to national standards that all students are expected to achieve. In addition, education has been regarded as one of the major factors in Taiwan's remarkable economic and political development (Young 1995: 121). Finally, Taiwan has successfully translated its cultural policy into school programs. This is particularly so with regard to the incorporation of a set of core values into the school program based on traditional Chinese culture, which stressed loyalty, filial piety, prudence, humbleness, obedience, etc.

Indigenization? If I were to relate localization tendencies in the world to Taiwan, I would conclude that indigenization would occur, including provision for local history, language, literature and customs into education, within the context, of course, of fluid but well defined national norms and values. According to Chou (1996: 1), the curriculum of Taiwan's schools "are guided by detailed national standards of a fixed curriculum. Across the entire island, student's of the same grade are expected to learn the same materials in the same time frames with the help of the same textbooks." In addition, the curriculum and textbooks are singularly designed to prepare students for entrance and school-leaving examinations (Wang and Wang 1994). While it is difficult to argue against the success of such a uniform educational program, it is also difficult to argue how such an educational system may satisfy diverse aims.

I take for granted that forces for indigenization come primarily from the Taiwanese, who are flexing their political will as a consequence of newly won political powers. They have successfully challenged the one-party rule that has existed since the "mainlanders" came into power. The indigenous Chinese resist the curriculum focus on cultural linkages and political loyalty to the mainland and the lack of attention given to Taiwan itself.

If education is indigenized, then educational programs would provide a substantial account of the history, literature, geography, and arts of the Taiwan and the Taiwanese peoples. This means, a truly indigenized educational program would help all citizens of Taiwan understand and appreciate the heritage and culture of the ethnic Chinese who have lived in Taiwan for centuries but also the aboriginal peoples of Taiwan. All groups are a part of Taiwan's heritage and culture, and the schools would reflect a full account of their contributions to its culture. But I would take the argument even further.

One of the major theoretical issues facing the academic world has been the challenge against the hegemonic tendencies of modern natural science and technology. One of the major thrusts so-called postmodern thinking, is the notion that all knowledge claims that are totalizing and logocentric are detrimental. We recall the argument of

Jean-Francois Lyotard (1979) against the natural sciences, and he was joined by Michel Foucault (1984), who describes the "insurrection of subjugated knowledges," of people fighting against "totalitarian theories."

Their arguments do not imply that the natural sciences are invalid or not useful; rather, they argue that the natural sciences are detrimental if they exclude other knowledge claims. Most of us can accept this argument as it relates to philosophy, practical knowledge, or even spiritual insight, but I would argue that it includes knowledges of those who have traditionally been disposed and marginalized. In the United States, we are experiencing a great awakening of interest in indigenous knowledge resources. American Indians have a wealth of knowledge concerning astronomy, mathematics and the physical sciences that are finally being recognized as important contributions to science itself. But Americans are only a small part of a movement throughout the world to awaken us about the scientific, health, technological, artistic, and general knowledge of indigenous peoples in Africa, Latin America, Australia, etc. It would take me too far a field to discuss specific work being done, but I might mention just a few resource centers that now exist that can be contacted by logging onto your internet. There are a number of so-called **Indigenous Knowledge Resource Centers** around the world. The Center I know best is located at the University of Iowa in the United States, but other centers are found in the Netherlands, Canada, Nigeria, Brazil, Cameroon, Sri Lanka, the Philippines and many other countries. I would recommend the **Center for World Indigenous Studies** which is international but inspired greatly from American Indian initiatives.

Finally, a newsletter is available called the **Indigenous Knowledge and Development Monitor**, that serves as an outlet for a large network of persons from various backgrounds, national settings, and interests. And I would venture to say, that the aborigines of Taiwan possess substantial sources of knowledge, even scientific knowledge, that might be crucial for certain problems modern and postmodern societies are contending with. And our educational system must be open to such insights.

Internationalization? I don't pretend to know the specific educational policies of those advocating internationalization, but I suspect it is not too dissimilar to international education proposals of most highly developed nations in that they would include appropriate educational responses to the "economic free enterprise metaphor," designed to make Taiwan increasingly competitive in the world market, to increasing equality of educational and social opportunity for all peoples, and to increasing educational efficiency by getting greater payoffs for the educational resources spent.

Because of the globalization of the world's economy, the educational change we discussed throughout this essay seems to be necessary and inevitable. However, there are several dangers in the globalization of education. First, to speak of global education in the contemporary world is to speak of a specific educational model that is propagated by certain international organizations and economic interests. This model is based on certain universally accepted values, including the value of schooling. However, the model is based largely on an economic free enterprise metaphor. As multinational or transnational companies transcend national boundaries, education seems to be transcending these boundaries as well, and that process is largely based on market principles, which take precedence over all other concerns. Instead of the governments, chosen by the people, of each nation-state, defining education, the newly emerging power groups who lead globalization are beginning to define the characteristics of educational reforms. Policy makers in Taiwan must ensure that they are making their own educational decisions rather than allowing global power brokers to make educational decisions.

Second, the globalization of education should be designed to equalize the educational and social opportunities between social classes in each country. But, even as many policies are argued with the claim that they would reduce social class differences, the globalization of education has tended to increase the gap between the social classes. For example, in the European Union, Dronkers (1993) argues that English language programs in the Netherlands increases social class inequality. To the extent that globalizing forces contribute to the well-being of all citizens, they should be encouraged, but to the degree that they disadvantage groups they ought to be questioned.

Third, the asymmetries between the countries in their economic and political power should be clearly recognized. The flow of information and people, and the networks of knowledge and research reflect these international power relations, which are detrimental to certain nations and advantageous to others. Taiwan's policy makers ought to consider how these forces are detrimental or advantageous to their national welfare.

Concluding Remarks

Taiwan's educational dilemmas are global dilemmas. You in Taiwan are facing problems all peoples are facing. I appreciate being here as much to learn from your choices and decisions as it is offer suggest solutions to your problems. That is ultimately the value of comparative education. We are all participants in the search for truth and meaningful solutions. It is occasions such as this that help us all gain further insight into directions we might take.

Bibliography

ACOT. 1993. Apple Classroom of Tomorrow Project, IMTEC Schoolyear 2020 MAP no. 501.

Aho, Erkki. 1987. Education and Communications. IMTEC Schoolyear 2020 MAP no. 361.

Archer, Margaret. 1985. The Myth of Cultural Integration. *British Journal of Sociology*, vol. 36, no. 3 (Sept.), pp.333-53.

Barber, Benjamin. 1995. *Jihad vs. McWorld*. New York, pp. Times Books.

Basch, Linda, Nina Glick Schiller, and Crisina Szanton Baolnc. 1994. *Nations Unbound: Transnational Projects, Postcolonial Predicaments and Deterritorialized Nation-States*. Luxembourg: Gordon and Breach.

Bergsten, C.F. 1988. *America in the World Economy: A Strategy for the 1990s*. Washington, DC.

Chinese Education Translation Project. 1990. *Woman and Education in China, Hong Kong, and Taiwan*. Buffalo, NY: Comparative Education Center.

Chou, Chuing Prudence. 1996. A Study of Daily Activities among Juniion High School Teachers in Taiwan. Paper presented at the 9th World Contress of Comparative Education Societies, from July 1-6, in Sydney, Australia.

Collis, Betty, & De Vries, Peter. 1994. New Technolgies and Learning in the European Community. *T.H.E Journal* 21 nr. 8 (March), pp. 83-7.

Dalin, Per, and Val D. Rust. 1996. *Towards Schooling for the Twenty-first Century*. London: Cassell.

Eisler, R. 1987. *The Chalice and the Blade*. San Francisco: Harper.

Eisler, R. and Loye, D. 1987. Chaos and Transformation: Implications of Nonequilibrium Theory for Social Science and Society. *Behavioral Science* vol. 32, pp.53-65.

Foucault, Michel. 1980. *Power/Knowledge*. New York: Pantheon.

Fukuyama, Francis. 1992. *The End of History and the Last Man*. New York: Free Press.

Giddens, Anthony. 1995. *Beyond Left and Right: The Future of Radical Politics*. Cambridge: Polity Press.

Gleick, James. 1987. *Chaos: Making a New Science*. New York: Viking.

Guthrie, Gerard. 1994. Globalization of Educational Policy and Reform. *International Encyclopedia of Education*. Oxford: Pergamon.

Hannertz, Ulf. 1990. Cosmopolitans and Locals in World Culture. *Theory, Culture and Society*, vol. 7, pp.237-251.

Held, David (ed.). 1991. *Political Theory Today*. Stanford, CA: Stanford University Press.

Hirst, Paul and Grahame Thompson. 1996. *Globalization in Question*. Cambridge: Polity.

Hobsbaum, Eric. 1994. *The Age of Extremes: A History of the World, 1914-1991*. New York: Pantheon.

Jantsch, Eric. 1980. *The Self-Organizing Universe*. Oxford: Pergamon.

Jencks, Charles. 1987. *What Is Post-modernism?* New York: St. Martin's Press.

Mander, Jerry and Edward Goldsmith (eds.). 1992. *The Case Against the Global Economy: And for a Turn toward the Local*. San Francisco: Sierra Club Books.

McLean, Martin. 1989. Populist Centralism: The 1988 Education Reform Act in England and Wales. *Educational Policy*, vol. 3, no. 3, pp.233-44.

Meyer, John and Michael T. Hannan,. 1979. *National Development and the World System*. Chicago: Univ. of Chicago.

Monkman, Karen. 1997. Transnational Migration, Gender Relations, and Learning Processes: Mexican Adults Constructing Lives in California. Doctoral Dissertation from the University of California, Los Angeles, California.

Naisbitt, John & Aburdene, Patricia. 1990. *Megatrends 2000: Ten New Directions for the 1990s*. New York: Avon Books.

Ninnes, Peter. 1999. Representations of Indigenous Knowledges in Science Textbooks in Canada and Australia. Paper presented at the annual conference of the Comparative and International Education Society from 14-18 April, 1999, in Toronto, Canada.

Prigogine, I., & Stengers, I. 1984. *Order out of Chaos: Man's new dialogue with nature*. New York: Bantam Books.

Robertson, Roland. 1992. *Globalization: Social Theory and Global Culture*. London: Sage.

Rust, Val D. 1991. Postmodernism and its Comparative Education Implications. *Comparative Education Review*, vol. 35, no. 4, 610-26.

Rust, Val D. and Anna Kim. 1997. Free Trade and Education. In William K. Cummings & Noel McGinn (eds.). *Handbook for Development and Education: Past and Future* (New York: Garland Publishers, 1996).

Schieve, William C. and Peter M. Allen (eds.). 1982. *Self-Organization and Dissipative Structures: Applications in the Physical and Social Sciences*. Austin: University of Texas Press.

Schiller, Nina Glick, Linda Basch, and Cristina Bolanc-Szantaon (eds.). *Towards a Transnational Perspective on Migration: Race, Class, Ethnicity, and Nationalism Reconsidered*. New York: The New York Academy of Sciences.

Schriewer, Jurgen. 1998. World-System and Interrelationship-Networks. In *Educational Change and Educational Knowledge*, edited by T.S. Popkewitz. Albany : State Univ. of N.Y. Press

Toffler, Alvin. 1990. *Powershift*. New York: Bantam.

Wang, W. Y. and T. W. Wang 1994. *The Limitation and Constraint of Education and School Reform in Taiwan* (in Chinese). Taipei: Kuei-gwong Co.

Waters, Malcolm. 1995. *Globalization*. London: Routledge.

Wilms, Wilford W. 1996. *Restoring Prosperity: How Workers and Managers Are Forging a New Culture of Cooperation*. New York: Random House.

Wiltshire, Rosina. 1992. Implications of Transnational Migration for Nationalism: The Caribbean Example. Pp.175-87 in Nina Glick Schiller, Linda Basch, and Cristina Bolanc-Szantaon (eds.). *Towards a Transnational Perspective on Migration: Race, Class, Ethnicity, and Nationalism Reconsidered*. New York: The New York Academy of Sciences.

Notes

1. Globalization and localization must also not be confused with centralization and decentralization, which are connected with the administrative structure of systems such as education. See, for example, Weiler (1989) for a comparative discussion of decentralization.

2. A number of internet citations about aboriginal peoples of Taiwan are available.

邁向台灣的教育政策：國際化與本土化

楊忠斌◎譯

導論

　　很榮幸能參與此次在台灣舉辦有關國際化（internationalization）或本土化（indigenization）議題的國際教育會議。我開始與你們國家的接觸主要是透過幾位來自台灣的加州大學洛杉磯分校博士生。經由這些學生，我對貴國極為尊敬，因為我覺得他們都受過良好的教育，有豐富的知識，並致力於專業研究。

　　我對亞洲地區並沒有專門的研究，所以我發現會議的論題相當複雜。據我了解，台灣人口通常被區分為三個族群：所謂的原住民（aborigines）（佔不到總人口的百分之二）；所謂的台灣人（Taiwanese）（大約佔百分之八十四），包含來自中國南方的客家人與直接自福建省渡海來台的福建人；以及所謂的「外省人」（mainlanders）（約佔百分之十四），他們來自第二次世界大戰後的中國大陸各省，大部份是在一九四九年蔣介石戰敗後來的。

　　明顯地，過去幾十年來，外省人擁有政治權力，而台灣的教育政策主要是建立在這些人的利益之上。這樣的教育政策正受到許多方面的衝擊，主要有兩方面：首先，一些欲主導全世界教育政策的國際力量逐漸在增強，台灣的教育政策是否要屈服於這些國際力量？其次，台灣內部也有一些由「本土」力量所引起的內在壓力，而且正逐漸在增強當中，台灣的教育政策是否要屈服於這些內在壓力？

　　我一開始先不談本次會議的專題──國際化或本土化，而把焦點放在密切相關的議題，即全球化（globalization）與區域化（localization）的對比。這個改變有助於我以一種略微不同的架構來切入專題。

全球化與區域化

　　全球化與區域化表面上看起來是不同的過程，但他們逐漸被大部份學者視為是互補的。紀登斯（Giddens）（1995: 80-1）提醒我們，全球化實際上與時空的轉變有關，並且全球化的逐漸擴增不只是在大規模的系統方面，而且也擴及於地方團體與個人。黑爾德（D. Held）（1991: 9）認為，全球化標誌著「偏遠地方社會關係的加強，其方式即：幾哩遠外發生的事件影響了地方的新聞，反之亦然」。

　　紀登斯以及黑爾德都主張區域與全球是休戚相關、密不可分的[1]。有些學者，例如，曼德（J. Mander）與哥德史密斯（E. Goldsmith）（1996），主張兩者可以分開，這樣的看法是錯誤的。經由電力、電訊、文章、車輛、道路與飛行器的使用，我們的科技世界使人們可以很快的到達全球的每一個角落。這些都使得區域性的社會關係——經濟的、文化的與政治的——形成跨國的關係。待會我將較詳細的來談這個論題，讓我先提供一個例子來說明區域如何影響全球。墨西哥拉帕提斯塔國家解放陣線（the Zapatista Front of National Liberation）的全球資訊網頁，說明了在墨西哥加帕斯（Chiapas）叢林裏的小型游擊隊如何幾乎天天藉由網路提供資訊，來策動全世界反對完全民族國家（entire nation state）的主張，支持拉帕提斯塔的解放議題（agenda）。

　　全球關係是跨國的，因為它們並不依靠國家領土與國家邊境。國際關係具體化了國家之間關係與交易的觀念，全球關係則意謂著經濟、政治與文化活動已經跨越領土主權與管轄權了（Hobsbawm, 1994; Giddens, 1995; Waters, 1995）。全球關係已經開始超越國家，而且根據更立即的需求與利益去運作。就此而言，

最大的利益已經展現在邁向經濟全球化上。分析家主張經濟的全球化產生於一九六○年代末期以後。

經濟的全球化

全球經濟被視為已經超越了國家經濟，並且被市場力量所支配。此市場力量是「被跨國公司所運作，跨國公司對國家不負有忠誠義務，並且設置在具有全球市場利益的地方」（Hirst and Thompson, 1996: 1）。分析家宣稱目前世界經濟是被六百個大企業所推動，這些企業說明了超過世界經濟生產量的百分之二十，且很少只建基在某一個國家。讓我們舉一個例子：日本的汽車企業。福特擁有馬自達（Mazda）百分之二十五的資產；本田（Honda）的汽車在美國增產，甚至還船運到日本去；通用汽車是五十鈴（Isuzu）單獨最大的股東（Toffler, 1990: 460-1）。經濟的全球化本質上與資本主義的發展有密切的關係，而且也產生了「麥當勞化」（McDonaldization）、「可口可樂化」（Coca-Colaization）、「豐田主義」（Toyotism）、「後福特主義」（Post-Fordism）的各種描述。但這些描述主要指涉了經濟全球化背後的價值系統，包含了強調經濟效率與傾向同質化的實踐活動（例如，參看1995：Barber, 1995; Wilms, 1996）。

與多國企業的發展並行的是全球電子金融市場的發展，它的交易量一天超過一兆美元。這個市場很少與貿易有關，而幾乎完全是趨向貨幣與紙幣上的投機買賣（Bergsten, 1988）。在金融市場中，除了將專門商品與小型業務委辦給地方機構這波改變之外，金融市場也正在推動金融機構的大合併。

瓦特士（M. Waters）（1995）提醒我們，全球化跨過了經濟的過程，也包含了政治與文化的過程。

政治的全球化

　　一個共同的政治文化已經產生在像福山（F. Fukayama）（1992）這些人的心中，他主張共產主義與威權主義的崩潰已經歸結到全球政治的自由主義。政治全球化標誌著國家方面主權的放棄，以及較大的政治集團（歐洲聯盟）（European Union）、多邊協定（NAFTA）與國際組織（UN、IMF）的興起。這些趨勢的理性推論結果將會是一個全球統治的系統產生，以及國家權力與權威的衰退（Held, 1991: 207-9）。這樣的一個情節似乎是合理的，但真實的政治發展並不是如此清楚的。

文化的全球化

　　全球主義也包含了文化全球化的觀念。我們現在談到地球村，就會關聯到可以經由電視螢幕或網路而親身拜訪的各式各樣親密「鄰居」。一九九八年底，已經有七千兩百萬的美國人（成人人口的百分之三十三）藉由家裏或辦公室進入網際網路（internet），其中包含了超過三十五萬個已經上網的美國教師。在台灣，超過兩百萬部的電腦目前已連結到網際網路。由於有超過三百五十萬的人已經連結到海底電纜，台灣網際網路擴展的潛能是驚人的。

　　遠距通信正在革新我們的世界。簡克斯（C. Jencks）（1990: 75）認為美國人現在生活在二十四小時的「資訊世界」之中，人們不只分分秒秒在消耗資訊，而且百分之七十五的人力現在被用作生產與分配資訊（Toffler, 1990）。雖然，至少依據溝通與互動的方法，以及羅伯森（R. Robertson）（1992）所說的世界的壓縮與增強的整體意識，在如此的一種抽象層次上我們可以會談到統

整。但是，若將文化的全球化等同於文化的統整，是錯誤的（Archer, 1985）。然而，有逐漸增加的證據顯示，超過這些表面的一致性（uniformities），文化逐漸在不同的方面成長與改變。根據漢勒斯（Hannerz）（1990: 2376），世界「是多元組織的標誌而不是齊一性的複製。意義與表達系統的完全同質化並沒有發生，也沒有顯示出將會在任何時刻很快的成為一體」。這個主張也被最近的理論取向所支持了，包含複雜化理論（complexification theory）、自我組織理論（self-organization theory）、碎形幾何理論（the theory of fractal sets）以及混沌理論（chaos theory）。這些理論暗示了在較寬廣的、普遍的發展架構中，也存在實質的局部變化（Eisler and Loye, 1983; Jantsch, 1980; Shieve and Allen, 1982；Prigogine and Stengers, 1989）。

現在經由網際網路，我和加州的朋友可參觀在地球村國際購物中心的台灣國際專賣店（Taiwanese International Boutique），並且訂購台灣原住民藝術家沙帕里（Sa Pa Ri）與夏瓦安（Sha Wa An）的木雕及石雕作品。我也可以藉網路獲得國立台灣大學的佛學研究資訊，甚至可以進入中心的佛教文獻目錄。或者從我的客廳，我可在台灣找到與我心靈相契合而友善的人，我可以向他（她）們示範如何烘焙美國派，或者我如何種植我的花園。我也可以問他（她）們是如何準備食物的，以及如何使家庭看起來更漂亮。

新產品傳送到全世界的速度增快了。全德勒（D. Chandler）研究婦女製造的簡單炊具在世界散播的情形，她發現了這些炊具滲透全球的每一個角落。在我自己與亞塞拜然（Azerbaijan）難民接觸的工作中，我們發現了一些家庭能夠用廢鐵去製造簡單、廉價的取暖器（heating units）。由於亞塞拜然難民的成功，所以UNHCR將這個觀念帶給了其他需要的地方，在這些地方取暖器對

於被驅逐的難民而言是重要的。

　　除了有立即的通道進入虛擬世界之外，經由全球之旅我可以親自拜訪這些鄰居。到一九八九年為止，已有十億的訪客每年在網路世界旅行，再過十年將會達到二十億人（Naisbitt and Aburdene, 1990: 119）。

　　全球化的過程包括兩國間與跨國取向的逐漸發展，也包含了多元的參與——家庭的、友誼、社會的、組織的、宗教的、與政治的——這些參與打破了國界（Schiller, Basch and Balnc-Szanton, 1994）。數以百萬在美國生活的台灣人，藉由網路與他（她）們在台灣的家人、鄰居及文化的維繫也是強大網路力量的一個例證。

轉變中的國家角色

　　儘管這些持續在進行的全球化與區域化，由於教育政策在各方面都反應了國家的責任，所以國家仍保留其重要性。國家的重要性並不減少，社會科學家終於開始認識到國家的概念遠比當代歐洲所提供的相關固定界限與人口的模式要更複雜。例如，很多的學者研究加勒比海島嶼與世界的其他地方，發現國家的概念保留了過於靜態的意義，國家被視為一個「有界限的實體，具有獨立的經濟、文化與歷史脈絡」（Schiller, Basch and Balnc-Szanton 1994: p.6）。這些學者為跨國主義（transnationalism）的確認而論證，他們允許在一個國家之內可以有更彈性甚至更多元的認同。他們發現包括許多在加勒比海、香港及其他地方在內的小國，這個理念是受歡迎的，因為他們的家族關係與對家族的忠誠超越了國家界限（Wiltshire, 1992）。僅僅因為近代有如此多的外省移民，所以我確定對比於更靜態的歐洲國家而言，許多台灣居民對

於他們的國家有一個更彈性的定義。

　　即使我們開始以一個更變通的方式去定義國家，國家主義也持續被很多的因素所增強。一方面，國際與全球政治實體少有相關的正式權威，此權威尚掌握在國家手中。另一方面，地方力量增強了國家的地位。因為他們嘗試把國家分割成更小的「民族」單位，如同已經發生在捷克、蘇聯、以及南斯拉夫的，或者他們嘗試在現存國家的決策上去分享更大的權力與影響力。我認為第二個行為模式最足以說明台灣。以往，某些族群曾經在國家中被系統地剝奪了全部的發言權。在台灣，一九九〇年代被視為是對抗政府控制的象徵。那些先前被剝奪政治權力的人已經發起台灣獨立運動，其論證在於支持四百年來已經生活在台灣的人之自決與獨立。

　　然而，有關政治與文化命令的權力關係之當代論辯必須被開啟，否則世界也許會成為由於狹窄的國家忠誠所造成之大災難的犧牲品。如果台灣人僅只簡單地嘗試去接管先前被外省人掌控的權力，那麼將是不幸的。因為如此的接管陷入艾斯勒（R. Eisler）（1987）所謂的宰制者模式，或者變成台灣的某些人凌駕於另一些人而已。艾斯勒主張一個更豐富的社會關係模式，此將是一個合夥的模式，這並不是追求族群之優越或低劣的齊頭式平等，而是指文化上與生物上的平等。我覺得如此的模式已經對台灣產生一個意味深遠的啟示。這不只是對台灣人與外省人之間政治關係的啟示而已，而且也是對性別與種族關係的啟示（Chinese Education Translation Project 1990）[2]。

教育的啓示

當代教育的一個原則，即是國家在它的領域內對於教育是負有責任的。在過去兩百年中，人們認爲國家所建構的教育系統在運作上宛如是穩定的、自律的、自足的實體。但是，此假設能否適用於騷動不安的、全球化的世界？我不認爲可以適用，除非有某種超級強國產生。雖然已經有像聯合國這樣的一些國際組織成立，但目前並沒有所謂的超級強國。過去十年中最爲顯著的相關事情是區域化的成長，像ASEAN、NAFTA、APEC的成立。區域結盟的主要模式來自西歐，其成立的歐洲聯盟（EU）藉著打造所謂「歐洲堡壘」（Fortress Europe），在重新定義國家主權方面已經居於領導地位 （Aho, 1994）。EU在一個自由貿易的議題內也建立了一個令人印象深刻的教育模式。一九九二年簽定的馬斯特里克特協約（Maastricht Treaty）中的第一百二十六條條文，強調在EU內教育的優先性。第一百二十八條強調協約目的在「貢獻於會員國文化的繁榮，尊敬其國家及區域的多元性，同時顯揚共同的文化遺產」。

各種國際的教育協定主要焦點是放在高等教育。這些協定包含了學生的許可、學分的認定、文憑（diplomas）與證書（certificates）的國際化、各個國家的分校與大學的設立、跨國遠距教育的方案、國際研究計畫（Rust and Kim, 1997）。最受矚目的是高等教育部份，某些與一般中學教育相關的活動，包含學校的合夥經營，社會科學與語言的課程，則正在進行。然而，這些協定幾乎沒有注意到對小學統一性課程的啓示。這可以清楚地從學校仍然極爲關注國家利益這一點上看出來。他們幾乎不關心學校應該培養學生什麼樣的共同價值。在歐洲，他們已經開始注意某

些應該被再次強調的共同歐洲價值與文化。在德國，麥可（W. Mickel）（1992, p.252）主張一組「最小的共同基礎價值」也許包含了和平、正義、國際合作、共同遺產、個人與政治的自由，以及法律與民主的規則。在英國，麥克連恩（M. McLean）已經嘗試去轉換這些價值成為課程的可能性。但他結論說傳統與未來導向的多元性指明了要忠於地方，甚至要忠於傳統學校本位的教學過程與課程（Rust, 1991）。

教育的全球化與區域化

有很明顯的證據指出，全世界的教育變化愈來愈快，並且趨向一致。換言之，教育愈來愈全球化了。每一個國家的目標是讓所有的小孩在某一個階段進入學校就讀。學校垂直地分成幾個年級，並且分成小學、初中與高中。愈來愈多的教師擁有高中以上（post-secondary）的教學憑證。基本上，每個地方都教相同的課程。小孩被訓練去貢獻於全球經濟的進步（例如，參看Meyer and Hannan, 1979）。

在教育全球化趨勢的同時，強烈的區域化力量助長了區域文化與經濟的活力（Schriewer, 1998）。個人與文化的需求一併抽象地納入制式化課程，多元性與單一性都受到重視。地方性的敘述與故事就如同普遍的敘述與故事，同樣受到高度重視。各種的學習型式不只被確認而且也逐漸被欣賞，差異性受到鼓舞與獎勵（Mander and Goldsmith, 1996）。如此，全球與區域彼此和諧並存。

除了這些結構性的趨勢之外，全世界的教育都面臨了兩難的困境與轉機。網際網路說明了大部分的人會被認為有正面的不確

定性，因為網際網路提供了任何人可以與其他世界各地的人互動之可能性，人們可以很容易地宛如面對面坐著一樣的溝通。這種狀況已經創造了驚人的教育可能性。例如，芬蘭已經結合了電子郵件（e-mail）來進行外語教學，所以學生可以與那些以該外語作為母語的年輕朋友，進行直接地互動。

　　此外，教育者終於至少可以在易接近性（accessibility）上，論述真正的教育機會均等。由於長久居住在遠離學習中心的偏遠地方，因而處於不利地位的人，現在可以直接進入學習中心了。例如，在新墨西哥州，偏遠高中經由雙向視訊設備與社區大學進行遠距互動教學，社區大學提供了各地最新課程的教學。教育中一個最主要的突破，是高等學習的機構不再只是某些促進學習的遙遠地方，這些機構逐漸影響了學校小孩每日的生活。例如，在北卡羅萊納州，阿帕拉契州立大學（Appalachian State University）已經與像AT&T及南方貝爾（Southern Bell）這樣的私人企業合作，提供鄉下高中最新的概念與資訊（Dalin and Rust 1996, p.116）。

　　科技進步得如此神速，以致於它承諾無論何時何地，都可以立即地提供學習者所想要的資訊與知識。目前有一些重要的計畫正在發展當中，其目的即在實現這個承諾。例如，歐洲聯盟已經率先發展了所謂的DELTA計畫，嘗試去提供遍及全歐的直接、遠距的學習資源通道。他們在一九九四年單獨挹注了一億美元的預算，聯合了一百七十四個組織一起致力於推動超過三百個的子計畫，企圖去促進資訊網絡的發展（Collis & de Vries, 1994）。

　　DELTA計畫是令人驚奇的，新科技承諾投入全世界。隨著遠距通信的發展，尚保留很多複雜性的學校制度很快就會過時了。讓來自全球幾乎是每一個地方的人彼此面對面地會談是可能的。相對於向所有人開放的世界而言，地方學校顯得太過於劃地自

限。但政策議題超越了課程與教學。事實上，現在學校本身是有問題的。明顯地，當代學校仿照了當代工業組織的型態。當代學校已經如同當代工廠一樣的老舊。比較教育學者與政策研究專家必須合作去設計一個教育系統，這個系統可以滿足新科技以及所有人的教育需求。

對台灣教育的啓示

以上所述，對台灣有何意義？我將從台灣教育系統的驚人成就來談。從各種指標來看，台灣的教育系統必定被評斷爲已經成功了。台灣學生具有世界一流的水準，而且所有學生被高度期望達到國定標準。此外，教育已經被認爲是造成台灣顯著的經濟與政治發展的一個主要因素（Young, 1995: 121）。最後，台灣已經成功地將文化政策轉化入學校課程表中。此特別是關於一組核心價值的放入學校課程，所以學校課程是建基在強調忠貞、孝道、節儉、謙虛、服從等等的傳統中國文化之上的。

本土化？

如果我將台灣對照於世界的區域化趨勢來看，我會下結論說：本土化將會發生。在彈性但界定充分的國家規範與價值之情境下，教育會提供鄉土的歷史、語言、文學與習俗的內容。根據朱（Chou）（1996: 1）的研究，台灣學校的課程「是受一個詳細的國定課程標準所引導。藉著相同的教科書之幫助，全島相同年級的學生，被期望去在相同的時間架構下學習相同的材料」。此外，課程與教科書特別是設計爲預備學生入學或畢業考試之用

（Wang and Wang, 1994）。要去反對如此一個齊一性教育方案的成功是困難的，要去論證這樣一個教育系統是否能滿足多元的目標也是困難的。

本土化的力量主要是來自台灣人，我認為這是理所當然的。他們正以其獲得的新政治權力來推行其政治意志。這些人已經成功地挑戰了自從「外省人」掌權以來的單一政黨的規則。本土化中國人（indigenous Chinese）反對課程重在與大陸文化的連結及政治的忠誠上面，而忽略了台灣本身。

如果教育要走向本土化，教育方案將提供一個對台灣與台灣人民的歷史、文學、地理以及藝術的實質說明。這意味著一個真正的本土教育方案將幫助所有台灣的公民了解與欣賞整個中華民族（ethnic Chinese）的遺產與文化，這些各族的人已經生活在台灣好幾世紀了。此方案也要幫助所有公民了解與欣賞台灣原住民的文化。所有族群都是台灣遺產與文化的一部份，他們對文化的貢獻，學校將會反映出一個完整的說明。但我將會有進一步的論證。

面對學術世界的一個主要理論議題，已經是挑戰當代自然科學與科技的霸權傾向。一個主要的攻擊是所謂的後現代思考，主張所有全體化（totalizing）與「道中心的」（logocentric）知識宣稱（claims）是有害的。這讓我們想起李歐塔（J.-F. Lyotard）（1979）反對自然科學的論證，他常被人與傅柯（M. Foucault）（1984）相提並論。傅柯主張「反叛宰制的知識」，要人們反抗「極權主義的理論」。

他們的論證並不蘊含自然科學是無效或無用的，而是他們論證如果自然科學排除了其他的知識宣稱，那麼是有害的。當這種主張關係到哲學、實踐知識或甚至是精神洞見時，大部份的人都可以接受這個論證。但我將論證這些其他的知識宣稱也包含了那

些傳統上已經被剝奪以及被邊陲化的知識。在美國，我們正感受到一種對本土的知識資源之興趣的覺醒。美國印第安人擁有關於天文學、數學與物理科學的豐富知識，這些知識終於被確認為對科學本身是一重要的貢獻。但美國人只是世界活動的一小部份，這提醒我們尚有非洲、拉丁美洲、澳洲等本土人民的科學、健康、科技、藝術與一般性的知識之存在。我已經離題太遠，但我要說的是現存可以藉著網際網路接觸的資源中心實在很少。世界上有很多所謂的本土知識資源中心（Indigenous Knowledge Resource Centers）。我所知道最好的中心設於美國的愛渥華大學（University of Iowa）中。但荷蘭、加拿大、奈及利亞、巴西、喀麥隆（Cameroon）、斯里蘭卡、菲律賓與許多國家也都設有中心。我將推薦世界本土研究中心（Center for World Indigenous Studies），這中心是國際性的，不過受美國印第安人的啟發很大。最後，一份名為《本土知識與發展追蹤》（*Indigenous Knowledge and Development Monitor*）的通訊刊物是有用的。此通訊在為來自各種不同背景、國家機構與興趣的一個大的人際網絡服務。我要大膽的說，台灣的原住民擁有實質的知識來源，甚至是科學知識，此對於現代與後現代社會正在爭論的某些問題可能是重要的。我們的教育系統必須向如此的洞見開放。

國際化？

　　我並不知道那些支持國際化的特別教育政策，但我懷疑它們與最高度開發國家的國際教育提議並沒有什麼兩樣，因為他們將包含對「經濟自由的企業隱喻」的適當教育回應。這些教育政策的設計在使得台灣在世界市場上增加競爭力，增加所有人教育與社會機會的均等，並且藉著對教育資源支出的更多精算來增加教

育效率。

　　因為世界經濟的全球化，本文所討論的教育變遷似乎是必然的與不可避免的。然而，在教育的全球化中有好幾項危機。首先，在當代世界談到全球化教育，就是去談及一個國際組織或經濟利益團體宣傳的特殊教育模式。這模式是建基於某種普遍被接受的價值，包含學校制度的價值。然而，此模式在很大程度上立基於一個經濟自由的企業隱喻。如同多國或跨國的公司超越了國界，教育似乎也超越了國界，而此過程大部份是基於市場原則，這個原則優於所有的考量。現在不是由人民所選擇出來的政府對教育下定義，新產生的引導全球化的權力團體開始去界定教育改革的特色。台灣的政策制定者必須確保他們是正在決定自己的教育政策，而不是全球化權力的掮客在做教育決策。

　　其次，在每一個國家，教育全球化將被設計為在社會階級之間達到教育與社會機會的均等。即使如同許多政策所宣稱的，他們將減少社會階級的差距，但教育全球化卻已經傾向於擴大社會階級之間的差距。例如，在歐洲聯盟中，德隆克斯（Dronkers）（1993）論證說荷蘭的英語教學增強了社會階級的不平等。全球化力量若對所有公民的福利有某程度的貢獻，應該被鼓勵；若損及群體利益的話，全球化力量就應該被質疑。

　　第三，我們應該清楚地看到國家之間經濟與政治權力的不對稱性。資訊與人的流動，以及知識與研究的網絡反映了這些國際的權力關係，此不利於某些國家但有利於其他國家。台灣的政策決策者應該考慮這些力量如何不利於或有利於他們的國家福祉。

結語

　　台灣教育的兩難也是全球國家的兩難。你們在台灣所面臨的問題也是所有人面臨的問題。你們對於教育問題所建議的解決之道，讓我獲益良多，這也是比較教育的最終價值。我們共同在追尋真理與有意義的解決之道，像今天這樣的場合有助於我們對未來將採行的方向獲得更深刻的啓示。

註釋

1.全球化與區域化也不可以跟中心化與去中心化相混淆，後者與像教育這種系統的行政結構是相關聯的。例如，參看韋勒Weiler（1989）對去中心化的比較討論。
2.有許多關於台灣原住民的網際網路資料是可取得的。

第二部份

Understanding the"Other"? :

Internationalisation or Globalisation in Comparative Education

Anthony R. Welch

This chapter reviews arguments in relation to the concepts of internationalisation, and globalisation, using two examples. The first is drawn from an area of dynamic reform in contemporary education, worldwide: the internationalisation of higher education. Here, it is argued that internationalisation values are threatened by an agenda based more upon globalisation. The second example draws upon the literature on theories and methodologies of comparative education, to argue that the development of the field does not indicate a full acceptance of internationalist principles , despite its intermittently international inspiration. On the other hand, the ongoing development of the field is threatened by substantial erosion of its institutional base, which is arguably an outcome of globalisation agendas in higher education, in recent years.The chapter ends with a brief argument for more internationalist principles and practices in education; that is, those based on values of reciprocity, and social justice.

This symposium on internationalising the disciplines in education can arguably be seen as part of a wider movement concerned with understanding and promoting an international dimension in education. Certainly, internationalisation is an increasingly important feature of contemporary higher education, and not merely in the so-called advanced industrialised world. It is now no longer unusual to see in the People's Republic of China, for example, signs at relatively modest universities proclaiming their intentions to become "world class", and serious plans exist to develop a hundred world class universities in China by early next century. However ambitious such plans may seem to many in the outside world, they are paralleled by programmes aimed at "reverse brain drain" (Choi 1995);

that is attempts to lure capable Chinese scholars back from the UK, the USA and elsewhere, in order to develop and strengthen Chin's research and teaching quality at her universities. Of course, this latter form of internationalisation, however significant in enriching the quality of Chinese universities, also runs the risk of importing foreign ideas, and ways of working, not all of which are congruent with official ideology. The internet, too, is breaking down national ideological boundaries, and transforming institutions, in ways which is causing concern to countries still attempting to preserve purity of thought (Postiglione 1998). It is not merely challenging ideological orthodoxies, however. What has been termed the Global information Society (OECD 1996/Rutanen 1996), in particular the move towards virtual pedagogies, now means that in principle, a student in one part of the world, can study with a professor in quite another region, which poses a further threat to national integrity, and which opens up another form of competition for universities, worldwide (OECD 1996).

Internationalisation or Globalisation?

The brief Introduction underlines that, in fact, there are costs as well as benefits of internationalisation, and that these costs and benefits cannot be limited to the sphere of economics. Internatuinalisation of knowledge (as well as that of staff and students) involves complex questions of cultural politics: whose knowledge is to be represented? How and by whom is this to be done, and who decides? (Young i971). What costs are there to local intellectual and cultural traditions? Who are the winners and losers in the process of internationalosation? How may we understand the process by which the "Other" is voiced?(Niranjana, 1992, Smith, 1993, Risser, 1997)

What this highlights, in part, of course, is just what is meant by the term internationalism, particularly in an era when it is increasingly parallelled by the rising phenomenon of globalisation, with which it is often taken to be synonymous. Can we not speak of a developing global culture, which is clearly international in character? Is there not a global economy, and are there not ways of working, which together erod the former national boundaries of economies, and heralding a brave new international economic order? Certainly, such (at times almost millenarian) rhetoric abounds, and the two terms are often seen as interchangeable. For purposes of this symposium, however, it is important to be clear, and my view is that such a confusion of the two terms is simply that: a mistake. On the contrary, I wish to draw a clear line between the two terms, which will hopefully underline the basis of the argument that follows.

For the purposes of this analysis, internationalisation is seen here to appeal to a set of values and practices based on international collaboration, peace, and social justice - ".. common sense notions of international community, international cooperation, international community of interests, and international dimensions of the common good" (Jones 1998, p.147) - such as those that originally underpinned the League of Nations, and more specifically, in the aftermath of World War Two, the United Nations. The latter indeed, still includes attendant specific functions associated with refugees (UNHCR), children (UNICEF), and UNESCO (Education). The UN Charter is expressed in terms of the language of human rights, and a commitment to a higher order set of values, such as those of world peace, and a socially just world order, which the organisations established in its name are committed to implement. Understand in this sense, internationalisation can provide a good basis for mutually respectful relations between cultures, individuals and knowledges.

Globalisation, (that somewhat newer and more troubled term), by contrast, is often said to embrace a more economic (or perhaps better economistic) set of concerns. While the work of Sklair (1998) and others has done much to outline divergent understandings and claims with respect to globalisation, when one looks at the impact of projects undertaken in its name, these are principally economic in origin, and intent. Briefly, while Sklair usefully sketches four main forms of globalisation (world systems theory, global culture, global society, and economic globalisation (or global capitalism), it is ultimately the latter that has caused the greatest impact (either the greatest damage, or good, depending upon which side of the economic and political divide one sits). While multinational corporate CEOs constantly urge further steps towards the implementation of the neo-liberal, de-regulatory, market-based economic agenda which is at the core of economic globalisation, and while leaders of some of the most powerful economies in the world preach varying forms of this agenda (often, it seems, as much for domestic political consumption as anything else), indigenous communities in Nigeria continue stubbornly to resist the degradation of their environment and the economic impoverishment which they see as having been the principal effects associated with the oil exploration and development by major international oil firms, aided by corrupt Nigerian politicians. In Papua New Guinea, and northern Australian too, and perhaps also in Taiwan? local indigenous communities, have resisted such bids to develop their traditional lands, (sometimes sacred to the local indigenous communities) by major mining concerns, with attendant damage to both their traditional lands and environment, and the integrity of associated spiritual beliefs. But, in an increasingly fissiparous world, in which many industrial and commercial conglomerates possess budgets larger than that of smaller countries, the battle between traditional indigenous groups, no matter how determined, and such massive global economic concerns, is a most unequal one. Globalisation, based as it is on the maximisation of profits, helps creates winners and losers in society, and widens the chasm between rich and poor, both within and between nations. It provides a poor basis for mutual and reciprocal inter-cultural relations, however, it would seem.

Internationalisation or Globalisation in Education

In education, too, we can discern very different policy outcomes associated with globalisation and internationalisation. The contradictions and rivalries associated with the very different values of internationalisation and globalisation, and the practices that each of them license, may be seen quite clearly in a research field that has become of increasing interest to scholars in education, with comparative interests, over recent years. The theme of internationalisation of higher education, encompassing trans-national, national and institutional reforms of recent years, reveal the differences quite clearly. For example, while it is possible to ascribe the substantial rise in international student flow over the past decade or two to an increased interest on the part of many students in acquiring international experience, skills and values, and the desire for a cross-cultural experience (Volet and Ang 1998, Mullins, 1995, Choi 1997, Nesdale and Todd 1993), one must at the same time acknowledge that the development of a market for international students in higher education has occured against a backdrop of significant changes in higher education, notably a sharp reduction of funding by the state for higher education, significant declines in salary relativities among the professoriate in many countries, heightened demands for accountability, and the like (Altbach 1996, Currie 1998, Newsom and Currie 1998, Welch 1997b, 1998a, Wooten 1999). Thus university Presidents and Vice-Chancellors often look to international students, not only as a means of diversifying the skills and cultures within their institutions, but at least as much as a means to diversify sources of, and augment levels of, income, in the face of ever - declining levels of relative financial support from the state, and ever increasing demands for system performance - or perhaps performativity (Welch 1998b). Thus it is possible to see quite different values and practices that relate to international students- one set broadly embodying internationalist assumptions, and the other much more consonant with the economistic concerns of globalisation. Both sets of values are associated with the single phenomenon of international student flows.

A second aspect of internationalisation of higher education, concerns what was termed in the mediaeval era in the West, the "Peregrinatio Academica", that is international mobility of academic staff. While indices of internationalisation of academic staff vary, and proportions of international staff vary from country to country, comparative research shows that internationalisation of staff is a significant phenomenon, if less well studied than that of students (Altbach 1996, Welch 1997). Here too, however, one can discern different sets of values. On the one hand, surveys of academic staff reveal that they are often genuinely interested in increasing international communication, tolerance and understanding (Knight 1995), and often assign the economic dimensions of staff internationalisation quite a low priority. At the same time, it is clearly possible to trace the outlines of an international market for academic labour, which is to some extent underpinned by regional trading agreements such as NAFTA, and the EU. Indeed, much international mobility of academic staff is contained within these trade regions, and it is reasonable to argue that the move to greater internationalisation of academic staff envisaged by these trade agreements, is only a relatively minor part of a wider push to globalise trade, enhance businesss, and extend market principles worldwide, including in the public sector'. (Welch 1998c, p.12). Including, one might add, higher education.

Lastly, programmes in higher education also reveal something of the dualism of internationalisation and globalisation. On the one hand, a recent study of curriculum development for internationalisation in Australian universities, for example, yielded numerous exciting examples of genuinely innovative programmes that employed internationalist perspectives, and often used international students as a real resource. As well, impressive statistics were gathered as to the number of such programmes:

"some 1000 international initiatives, including interdisciplinary approaches with an area or regional base, explicitly comparative curricula, subjects with an international focus, and curricula which were broadened by an international component. When asked to provide a list of initiatives, most examples came from business, economics and commerce (30%), while 21% came from arts, humanities and social sciences. Overwhelmingly, the examples listed referred to the Asia Pacific region, and many were recent (1990 or later)". (Welch 1998, citing IDP 1995).

On the other hand, more critical accounts of programmes that are marketed to international students, reveal concerns that, at times, quality in various countries, is put at risk by commercial imperatives. This may mean that domestic programmes are little altered, and are hence not always best suited to the particular needs of international students (Weiler 1984, Toh and Farrelly, 1992, Welch, 1988). Clearly, the intensification of the global market for international students has meant that both major hosting countries, (such as the USA, UK, and Australia), and some emerging "market players" (such as Hong Kong, Singapore, and Malaysia) (Haron 1998), all of whom have witness state support for higher education shrink to greater or lesser degrees in recent years, in the face of increasing demand for higher education, compete aggressively for market share. Equally, each univerity is competing vigorously against its neighbour institutions. Is this climate of hothouse competition always productive of the best quality, suitably tailored, programmes, or might it be argued that, when closely examined, international programmes look, at times, suspiciously like local programmes (that is, they are insufficiently adapted to the new clientele). Are there times when the commercial demands of vigorous international marketing glosses over awkward issues of declining resource levels, or may promise more than is likely to be delivered? Certainly, there is some evidence that commercial concerns have, at times, over-ridden responsiveness to the specific needs of international students; all the more so, perhaps, in an era when Web based instruction seems to hold out the promise, to harried Presidents and Vice-Chancellors, of enhanced market share, at lower unit cost (Noble 1998 a and b).

The three examples cited above, drawn from the literature on internationalisation of higher education, all reveal significantly different values and practices associated with the twin phenomena of globalisation and internationalisation. The character of each tends to pull in different directions, leading to potentially quite different outcomes. Indeeed, if the analytic sketch above is accurate, it gives a very different account of contemporary moves to internationalise universities. On this account, internationalisation and globalisation can be seen as the Janus face of change in higher education, with one side looking to social justice, and mutually respectful intercultured relations (Welch 1999a and b), while the other side looks to the worldwide spread of a neo-liberal economic order. On this account, could it be argued that internationalisation of universities has occured, not despite globalisation, but rather because of it?

Worldwide, there are of course, legitimate national concerns at foreign takeovers, not merely of prized economic icons (such as has occured recently in both the Swedish and the British auto-manufacturing industries, for example), but of ideas, and traditions. The cultural arena is one of particularly intense international contestation, as French attempts to exempt cultural products (such as films) from the1993 Global Agreement on Tariffs and Trade (GATT) attests (Welch 1997), as also their attempts to preserve the purity of the French language, and moves to restrict the quantity of non French music that may be played on French radio stations, attest. How much more sensitive might governments be, to the increasing takeover of their universities by "foreign" ideas, the loss of market share and national prestige to foreign competitors in higher education,as is allowed for under the the recently, proposed Multilateral Agreement on Investment, or MAI and in some cases, the increasing incursion into the higher education curriculum of major multinational interests, concerned more with their internal needs for strategic human resource development, than the best traditions of university education. At which point does university internationalisation become international commercial colonialism, in an era of an increasing global market in higher education?

Even these brief examples reveal that the politics of what is termed by many as internationalisation need to be problematised.

When subjected to closer scrutiny, internationalisation of universities, may be sub-divided into genuinely internationalist impulses, and more economic motives, associated with globalisation practices and agendas. The supposedly unitary process, then, is revealed to have both dangerous shoals, as well as clear waters: it has at least two sides, and is by no means a simple, universal good.

However multi-dimensional, we can discern an increasing internationalisation of disciplinary endeavours, underpinned by the rising tide of international travel, the growth of an international market for academic labour, the growth and increasing concentration of a worldwide publishing industry, and a massive rise in forms of apparently instant electronic communication. Indeed, we are still occasionally somewhat surprised to see some authors continuing to point out the national contours of disciplines such as philosophy of education (Kaminsky 1993), or that understandings of post-modernity for example, have also followed nationally contextualised contours of debate (Cowen, 1996).

But it is too easily forgotten that forms of understanding and argument, as well as questions themselves, are shaped by their social context, which for some time, in many parts of the world, has involved the background of the nation state as a powerful entity. Now, however, modes of Cartesian reasoning associated with French thought and writing, are increasingly having to mingle and compete with other modes of analysis, with interesting results. Modes of analysis drawn from millenia of Chinese tradition are now being systematically compared with ancient Greek thought, also with interesting results (Yang, 1998).

Internationalisation, Globalisation and Comparative Education

That the development of disciplines such as philosophy of education (Kaminsky 1993), sociology of education (Karabel and Halsey 1979), and history of education is closely bound up with their national traditions is apparently a simple matter to understand; although perhaps too simple, as for example, the influence of German theorists such as Herbart, and Hegel upon nineeenth century philosophy of education, in both the United States, and in the United Kingdom demonstrates (Armytage 1969). But what of that puzzling and multidisciplinary field of activity comparative education, peopled by physicists and chemists, anthropologists and economists, historians and psychometricians? Is not this field, more or less international by definition: international by design? Is not its inspiration, its raison d' etre, fundamentally international? Did not the late George Bereday (1964) proclaim, some thirty five years ago, that in order to conduct rigorous comparative research in education, it was necessary to understand at least one foreign language, to steep oneself extensively in the associated literature, (both journals, newspapers, and major examples of the national literature), in a protracted and arduous process that was likely to take many years? Surely this demanded the adoption or at least the development of a properly international perspective?

In what follows, I hope to show that a prima facie appearance of internationalism in comparative education, has for much of its history, been belied by traditions of investigation that have failed to confront the reality of the "other".

Like their neighbours in the social sciences of the time, the early "factors and forces" era of comparative education (including such figures as Nicholas Hans, Isaac Kandel, and Friedrich Schneider) was, with few exceptions, uncritically westerncentric, with little sense of the reality, much less the equal sophistication and worth, of "other" cultures and peoples. The reality of working class, and women's, lives was equally rendered invisible in the majority of these accounts.

Subsequently, however, as I have argued elsewhere (Welch 1999a), these early and rather more humanistic accounts were supplanted by a more positivistic era, in which methodological developments in comparative education once again largely paralleled developments in the social sciences. Scientism however, or the adoption of modes of inquiry redolent of positivistic assumptions (Giddens 1974, 1979, Halfpenny 1982, Von Wright 1971, Welch 1999a and b), arose as part of the birth of modern western science, around the beginning of the seventeenth century, and historically has formed one of the longstanding impediments to the development of a genuinely reciprocal form of internationalism.

What is meant by positivism here? Briefly, "the view that the methods of the social sciences were co-extensive with, indeed drawn from, those of the natural sciences, whose methodological development was assumed to be at a more mature stage of development than the newly developing social sciences" (Welch 1999a, p. 29). Parallel with the methodological obeisance that lay behind the so-called "unity of method" thesis, came assumptions that the social sciences (including comparative education), should, like their more mature cousins in the natural sciences, aim at producing lawlike generalisations; that a technical relation existed between theory and practice (which thus parenthesized any concern with the ethical dimensions of social theory); and that social science was value free, so that the job of the social scientist was simply to uncover the facts, and not concern herself with the value implications. Values were to be sharply distinguished from facts, and were indeed outside the job description of the social scientist, according to the high priests of the positivist faith.

Ever since Jullien's Esquisse of 1817 (Jullien 1817, see also Kandel 1942, Fraser 1963) , it has been possible to discern an interpretive tradition based upon a somewhat naive faith in the capacities of an unreflective methodology of science to renovate both specific subjects such as Comparative Education, as well as human understanding in general. Indeed, from at least the time of the Enlightenment, there were those for whom this faith in positivism knew almost no bounds: it was widely held that a base of scientific reason was a secure foundation for the epistemological, and by extension, the social and moral renovation and improvement of society (Welch 1999a, p. 27).

Perhaps the high point of this positivistic faith in methods drawn from the natural sciences as the basis for intellectual progress and improvement in comparative education, was reached in the 1960s, with the generation of scholars who, having been taught by more humanistically inclined teachers such as Nicholas Hans (1949), nonetheless fell under the sway of the widespread belief that scientism held the answer to all methodological problems. Thus the often intense and internicine methodological disputes of this era between figures such as Brian Holmes (1965), Edmund King (1968), Harold Noah and Max Eckstein (1969), and George Bereday (1964), all largely turned on specific interpretations of scientific methods:

..the main theory debate of comparative education - the search for viable and scientific methodologies which so dominated the writings of the 1960s - was a re-emphasis of one of the strongest themes of modernity: that the social sciences would be scientific. (Cowen 1996, p. 152)

Ultimately, it mattered little whether this theory was based on Poppers "hypothetico-deductive" method, (as with Holmes), or more inductive models (as in the case of Noah and Eckstein). The faith in the power and promise of the natural sciences to provide technically efficient solutions to complex educational problems, transcended internal methodological disputes in comparative education. It also allowed little, if any, space to difference, (whether of gender, culture, or class), since methodological monism (the so-called "unity of method") overwhelmed such differences, at least implicitly.

Another powerful instance of this faith in science and technology as the basis for epistemological and social progress and improvement, also displayed similar unitary qualities in its methodology, and in so doing, also over-rode cultural differences. Modernisation theory, another creature of the 1960s, was based on a clear, unilinear sense of evolution, by which "traditional" societies became" modern". The central role accorded to science and technology here was two fold: not merely was the establishment of scientific infrastructure a key index of a modern(ising) society, but scientific rationality also characterised modern ways of thinking, and making decisions (Coombs 1968, McClelland 1963, Harbison and Myers 1964a and b). The celebrated capacity of science and technology to dislodge the most stubborn elements of "traditional" societies - such as Balinese matriarchy, for example - (Branson and Miller 1992) was central to modernisation theories, which brusquely shouldered aside "other" ways of thinking or acting, no matter how longstanding or central to the "traditional" culture. The unilinear path to (Western capitalist) modernity allowed of no deviation, nor exception.

If comparative education of the 1960s failed to site difference at the centre of its explanatory models, it can be argued that this was largely because of its uncritical subservience to scientism. Conscious, and very critical, of these deficiencies, succeeding methodological developments in comparative education were much less limited to scientistic modes of analysis, the pretensions to grand or total explanations of which they argued were ill-founded. Nonetheless, it is arguable that the acceptance of real difference was much improved, as a result. Moves to incorporate ethnomethodological modes of interpretation into comparative education of the 1970s and early 1980s (Heyman 1979, 1980), for example, transfered the analytic lens from the telescope to the microscope, focusing exclusively on the microcosm of the classroom, via studies of audio and video taped interactions. In so doing, however, sight was lost of the powerful ways in which macro settings structured the parameters of the educational microcosm. It is also true to say that ethnomethodological analyses rarely focused on cultures of difference.

Most recently, the rejection of the pretense to explanatory worth of so-called "Grand Theories" has underpinned the work of post-structural theorists, who have been equally informed by a dismissal of the brash certainties of western scientism, and its claims to universal rationality. Post-modernity, that contested, troubled and troubling term, is now a very broad church indeed, and the lack of a consensus about the core tenets of this faith is perhaps appropriate to a mode of theorising which rejects essentialism. But the fact that this diverse tradition resists easy categorisation, does not mean that it is not possible to outline certain key ideas. One idea in particular seemed to hold out the promise of a more inclusive comparative education, in which the predominant western-centrism of much scholarship might be overcome. For in the process of challenging and breaking down the monolithic dominance of western scientific rationality, post-modernity promised to give voice to silenced, marginalised minorities, in the name of a more pluralist, poly-phonic polity. While this laudable aim held much potential for a more internationalised comparative education (Rust 1991), as also for other fields of inquiry, the outcomes have been much less positive. Buried under arcane language games and tropes, the original aim of celebrating difference has been rendered unrecognisable to those minorities in whose name it purported to speak:

Increasingly ,.. the lived reality of oppressed rural peasantry is not seen, except through several layers of arcane and obscure, densely theoretic forms of language that render the experience of those individuals unrecognizable to themselves, and invisible to other readers' (Welch 199a, p. 40).

Thus, the accomplishments of post-modernity are apparently quite opposed to those which it trumpeted upon its arrival on the world stage. Arguably, indeed, one of its principal achievements has been to increasingly textualise difference (so that difference has become "difference"), to detach people from their history, and to consign them to a free floating semiotic space, comprised of myriad images and signs, each capable of infinitely variable meanings. Once again, it seems, the opportunity to found comparative education upon genuinely internationalist assumptions has been missed.

Although the above sketch reveals that it is difficult to discern a genuine internationalism in mainstream comparative education, it is certainly possible to trace influences of globalisation agendas (Currie and Newsom 1998) in comparative education. The influence of moves towards cutting costs has had an impact on many "foundations" areas in Faculties of Education worldwide, over the past decade or two. As part of the worldwide spread of the neo-liberal economic agenda, substantial moves have been made to re-shape higher education, along the lines of globalisation. As a consequence, foundations departments (of sociologists, comparativists, philosophers and comparativists) have declined precipitously in faculties and colleges of education over the past decade or two, in many centres of scholarship: in Europe and the UK, the USA, Canada, Australia, New Zealand. The pressure to achieve greater performativity (Lyotard, 1984) to "do more, with less" in higher education, (as indeed with virtually all areas of social policy in which the state has been actively involved), is a major trend, accompanied by much greater system demands for accountability, via increasingly demanding and complex measures (governance and surveillance by performance indicators). Overall, it has meant that universities are increasingly under siege (Readings 1996), particularly those areas of the arts, humanities and social sciences that cannot readily demonstrate a short term economic yield upon investment. The principal consequences are a collapse of the broader based humanistic aspects of the university curriculum, including in Education.

In the face of this onslaught, major of Comparative Education over the past decade or more have declined substantially. The once prund Department at the University of London (formerly staffed by such outstanding figures as Holmes, King, Hans, and Lauwerys) now consists of one dedicated comparativist, while the equally illustrious department at Teachers' College Columbia (once host to Harold Noah, Isaac Kandel and others) is now headed by a specialist in school financing. The comparative section of the Deutsches Institut fur Internationale Padagogfgischer Forschung (DIPF) in Frankfurt has been closed, effectively leaving the Humboldt as the single remaining department of comparative Education in all Germany. In Australia, once active and well known centres of comparative teaching and research such as La Trobe University, and the University of New England, no longer speialise in the area. Canada's Calgary University, once a major centre of comparative research and teaching, now barely functions as such. Despite some encouraging signs of growth here in Taiwan, as well as in Latin America, and Spain to an extent, the globalization of higher education over the past decade of more, has left largely tattered and torn remnants of comparative education.

In conclusion, then, is Comparative Education internationalized? On the evidence provided above, it still stands in need of substantial internationalization: the brief survey of comparative methodology, above, shows a longstanding failure to situate genuine mutual, intercultural relations at the heart of mainstream comparative education. Regrettably, however, the evidence for globalization is rather stronger. Given the characterization of globalization cited above, with its strongly neo-liberal economic agenda, encompassing lower levels of state support for higher education, and increased demands for system performance, or performativity (Currie 1998, Welch 1998c), it is hard to argue that comparative education has remained immune from its effects. While one would much prefer to be optimistic, a more sober assessment is that balance between the two, has tilted much more in favour of globalization, than internationalization. A more genuine internationalism, based on mutually respectful, inter-cultural relations, and concerns for a world order based on peace and social justice remains to be built (Gadamer, 1984, Welch 1999b, Snodgrass 1992), from the ruins left behind after the objectification of the Other by positivism, and the moral nihilism of post-modernity. Arguably of greater potential for a genuinely internationalist comparative education, are theories of post-colonialism (Niranjana 1992) and critical hermeneutics (Snodgrass 1992, Bernstein 1983, Geitas, 1997), although these are only beginning to be explored systematically within the literature of comparative education (Welch 1999a and b), and other theories based on reciprocal relations between self and other (Risser 1997).

Bibliography

Altbach. P., (ed.)(1996), *The Academic Profession. Portraits from Fourteen Countries*. (Princeton: Carnegie Foundation for the Advancement of Teaching).

Altbach, P., (1999) "The Perils of Internationalising Higher Education: An Asian Perspective", *International Higher Education* 15, Pp.4-5.

Armytage, W., (1969) *The German influence on English Education*. (London: Routledge and Kegan Paul).

Bereday, G. (1964) *Comparative Method in Education*. New York, Holt, Rinehart and Winston.

Branson, J., and Miller, D., (1992), "Schooling and the Imperial Transformation of Gender: A Post-Structuralist Approach to the Study of Schooling in Bali, Indonesia", Burns, R., and Welch, A., *Contemporary Perspectives in Comparative Education*. (New York: Garland Press).

Choi, H., (1995) *An International Scientific Community*. Asian Scholars in the United States. (New York: Praeger).

Choi, M., (1997) Korean Students in Australia: Intercultural issues', *Higher Education Research and Development* 16.

Cowen, R., (1996) "Last Past the Post. Comparative Education ,

Modernity, and Perhaps Postmodernity", *Comparative Education*, 32,2.

Currie, J., (1998) "Globalization Practices and the Professoriate in Anglo-Pacific and North American Universities", *Comparative Education Review*, 42,1, (Pp. 15-29).

Currie, J., and Newsom, J., (Eds) 1998, *Universities and Globalisation* (London, Sage).

Geitas, D., (1995) *Knowledge and Hermeneutic Understanding*. A Study of the Habermas Gadamer Debate. (London and Toronto: Associated University Presses).

Giddens, A., (1974) *Positivism and Sociology*. (London: Heinemann).

Giddens, A., (1979) "Positivism", Bottomore, T., and Nisbet, R., *A History of Sociological Analysis*. (London: Heinemann).

Halfpenny, P., (1982) *Positivism and Sociology*. (London: Allen and Unwin).

Hans, N., (1949) *Comparative Education*. A Study of Educational Factors and Traditions. (London: Routledge and Kegan Paul).

Haron, I., (1998) "Rapid Expansion of Higher Education in Asia and the Need for Quality Assurance of Academic Programs, with Special Reference to the Case of Malaysia". *Comparative Education Society of Asia*, 2nd Annual Conference, Beijing Normal University, October.

Heyman, R., (1979) "Comparative. Education from an Ethnomethodological Perspective", *Comparative Education*, 15,3.

International Development Program [IDP](1995) *Curriculum Development for Internationalization*. Australian Case Studies and Stocktake OECD/CERI Study. Canberra:IDP.

Jones, P., (1998) "Globalization and Internationalism: Democratic Prospects for World Education", *Comparative Education* 34,2 (Pp. 143-155).

Jullien, M-A., (1817) *Esquisse et Vue Preliminaire sur Education Comparee.* (Paris).

Kaminsky, J., 1993, *A New History of Philosophy of Education.* Boulder, Westwood Press 1993.

Karabel, J., and Halsey, A.H., (1979) *Power and Ideology in Education.* Oxford, Oxford University Press.

Knight, J. (1995). A National Study of Internationalisation at Canadian Universities, In de Wit, H. *Strategies for Internationalisation of Higher Education. A Comparative Study of Australia, Canada, Europe and the USA.* European Association for International Education (EAIE) in association with the programme on Institutional Management in Higher Education (IMHE) of the Organisation of Economic Cooperation and Development (OECD).

Lyotard, J-F., (1984) *The Post-Modern Condition. A Report on Knowledge.* Minnesota: University of Minneapolis Press.

Miller, H., (1995) *The Management of Change in Higher Education.* (Buckingham: Open University Press).

Miller, H., (1995b) "States, Economics and the Changing Labour Process of Academics", Smyth, J., (Ed.) *Academic Work.* (Buckingham: Open University Press).

Morrow, R., and Torres, C., 1995 *Social Theory and Education.* A Critique of Theories of Social and Cultural Reproduction.

Albany, SUNY Press.

Mullins, G,. (1995) "Experiences of International and Local Students at Three Australian Universities", *Higher Education Research and Development* 14.

Nesdale and Todd, (1993) "Internationalising Australian Universities: the Intercultural contact Issue", *Journal of Tertiary Education Administration*, 15,2.

Niranjana, T,. (1992) *Siting Translation. History Poststructuralism and the Colonial Context*. Berkeley: University of California Press.

Noble, D., (1998a) "Digital Diploma Mills: the Automation of Higher Education' first Monday,3,1,
(http://firstmonday.dk/issures/issues3_1)8th October, pp.1-6.

Noble, D.,(1988b) "Digital Diploma Mills Part III .The Bloom is off Rose", ITFORUM Listserv , December 1998 pp.1-9

OECD,(1996)*Information Technology and the Future of Post-Secondary Societies* (Paris: OECD).

Postiglione , G., 1998, "The Academic Profession in Hong Kong: Maintaining Global Engagement in the face of National Integration", *Comparative Education Review* (Special Issue on the Academic Profession), 42, 1.

Readings , W., (1996)*The University in Ruins*. (Harvard: Harvard University Press).

Risser, J., (1997) *Hermeneutics and the Voice of the Other. Re-reading Gadamer's Philosophical Hermeneutics*.(Albany : SUNY Press).

Rust, V., (1991) "Post-modernism and its Comparative Education Implications ", *Comparative Education Review* 35, 1.

Rutanen , P., (1996) Learning Societies and Global Information Infrastructure(GII),Global Information Society', OECD/IMHE Conference on *Institutional Strategies for Internationalisation of Higher Education* , Hong Kong.

Smith , J., 1993, *After the Demise of Empiricism .The Problem of Judging Social and Educational Inquiry.* New Jersey, Ablex

Sklair, L .,(1998) Competing Conceptions of Globalisation, *American Sociological Association,*

Toh , S-H., and Farrelly, T. (1992) "The formation of Third World Technocrats for Rural Development: A Critical Perspective on Australia's Role in Study Abroad", Burns,, R., and Welch, A..(Eds), *Contemporary Perspectives in Comparative Education.* New York: Garland Press.

Volet, S., and Ang. 1998 "Culturally Mixed Groups on International Campuses: an Opportunity for Intercultural Learning", *Higher Education Research and Development* 17.

von Wright, G.H. (1971) *Explanation and Understanding.* Ithaca. (New York: Cornell University Press).

Weiler, H.(1984) "The Political Dilemmas of Foreign Study", *Comparative Education Review,* 28,2,(Pp168-79).

Welch, A. (1988). "For Sale, by Degrees: Overseas Students and the Commodification of Higher Education in Australia and the UK", *International Review of Education,* 34,3, (Pp.387-397).

Welch, A.,(1988a), Education and the Cult of Efficiency; Comparative Reflection on the Reality and the Rhetoric', *Comparative Education,* 34,2.

Welch (1988b) "The End of Certainty? The Academic Profession and the Challenge of Change" *Comparative Education Review* (Special Issue on the Academic Profession), 42,1.

Welch, A., (1999a) The Triumph of Technocracy or the Collapse of Certainty. Modernity, Post-modernity and post-Colonialism in Comparative Education, Amove, R., and Torres, C.,(Eds) *Comparative Education*. The Dialectic of the Global and the Local. (Oxford: Rowman and Little field).

Welch, A., (1999b). "New Times, Hard Times. Re-reading Comparative Education in an Age of Discontent" Schriewer, J., (Ed.) *Discourse Formation in Comparative Education*. (Berne, New York, Berlin: Peter Lang Verlag).

Welch, A., 1997a, "The Peripatetic Professor. The Internationalisation of the Academic Profession", *Higher Education*, 34,3.

Welch, A., 1997b "All Change? The Professorate in Uncertain Times", *Higher Education*, 34,3.

Welch, A., 1998c. "Going Global? Internationalising Australian Universities at a Time of Global Crisis", paper presented to ANZCIES conference. Auckland University, December.

Wooten, H., (1999), Vandals Threaten Academic Freedom', *The Australian*, 19th May.

Yang, S-K., 1998 *Comparison*, Understanding and Teacher Education in Comparative Perspective. Berne/New York, Peter Lang.

Young, M., (Ed.) 1971. *Knowledge and Control*, New Directions for the Sociology of Education. (London: Collier Macmillan).

正視「他者」
：比較教育中的國際化與全球化觀點

謝美慧◎譯

這個以教育科學為主題的研討會是以廣泛了解與提昇教育國際領域活動為討論主題。當然,國際化已經漸漸成為現代高等教育的重要發展特色,而非只停留在所謂的進步工業世界中。現在台灣教育的發展也有此種趨勢,例如,很明顯的是台灣著名的大學都聲稱他們具有「國際水準」且積極努力規劃,希望在二十一世紀初能夠發展出一百所具國際水準的大學。然而,這些熱衷以「轉變耗盡頭腦」為目的的計畫在其他國家也時有可見(Choi, 1995);這個潮流趨使許多台灣學者再到英國或美國進修,已發展或加強本身在其所任教大學的研究品質與教學水準。當然,前面所提到的國際化方式,真的是具有提高台灣大學水準的意義,也能夠提供學生國外的新知與使用方法,但是這些新知與方法有時會與官方的意識型態相左。網際網路的普及打破了國家意識型態與機構資訊傳遞的疆界,也衝擊一些想要保有國家觀念的思想與價值觀(Postiglione, 1998)。然而,所謂的全球資訊社會的概念(OECD, 1996/ Rutanen, 1996),特別是虛擬教學的發展趨勢,具體來說,學生是世界的一部份,他們可以快速地向不同地區的教授學習,這不但對國家的整合有負面的影響,同時也挑起了世界各大學之間的競爭(OECD, 1996)。

國際化或全球化

　　事實上,在以下的介紹中,國際化也有消費與受益的部分,而且這些消費與受益不限於經濟的領域。知識的國際化(例如,教師與學生的知識)就與文化政治之間的複雜問題有關,例如,應該呈現誰的知識?如何呈現?誰來呈現?誰來決定?(Young, 1971)。地區知識與文化傳統能有什麼樣的消費呢?在國際化的過

程當中，誰是贏家？誰是輸家？我們又如何能夠從國際化的過程當中聆聽到「他者的聲音」呢？（Niranjana, 1992; Smith, 1993; Risser, 1997）

當然，本文首先要討論的焦點是國際化這個名詞的定義，特別是在全球化發展趨勢愈來愈明顯的時代，國際化常常被當作是全球化的同義詞。若全球化是國際化中一項明顯的特色，那麼我們就可以不探討發展中的全球文化嗎？侵蝕國家經濟疆界全球化的經濟與工作的方式真的可以傳達美好國際新秩序嗎？當然，就修辭學的多樣解釋而言，這兩個名詞幾乎是可相互替用的。然而，針對這次研討會討論主題的需要，實在有必要清楚區分兩者意涵的異同，我本身認為這兩個名詞所引發的混淆基本上是個錯誤。相反地，我希望能夠找出能夠明顯區分兩者意義的標準，這也就是我在這篇文章中接著想要討論的重點。

依據本文所欲分析的目的，國際化指的是一系列以國際合作、空間與社會正義有關的價值觀與實踐—「對普遍良好國際社群、國際合作、國際社群利益與國際疆界的常識概念」（Jones, 1998, p.147），就像國家聯盟的原始支撐，其中比較特別的是第二次世界大戰中的國家聯盟。這個國家聯盟實際包括有：庇護所（UNHER）、兒童保護組織（UNICEF）、聯合國教科文組織（教育）。聯合國教科文組織中的聯合國憲章中提出對人權保護與追求更高價值次序的主張，例如，維持世界和平、世界秩序的社會正義。當聯合國教科文組織正式成立，憲章中的規定也隨之生效。有了上述的概念之後，將可得知國際化在了解文化、個人與知識之間互動關係時，可提供一個很好的基礎。

相反地，全球化（這是一個更新與更容易混淆的詞）通常是用來指對經濟（或是經濟主義者會更恰當）問題的關心。當Sklair（1998）與其他研究者從事有關於全球化不同理解與說明的研究

時，就已經有人看出這個研究計畫中全球化這個名詞所帶來的影響，但是所有的影響皆屬於經濟方面的運用。簡單來說，當Sklair有效地描述全球化的四種形式（世界系統理論、全球文化、全球社會與經濟的全球化（或全球資本主義））時，其中經濟全球化所造成的影響是最大也最根本的（而這個影響不是最大傷害就是最好幫助，端賴經濟與政治之間是否能夠適當區分其定位）。當由多國所組成的經濟合作組織持續致力實踐經濟全球化的核心概念—新自由、反統治、市場導向時，有些擁有國際經濟權力的領導者開始用不同的形式傳達這個組織的影響力（通常這個組織就像其他國內的組織一樣有其政治消費群）。比較原始的國家，例如，奈及利亞，在該國迂腐政客的支持與鼓動之下，國家堅持藉由降低環境品質來刺激經濟的成長，且將國家經濟努力的成果與石油探探、發展國際石油公司相結合。巴布亞新幾內亞與澳大利亞北部等傳統的部落，已經開始抵制用採礦、出價的方式來開發原有的土地（通常傳統的部落會視這些土地為神聖的），因為這些對土地的不當使用將會對他們的土地、環境與正直神聖信仰帶來傷害。但是，在一個日漸分離生殖的世界裡，有許多不同國家的工業與商業因為利益因素緊密結合。因此，不管國家之間是如何決定工業與商業的利益，全球經濟所關注的焦點對於傳統部落來說大部分都是不公平語意引起紛爭的。以最大利潤為基礎的全球化觀念將會促使社會形成許多勝利者與失敗者、增加國家之間與國內貧富之間的差距。因此，全球化似乎無法充分提供了文化交流關係互惠的基礎。

國際化教育或全球化教育

在教育學科中，我們比較能夠清楚的辨別與全球化與國際化之間不同的政策執行結果。其實在全球化與國際化之間存在著許多矛盾與相對的價值觀，從近幾年來在研究報告上可以清楚的看出，這兩種概念所引導出來的實踐已經漸漸吸引教育學者比較研究的興趣。從高等教育國際化，包括最近幾年國家之間、國家與機構內的改革中，將可以看出國際化與全球化之間的差異。舉例而言，過去一、二十年來，當國際上留學潮流增加許多學生對於國際經驗的接受度時（Volet and Ang, 1998; Mullins, 1995; Choi, 1997; Nesdale and Todd, 1993），也必須同時認知到在高等教育中國際交換學生的市場化發展已經和促使高等教育革新的真正用義相違背，最明顯的就是國家高等教育經費的緊縮、減少大學教授們的薪水、強化功績體制的需求等（Altbach, 1996; Currie, 1998; Newsom and Currie, 1998; Welch, 1997b, 1998a; Wooten, 1999）。然而，大學校長與副校長通常會積極尋求國際交換學生，這樣的做法並不僅作為豐富學校本身技巧與文化的工具，同時也是希望在國家面臨財政緊縮的時候，尋求其他國家對學校財政的支援與爭取學校在國際上表現的機會（Welch, 1998b）。因此，可以看出許多國際交換學生的不同價值觀與實際做法—例如，某些學生充分的表現國際主義者的具體假設，另外還有某些學生關心全球化的經濟成長。這兩種價值觀都和國際交換學生流動的現象有關。

高等教育國際化的第二個部分，主要是關心西方中古世紀對於國際化一詞的定義為何，「旅遊學術」（Peregrinatio Academica）指的是學術研究人員在國際移動的生態。當學術研究人員的研究興趣改變，國際上各國學術研究人員的比例也隨之改變，比較各

國國際化的動態和研究國際交換學生一樣是個有意義的現象（Altbach, 1996; Welch, 1997）。然而，在這裡我們必須辨別不同的價值觀。在某方面，學術研究人員所呈現的調查報告通常比較關心國際社群的增加、容忍與了解（Knight, 1995），而且經常認為經濟並不是影響學術研究人員國際化的主要因素。同時，還有可能從調查報告中追溯出學術研究人員的國際化市場發展動態，這個發展動態有時候是地區經貿協定的延伸，例如，「北美經濟合作組織」（NAFTA）與「歐洲經濟聯盟」（EU）。事實上，有許多學術研究人員的國際流動情形的確實在這些經貿區域中進行的，因此可以理解在這些經濟協定之下，學術研究人員是比較容易進行更大範圍的國際交流活動。然而，這個趨勢包括市政府官方的活動都只是廣大全球化經貿活動、提昇世界經濟市場競爭活動的一部分而已（Welch, 1998c, p.12）。接著，我將再多談一些高等教育的部分。

最後，高等教育計畫通常會認為國際化與全球化是二元分立的概念。在某方面來說，近來有關於澳洲大學國際化課程發展的研究指出，有許多以國際觀點為訴求的學校革新計畫通常會以國際交換學生為主要資源。同時，也會蒐集許多可信的統計資料。

「有將近1000件的國際研究，包括單一領域中各學科之間的研究、顯性課程比較研究、國際主題研究、以國際事件擴展出的課程研究。當我們被要求要提供國際研究報告一覽表時，會發現大部分的報告都屬於經濟、貿易、商業領域（約30%），另外還有20%是來自藝術、人文與社會科學。無可避免的，亞洲地區在近幾年也將會面臨到這個問題（1990年或之後）。」（Welch, 1998, see also IDP, 1995）

從另外一方面來說，大部分具爭議性的國際高等教育計畫雖然在某些國家來說是頗具價值的，但是卻經不起商業觀點的考驗。他們會認為國內教育計畫的影響力太小，不適合國際交換學生的特別需要（Weiler, 1984; Toh and Farrelly, 1992; Welch, 1988）。很明顯地，在世界主要幾個國家都可見因國際交換學生所形成的廣大全球化市場（例如，美國、英國與澳大利亞），還有幾個國家也是朝向這個趨勢發展（例如，香港、新加坡與馬來西亞）（Haron, 1998）。這些國家最近幾年大部分為因應國內日漸增加的高等教育需求量，大多縮減高等教育經費、將高等教育完全交由市場自由競爭機制來協調。同樣地，各大學也和積極與性質相近的機構競爭。當嚴格檢討這些國際與地區高等教育計畫（地區計畫意即一些未能迎合新計畫國際潮流的計畫）時，令人質疑的是這股競爭潮流究竟可以產生最佳品質、適當安排、有計畫的與討論過的產品嗎？當劇烈國際市場化產生的經濟需求遠超過於現有的資源時，有誰能夠承諾會產生出什麼樣的結果？及有多少機會能夠成功？當然，也有些研究指出，商業界過於關心國際交換學生的特殊需求，或許更需要注意的是在資訊教育為主的時代，國家總理或學校校長將可能以最小的花費獲取市場競爭後最大的利潤（Noble, 1998 a and b）。

　　上述有關於高等教育國際化的三例，都充分表現出與全球化、國際化現象有關的價值觀與實踐。這兩種趨勢引導出不同的發展方向與結果。事實上，如果上述的分析是對的，將會對現代急欲國際化的大學帶來一些衝擊。有基於此，國際化與全球化可以說是高等教育即將面臨的改革趨勢，大學的國際化發展將無法排除全球化的可能。

　　全世界的概念不只關心經濟方面的問題（例如，最近在瑞士與英國所發生的反製造工業事件），也關心國內外有關的想法與傳

統。文化也是一項有關於國際化討論的重要焦點，例如，當法國想要拒絕全球關稅與貿易協定（GATT）中有關於文化產品（例如，電影）的傾銷時，就拒絕非法語音樂在法國廣播電台中撥放，而這種做法其實是想要保有法國語言的純正傳統。一個國家政府在該國大學大量引進「外國」想法、面對國際間高等教育市場競爭失利、多國利益介入高等教育課程、大學教育的目標關心國內人力資源需求勝於大學固有傳統時，應對於這股國際化潮流有多少的敏感度呢？在高等教育日漸邁向全球化發展的時代，大學該如何發展才不會變成國際化商業的殖民者呢？

上述幾個有關於國際化政治影響的舉例都有必要再經過討論。其實在經過上述仔細的探討之後，可以將想要發展成國際性的大學區分成：國際主義者所主張多元刺激的大學與較多經濟因素考量的大學兩種，這兩者都與全球化的實踐與機構有關。然而，這種單一過程的推論是很有問題的，就像清澈的水可能不如想像中的單純、完好，需要再從更多面向來加以考量。

然而，其實在各領域當中都有許多學者在致力推動學科的國際化、國際交流活動、學術研究的國際化與增加國際刊物的印行，而這些活動也因為電子媒體的即時通訊的大量成長。事實上，我們仍然會常常訝於發現有些研究者仍然持續指出整個國家對於教育學科，例如，教育哲學，的曲解（Kaminsky, 1993），以及對於後現代的誤解都是源自於國家對於教育脈絡的錯誤論辯（Cowen, 1996）。

但是一般而言，由於世界上大部分國家特定時候社會脈絡與權力運作背景的影響，人們很容易要去忘記了解論辯的問題與形式。然而，笛卡兒的演譯推論以及其他法國思想與文獻在漸漸與其他分析模式相混合或對抗之後，而產生出有趣的結果。另外，在比較源自於中國五千年傳統思想與希臘遠古思想的傳統分析模

式之後，也有不錯的研究成果（Yang, 1998）。

國際化、全球化與比較教育

　　教育學科，例如，教育哲學（Kaminsky, 1993）、教育社會學（Karabel and Halsey, 1979）與教育史，的發展與國家教育傳統有密切相關是容易理解的，但是這種推論或許過於簡單，或許可以德國理論學家赫爾巴特、黑格爾為例，說明他們對於十九世紀美國與英國教育哲學的影響（Armytage, 1969）。但是令人疑惑的是比較教育領域中各種學科，例如，哲學、化學、人類學與經濟學、歷史學、心理學的知識活動所指為何？難道是因為比較教育研究對於國際化的定義不明？或是比較教育是以國際化為理論基礎？比較教育學者貝瑞岱（George Bereday）早在三十五年前（即1964年）不是曾經為了建立比較教育研究嚴格的步驟，要求比較教育學者至少需具備一種外語能力、廣泛閱讀相關文獻（包括：期刊、報章雜誌，尤其是國家教育發展實例的文章）與經歷耗時又費力的研究過程？當然，之所以會發展出這種要求，是否也是採用了部分國際化的觀點呢？

　　在接續的文章中，我希望能夠從比較教育發展史中國際主義的出現，來探究為何傳統研究沒有辦法正視他者主體性的問題。

　　就像社會科學的相關學科一樣，在比較教育的「因素與動力」時期裏（包括有：漢斯（Nicholas Hans）、康德爾（Isaac Kandel）、徐奈德（Friedrich Schneider）等比較教育學者），對於真理只有少數認知，且不嚴謹的西方中心思想對於他者文化、價值少有公平的對待。這種情形鮮有例外，造成勞工與婦女階層的聲音與需求常在主流文化價值中淹沒。

因此，之後我到處討論到這個問題（Welch, 1999a），發現在社會科學領域中實證主義思想流行的時代中，人文主義的考量漸漸被漠視，而比較教育在方法論發展上也有類似的情形。然而，科學主義者大量採用實證主義假設的研究模式（Giddens, 1974, 1979; Halfpenny, 1982; Von Wright, 1971; Welch, 1999a and b）似乎又喚起了十七世紀初現代西方科學理性，這種趨勢將會阻礙長久以來國際主義真正互惠形式的發展。

　　然而，這裡所謂實證主義所指為何呢？簡而言之，「社會科學的研究方法確實是源自自然科學的，因此充分考慮情境影響的社會科學方法論與最新自然科學發展是一樣的」（Welch, 1999a, p. 29）。這些有關於方法論的論辯並未將所謂的「方法一致性」（unity of method）考慮在內，只有假設社會科學（包括比較教育）也可和自然科學一樣考慮所有可能的因素與產生具普遍性的法則，希望在理論與實踐之間建立理性因果關係（這個關係是將社會理論中的道德領域存而不論），並且希望社會科學是無涉價值的，導致社會科學家的工作只是單純的發現事實，而不關心本身價值觀所造成的影響。而價值是否應該與事實分開來討論，或者這個問題是否應為社會科學家所應處理的工作，端視社會科學家是否能夠看清楚其過度崇尚實證主義的信念。

　　自從一八一七年朱利安（Jullien）〈比較教育的研究計畫與初步意見〉（Esquisse）一文開始（Jullien, 1817; see also Kandel, 1942; Fraser, 1963），無論是比較教育或其他有關人文方面的了解，都應該注意以前未經反省就天真相信科學研究方法效果解釋方式是不對的。事實上，從啟蒙時代開始，就有一些信奉實證主義者相信科學理性實際上是認識論、社會道德革新與進步的理論基礎，所以科學的研究幾乎是沒有界限的（Welch, 1999a, p.27）。

　　一九六〇年以來，比較教育學者從普遍相信能夠引導知識份

子進步與發展的自然科學研究法，到能夠了解實證主義在方法論上的主張與以人文角度關懷教師的需要，例如，一九四九年比較教育學者漢斯（Nicholas Hans），就不再一昧的相信唯科學主義可以解決所有方法論上的問題。近代的比較教育學者，例如，一九六五年的侯姆斯（Brian Holmes）、一九六八年金恩（Edmund King），一九六九年的諾亞與愛克斯坦（Harold Noah and Max Eckstein）、一九六四年的貝瑞岱（George Bereday），有關於比較教育方法論的主張也都轉向科學方法較廣泛的詮釋，兼顧到科學與人文兩方面的考量，例如，

> …有關於比較教育主要方法論的討論—從1960年以來的科學方法中尋求出路—只是再次強調現代社會科學的發展應該更科學化而已（Cowen, 1996, p.152）。

最後，社會科學很少注意到其理論是否以波普爾（Popper）「假設演譯法」（例如，侯姆斯），或是歸納法（例如，諾亞與愛克斯坦）為基礎。自然科學承諾與致力提供最有效率方法解決教育複雜問題的信念已經超越比較教育中內在方法論論爭。雖然方法論的一元主義（就是所謂「方法一致性」）已經超越自然科學與社會科學之間的差異，至少比較不容易盲從，但是方法論的一元主義並沒有辦法提供對於差異（不管是性別、文化或階級）太多的思考空間。

雖然科學科技的信念是知識論與社會進步與發展的基礎，但是這兩者之間在方法論、做法及跨越文化差異上充分展現了類似的特質。現代化理論是一九六〇年代以來的產物，以清楚、非線性的進化概念為基礎，並且將「傳統」社會引導至「現代」社會。科學與科技在這個地方主要扮演兩個角色：不只建構科學為

現代社會的主要思想，而且科學理性成為現代思想與決定方式的主要特色（Coombs, 1968; McClelland, 1963; Harbison and Myers, 1964a and b）。科學與科技最著名的功用就是驅除傳統社會最頑強的因素-例如，巴里島的母權制（Branson and Miller, 1992），但是現代理論的中心思想卻不管傳統文化是如何重要與持久不衰，輕率地忽視他者的思想或行動。其中朝向現代化發展的非線性途徑（例如，資本主義）也不例外。

　　如果從一九六〇年發展至今的比較教育無法清楚說明其解釋模式中的主要差異，可能會被批評是因為未能嚴格信奉唯科學主義所致。成功覺知與批判上述這些比較教育在方法論發展上的不足，或多或少都限制了科學分析模式的應用與完整解釋問題所在的可能。因此，是否要接受自然科學與社會科學在方法論上的差異仍然可以再加討論。如果將焦點轉向比較教育在一九七〇至一九八〇年代初期所應用的人類學詮釋研究方法（Heyman, 1979, 1980），舉例而言，藉由望遠鏡或顯微鏡縮小教室中行為觀察的焦點，或從錄音機或錄影機中的紀錄了解師生互動、進行分析。然而，這種用來研究教室某個特定情境的方法，相對的就不是一個了解教育整體情境的有利方式。也就是說，這種人類學的研究方法很少用在研究文化的差異上。

　　近幾年來，在被西方唯科學主義者所唾棄的後現代主義思想衝擊之下，教育學科已經比較不虛偽的推崇所謂的「巨型理論」（Grand Theories）與普遍理性。頗受爭議的「後現代」本身就是個很麻煩，也讓人覺得很麻煩的用詞。雖然事實上現在普遍已經能夠接受後現代思想，但因為後現代主義缺乏明確的中心思想，導致它在本質上變成一個因為反對現代主義而興起的理論化模式。雖然可以明顯區分後現代主義與傳統的不同，但是這並不表示無法從中找出其核心概念。其中有一個比較教育最常用的後現

代概念就是要反抗以西方學術為中心的霸權。在挑戰與打破西方科學理性中整體優勢過程中，後現代主義提供靜默者、邊緣少數者更多在政治團體發言的機會。這個值得讚賞的目的將會增加比較教育，甚至其他領域研究國際化的可能性（Rust, 1991），且將可能獲致肯定的結果。揭示不同聲音主張的本來目的主要是希望能夠了解少數民族所使用的、長期被塵封的、以為不可知的神秘語言遊戲與修辭。

> 漸漸地…，若要了解鄉下農民真正生活面貌，除非透過多種層次的神秘或含糊語言才能夠探知，而不是用那些無法完全表示個人經驗讓讀者知道的嚴謹理論語言（Welch, 1999a, p.40）。

因此，後現代主義的價值在於明顯地反對現代世界中的每一件事物。事實上，後現代主義的重要主張中仍有些是可以再討論的，例如，逐漸增加原本的差異性（因此原本的差異性已經變成另外一種形式的「不同」）、將人們從歷史發展中分離、將人們交付於自由流動、由無數可賦予不同意義的意象與符號所組成的符號語言空間。再者，後現代主義似乎又讓比較教育錯失了真正可以國際化的機會。

雖然上述的討論顯示，很難將主流比較教育的研究導向真正國際主義的方向發展，但是仍可以追溯到比較教育全球組織的影響（Currie and Newsom, 1998）。這一、二十年來國際上普遍減少教育預算的趨勢已經對大多數教育人員的基本生存權力造成影響。當世界上新自由經濟組織愈來愈普遍的時候，事實上已經有許多國家開始順應全球化的趨勢重新調整高等教育的發展重點。因此，過去一、二十年來，即使像歐洲、英國、美國、加拿大、澳大利亞、紐西蘭等國設立獎學金，大學中的基礎科系教授（例

如，社會學者、比較教育學者與哲學學者）與學生人數仍然愈來愈少。高等教育中以「最小投入，最大輸出」為準則所造成的最佳成就表現壓力（事實上會因為各國社會政策與活動的不同而有所差異）（Lyotard, 1984），不但是主要潮流，而且伴隨更大系統需求與日漸複雜評量方式（例如，依據表現指標所進行的管理與監督）的功績體制。整體而言，也就是說大學已漸慢慢被圍剿（Readings, 1996），其中以藝術、人文與社會科學等一些無法輕易的以簡短貿易經濟訴求表示的學科為最。大學中以人文科學為基礎的課程，包括教育，都會因此而崩解。

過去幾十年來，比較教育在面對這些衝突時，其中心思想已經在本質上有所改變。例如，英國倫敦大學的教育學院（比較教育學者，例如，侯姆斯、金恩、漢斯與羅威斯（Lauwerys）都曾經在該學院教過）與美國哥倫比亞大學教育學院（比較教育學者諾亞與愛克斯坦、康德爾等都曾經在該學院教過）現在都已經設立比較教育終身成就教授的名額，但奇怪的是現在英國教育學院卻由一位學校財政專家所領導。在德國，僅存惟一致力提倡比較教育，且成效顯著的是洪堡（Humboldt）大學的比較教育系，而位於法蘭克福（Frankfurt）的國際教育研究院（DIPF）中的比較教育部門已經解散。在澳洲，蘭拖普（La Trobe）大學、新英格蘭大學等曾積極提倡比較教育教學與研究、舉辦相關活動，但是最近也只剩下雪梨大學維持比較教育領域學術聲望。加拿大的凱格林（Calgary）大學曾經是該國比較教育教學與研究的中心，但近年來也已經很少發展這方面的功能。姑且不論台灣在比較教育發展上有一些足以讚賞的成長，如同拉丁美洲與西班牙一般，過去幾十年來高等教育的全球化發展已經導致比較教育研究大多只剩下斷簡殘篇而已。

在最後的結論當中，重新思索現代比較教育是否已經國際化

的問題。就上述文章所提供的論證可得知，它仍然需要真正的國際化：主要是上述有關於比較教育方法論的探究顯示，比較教育長久以來所忽視了文化間互動關係才是研究的重心。然而，很遺憾的是，事實證明全球化是比國際化強勢的。依據上述的探究，可發現伴隨強大新自由經濟機構而生的全球化概念鮮少關注高等教育需要那些支援，只是藉由高等教育市場化的力量增加對於系統表現結果的要求（Currie, 1998; Currie and Newsom, 1998; Miller, 1995; Welch, 1998a），以及對於國際教育學者與機構的控制而已（Altbach, 1999; Welch, 1998c），而比較教育學者也很難逃脫其影響。有些比較傾向主張在全球化與國際化兩者之間取得平衡的樂觀學者，也還是認為全球化要比國際化來得有用。後現代主義者透過批判實證主義對於他者主體性的不尊重與道德的懷疑論，已經建立真正以相互尊重、文化間尊重、關心以和平與社會正義為基礎的國際化世界秩序（Gadamer, 1984; Welch, 1999b; Snodgrass, 1992）。雖然其他領域學者們只是剛開始有系統的參與比較教育研究（Welch, 1999a and b），在經過後殖民主義理論家（Niranjana, 1992）、批判人類學者（Snodgrass, 1992; Bernstein, 1983; Geitas, 1997）與其他理論學家有關於自我與他者之間相互關係的探究之後（Risser, 1997），比較教育仍充分具有真正國際化的可能。

「比較教育的國際化或全球化」評論

楊深坑

Anthony Welch的「比較教育的國際化或全球化」先從Internationalisation和Globalization兩者意義之釐清，作為分析教育（具體而言高等教育）及比較教育研究層面與機構層面的國際化與全球化。

Welch認為國際化指的是以國際關係、國際合作、和平、社會正義中的交互關係為基礎的一組價值和實踐。全球化則主要關心的是經濟層面。他舉述了Sklair所稱的四種形式的全球化：世界體系論、全球文化、全球社會及經濟全球化（或全球資本主義），他認為第四種形式的全球化正負面衝擊最大。

作者先以國際化和全球化二元概念架構，從國際學生流動、學術人員交流及大學學程發展，來分析高等教育國際化和全球化的發展。以國際學生交流而言，一方面因基於不少學生有與日俱增尋求國際經驗、知識、技巧及價值之需求。另一方面全球資本主義經濟考量下，不少國家國內高教經費緊縮，不得不另闢國際學生市場來使高等教育發展能符績效責任的需求。

同樣的分析架構，Welch也用以比較教育的發展。新自由主義市場經濟的考量使得各地的高等教育比較教育研究單位大量減少。然而，就比較教育這門學科性質及其方法論上的考量而言，這門學科的原初發展就帶有國際主義的色彩。自Jullien以降，歷經因素分析時期，直到最近的方法論上的多元主義，莫不基於改革本國教育的基本訴求。既然比較教育研究帶有改良主義（meliorism）的色彩，也因而在研究上應基於對於本土教育與文化價值的尊重。遺憾的是，正如Welch的分析，比較教育中的實徵主義及1960年代盛極一時的現代化理論，卻把比較教育帶向西方為中心的一種所謂普遍主義之研究，完全忽略了少數族群的文化與價值。後現代主義卻又陷入各是其是，各非其非，游言無根的窘境。Welch認為比較具備涵容精神能與「他者」更為互信互賴的國

際化比較教育理論是後殖民主義和批判的詮釋學。

　　整體而言，Welch的分析相當嚴謹，對於Internationalisation和Globalisation也提出了前所未有的獨到論點，高等教育以及比較教育的發展也在其Internationalism vs. Globalism的二元分析架構下有極中肯的分析。惟仍有以下四點有待深入討論：

　　1.Welch 認爲一個更爲眞實的國際觀點應基於互相尊重、文化與文化之間的互重，建基於和平與社會正義的世界次序之關懷。如其說爲正確，則教育研究的國際化與本土化並不相違背。國內談國際化者，往往誤將實徵主義之方法論上的單子論與方法論上的普遍主義誤以爲就是國際化。這種方法論的「科學主義」往往把屬於非西方思考模式下的研究，強以西方理性模式來框框，使得教育與社會科學研究難以扎根於本土。

　　2.Welch認爲後殖民主義理論和批判的詮釋學理論較具有眞正的國際化之交互尊重的可能，尊重「他者」（the Other）之可能。但這兩種理論基本上仍不無西方中心的色彩，如何可以在實徵主義與後現代主義之外，另爲比較教育研究，尋求兼顧國際化與本土化之新出路有待進一步的探討。

　　3.Welch分析globalisation比較強調經濟層面，至於全球文化以及地球村理念形成，對於未來比較研究應有更大的衝擊。在Welch的文章卻未見分析。

　　4.M. Albrow在分析社會學的國際化時，將社會學分爲四個時期：普遍主義時期、國家社會學時期、國際化時期、本土化時期和全球化時期。比較教育研究似乎也有這個情況，全球化的研究所植基的原則，既非國家的，也非國際的，而是兩者的互動。問題的癥結在於國家的或本土（indigeneous）的科學所植基的所謂「他者」（the Other）「理性」觀是什麼？有待於深入討論。研究本

身就已經預設了溝通的必要與可能在眾多的「本土的心靈」背後難道沒有一些commonalities？

The Development of the Discipline of
Adult Education in the United States

Sharan B. Merriam

Adult education as a discipline in the United States is a relative newcomer compared to other areas of education, other fields of practice such as medicine and law, and other disciplines. In fact, whether it can be considered a discipline at all is still debated in the U.S.A. Field of practice, applied discipline, a practical discipline,or a emerging discipline are more common terms used to describe the field of adult education. This paper traces the development of the knowledge base of adult education in the U.S. since the early decades of the twentieth century to the present. A major theme throughout its development is the tension between drawing from other disciplines versus developing a unique, indigenous body of knowledge. The final section of the paper addresses how social, professional, and academic forces are shaping the future development of the field of adult education.

Development Over Time: An Historical Perspective

The development of the field of adult education can be loosely divided into three time periods, each with a slightly different emphasis regarding the role of other disciplines in shaping the field. In the first period which encompasses the early decades of the twentieth century until the 1950s, the field drew from and was defined by other disciplines. The period between the 1960s and the 1980s witnessed the field's effort to develop its own knowledge base through research and theory building. From the 1980s until the present, the field is being influenced, but not defined by other disciplines.

Early Decades to the 1950s

While the idea and spirit of adult education have existed for centuries, the establishment of adult education as a systematic, formalized field of practice can be traced to the establishment of American Association for Adult Education (AAAE) in 1926, and to the founding of the first graduate program in adult education at Teachers College, Columbia University in 1930. Professional associations and formal training programs are two crucial components in the development of any profession. However, until a cadre of trained practitioners and scholars could begin developing the knowledge base of adult education, much of what was understood about adult education came from other disciplines.

The disciplines of psychology and sociology in particular heavily influenced the field. Their influence can be seen in the research and writing on adult learning and participation that formed a large share of the knowledge base in these early decades. Psychologists Thorndike, Bregman, Tilton, and Woodyard's (1928) book, Adult Learning, represented the first systematic investigations of adult learning. They tested people between fourteen and fifty years of age on various memory and learning tasks and concluded that adults of age twenty-five to forty-five...learn at nearly the same rate and in nearly the same manner as they would have learned the same thing at twenty (pp.178-179). They constructed a learning curve, suggesting that the rate of learning declines one percent per year between the ages of twenty-five and fifty. Later when Lorge (1944) focused on power, or ability to learn, rather than on the speed or rate of learning (that is, when time pressure was removed), adults up to age seventy performed as well as younger adults.

Psychologists and educational psychologists were also interested in other areas of learning such as intelligence testing, problem solving, memory, and cognitive functioning and cognitive development. From this period came the development of intelligence tests, one of which was designed for adults (Wechsler, 1958). Much of the work on learning from this era assumed that learning was the same for adults as children. When adults were the focus of this research, most investigations were framed in terms of chronological age. That is, researchers investigated how advancing age influences the ability to remember, to process information, and to problem solve. Since much of this research was and still is conducted in laboratory settings, making applications to real-life situations is questionable. It was in this period that Piaget (1952) proposed his stages of cognitive development that have influenced much subsequent work with adults as well as children.

Early investigations on participation were conducted by sociologists or social psychologists. A study of participation published in 1943 by Kaplan sought to determine how gender, age, marital status, level of education, economic status, occupation, nationality, and accessibility of resources related to participation. Twenty years later, the sociologist Jack London analyzed participation from a social class perspective (1963). However, after this publication the focus on participation shifted to determining the motivations of adults who participate. Other examples of contributions to the knowledge base in this period include Stanley's *The Way Out* (1923), a collection of essays by various writers who viewed adult education as the way to solve various social problems, and Yeaxlee's (1935) book about spiritual values in adult education; even popular writers contributed such as novelist and social commentator Dorothy Canfield Fisher, who popularized adult education with her book, Why Stop Learning? (1927), and Pearl Buck (1945) who wrote about community and adult education in China.

In this early period of the development of the field, not only was most of the writing and research coming from psychologists, sociologists, historians, philosophers and social commentators, nearly all professors of adult education themselves had been trained in other disciplines. The slow growth of an academic field of adult education necessitated drawing from other disciplines. At the first organizational meeting of professors of adult education held in 1955, for example, the organizers could find no more than twenty-eight professors of adult education in North America, and only fifteen of them had full-time assignments to the area (Houle, 1991, p.xiv). Today, professors of adult education number nearly 400. Further, by 1962 there were only sixteen graduate programs in North America; in 1990, the number was approximately 180 (Peters & Kreitlow, 1991).

Growth Period: 1960s to the 1980s

Adult education as an applied discipline with its own knowledge base, professional associations, and training programs, came of age in the period between the 1960s and the 1980s. It is also during this period that outside disciplines loosened their hold on the field and scholars and practitioners began to look to their own practice for generating knowledge about adult education. Underlying this movement was the assumption that in order to develop a field of practice that could be differentiated from other areas of education, the field needed to be defined by its own knowledge base, not that drawn from other disciplines.

In 1964, the book, Adult Education: Outlines of an Emerging Field of University Study (Jensen, Liveright, & Hallenbeck) was published. This book can be seen as signifying a shift in the development of the knowledge base of adult education from looking at other disciplines for shaping the field to focusing on the field itself. This book was an attempt to portray the knowledge base of the field as it had developed up until the 1960s. Chapters in this book discuss the status of adult education as a field of graduate study, some aspects of practice such as program development, and how six social science disciplines have shaped the field of adult education. A chapter by Jensen (1964) lays out how adult education borrows knowledge from other disciplines and applies it to the practice of adult education, and Liveright in the same volume writes that because of the nature of the profession, much of the content of a graduate program must at this time be based upon and borrowed from other disciplines (Jensen, Liveright, & Hallenbeck, p.100).

Since the late 1960s, however, as part of the movement toward establishing an identity of its own, adult educators have criticized the practice of borrowing so heavily from other disciplines:

First, critics say that scholars in adult education run the risk of having the related disciplines define adult education for them, especially if the scholars have not clearly identified their own aims and methods. Second, adult educators may apply concepts and theories to adult education that were not originally developed for adult education situations, thus making their relevance questionable. Third, adult educators who are untrained in the related disciplines run the risk of not fully understanding the complexities of the theories and research they seek to borrow, thus committing an error of interpretation. Fourth, adult educators are in danger of naively mixing basically different philosophical and conceptual constructs as if they had the same origins and thus may transfer to adult education material that is internally inconsistent and perhaps invalid. (Peters & Jarvis, 1991, pp.185-186)

Perhaps because the learning of adults is the glue that ties together a field that is diverse in content, clientele, and delivery systems, the investigation of how adults learn differently from children became the focus of much of the effort to define the field and shift focus from other disciplines to adult education. Indeed, researchers looked to adult learners themselves in an effort to codify these differences into a set of principles, a model, or even a theory of adult learning. Of course these attempts were informed by research and knowledge from other disciplines, especially psychology, but this time, trained adult educators were deriving theories from the practice of adult education. Three such efforts-andragogy, self-directed learning, transformational learning-are briefly reviewed below.

In 1970, Malcolm Knowles introduced educators to the European concept of andragogy, meaning "the art and science of helping adults learn" (1980, p.43). In contrast to pedagogy, helping children learn, andragogy became a means of distinguishing adult learning from preadult learning. While many practitioners have never heard of andragogy, the assumptions underlying the "theory" are readily identifiable in even a cursory examination of one's own learning experiences. The author's physical problem with knee pain can serve as an example of the assumptions underlying andragogy.

First, adult learning is characterized by being problem-centered rather than subject-centered, and by the need for immediate, rather than postponed application of knowledge. I was not interested in anatomy as a subject, but in the anatomy of my knee and probable causes of my problem and what could be done about it now. The second assumption, that adult learning is related to an adult's readiness to learn which is associated with life stage and life tasks, played out in my case with regard to my age and physical condition (my knee was not a problem as a young adult!). Knee pain presented the "teachable moment;" there would have been no interest in this topic otherwise. Third, an adult has accumulated a reservoir of experience that becomes a resource for learning. I had joint problems before and surgery before. These experiences became reference points in understanding this new problem. Fourth, adults become increasingly independent and self-directed as they age. This means that they can participate in diagnosing, planning, and evaluating their own learning needs. I did not, for example, feel it would be helpful to view a video on knee replacement surgery; I also decided if and when

I would have surgery. Finally, as is certainly true in this example, adult learners are more often motivated by internal needs than by external pressures.

The merits of andragogy as a "theory" of adult learning have been debated over the years with an emerging consensus being that while not really a theory of adult learning, andragogy does capture general characteristics of adult learners, and does offer guidelines for planning instruction with learners who tend to be at least somewhat independent and self-directed.

Grounded in the notion that adults are independent beings who can take control of their own learning, the area of self-directed learning draws from the same humanistic philosophy as andragogy. While not an actual "theory" of adult learning, self-directed learning continues to generate more writing and research than other areas of adult learning. Inspired by the "learning-oriented" participants in Houle's (1961) work, Tough's (1979) study of adults' learning projects is generally considered the seminal work in this area. He found that nearly 90 percent of adults are engaged in learning projects, approximately 70 percent of which are planned, implemented, and evaluated by the learners themselves. Numerous studies with diverse samples have largely supported Tough's original findings.

Currently, several distinct aspects of self-directed learning are being investigated. First is the effort to understand the process of self-directed learning. Most familiar is the linear, step-wise process of assessing one's needs, selecting learning activities to meet those needs, etc., described by Knowles and Tough. Another understanding of the process is that it is much more haphazard, circuitous, and dependent upon the context and circumstances of each individual learner. Yet another model builds on the context and circumstances but also documents the cognitive process involved.

A second aspect of self-directed learning being investigated is the extent to which adults are naturally self-directed, and whether they can become more self-directed with practice and/or age. In summarizing this research, Caffarella (1993, p.30) identifies four variables that appear to determine whether learners exhibit self-directedness: "their level of technical skills, their familiarity with subject matter, their sense of personal competence as learners, and the context of the learning event" (p.30).

The third thrust of this research is how to foster learner autonomy and control in formal, educational settings. This requires some adjustments on the part of both teachers and learners. Models of instruction that promote greater student self-direction have been proposed by several writers.

The third distinct contribution to the knowledge base of adult learning has been termed transformational learning. More than either andragogy of self-directed learning, authors of transformational learning do claim to have a "theory" of learning that is uniquely adult. While there are several strands of transformational learning theory, all have as their central core the notion that significant learning experiences change the learner in fundamental ways. "The process can be gradual or sudden, and it can occur in a structured education environment or in the classroom of ordinary life. Transformational learning, is, in short, a normal part of our lives and intimately connected to the developmental process" (Clark, 1993, p.47).

Mezirow's theory of perspective transformation, first formulated in the late 1970s, is the cornerstone of this orientation to adult learning. He describes this distinguishing form of adult learning as "becoming critically aware of how and why our presuppositions have come to constrain the way we perceive, understand, and feel about our world; of reformulating these assumptions to permit a more inclusive, discriminating, permeable, integrative perspective, and of making decisions or otherwise acting upon these new understandings" (1990, p.14). The more developed or complex we become, the better able we are to handle the mental demands of modern life (Kegan, 1994).

Another theorist, Paulo Freire, has had a substantial impact on adult learning theory. While Mezirow tends to concentrate on personal transformation, Brazilian educator and philosopher Paulo Freire (1970) sees personal transformation in the service of social change. Through critical reflection in a community of learners, oppressive social structures are exposed and individuals become empowered to act to change the world. Praxis, the combination of reflection and action, is key to his theory, as is the political nature of education. From his perspective, education is never neutral--it either domesticates or it liberates.

Mezirow's theory has stimulated much debate and research in the field. Of particular interest has been the process of perspective transformation, the relationship of transformation to social context, and whether this kind of learning is limited to adulthood., Mezirow, Freire, and others have provided guidelines and instructional strategies for facilitating transformational learning and development with adult students in settings ranging from basic literacy programs to higher education.

While the shift away from borrowing from other disciplines can be dramatically seen in the research and theory building efforts in adult learning, other areas of the knowledge base of adult education were also being developed. Different processes germane to the practice of adult education such as program planning, administration, evaluation, and the teaching-learning transaction were being investigated and written about. Research was also conducted on the learning needs and interests of adults, on the who, what, and why of participation, and on state and federal policy formation. Furthermore, adult educators were beginning to specialize in what have become sub-fields of practice including continuing professional education, distance education, literacy and basic education, gerontology, and human resource development. Specialization, it is thought by some, occurs as a field becomes more professional; indeed, professional associations and academic preparation often center on particular sub-fields or specializations.

By the late 1980s then, the field of adult education had moved from being invisible or at least marginalized, to one with professional status, a knowledge base identified as belonging to adult education, and a cadre of scholars and practitioners trained in the field. No field or discipline remains static, however. Overlapping with the growth period between the 1960s and the 1980s is the most recent period of development.

Merging Perspectives: 1980s to the Present

It is somewhat misleading to present the discipline's growth period as inward looking and ignoring the influence of other disciplines. As noted above, the development of models and theories of adult learning drew heavily from psychology and humanistic philosophy. Program planning models were fairly behavioristic and some work in literacy reflected sociological concepts. However, rather than borrowing whole theories, models, or concepts and plunking them down on top of adult education, the work between the 1960s and 1980s was less directly informed by other disciplines. The usefulness of other disciplines was implicitly determined by how well they actually fit aspects of the practice of adult education. In the present period, other disciplines are being used as tools for better understanding the practice of adult education. To demonstrate this change, albeit somewhat subtle, in how concepts and theories from other disciplines are being used as tools, we can look at the areas of situated cognition, critical theory, postmodern and feminist theory.

A recent theory of learning emerging from cognitive psychology known loosely as "situated cognition" has demonstrated that the context in which learning takes place is crucial to the nature of the learning, as are the tools in that setting, and the social interaction with others. Understanding human cognition means examining it in situations of authentic activity in which actual cognitive processes are required, rather than the simulated ones typical of school. Experiments with grocery shoppers is a good example of the difference. Comparison pricing was found to be considerably more accurate in the activity of shopping (98 percent error-free) than in doing identical calculations on a paper and pencil test in the classroom (59 percent error-free) (Lave, Murtaugh, & de la Rocha, 1984).

The notion of situated cognition resonates well with what we already know about adult learning. Locating learning in the real-life experiences of adults has long been promoted as good adult education practice. Schon (1983, 1987), for example, is noted for promoting contextually-based reflective practice. Knowledge gained in school is not enough to make a reflective practitioner. One must also engage in the actual practice. Others recommend apprenticeships, internships, and practicums where one can learn through modeling, coaching, and trial-and-error.

Critical theory, postmodernism, and feminist pedagogy all draw from the disciplines of sociology and critical social theory. Unlike the psychologically-based focus on individual adults, for the most part these perspectives analyze the context where learning takes place: the larger systems in society, the culture and institutions that shape learning, the structural and historical conditions framing, indeed defining, the practice of adult education as we know it today. Questions are raised regarding whose interests are being served by the programs offered, who really has access to these programs, who holds the power to make changes, and what are the intended and unintended outcomes of the way in which adult education and learning opportunities are structured. While there are differences among these orientations, there are at least three themes that characterize these perspectives.

First, race, class, and gender and their intersections are powerful determinants of the kinds of experiences adults have in adult education. These structures are placed center stage in analyzing the power dynamics and the distribution of resources in a particular context. The context can be defined as broadly as society, an institution in society, or even a specific adult education setting. Second, social inequities in society, including those found in education, stem from power-based relationships. One of the major tasks of a critical analysis is to uncover and expose these power relationships wherein the domination of one group's interest results in the oppression of other groups. Radical adult educators like Freire have been examining these issues for decades. Third, these various schools of thought contest the nature of truth and the construction of knowledge. Habermas, the major spokesperson for critical theory has proposed that there are three types of knowledge-that having to do with basic facts, that which is interpretive as in interchanges with others, and emancipatory, or that which addresses the forces of society that empower or disempower (Merriam & Caffarella, 1999, p.349). Postmodernism posits that there is no single truth or reality or knowledge independent of the knower. Postmodernists celebrate diversity among people, ideas, and institutions. By accepting the diversity and plurality of the world, no one element is privileged or more powerful than another. These perspectives on knowledge and truth in particular, have implications for the development of the knowledge base of adult education and are discussed in the last section of the paper.

Of these newer perspectives, probably the one having the most impact on the practice of adult education is feminist scholarship.

There are many feminist theories derived from psychological and sociological analyses. These analyses extend to women's modes of learning and the classroom, both of which reflect the larger social world of power and privilege inherent in a patriarchal system. Feminist pedagogy is specifically concerned with (1) how to teach women more effectively so that they gain a sense of their ability to effect change in their own lives, (2) an emphasis on connection and relationship (rather than separation) with both the knowledge learned and the facilitator and other learners, and (3) women's emerging sense of personal power (Tisdell, 1993, p.93; see also Tisdell, 1998). Tisdell (1995, 1998) has proposed concrete strategies and a comprehensive model for applying feminist pedagogy to the practical realm of adult education. Her model draws from a wide range of literature including feminist theory, critical theory, postmodernism, and multiculturalism.

In addition to what these perspectives have to offer in further conceptualizing adult learning, they are being applied to, among other areas of practice, program planning theory (Cervero & Wilson, 1994), the nature of work (Hart, 1992), professionalization of the field (Collins, 1991), and self-directed learning (Brookfield, 1993). In short, the last decade and a half has seen an infusion into adult education of perspectives from other disciplines. These other perspectives have functioned as lens or tools with which to see the field somewhat differently than previously, with the inevitable outcome of a continued defining of the field as it evolves.

Some Thoughts on the Future Development of Adult Education

In 1991, Adult Education: Evolution and Achievements in a Developing Field of Study (Peters, Jarvis, & Associates) was published as a sequel to the 1964 book on the same topic. The purpose of the book was to document the nature of the knowledge base of adult education since 1964, and to chart future trends and directions for research and theory building. With regard to the place of other disciplines in the development of the adult education knowledge base, Peters (1991) observes that even as the field of study has evolved from a position of being strongly dependent on the disciplines during its first forty years or so to a less dependent status over the past twenty years, leading scholars are still ambivalent about what ought to be the proper relationship between adult education and related disciplines (p.428). Peters's uggestion is that adult education align itself with the broader field of educational practice rather than with supporting disciplines. Adult educators are first and foremost members of the education profession, not members of the disciplines. This position locates the field alongside the related disciplines, not in them (p.434). This in fact seems to be what is happening. Adult education practice is the focus of research and theory building even as the tools of other disciplines are used to analyze our practice and build our theories.

That is not to suggest that the development of the knowledge base of adult education is unaffected by other factors. Deshler (1991) suggests that the field has emerged and continues to be shaped by social, professional, and academic issues. Of social issues he observes that since 1964, the field of practice, the field of study, and the body of knowledge of adult education have developed amid the context of the cold war, racism and human rights, the role and status of women, the arms race and the peace movement, technological change and obsolescence, internationalization and development, and environmental survival (p.385). These issues, he believes, can provide a starting point for the creation of knowledge and practice in the future: Is adult education merely an instrumental device in service of and training people for the reproduction of social injustice, inequities, unbridled development, and uncritical modernization?(P. 402).

Professional issues are also intertwined with the development of the knowledge base. Most professions claim a unique knowledge base that one must become trained in to be a member of the profession. However, thousands of practitioners who work with adults in an educational context do not even know there's a field of adult education. Their knowledge is equally important to understanding a field as diverse as adult education. The question then becomes one of what professionalization should look like--the standard professions, a more applied model, some hybrid? And what does this mean for both the training of future professionals and the nature of the body of professional knowledge that defines the field? These questions are still being addressed at professional meetings in the field.

Interwoven with both social and professional issues are academic issues. In addition to the nature of graduate preparation and the structural positioning of graduate programs in higher education, academic issues center on the production of the body of knowledge of adult education. How inclusive is the knowledge base? Does informal, practitioner knowledge or popular knowledge count? Who decides? Who produces, funds, and benefits from research conducted in the field? Still another point of tension is over the degree to which the body of knowledge of adult education is dominated by Western cultural and academic ways of thinking and styles of academic research (Deshler, 1991, p.412).

Deshler and others writing about the future development of the knowledge base of adult education reflect the critical perspectives that have informed adult education in recent years. Deshler in fact concludes his analysis by pointing out that if the field of study takes a critical perspective on this debate and takes charge of its own destiny for the sake of its practitioners and for those it is serving, it will avoid becoming an unwitting accomplice to the reproduction of social values and purposes that are not its own (1991, p.414). Likewise, Merriam and Brockett (1998) conclude that the future of the field will be determined by what counts as adult education and who counts as an adult educator. The development of the knowledge base of adult education will reflect how we answer these two important questions.

References

Brookfield, S. (1993). Self-directed learning, political clarity, and the
    critical practice of adult education. *Adult Education Quarterly*

43(4), 227-242.

Buck, P. S. (1945). *Tell the people.* New York: Day.

Caffarella, R. S. (1993). Self-directed learning. In S.B. Merriam (Ed.), *An update on adult learning theory* (pp.25-35), New Directions in Adult and Continuing Education, No. 57, San Francisco: Jossey-Bass.

Cervero, R. M. & Wilson, A. L. (1994). *Planning responsibly for adult education: A guide to negotiating power and interests.* San Francisco: Jossey-Bass.

Clark, M. C. (1993). Transformational learning. In S. B. Merriam (Ed.), *An update on adult learning theory* (pp.47-56). New Directions in Adult and Continuing Education, No. 57, San Francisco: Jossey-Bass.

Collins, M. (1991). *Adult education as vocation.* New York: Routledge.

Fisher, D. C. (1927). *Why stop learning?* Orlando, Fla: Harcourt Brace Jovanovich.

Freire, P. (1970). *Pedogogy of the oppressed.* New York: Continuum.

Hart, M. (1992). *Working and education for life: Feminist and international perspectives on adult education.* New York: Routledge.

Houle, C. (1961). *The inquiring mind.* Madison: University of Wisconsin Press.

Houle, C. (1991). Forward. In J. M. Peters & P. Jarvis (Eds.). *Adult education: Evolution and Achievements in a developing field of study.* San Francisco: Jossey-Bass.

Jensen, G. (1964). How adult education borrows and reformulates knowledge of other disciplines. In G. Jensen, A.A. Liveright, & W. Hallenbeck (Eds.), *Adult education: Outlines of an emerging field of university study*. Washington, D. C.: American Association for Adult and Continuing Education.

Jensen, G., Liveright, A. A., & Hallenbeck, W. (Eds.). (1964). *Adult education: Outlines of an emerging field of university study*. Washington, D. C.: American Association for Adult and Continuing Education.

Kaplan, A. A. (1943). *Socio-economic circumstances and adult participation in certain cultural and educational activities*. New York: Teachers College Press.

Kegan, R. (1994). *In over our heads: The mental demands of modern life*. Cambridge, Mass: Harvard University Press.

Knowles, M. S. (1980). *The modern practice of adult education: From Pedagogy to andragogy*. (2nd ed.), New York: Cambridge Books.

Lave, J., Murtaugh M., & de la Rocha, O. The dialectic of arithmetic in grocery shopping. In B. Rogoff & J. Lave (Eds.), *Everyday cognition: Its development in social context*. Cambridge, MA: Harvard University Press.

Lorge, I. (1944). Intellectual changes during maturity and old age. *Review of Educational Research*, 14(4), 438-443.

Maher, F. A. (1987). Toward a richer theory of feminist pedagogy A comparison of Aliberation and Agender models for teaching and learning. *Journal of Education*, 169, 91-100.

Merriam, S. B. & Caffarella, R. S. (1999). *Learning in adulthood*, (2nd ed.), San Francisco: Jossey-Bass.

Merriam, S. B. & Brockett, R. G. (1997). *The profession and practice of adult education*. San Francisco: Jossey-Bass.

Mezirow, J. & Associates (1990). *Fostering critical reflection in adulthood; A guide to transformative and emancipatory education*. San Francisco: Jossey-Bass.

Peters, J. M. (1991). Advancing the study of adult education: A summary perspective. In J. M. Peters & P. Jarvis & Associates (Eds.), *Adult education: Evolution and achievements in a developing field of study* (pp.421-446). San Francisco: Jossey-Bass.

Peters, J. M., Jarvis, P., & Associates (1991). *Adult education: Evolution and achievements in a developing field of study*. San Francisco: Jossey-Bass.

Peters, J. M. & Kreitlow, B. W. (1991). Growth and future of graduate programs. In J.M. Peters & P. Jarvis & Associates (Eds.), *Adult education: Evolution and achievements in a developing field of study* (pp.145-184), San Francisco: Jossey-Bass.

Piaget, J. (1952). *The origins of intelligence in children*. New York: International Universities Press.

Schon, D.A. (1983). *The reflective practitioner: How professionals think in action*. New York: Basic Books.

Schon, D.A. (1987). *Educating the reflective practitioner: Toward anew design for teaching and learning in the professions*. San Francisco: Jossey-Bass.

Stanley, O. (Ed.) (1923). *The way out: Essays on the meaning and purpose of adult education*. Oxford, England: Oxford University Press.

Thorndike, E. L. Bregman, E. O., Tilton, J. W. & Woodyard, E. (1928). *Adult learning.* New York: Macmillian

Tisdell, E.J. (1993). Feminism and adult learning: Power, pedagogy, and praxis. In S.B. Merriam (Ed.). *An update on adult learning theory* (pp.91-103). New Directions for Adult and Continuing Education, Vol. 57. San Francisco: Jossey-Bass.

Tisdell, E.J. (1995). *Creating inclusive adult learning environments: Insights from multicultural education and feminist pedagogy.* Information Series no.361. Columbus, OH: ERIC Clearinghouse on adult, Career, and Vocational Education.

Tisdell, E. J. (1998). Poststructural feminist pedagogies: The possibilities and limitations of a feminist emancipatory adult learning theory and practice. *Adult Education Quarterly*, 48(3), 139-156.

Tough, A. (1979). *The adult's learning projects: A fresh approach to theory and practice in adult learning.* (2nd ed.), Toronto: Ontario Institute for Studies in Education.

Wechsler, D. (1958). *The measure and appraisal of adult intelligence.* (4th ed.). Baltimore: Williams & Wilkins.

Yeaxlee, B. A. (1925). *Spiritual values in adult education.* 2 vols. Oxford, England; Oxford University Press.

美國成人教育學科的發展

吳美娟◎譯

成人教育在美國作為一門學科，相較於教育的其他領域來說，例如，醫藥、法律以及其他學科，是相當新的。事實上，是否它能視為一門學科，在美國仍有許多爭辯，我們常聽到下列用來描述成人教育的術語，像實踐的領域、應用的學科、實務的學科或新興的學科。這篇文章追溯從二十世紀初到現在美國成人教育知識發展基礎，一個主要的主題貫穿這個發展的是介於取法於其他學科和發展成一門唯一的本有的知識體系之間的張力，本文最後陳述社會、專業、學術的力量如何影響成人教育的未來發展。

歷時發展：歷史的觀點

　　成人教育的發展可被粗略分為三個時期，每一個都約略和影響這個學科的其他學科有關。第一個時期從二十世紀初至一九五〇年，這個領域取法於其他學科，並被其他學科所定位；從一九六〇至一九八〇這個時期主要在經由研究及理論建構發展一己之知識基礎；從一九八〇年迄今，這領域被其他學科所影響，但已不被其他學科所定位。

早期到一九五〇年

　　幾世紀以來，成人教育的理念與精神，成人教育作為一門系統的、正規的實踐領域，可被追溯於一九二六年「美國成人教育協會」（AAAE）創立，及一九三〇年哥倫比亞教師學院成立第一所成人教育研究所。專業組織及正規訓練課程對任何一門專業所言，都是兩個最重要因素，儘管要到一批受過訓練的實踐者及學

者能夠發展成人教育的知識基礎，成人教育才開始取法於其他學科。

　　心理學及社會學影響尤為深遠，它們的影響可從早年成人學習及參與的研究報告和這兩門學科都共有知識基礎可見一斑。心理學家Thorndike，Bregman，Tilton，Woodyard所寫的成人學習代表第一本有關成人學習的系統研究，他們測驗從十四到五十歲的人口中不同的記憶力及學習任務，結論是成人當他們若是在二十歲時學到一樣的事情，自二十五至四十五歲學習速率幾乎相同，態度也差不多。他們建構一個學習曲線，提出學習的速率每年減緩一個百分點，從二十五至五十歲。接著當Lorge致力於能量及學習能力而非學習速率時，時間壓力因素被排除，成人到七十歲都可以表現和年輕人一樣好。

　　心理學和教育心理學者對學習的其他領域，像智力測驗、問題解決、記憶力、認知功能及認知發展等的興趣也影響到成人教育。當發展到智力測驗時期時，也有針對成人設計的測驗。本時期的學習假設成人和兒童在學習方面是一樣的，當成人是研究的焦點，許多研究被限定為依年齡排列，也就是說，研究者探索年齡的發展如何影響記憶力、資訊傳遞及問題解決。但因為這些研究是在實驗室中進行的，應用到實際生活便令人質疑。此期皮亞傑提出的認知發展階段，影響後來的成人以及兒童即為一例。

　　早期有關於參與的研究多由社會學家及社會心理學家主導，Kaplan在一九四三年發表的一個研究是決定性別、年齡、婚姻狀態、教育程度、經濟狀況、職業、國籍及資源獲得管道如何影響其參與。二十年後社會學家Jack London從社會階層觀點分析參與，儘管研究焦點已從參與轉移到決定何者為成人參與者的動機。其他的例子在這段時期影響知識基礎的，像Stanley（1923）《The Way Out》集結不同作者的文章，視成人教育解決許多社會問

題的方法。Yeaxlee（1935）探討成人教育的精神價值。其他的通俗作家像小說家及社會評論者Dorothy Canfield Fisher在其書中使成人教育一般化，如其在《*Why Stop Learning*》（1927）中所表達的。Pearl buck（1945）則描寫中國的社區及成人教育。

　　早期在這領域中的發展，不僅大部份都是由心理學家、社會學家、歷史學家、哲學家、社會評論家所寫的，幾乎所有的成人教育教授都受過其他學科的訓練，成人教育學術領域的發展緩慢不可避免和取法於其他學科有關。當首度成人教育教授們在一九五五年開組織會議時，組織發現在北美成人教育僅有低於二十八個教授，而且只有十五個人是全職的，今天成人教育的教授總數約四百。在一九六二年前在北美只有六十個研究所課程，在一九九〇年則接近一百八十個。

成長期：一九六〇至一九八〇

　　成人教育作為一門教育學科，自有其知識基礎、專業組織及訓練課程，尤其是從一九六〇至一九八〇的發展。也是在這段時期，成人教育學者及實務工作者減少取法於外，而開始發展一己之知識。基本假設是為了發展一個實踐領域不同於教育的其他領域，這個領域必須有自己的知識基礎，而非從其他學科汲取。一九六四年Jensen，Liveright及Hallenbeck出版了《成人教育：大學研究中一門逐漸興起的領域概況》，這本書可說是為成人教育基礎發展中，標示了一個轉變。從其他學科來看，這本書使這個領域專注於它本身的發展。這本書勾勒出本領域直到一九六〇年的知識發展基礎，如以方案發展及六個社會科學學科如何影響成人教育等觀點，陳述成人教育狀態為漸進研究的領域。Jensen在其中一章描述成人教育如何取法於外及將其應用於成人教育的實務工

作，Liveright在同一卷中寫出因爲這門專業的本質，研究所課程的內容大部份在這時期仍是基於且從其他學科借用所來。

從一九六○年晚期，儘管思潮部分內容企圖建立自己的認同，成人教育工作者仍被批評從其他領域借得太多：

首先，批評家說，成人教育學者的危機在於以其他學科來界定自己，特別當學者沒有清楚認識自己目標和方法時。第二，成人教育學者也許應用概念及理論在其領域，但是這些概念並非是爲成人教育情境所發展的，因此使他們的相關性受到質疑。第三，成人教育工作者沒有受過其他相關學科的訓練，可能有無法理解他們所借理論研究的複雜性的危險，產生詮釋上錯誤。第四，成人教育工作者天眞的混合基本上完全不同的兩種東西，例如，哲學及概念架構假定他們有同樣的根源，再將之轉化到成人教育教材中，會產生內在性不一致及無效的危險。

也許成人的學習就像膠水一樣，連接起這個領域中分歧的內容、對象及傳播系統。對於以成人的學習和兒童之間的不同成爲研究的焦點，此用以界定這個領域，同時從其它學科轉移焦點到成人教育本身。事實上，研究者視成人學習者並將這些差異化爲一些成人學習原則、模式或理論，當然這些努力均藉由其他學科的研究及知識來傳達，特別是心理學，但這次訓練成人教育者的理論奠基於成人教育的實踐，以下將介紹三種主要努力的方向：andragogy，自我導向學習及轉化學習。

一九七○年Malcolm Knowles介紹歐洲所謂andragogy的概念，亦謂幫助成人學習的技術及科學，相對於教學（pedagogy）是所謂幫助兒童學習，andragogy成爲分辨成人學習與未成人學習者。當很多實踐者沒有聽過andragogy這個字，隱含在這個理論下的假設，可粗略的以個人的經驗來予以檢視，譬如作者的膝蓋疼痛可爲一例。

首先，成人學習是以問題為核心而非以主題為核心，有著直接的需要，而非知識的延緩應用。如作者對解剖學並不感興趣，但因其可幫助我解決膝蓋問題所以研究它。第二，成人學習是和成人的學習準備度，也就是生活階段和生活任務有關，拿作者的例子來講，膝蓋疼痛源於年紀與生理狀況，膝蓋疼痛時讓人得到教訓，其他時候（例如，年輕時）對此話題不會有興趣。第三，成人累積了許多的經驗成為學習的資源，例如，作者將過去的問題和手術連接起來，成為瞭解新的問題的參考點。第四，成人隨著年齡愈來愈獨立及自我引導，這也就是說他們可以參與診斷、計畫、評量自己學習需要，舉例來說，作者認為觀看膝蓋移植錄影帶是無用的，也因此決定是否以及何時要動手術。最後一點是成人學習者多被內在需求而非外在壓力所驅使。

　　andragogy 作為一個成人學習理論的好處，在過去幾年來一直在爭辯中，雖然已逐漸有了共識，但是仍不成為一門真正的理論，andragogy 無法抓住成人學習者的一般特徵及提供計畫學習的綱要，特別當學習者本身是有些獨立及自我引導時。

　　基於成人是獨立的個人，能自我控制他們的學習，自我引導學習領域即是從相同的人文哲學像andragogy（成人的教學）來的。並非一種成人學習的實際理論，相較於成人學習其他領域，自我引導學習仍不斷產生許多文獻及研究。從Houle（1961）的學習導向參與者開始，及Tough（1979）有關成人學習方案的研究，為這領域的初期研究，他發現百分之九十的成人參與學習方案，約有百分之七十是自我計畫、實施及評鑑的，有無數的研究及不同的例證，大多支持Tough的原始發現。

　　近來一些自我引導學習的明顯觀點不斷被探究，首先是瞭解自我引導學習的過程，耳熟能詳的像是線性的階段的評估個人的需要，選擇學習活動以適合這些需要的過程，像Knowles及Tough

的研究即是。再來就是這個過程是偶然的、迂迴的，同時和整個脈絡及學習者的環境息息相關。另外，有一個模式基於脈絡及環境，但同時也考量認知過程。

第二，個有關自我引導學習的觀點，是成人多半是自然的自我引導，他們的引導會隨著練習及年齡而增加。Caffarella（1993）舉出決定學習者表現出自我引導的四個變因為：他們的科技技能程度，他們對主題事物熟悉程度，他們對於自己作為學習者個人能力的瞭解、以及學習事件的脈絡。

第三，有關於如何增進學習者自主力及在正規的教育情境中的控制，是同時需要教師及學習者雙方的調適的，有許多教學模式都在倡導如何增進學生自我引導的能力發展。

使成人學習知識基礎不同於他者的第三個特徵為轉化式學習。比andragogy的自我引導學習更進一步，轉化學習的作者倡導這種學習理論是只有成人才有，儘管轉化學習理論有不同流派各有其中心概念，使學習經驗從基本上來改變學習者，這個過程也許是漸進或偶發的，它能發生在結構式的教育環境或教室日常生活中。轉化式學習，簡而言之，是我們日常生活的一部分，並且和發展過程緊密相連（Clark, 1993）。

Mezirow的觀點轉化理論形成於一九七〇年晚期，是成人學習方向的基石，他描述成人學習的特徵為「對於為何及如何我們的前題限制我們認知理解及感覺世界逐漸有批判的理解，藉此重新形成假設，允許更具包容力、辨別力、滲透力的整合的觀點的形成，並基於此理解來做決定同時表現出來。」我們的發展愈複雜，我們愈能掌握處於當代生活的心理需求。

另外一個理論家Paulo Freire對於成人學習理論也有重大影響，他視個人轉化是為社會改變來服務的。經由對學習團體的批判反省，社會被壓迫的結構被揭發，個人被賦予能力，使其更能

改變世界。實踐力結合了反省及行為，是他理論的重點，也就是教育的政治本質，從他的觀點來看教育從來就不是中立的。

Mezirow的理論刺激這個領域中許多爭辯及研究，對於觀點轉化的過程、轉化和社會脈絡的關係，及是否這種形式的學習只限定在成人階段。Mezirow及Freire對於從基礎識字到高等教育中，如何藉提供綱要及教學策略來促進轉化學習及成人學生的發展，都有所著墨。

當從其他學科借法在成人學習研究理論建立中已有了戲劇化轉變，成人教育其他領域的基礎也在發展中，像課程方案計畫、行政評量及教學處理被探討，同時在成人的學習需要及興趣，參與的人事及原因，及州及聯邦政策的形成方面，也有進一步的研究。進而成人教育工作者在實踐的次層領域：像持續的職業教育、遠距教學、識字基本教育、老化現象研究及人類資源發展等，也愈來愈分工精細，分工化是專業化的特徵，事實上，專業組織及學術準備通常都是分工化的核心。

一九八○年晚期，成人教育領域從幾乎被漠視或邊緣化到有專業地位，知識基礎被認為在成人教育中及學者及實踐者的核心，沒有一門學科是靜止不變的，一九六○到一九八○年間的成長時期，是最晚近的發展階段。

被吞沒的觀點：一九八○年迄今

這個時期是內省而忽略其他學科的影響時期，如上指出成人學習的模式及理論發展大部份是從心理學及人文哲學方面而來，課程計畫模式相當行為主義，其中有許多反應出社會學的概念，從一九六○ 至一九八○不再光是從其他理論模式或概念整體套用在成人教育中，此階段較不受其他學科的直接影響，其他學科的

有用性在其是否能真正符合成人教育的實踐需要，在當前其他學科作為能更正確理解成人教育實踐的工具，為了顯示這種改變，我們可以從情境認知、批判理論、後現代及女性主義觀點來看。新興的認知心理學中的情境認知觀點認為在脈絡中學習之所以發生，是因應於學習的本質，這是情境中的工具，也是社會互動。瞭解人類認知意味著檢視在情境中真實的活動，在其中實際的認知過程如何被獲得，而不是模擬學校的狀況。在市場買菜是很好的例子，在購物活動中比較價錢被認為比一般來的準確，正確率高達百分之九十八，但是在紙筆測驗中卻只有百分之五十九的正確率。

情境認知的概念，和成人學習的概念互相呼應。將學習放在真實生活中的經驗，成人均可被提昇為好的成人教育實踐。Schon提出脈絡基礎的反省實踐，學校中的知識對成為反省實踐者是不夠的，人必須在真實的實踐中學習。其他的建議初學者、實習者或實踐者可經由模式化、嘗試錯誤及訓練指導來學習。

批判理論及後現代及女性主義教學，是從社會學及批判社會理論而來，不同於心理學基礎著眼於個人，這些觀點大部分在分析學習發生的情境，社會的系統文化及組織如何模塑學習，結構化及歷史狀態等。相關的問題包括：這些課程代表了誰的利益？誰真正有機會進入這些課程？誰有權改變？什麼是成人教育及學習機會在結構過程中意料中及非意料中的結果？這其中隱涵了三個主題：

第一，種族、階級、性別及交互作用，在成人教育的經驗中，是決定性的影響因素，這些結構分析在特別的情境中的權力、動力及資源分配，是相當中心的關鍵。脈絡被界定為大可及整個社會或社會中的一個機構，小則是特別的一個成人教育情況。第二，社會中的不平等，包括在教育中形成權力關係的基

礎，批判分析的一個主要任務，在於揭發這種在一個團體支配下的權力關係，利益導致其他團體受到壓迫，激進的成人教育家像Freire即探討此類問題。第三，是有關真實及知識建構的本質，Habermas提出三種類型的知識，一種是基於基本事實的，一種是在與他人的交互作用中被詮釋的，一種是解放的，即陳述社會力量和使其有能力或消除其能力的作用。後現代主義認爲沒有單一的真實或實體或知識獨立於認知者，後現代主義歡迎人類、理念及機構中的多元性，藉著接受多元，沒有單一元素比其他來說是優越的或有力的，這些觀點都對成人教育的知識基礎均有所影響。

在成人教育的實踐中最有影響力的應該是婦女學者的觀點，許多女性主義理論是從心理及社會分析而來，這些分析延伸到婦女學習模式及教室，這些都反應出大的社會的家族系統中權力及主要勢力。女性主義教學法特別關心：第一，如何教婦女有效的獲得能力以改善生活；第二，在知識學習及促進學習者中，強調連接及關係而非分離；第三，婦女對於個人力量逐漸自覺。Tisdell提出具體的策略及理解模式應用女性主義教學理論在成人教育實踐領域中，他的模式從女性主義理論、批判理論、後現代理論及多元文化理論而來。

以上這些觀點均使成人學習概念化，從計畫理論、工作本質、領域專業化、及自我引導學習等領域被提出來應用，簡而言之，這十五年來成人教育中有許多觀點是由其他學科所注入的，其他觀點作爲工具或者鏡片，是爲了看出這個領域中之前所沒有的意義，並不斷在重新界定這個領域。

關於成人教育未來發展的一些想法

在《一九九一年成人教育：在研究發展領域中的進化及成就》，這本書出版作為一九六四年同樣主題的續集，本書的目的將成人教育一九六四年知識基礎的本質作一整理，並指出未來研究及理論建構的方向，當談到其他學科在成人教育知識基礎發展時，Peters觀察到這個領域在最初四十年非常依賴，在最近二十年依賴減少，但學者們仍對於成人教育和其他學科之間正當關係感到衝突，他建議成人教育和教育實踐更大範圍合作，而不是靠其支撐。成人教育是首先的教育專業，而非只是學科的一門。這使成人教育和其他相關學科分開，這也是目前的實際狀況。成人教育實踐是目前研究與理論建構的焦點，即使它是藉著其他學科工具來分析和建構的。

這並不是說成人教育知識基礎不受其他因素所影響，Deshler建議這個領域是持續受到社會性、專業性、學術性議題所左右的，從一九六四年來，作為一門實踐領域、研究領域及知識體系，成人教育在冷戰、種族主義及人權運動、婦女的角色地位、武器競爭及和平運動、科技改變及退化、國際化及發展環保等脈絡中發展，這些議題都提供知識創造及實踐未來的發展途徑，成人教育難道只是訓練人類複製人類社會不平等、不公平、放縱的發展及無法批判的現代化的一種工具嗎？

知識的發展也和專業議題交織在一起，許多專家提倡一種獨特的知識基礎，以更能訓練其成員成為專業，儘管如此，數以千計的成人教育實務工作者並不知道真的有成人教育這個領域，他們對這個領域的認知是相當分歧的，這個問題便導致怎樣來看待專業化，是標準專業化？是應用模式？還是混合而成？這對於訓

練未來專業及界定這門領域的專業知識來說有何意義？這些問題仍是沒有定論的。

再來就是學術性議題，除了研究所的訓練及高等教育中結構性的課程，學術性議題集中在成人教育的知識體系，這個知識理論基礎包括什麼？非正式、實踐性知識或一般知識算不算知識之一？誰來決定？誰來製造、贊助？誰由研究中獲利？另一個關注的焦點即是西方文化、學術思考方式及學術研究形態，對於成人教育知識體系的支配程度如何。

Deshler及其他學者，反應出在成人教育中的批判觀點，Deshler認為從批判觀點來探討未來的走向及目的，將可避免成為社會價值及目的的複製中不聰明的共犯，同樣的Merriam和Brockett認為這個理論的未來，將會由什麼是成人教育及誰是成人教育工作者來決定，成人教育知識基礎的發展將反應出我們如何解答這兩個重要的問題。

第三部份

台灣近五十年來教育史學發展初探
（1949—1998）

周愚文

前言

「教育史」此一學科，很早即出現在西方的師資培育課程中，且拜此機緣，逐漸累積相當多的研究成果，而逐步發展成為獨立的學門，亦成為日後英哲皮德思（R. S. Peters）所謂四大教育基礎理論學門之一。[1]然而隨著時間的變遷，及新興學科不斷地發展，致使教育史逐漸退出原有的舞台。此一由盛而衰的現象，在英國師資培育課程演變史中即十分明顯，但該學門的發展卻未因此而中道衰落，研究方面仍有可觀的成果。[2]而類似課程上的變化，也出現在我國。[3]我國將「教育史」列入中小學師資培育課程，則首見於光緒二十九年（1904）所頒《奏定學堂章程》中。[4]至於研究方面，首部中國教育史專著，是日人所撰於一九〇二年由上海商務出版的《支那教學史》。[5]而國人自撰之中國教育史專書，當是清末黃紹箕草創，再由柳詒徵於一九一〇年撰成的《中國教育史》。[6]關於教育史學門在中國的發展狀況，大陸方面已有杜成憲、崔運武、王倫信等合撰之《中國教育史學九十年》，該書分析一九〇四年到一九九四年（九十年）之間大陸地區中國教育史學研究的發展狀況[7]，以及熊賢君所撰〈教育史學〉一文[8]，熊文中分析二十世紀初到中華人民共和國成立迄今中國的教育史學發展，範圍包括不只限於中國教育史，也包括對外國教育史的研究。而台灣地區方面，筆者去年曾從「教育史」課程的角度，探討〈百年來「教育史」在我國師資培育課程中地位的演變（1897－1998）〉，時間範圍涵括清末到民國三十八年中央政府遷台後的狀況。[9]然而對於遷台後近五十年來教育史研究方面的狀況，則未能觸及。

有鑑於此，本文首先在檢討台灣地區教育史學的發展狀況，

以補之前的缺憾。進而探討其國際化與本土化及未來展望。研究的範圍，在時間上是自民國三十八年至八十七年（1949－1998），內容上包括教育史的研究、教學及國際化與本土化。

　　本文以文獻分析為主，對於近五十年間的研究論著，則採計量分析。研究所用資料的來源，是透過以下書目及檢索系統蒐集：國立臺灣師範大學圖書館資訊檢索系統本館館藏目錄、中華民國期刊論文索引系統www版、中華博碩士論文索引檢索系統、中華博碩士論文摘要檢索系統、教育論文摘要1-16輯（師大）、教育論文摘要資料庫、中文期刊目次檢索系統等；國家圖書館全國博碩士論文摘要檢索系統；政治大學社科中心全國博碩士論文分類目錄；國立教育資料館教育資料集刊1-19集目錄。經過核對及扣除重複者，共計有各類論著826種。雖筆者盡力求周備，但仍不免有掛一漏萬之失。又由於時間及能力所限，只能針對826種資料的種類、論題、出版時間及論著出版形式等外在項目進行分析，而無法在詳讀內容後做實質的內容分析；又在文獻選擇上，因報紙缺學術性，及因翻譯著作與大陸著作台灣版均非本地作者的研究成果，故均不在蒐集分析之列。

　　以下依序分析研究狀況、教學狀況、國際化與本土化情形及未來展望。

研究狀況分析

　　關於研究方面的狀況，在形式上本文是採取以下共同架構進行：第一，就研究的領域言，分為中國教育史、台灣教育史、外國教育史（不限於西洋）及教育史學四類；第二，就研究的主題言，分為通論、制度與政策、思想與人物[10]、運動與活動等四類；

第三，就論著的出版形式言，分爲專書、學位論文及期刊論文三類[11]；第四，就論著出版時間言，分爲40-49年、50-59年60-69年、70-79年、80-87年五個年段。

　　至於實質內容上因中外有所不同，故就研究時間言，本國史領域分爲通史、古代（1840年以前）、近代（1840—1949年）、現代（1949年以後）四個大時期；又古代之下又細分爲三代、春秋戰國、秦漢、魏晉南北朝、隋唐五代、宋、元、明、清等九個時期。至於外國史領域，則分爲通史、古代（希羅時期）、中世紀、近代（文藝復興至十九世紀）、現代（二十世紀以後）等五個大時期。至於研究主題，在制度與政策及思想與人物兩類之下，各自也有不同分類子題。茲依序分析如後。

研究領域

　　就論著領域言，以中國教育史類最多，約佔總數的75%強；其次是外國教育史，約佔19%強；台灣教育史類與教育史學類數量都相當有限。詳見（表1）。可知過去研究的領域是以中國教育史爲主。

表1 教育史的研究領域分析表

領域	中國教育史	外國教育史	台灣教育史	教育史學	合計
數量	626	161	33	6	826
%	75.79	19.49	3.99	0.73	100

表2 教育史的研究主題分析表

領域／主題	通論		制度與政策		思想與人物		運動與活動		合計	
數量／%	數量	%	數量	%	數量	%	數量	%	數量	%
中國教育史	30	3.63	279	33.78	294	35.59	23	2.78	626	75.79
台灣教育史	3	0.36	29	3.51	1	0.12	0	0	33	3.99
外國教育史	9	1.09	11	1.33	128	15.50	13	1.57	161	19.49
教育史學	6	0.73	0	0	0	0	0	0	6	0.73
合計	48	5.81	319	38.62	423	51.21	36	4.36	826	100

研究主題

　　就研究主題言，整體上是「思想與人物」主題數量最多，約佔總數的51%強，「制度與政策」居次，約佔38%強。其他兩類則數量都極為有限。至於四大領域中，大致情形與整體趨勢一致，但其中外國教育史領域對於「思想與人物」主題的研究，明顯多於其他三類主題，計128種，約佔外國史總數的八成，又佔全體的15%強。詳見（表2）。由此可見國人研究外國教育史仍偏重於思想史，較乏對制度與運動兩類主題的探討。而且縱使是研究外國制度史或運動史，所用史料也多以間接史料為主，極少人能運用直接史料[12]。

　　至於「思想與人物」主題之下，中國教育史方面，古代時期的焦點較集中於孔子、孟子、荀子、墨子、老子、莊子、王充、

顏之推、二程、張載、朱熹、陸象山、王陽明、王船山、黃宗羲、顧亭林、顏習齋、戴東原等人，唯也有論及韓非子、管子、王通、佛陀、呂東萊、李贄等人者；其中又以研究孔子的篇數最多；近代時期，則較集中於張之洞、梁啓超、蔡元培、陶行知、晏陽初等人，也有論及譚嗣同、張謇、胡適、傅斯年等人。[13]

外國教育史類方面，大部分的研究是屬於西洋教育史，其中古代時期的焦點較集中於蘇格拉底、柏拉圖及亞里斯多德三人；近代時期，則較集中於培根、盧梭、洛克、康德、康米紐斯、培斯塔洛齊、福祿貝爾、赫爾巴特、斯普朗格等人，兼及斯賓塞、涂爾幹、開欣斯太納等人；現代時期，則較集中於杜威、克伯屈、蒙台梭利等人，亦有探討尼爾、馬理坦、羅素，何欽斯等人。

對於「制度與政策」主題之下的次子題，中國教育史類方面，古代時期的焦點主要較集中於科舉（45種，約佔中國史總數的7.2%）與書院（44種，約佔中國史總數的7%）兩子題，其他例如，歷朝學校制度、太學、蒙學、通論、地方學校等子題，研究數量則約各佔中國史類總數的2-3%左右。其他私學、教育行政則數量甚少。其中蒙學則是七十年以後開始受到關注的子題。而在近代時期方面較集中於女子教育、高等教育、留學教育、師範教育、教育行政制度等子題，研究數量則約各佔中國史總數的1.5-3%左右。而國民教育（初等教育）、中等教育、實業教育、平民教育、體育、教會教育、課程與教學、軍國民教育、地方教育、學生運動、教育政策、教育團體、社會教育、推廣教育等子題也都有人研究，惟所佔比重都低於1.5%以下。值得注意的是八十年代時女子教育、初等教育、體育、課程等子題開始受到學界的關注。

至於外國教育史類方面，在「制度與政策」主題之下的次子

表3 教育史的論著出版形式分析表

領域／形式	專書		學位論文		期刊論文		合計	
數量／%	數量	%	數量	%	數量	%	數量	%
中國教育史	109	13.20	149	18.04	368	44.55	626	75.79
台灣教育史	11	1.33	8	0.97	14	1.69	33	3.99
外國教育史	20	2.42	50	6.05	91	11.02	161	19.49
教育史學	0	0	0	0	6	0.73	6	0.73
合計	140	16.95	207	25.06	479	57.99	826	100

題，雖有探討公共教育、貧民教育、師範教育、中古大學等子題，但仍以通論居多，而缺乏較明顯一致的趨向。

論著的出版形式

就研究論著的出版形式言，在三類中以期刊論文最多，約佔總數的58%弱；學位論文居次，約佔25%強；專書較少，約佔17%弱。詳見（表3）。

如進一步分析則發現：首先，佔整體大宗的期刊論文中，事實上，各刊水準不一、差距頗大。嚴謹者有的是須經審查的學報，有的則是近似通訊的雜誌；且各篇長短不一，長者數十頁，短者卻只有二三頁者。其次，專書中以中國教育史類居多，外國教育史類中，因未將翻譯著作納入，故數量會顯得較少。最後，

在207篇學位論文中，有17篇是博士論文，佔學位論文總數約8%強；190篇是碩士論文，約佔92%弱；而其中國教育史類的149篇學位論文中，有13篇是博士論文，而外國教育史類的50篇學位論文中，有4篇是博士論文。若再進一步探究研究者的背景，則發現研究者雖以台灣師大教育研究所、政大教育研究所、及高雄師大教育研究所的研究生居多，但卻並不侷限於此，歷史、中文、哲學及體育等所的研究生，也迭有研究，此外更有政治、日文、三研及民族所的研究生，如此則顯示教育史似漸成為眾人有興趣的研究領域，而非教育學者的專利。

論著的出版時間

就研究論著的出版時間言，在五個年段中，以70-79年段發表的數量最多，約佔總數的37%強；60-69年段居次，約佔24%強；80-87年段再次之，約佔22%強。詳見（表4）。例如，以時間序列觀之，教育史學研究自四十年代以後研究數量逐年成長，至七十年代達頂峰，八十年代以後則開始下降。此一變化與一般學者常感到教育史研究日漸沒落的主觀印象大致相符。惟在四類領域中，外國教育史類與整體趨勢不盡相同，其自六十年代起即呈逐年減少的現象。造成以上變化的原因，除教育史一科逐漸不受重視而被排出師資培育課程內容外（後詳），原有研究學者年紀漸長，一旦陸續退休後，便後繼乏人也是可能原因之一。[14]

研究時間分析

首先，就研究時間言，本國教育史類方面在通史、古代、近代、現代四個大時期中，以古代時期數量最多，約佔總數的

表4 教育史的論著出版時間分析表

領域／出版時間	40-49		50-59		60-69		70-79		80-87		合計	
	N	%	N	%	N	%	N	%	N	%	N	%
中國教育史	32	3.87	55	6.66	148	17.92	252	30.51	139	16.83	626	75.79
台灣教育史	2	0.24	0	0	5	0.61	14	1.69	12	1.45	33	3.99
外國教育史	3	0.36	38	4.60	49	5.93	42	5.09	29	3.51	161	19.49
教育史學	0	0	0	0	2	0.24	1	0.13	3	0.36	6	0.73
合計	37	4.47	93	11.26	204	24.70	309	37.42	183	22.15	826	100

表5 本國教育史的研究時間分析表

領域／時間	通史		古代		近代		現代		合計	
數量／%	數量	%	數量	%	數量	%	數量	%	數量	%
中國教育史	79	12.62	332	53.04	193	30.83	22	3.51	626	100
台灣教育史	2	6.06	6	18.18	19	57.58	6	18.18	33	100
合計	81	12.29	338	51.29	212	32.17	28	4.25	659	100

表6 中國教育史類古代時期研究分析

朝代	三代	春秋戰國	秦漢	魏晉南北朝	隋唐五代	宋	元	明	清	合計
數量	9	114	14	12	25	74	3	45	36	332
%	2.71	34.34	4.22	3.61	7.53	22.29	0.90	13.56	10.84	100

53%，而近代時期約佔32%居次。然台灣史則有不同，是以近代時期最多約佔58%，其中日據時期有14篇，約佔此時期的七成多，而佔全部台灣教育史類的四成。[15]詳見（表5）。

在古代時期之下，三代、春秋戰國、秦漢、魏晉南北朝、隋唐五代、宋、元、明、清等九個時期中。中國教育史類的研究各時期都有研究成果，但以春秋戰國時期最多，約佔此類古代史總數的34%強，其次是宋代，佔22%強，再次是明代約佔14%弱，清代約佔11%弱。詳見（表6）。古代史研究之所以會出現春秋戰國與兩宋兩時期數量較多的情形，與研究主題偏重思想與人物有關，因為此類子題的焦點，正是偏重於先秦諸子及宋明諸理學家的教育思想。

至於外國史部分，在通史、古代、中世紀、近代、現代等五個大時期中，以文藝復興以後的近代時期最多，約佔外國教育史類總數的48%強；二十世紀的現代時期居次，約佔32%弱。希羅古代時期再次，約佔11%弱。詳見（表7）。且如前所述，研究主題較集中於近、現代兩時期的教育思想與人物。

總結以上分析可以發現，台灣近五十年教育史的研究呈現以下現象：

表7 外國教育史的研究時間分析表

領域／時間	通史	古代	中世紀	近代	現代	合計
數量	14	17	1	78	51	161
%	8.69	10.56	0.62	48.45	31.68	100

1.教育史的研究成果至少累積有826種，其中以中國教育史類的研究數量最多，西洋教育史居次。

2.中國教育史的研究在時間上，側重古代時期，又其中特別是春秋戰國與兩宋時期。

3.中國教育史研究在研究主題上，是以「思想與人物」類數量最多，「政策與制度」居次。前者又偏重先秦諸子及宋明理學家，而後者中古代時期較集中於科舉與書院；近代時期較集中於女子教育、高等教育、留學教育、師範教育教育行政制度等子題。

4.外國教育史的研究較側重西洋，而在時間上，較側重近代與現代兩時期。

5.外國教育史研究在研究主題上，是以「思想與人物」類數量最多，其他主題數量均有限。

6.研究論著的出版形式，以期刊論文最多，學位論文居次，專書較少。學位論文中以碩士論文最多。又研究生的背景不侷限於師範校院教育系所更包括其他諸多不同的系所。

7.研究論著的出版時間以70-79年段數量最多，60-69年段居次。並且自四十年代以後研究數量逐年成長，至七十年代達頂峰，八十年代以後則便開始下降。原因與該學門逐漸不受重視及研究人才出現斷層有關。

教學狀況分析

有關近五十年來台灣的教育史教學狀況，如前所述，去年筆者曾有所探討，茲將研究重要發現摘陳如後。

三十八年以前的概況

三十八年以前可分為清末時期（1897-1912）、民國初期（1912-1925）及國民政府時期（1925-1949）三階段。

首先，就清末時期言，我國師範教育機構肇基於光緒二十三年（1897）盛宣懷在上海設立的南洋公學師範院。[16]次年（1898），京師大學堂成立，內附設師範齋。[17]但這些都是個別的師資培育機構，尚未建立一套完整的師範教育制度。正式制度的建立，則始於光緒二十八年（1902）所頒《欽定學堂章程》。該章程中規定，京師大學堂附設師範館（同大學堂程度）[18]，高等學堂附設師範學堂（同中學堂程度），以培養中學師資。[19]中學堂附設師範學堂，以培養小學師資。[20]然該學制頒行未及兩年即廢。光緒二十九年（1904）清廷另頒《奏定學堂章程》，其中將師範學堂分為初級與優級兩等，另設有簡易師範科、小學師範講習所、實業教員養成所等機構。至於課程上各類師資培育機構的課程中，雖多設有今日所稱「教育專業課程」，但教育史一科的開設，則是自《奏定學堂章程》頒布始。依章程規定優級師範須開教育史，初級師範則不必開，但實際上各地並未完全依照相關章程之規定辦理，該開的未開，不必開的卻開。其中可能的原因之一是，各地教育課程的師資專長不一。然「教育史」一科已正式成為師資培育教育專業課程的內容之一。[21]

其次，就民國初期言，師範教育制度採二級制，分為高等師範學校與師範學校分別培育中小學師資。至於課程上，在師資培育教育專業課程中，此期兩類學校均設有教育史一科。[22]

最後，就國民政府時期言，制度上分為高等師範教育與普通師範教育，前者包括師範大學、普通大學教育學院和教育系、師範專修科、及大學或大學附設師資訓練班及師範學院等師資培育機構，負責中學師資的培育。後者包括師範學校、鄉村師範學校、特別師範科及簡易師範學校等機構，負責小學師資的培育。至於課程上，在師資培育教育專業課程中，普通師範教育部分僅師範學校選修科目中包含教育史外，其餘均未納入。而高等師範教育的歷次教育專業課程中，均未包括教育史一科。[23]

三十八年至八十七年的概況

三十八年至八十七年的概況，又可以八十三年（1994）《師資培育法》的公佈劃分為兩階段分別加以說明。

三十八年至八十三年

就三十八年至八十三年言，三十八年中央政府遷台後，師範教育制度基本上仍沿舊制，採中小學師資分別培育，小學師資主要由師範學校培養，四十九學年度起逐步提昇至師專，七十六年（1987）再升格至師範學院。而中等學校師資方面，遷台後培育方式主要有以下幾種，第一，是師範校院培育。第二，是配合九年國教實施，公立大學校院開教育選修科目及短期職前訓練。第三，是教師資格檢定。

關於師資培育教育專業課程中，小學師資部分，無論師範學校時期或師範專科學校時期，教育史一科一直列為必修，學分數

約2-4學分，並維持一年份量，但教育史一科佔教育專業課程的百分比則起伏不定，平均約為6.92%。詳見（表8）。然而自七十六年師專升格為師範學院後，課程兩度重新修訂，教育史即被排除在必修之外，至於是否列入選修，則由各校自訂。例如，國立台北師範學院即提供中國教育史、西洋教育史兩科，各二學分，列為選修。[24]

表8　教育史在小學師資培育專業課程中的狀況

機構名稱	課程標準頒佈學年度	教育專業科目總學分數	教育史課程名稱及學分數	教育史佔教育專業課程%
師範學校	39	48	教育史（4）	8.33
師範學校	41	52	教育史（4）	7.69
師範學校	44	51	教育史（3）	5.88
師範學校	52	64	教育史（4）	6.25
師範專科學校	49	55	教育史（2）	3.63
師範專科學校	52	甲類41/乙類44	教育史（2）	4.88/4.55
師範專科學校	52	56	教育史（3）	5.36
師範專科學校	54	56	教育史（4）	7.14
師範專科學校	58	48	教育史（4）	8.33
師範專科學校	61	32	教育史（4）	12.5
師範專科學校	67	47	教育史（4）	8.51

再就中等學校師資方面言，依前所述在此時期有師範校院、短期職前訓練與公立大學校院開教育選修科目及教師資格檢定等三種管道可以取得中等學校教師資格。然而教育史始終未列入任何一類師資培育課程中。[25]

教育史只存在於台灣師大、政大及高雄師大教育學系所的必修課程中。其中大學部維持中國教育史、西洋教育史各四學分的份量，選修部分則由各校自訂，以台灣師大為例，該系一直另開有中國近代教育史及西洋近代教育史各三學分的選修課。至於研究所碩博士班課程中，三校規定不一。

八十三年至八十七年

八十三年（1994）二月《師資培育法》公佈，其規定師資由師範校院及設有教育院系所或教育學程之大學培育。[26]如此一來，師資培育管道，由一元趨於多元。目前，已有三十所以上的公私立大學院校可以提供師資培育課程。八十六年（1997）再次修正該法時，允許師範校院兼設中小學學程。[27]從此，以往中小學師資分途培育的方式也不再施行。

至於各類培育機構的養成課程也略有不同，茲分師範大學、新制師範學院、教育學程三類分述如後。

首先，就師範大學言，原本其教育專業課程是由教育部統一規定，自《師資培育法》頒行後，則改為自行規劃教育學分然後報部核定，此點有別於一般大學之教育學程，後者必須照部訂標準設計後報部核定。不過三所師範大學在規劃時實際上也參考部訂標準，以使雙方精神較一致。以台灣師大修正後教育專業科目為例，該校現行教育專業科目分為共同必修、共同選修、部分學系依教學需要另行開設之教育科目三部分，其中包括教育史（2學分）一科。[28]

其次，就新制師範學院言，其開課程序大體與師範大學相同，由各校自定後報部核定。以國立台北師範學院八十六年度課程爲例，在初教系爲各系開的教育選修中列有教育史（2學分）、中國教育史（2學分）、西洋教育史（2學分）等三科。[29]另外台東師院、新竹師院也有類似課程。

復次，就教育學程言，中等學校教師教育學程共計26學分，其中包括必修12學分，選修14學分。而選修參考科目則列有教育概論等26科，每門二學分，其中也包括教育史。至於國民小學教師教育學程（40學分），幼稚園教師教育學程（26學分），及特殊教育教師教育學程40學分，則均未包含教育史，此不一一贅述。[30]不過各校可依自身師資及發展特色開課。至於各校實際狀況，已知有台大、逢甲、實踐、文化等校開設教育史課程。

最後，原本教師資格檢定辦法也有所修訂。配合《師資培育法》的頒行，八十四年（1995）教育部新發佈《高級中等以下學校及幼稚園教師資格檢定及教育實習辦法》，法中不再另訂檢定的教育科目及學分數，而完全是要求依前述教育學程規定辦理。[31]

小結

由上所述可知，教育史一科進入師資培育課程的時間，可追溯至清末的優級師範學堂。百年來該科於各級各類師資培育機構中的變化情形，摘要詳如（表9）。由（表9）可知，就整體狀況言，教育史在師資培育課程中的地位，先由必修科目之一，逐漸改爲選修，之後甚至完全消失。

再就各類師資培育課程而言：中學方面，在四種師資培育的管道中，師範大學部分，在清末至國民政府成立前，教育史曾是高等師範院校全校各科系的必修科目之一，但之後至八十三年

表9 百年來教育史開課狀況

時期	學校類別	開設狀況	備註	時期	學校類別	開設狀況	備註
清末	優級師範	有/必修	部分未開	遷台	師院（大）	無	教育系所
	初級師範	無	部分開		師範學校	有/必修	
	女子師範	無	部分開		三年制師專	有/必修	
民初	高等師範	有/必修			五年制師專	有/必修	
	師範學校	有/必修			教師職前訓練	無	
國民 政府	師範學院	無			公立大學選修	無	
	師範學校	有/選修			教師登記檢定	無	
	鄉村師範學校	無			新制師院	有/選修	
	三年制幼師科	無		師培 法迄 今	師範大學	有/選修	部分開
	二年制幼師科	無			師範學院	有/選修	部分開
	特別師範科	無			教育學程	有/選修	部分開
	簡易師範學校	無			登記檢定	依學程	

資料來源：參見拙著（民87）：〈百年來「教育史」在我國師資培育課程中地位的演變（1897-1998）〉，收於林玉體主編：《跨世紀的教育演變》（台北，文景），頁373-4。

止，則一改往例始終未納入，而只是師範校院教育系所的專業課程。直到新法公佈後，才列為各系教育學分的選修科目之一。遷台後一度開設的教師職前訓練課程及公立大學教育選修科目等兩部分，則均未納入。關於教師登記檢定所需的教育科目中，也始終未納入教育史。教育學程部分，中學方面，列為選修參考科

目，小學、幼稚園及特教學程則未列入，不過各校可視本身條件決定。目前有少數大學中學學程中開有教育史。

　　小學方面，雖然清末時期法令未列入，但仍有部分學校開設。民初時期是師範學校必修科目之一。國民政府時期，則只列為正規師範學校選修，至於其他鄉村師範、簡易師範、特師科，則均無。遷台後，師範學校及師專，均一直將教育史列為全校必修，直到七十六年師專升格為師範學院後竟完全消失。待《師資培育法》公佈後，各校又可列為全校教育學分中的選修。

　　由上所述，可發現教育史一科與師資培育課程的關係由密轉疏，甚至完全退出舞台。究其原因，固然是因為學生修課總時數減少，課程連帶受到壓縮，但可能的原因有：與其他科目相較，教育史較缺乏實用性，它不似教材教法、教學媒體、教育心理、班級經營等等，立刻能用；又在四大教育基礎學門中，它與現實的關聯也不似其他三門強；又它受歷史事實所限，而不像德育原理、教育哲學等理論性較強的科目，能配合實際調整內容大綱。因此在各方競逐有限時數的情況下，教育史只有淪為弱勢而被犧牲。[32]

國際化與本土化

　　關於教育史學門國際化與本土化的問題，必須先釐清涵義，才能加以討論。

本土化

　　就本土化而言，筆者曾指出我國教育研究本土化可努力的五

個方向分別是：第一，設法建立統一的教育學術用語，第二，以本國問題為研究主題，第三，自行編制研究工具，第四，尋找自己的研究方法，第五，逐步建立自己的教育理論體系。[33]

　　如以教育史學門言，上述五個方向中，只有第二項以本國問題為研究主題及第五項逐步建立自己的教育理論體系較有關且可行。但揆諸事實，就第二項言，如前所述教育史的研究中有659種是本國史約佔總數的80%弱，似應符合第二項方向，但如進一步分析台灣史與中國史的分配，則發現中國史約佔76%、台灣史佔4%，此一狀況難免授予有偏見者以重中國輕台灣之口實，而批評為缺乏本土化。至於逐步建立自己的教育理論體系，目前關於教育史研究的理論性分析或反省僅6篇[34]，已明顯不足，更遑論建立自己的教育理論體系。

國際化

　　就國際化而言其涵義可包括以下幾點：研究典範（paradigm）與國際接軌或同步、研究成果與國際交流、研究人員與國際社群往來。

就研究典範與國際接軌或同步言

　　所謂研究典範包括研究的取向、角度、理論、預設、方法、技術、主題等。

　　以英國百年史學發展為例，其特色有：

1.研究取向上，由舊史學轉向新史學：研究角度放棄以往單一、孤立、直線、進步的觀點而改採取多元整體的觀點，由只重上層史（history from above）轉向基層史（history from below）。

2.研究主題上，由教育人物、教育思想、教育制度與立法及
　教育機構爲主，轉向多樣題材，例如，地方史、婦女史、
　比較史、兒童史、勞工史、課程史及學校建築史等。
3.理論架構上，由欠缺或排斥理論考量，導引入社會科學理
　論，特別是社會學。
4.研究方法上，經由傳統注重史料的蒐集、考證、分析與綜
　合，到漸採用口述歷史、統計及心理分析等方法。
5.研究史料上，由以文獻爲主到引用非文獻。
6.研究時間上，由近代而至現代。[35]

　　如從以上角度觀之，顯然台灣在這些方面仍與英國有所不
同。如在研究取向上，多數研究無論是制度史或是思想史仍是以
上層史爲主；多數制度或運動的研究是以事實敘述爲主，只有少
數研究有理論上的考慮或預設[36]；在研究方法上多數研究仍以文獻
的考證歸納分析爲主，少數才引用新方法。[37]在研究主題上，仍以
思想人物爲主，次爲制度政策，這正類似英國舊史學的狀況。至
於新史學所關注的新主題，例如，婦女教育史、兒童教育史等，
在台灣已開始受到重視，但成果仍有限，例如，婦女教育史至少
有15種（惟偏重近代），而兒童教育史（惟偏重童蒙教材分析）至
少有16種。研究史料上仍依賴文獻，少用非文獻。[38]研究時間上仍
以古代時期爲主，較少及於現代部份。
　　又專以研究主題言，外國學者研究中國傳統教育較關切的主
題有：早期儒家教育的歷史內涵、新儒家教育理想與實踐、書院
與社會變遷及科舉制度；至於中國近代教育部分，則較關注教育
變革中的若干因素，例如，傳教士與教會、大眾教育運動及教育
制度的進步等。對近代教育家較有興趣的人物有：張之洞、嚴
復、康有爲、梁啓超、張謇、蔡元培、陶行知、晏陽初與梁漱溟

等人。另外也關注教育近代化與中外交流，這包括與日本、美國
與歐洲三方面。[39]觀其主題，傳統部分大致與台灣過去的焦點相
近，但研究的角度卻有所不同。譬如對儒家教育觀現代性的探
索，書院教育與庶民社會抬頭，科舉制度的動態分析等，均有異
於本地對上述主題的事實敘述角度。近代部分所關注的人物，大
體與台灣的研究焦點相若。至於傳教士與教會及大眾教育運動，
則台灣學界較少關注。中外交流方面，台灣多以留學教育角度觀
之，外國則注重其對中國近代教育的影響，例如，杜威對中國的
影響。

就研究成果與國際交流言

在國外研究中國教育史的論著引介上，已有部分美國學者的
著作例如，賈至揚（John W. Chaffee）、李弘祺（Thomas H. C. Lee）
在台發行中譯本；[40]也有些英文原作在台發行，[41]有助於了解美國
的研究成果。

中國大陸方面的研究成果引介上，自解嚴以來，除了個別學
者到大陸旅遊參訪交流大量蒐集有關出版品外，本地的書商也由
翻印、銷售，進而發行台灣繁體字版，[42]因此對大陸狀況已有相當
程度的了解，而大陸地區的學者也曾在台灣的期刊上投稿[43]。至於
大陸對台灣研究成果的掌握，在杜成憲等人的研究中列有〈台港
地區1949年以來中國教育史學概況〉專章，其中一節專論台灣地
區，分析的文獻是以書籍為主，共蒐集到154種資料，時間到一九
九〇年，[44]雖然未盡貼切周備，但也有一定程度的了解。至於台灣
學者是否在大陸出書，或期刊上發表論文，則因資料不足，不便
妄論。

至於國人研究成果在國際主要教育史期刊上發表，則付之闕
如，這正是目前困難所在。可能出現的園地，反而是國外亞洲研

究、漢學研究或中國研究的期刊上。所吸引的讀者是中國專家而非教育史專家。總之,在此方面顯然不足。

研究人員與國際社群往來

就台灣教育史學界與國際教育史界往來情形言,目前大致是與英國、日本與大陸三方面的學者有所往還。[45]

未來展望

總結前文分析,未來台灣的教育史學可能發展的方向,茲分研究、教學及國際交流等三方面加以說明。

研究方面

研究可朝以下幾個方向:

1. 研究取向上,可採基層史的觀點,以開拓新視野;除以鉅觀角度分析制度變革外,也可從微觀的角度切入,例如,去探討傳統三、百、千⋯等蒙學教材的性別意識型態,或清末民初制度變革下某一地區或學校的狀況。
2. 研究理論上,應設法引入現代社會科學的學說,作為解釋或分析教育史事的依據,例如,從文化資本與階級再製觀點,分析官宦或書香世家在科舉制度中的流動情形,而不再只是單純的歷史敘述或資料的歸納分析。
3. 研究方法上,可引用口述方法進行基層史的研究,例如,對台灣地區60歲以上的婦女教育進行口述歷史;[46] 或統計方法對社會流動進行量化分析,例如,選擇某一所師範院

校為例，探討數十年間學生社經背景與日後社會流動的關係；或對台灣的教育史蹟，例如，對南投地區的古書院、新竹的進士第、台南的孔廟或台北的義學進行考查。

4.在研究主題上，例如，仍欲研究官學、科舉或書院制度，但焦點可以清代台灣地區的狀況為主進行調查，如此也可兼顧本土化的方向；而思想與人物研究，對象不宜再炒冷飯老做「某某子的教育思想研究」而應擴大對象或改換分析角度，例如，傳統的體罰觀、或童蒙教育思想。另外新主題，例如，婦女史、兒童史、學校史等等的研究雖已開始，但也可繼續努力。另可進行比較史研究，例如，中英義務教育產生原因的比較，以利與國際交流；也可結合歷史地理做地方教育史研究，例如，探討清代台北大稻埕地區的開發與文教發展間的關係。

5.史料上除文獻外，也可運用非文獻類，例如，口述訪問、教育史蹟、遺物（科舉匾額、學田碑記等等）、照片[47]、圖畫[48]。

6.進行史學史及史學理論建構以奠定教育史學的學理基礎。

教學方面

面對前述教育史一科逐漸被排除在師資培育的教育專業課程範圍之外，教育史學門未來應如何發展，筆者仍重申應借鑑英國之例，以化危機為轉機。學者們應有的做法，不是極力爭取讓教育史重回師資培育課程，甚至列為必修，亦非組織學會，擴大影響力；[49]而是朝專門學術研究發展，一方面能在教育學系所加強此學門的教學與研究，另一方面也促請歷史學界重視教育史，一如

社會、經濟、文化史，而願意加入研究的行列，如此才可收「失之東隅，收之桑榆」。[50]近年台灣師大、高雄師大教育系、花蓮師院國教所持續有碩士論文以教育史為主題，另亦有多篇史研所的論文，是屬教育史範圍，希望此一發展能持續。

至於課程方面，台灣師大教育系目前碩、博士班已完成課程修訂，整個課程中專門科目分三組，其中有教育哲史一組。依規劃碩士班32個學分中，本組專門課程至少應修16學分，博士班36學分中至少應修18學分，以強化其專門素養。而專屬教育史學門的科目，包括史學理論與方法（例如，口述歷史與教育研究、教育史學研究、），通史（中國、西洋、台灣等教育史專題研究），國別史（英、美、法、德等國教育史研究），專題史（兒童教育史研究、婦女教育史研究），思想史（孔孟荀、老莊、程朱、陸王等教育思想研究）等類科目，此一課程將可提供有志教育史研究者較系統而多樣的選擇。[51]至於其他學校的相關教育系所，也逐漸開設相關博碩士課程[52]，反映此一學門有有日漸受到重視的現象，而不必再依附於師資培育課程下。

國際交流方面

如前所述，台灣在此方面最大的困難，不在人員的互訪與資訊的交流，而在台灣的研究成果無法向外傳播。造成此現象的原因，語文因素是一重要原因。另外研究的主題，未必能引起外國同行的興趣與關注，亦是問題之一。若改做國別史研究，或可吸引外國學者的注意，但朝此方向走，恐又無法兼顧本土化的目標。除非能找到雙方都共同關注的子題，才能引起共鳴，並兼顧本土問題。

因此，針對此方面筆者的看法是，在人員往來上應持續保持

已有與英、日及大陸的交流；另一方面增加與美、加、紐澳教育史學界的往來。在資訊交換上，應儘量廣泛蒐集各國研究狀況，使台灣與世界同步。至於研究成果向國際發表，難度較高不宜列爲優先努力的項目，但鼓勵研究生或教師到國外深造或進修，或循校際間交換計畫出國研究，然後順勢引介台灣的成果，則是較可行的途徑。

總之，下一個五十年台灣的教育史研究能否開出新花朵，並兼顧本土化與國際化則待有同志同道共同努力。

後記

一、本文分析所製的書目達30頁八百餘條，由於篇幅所限無法隨文附上佐證，請見諒，如有意者可向筆者索取。

二、本文得以完成，首先感謝政大教育系碩士班黃文哲先生代爲蒐集檢索資料，其次感謝台灣師大教育系洪仁進教授及博碩士班陳玉珍、吳姈娟、黃秋月、黃文定等小姐先生，代爲評讀初稿並提出修正意見。最後感謝指導教授伍振鷟教授在「教育科學：國際或或本土化?」國際學術研討會中對本論文的評論，有關缺失已一一修正。

註釋

1.參見P. H. Hirst (ed.)(1983). *Educational theory and its foundation disciplines*. London: RKP.書中所謂四大教育基礎理論學門，是指教育史、教育哲學、教育心理學及教育社會學。此一分法係由

R. S. Peters於一九六四年提出，後並獲英國學界接受。

2.參見拙著（民83），〈英國教育史學發展初探（1868-1993）〉，《國立台灣師範大學學報》39期，頁66-101，及（民84），〈英國師資培育課程演變與教育學術發展的關係〉，《國立台灣師範大學教育研究所集刊》36輯，頁169-74。

3.參見拙著（民87），〈百年來「教育史」在我國師資培育課程中地位的演變（1897-1998）〉，收於林玉體主編：《跨世紀的教育演變》。台北：文景。

4.參見〈奏定初級師範學堂章程〉及〈奏定優級師範學堂章程〉，收於璩鑫圭等編（1991），《中國近代教育史料匯編—學制變遷》，頁398-428。上海：上海教育。。

5.參見熊賢君（1998），〈第十三章教育史學〉，收於周洪宇，劉居富主編，《邁向二十一世紀的教育科學》，頁303。武漢：華中師大。

6.參見杜成憲、崔運武、王倫信（1998），《中國教育史學九十年》，頁6-7。上海：華東師大。。關於此書的作者及出版年代在大陸一直有爭論，惟杜等三人以爲該書爲二人合撰，是黃提出設想由柳撰成；至於出版年代有刊成於1902年、1905年、1906年、1907年，著成於1910年及出版於1925年諸說，目前大陸僅見1925-27年間的版本。由於台灣缺乏資料無法考證，只能引用成說。

7.同前引書。

8.同註引書，頁301-323。

9.同註3引書。

10.關於思想此一類主題當分析歸類時，則遭遇與教育哲學領域重疊的問題，特別是西洋當代部分；例如，對杜威的研究算是教育哲學或教育思想史研究，筆者分類的標準是：一時間上對一

九四五年以前西方哲學家的研究，可算是教育思想範圍之後則剔除。二是內容上如是探討某一人物整體或部分思想時，或考慮其思想變遷時則列入；若是集中論辯某一特定哲學子題而無涉背景或變遷者則剔除。此種分類方式雖易導致現代部分數量偏少的現象，但卻也可避免因加入教育哲學，而造成教育史研究蓬勃發展的錯誤假象。

11.關於此一分類標準，在形式上很容易判別，但實質上則會遇到一稿兩用的問題，例如，學位論文是一篇，但如將摘要或改寫後發表於學報又是一篇；或學位論文修正後出版成書，右計算成一篇。面對這種狀況是否應剔除，筆者的立場是尊重事實，畢竟形式上是有兩篇。

12.例如，黃光雄研究英國蘭開斯特與導生學校運動，大量使用直接史料則是罕例。黃光雄（66），〈十八世紀的英國貧童教育〉，《花蓮師專學報》，9期，頁51-71。黃光雄（66），《蘭開斯特與皇家蘭氏機構期間的導生學校運動》，台灣師大教育研究所博士論文。黃光雄（67），〈蘭開斯特在美洲期間的導生學校運動〉，《台灣師大教研所集刊》，20輯。黃光雄（70），〈十八世紀英國貧民學校的教師與學生〉，《新竹師專學報》，7期，頁1-21。黃光雄（71），《蘭開斯特與導生學校運動》。高雄：復文。

13.關於現代時期部分，尚有許多研究是研究蔣中正的教育哲學或思想者，撰者均未列入統計理由之一是此部份易與教育哲學重疊，之二是時間上是在一九四九年之後。

14.例如，國立台灣師大教育學系的鄭世興教授（中國近代教育史）於七十年代逝世，高廣孚教授（西洋教育思想）、瞿立鶴教授（中國近代教育史）、賈馥茗教授（中國教育思想）等相繼於七十年代末退休、國立台灣師大教育學系的伍振鷟教授（中國教

育史）、國立政治大學的程運教授（中國教育史）、國立台北師
範學院的陳壽觥教授（中國教育史）、台北市立師院的陳道生
教授（中國教育史）也是於七十年代末八十年代初退休。如此
一來，便呈現人才斷層現象、以至近年些師範院校或大學教育
學程要徵聘教育史方面師資，卻深感缺乏合適的人選。

15. 關於台灣史類在現代部分也出現分類上的困擾，一是領域上的
困擾，即對一九四九年之後的台灣地區教育的研究，究竟算是
「台灣」現代教育史或是算是「中國」現代教育史，如果不帶
統獨意識型態的成見，既然描述的主體都是相同的，在尊重事
實的情況下將兩者合併計算亦可，合計後現代時期總數也只有
28篇，僅佔全部總數的4%強，數量顯然相當少。至於撰者分析
的標準，是看原作者自己的預設立場而定。另一是時間概念上
的困擾，究竟何謂現代？多久之前算是現代？如果太寬，則昨
天都是歷史，結果是所有其他學門的研究都可能被列入。如果
太嚴限定，須距今三十年甚至五十年以上，則有可能遺漏甚
多。筆者的標準是主題上如能顯示時間變遷精神者則列入，縱
使是近十年的事亦無妨。例如，李榮增（75），〈台灣教育四
十年〉，《至善集刊》，10期，頁93-100。又例如，蘇麗春（民
85），《宜蘭縣教育發展策略之研究（1981-1989）》，花蓮師院
國教所碩士論文。

16. 參見盛宣懷：〈奏陳開辦南洋公學情形疏〉，陳學恂編
（1986），《中國近代教育史教學參考資料》（上），頁309-
310。北京：人民教育。。又見鄭世興（民79），《中國現代教
育史》，頁64。台北：三民。

17. 參見《總理衙門籌議京師大學堂章程》，第一章第四節，收於
陳元輝等編（1993），《中國近代教育史料匯編-戊戌時期教
育》，頁126。上海：上海教育。

18.參見《欽定京師大學堂章程》第二章第一、九、十等節，收於璩鑫圭等編（1991），《中國近代教育史料匯編—學制變遷》，頁236，242-3。上海：上海教育。

19.參見《欽定高等學堂章程》第一章第七節，同前引書，頁257。

20.參見《欽定中學堂章程》第一章第七節，同前引書，頁263。

21.同註3引書，頁354。

22.同前引書，頁358。

23.同前引書，頁359-362。

24.同前引書，頁364-66。

25.同前引書，頁367-9。

26.參見教育部中教司編（民84），《師資培育法及相關法規選輯》，頁1。

27.參見86.4.23華總（一）義字第8600095580令頒修正師資培育法第四、七、十調條文。

28.參見85.11.23（85）師大教字第6362號函。教育史一科由筆者開設，內容以中國教育史為主。

29.參見教育部85.1.27台（85）師（二）字第85004707號函核定《國立台北師範學院八十六年度入學新生課程計畫表》。

30.參見〈各類教育學程科目及學分〉，同註25引書，頁45-57。

31.同前引書，頁14-23，原辦法則廢止。

32.同註24引書，頁373-4。

33.參見拙著（民77），〈我國教育研究的新方向—教育研究的本土化〉，收於陳伯璋主編，《教育研究方法的新取向》，頁150-1。台北：南宏。

34.六篇分別是：王連生（69），〈西洋教育史研究應有的認識〉，《教師之友》，21卷7期，頁3-7。司琦（70），〈撰述教育專史

之嘗試〉，《師友》，171期，頁5-7。林玉体（66），〈教育史研究的特有旨趣〉，《國教月刊》，24卷12期，頁21-23。周愚文（83），〈英國教育史學發展初探1868-1993〉，《師大學報》，39期。周愚文（87），〈百年來教育史在我國師資培育課程中地位的演變（1897-1998）〉，收於林玉體主編：《跨世紀的教育演變》。台北：文景。黃文樹（84），〈教育歷史研究的特性與功能〉，《高市鐸聲》，5卷2期，頁66-8。

35.參見拙著（民83），〈英國教育史學發展初探（1868-1993）〉，《國立台灣師範大學學報》39期，頁96-7。

36.例如，林奇賢（民77），《科舉制度中的明清知識份子—資料庫之製作與分析》，台師大教研所碩士論文。文中採用電腦資料庫軟體進行統計並引用社會流動觀點。吳家瑩（民78），國民政府的教育政策及其內外形勢，台灣師大教研所博士論文。（次年出版：《中華民國教育政策發展史》。台北：五南。）書中引用結構功能論及政治系統論作分析。拙著（民79），《宋代的州縣學-設置、經費與師資之探討》，台師大教研所博士論文。（後修改為《宋代的州縣學》出版。台北：國立編譯館。民85）研究中曾引用教育機會均等理念及統計方法。李美玲（87），《中國近代女子教育研究（1912-1949）》，台灣師大教研所碩士論文。文中作者提及教育機會均等理念及自由主義的女性主義觀。

37.如前述林奇賢文結合電腦與統計，周愚文使用統計。蘇麗春（民84），《宜蘭縣教育發展策略之研究（1981-1989）》（花蓮師院國教所碩士論文）及莊金永（民85），《桃園縣德隆國小之研究（1957-1995）》（花蓮師院國教所碩士論文）則採用訪問法進行口述歷史。

38.例如，拙著（民85），《宋代兒童的生活與教育》。台北：師大

書苑中，即開始引用古畫。

39. 參見丁鋼（民77），《中國教育的國際研究》，第一至六章。上海：上海教育。

40. 劉紉尼譯（民65），〈中國考試制度裏的區域家族與個人〉，收於段昌國等主編：《中國思想與制度論集》。台北：聯經。李弘祺（民82），《宋代官學教育與科舉》。台北：聯經。賈至揚（民84），《宋代科舉》。台北：東大。

41. 例如，Ho, Ping-te, *The Ladder of Success in Imperial China--Aspects of Social Mobility, 1368-1911*. New York: John Wiley & Sons. 1962.（台北：南天，民73） de Bary, Wm. T. & Chaffee, J. W.（eds.） 1989. *Neo-Confucian Education：the Formative Stage*. Taipei：SMC. Elman, B. A & Woodside, A. (eds.) 1994. *Education and Society in Late Imperial China 1600-1900*. Taipei：SMC.

42. 著作時期包括古代、近代，作者群則包括大陸老中青三代，數量則不下十數種。古代時期例如，毛禮銳等（民78），《中國教育史》。臺北：五南。李新達（民84），《中國科舉制度史》，台北：文津。李鐵（民81），《科場風雲》。台北：貫雅。程方平·畢誠（民85），《中國學校教育史》。北市：文津。喻本伐等（民84），《中國教育發達史》。臺北市：師大書苑。郭齊家（1994），《中國古代學校》。台北：台灣商務。郭齊家（1994），《中國古代考試制度》。台北：台灣商務。楊布生、彭定國（1997），《書院文化》。台北：雲龍。劉海峰（民80），《唐代教育與科舉制度綜論》。台北：文津。傅璇琮（民83），《唐代科舉與文學》。台北：文史哲。樊克政（民84），《中國書院史》。台北：文津。近代時期如王炳照（民83），《中國近代教育史》。台北：五南。

43. 例如，王奇生（1996），〈教會大學與中國女子高等教育〉，《近代中國婦女史研究》，第四期，頁135-166。

44. 同註6引書，頁258-278，由於其分類方式是將一些史料集列入，故總數較筆者統計之一百二十種多。

45. 在英國方面由於研究進修的機緣，台灣師大黃光雄、林玉体與筆者等人先後在英國倫敦大學教育學院 （University of London institute of Education）教育史哲系進修，而與有關學者Richard Aldrich, Peter Gordon, Denis Dean, David Crook 等學者有所往還，並曾參與英國教育史學會（History of Education Society ）有關活動。Aldrich 曾任該會會長並任國際教育史學會主席，一九九四年應邀訪台演講。Crook現任該會秘書長，兩人曾協助台灣師大教育系博士研究生前往英國蒐集資料。與日本方面主要是台大歷史系高明士與東京大學池田溫往還。與大陸方面台灣師大黃光雄與筆者等與大陸教育史研究重點學校華東師大孫培青、黃書光，北京師大王炳照、郭齊家、徐勇，華中師大周洪宇，廈門大學劉海峰等教育史同行，均保持聯繫其中部分學者曾訪台。總之，在此方面雖有基礎但須加強。

46. 筆者自86學年起即以「阿媽的教育」為題，作為修習中國教育史課程的作業。目前已累積百位以上不同年齡、地區、學歷、背景、籍貫婦女的訪問紀錄。

47. 目前出版的老照片集中有一些與教育有關的資料，其中有台南市文化基金會編（1998），《重道崇文—台南人百年老照片》。台南市：編者，則是與教育主題直接相關，時間從清代到光復後。未來將出第二輯。

48. 例如，國立故宮博物院編委會（民79），《嬰戲圖》。台北：國立故宮博物院。孫繼林邊（1996），《晚清社會風俗百圖》。上海：學林。其中有惜字勸孝、鷹擾試卷、朴作教刑等圖與教育

有關。

49.如欲成爲一個專業學門，基本條件有二：一是有一套專業的培養計畫，另一是成立專業學會。然依台灣目前的狀況言，專業課程部分正待建構；至於成立學會，由於目前整體研究人口有限，如將人力花在籌組學會一般行政瑣務上，恐備多力分。不如集中有限人力，先妥開課程，培養有志者加入，等累積一定研究成果後，在朝籌組學會及發行專業期刊的路走。

50.筆者於五年前即提出此種主張，參見拙著（民83）：〈英國教育史學發展初探（1868-1993）〉，《國立台灣師範大學學報》39期，頁98-9。去年爲文時仍維持前見。拙著，（民87），〈百年來「教育史」在我國師資培育課程中地位的演變（1897-1998）〉，收於林玉体主編，《跨世紀的教育演變》，頁374。台北：文景，目前仍相信此一方向是可行的。

51.本案自87學年度起修訂，歷經一年，預定88年度起實施。新課程架構如下：

類別／班級	碩士班	博士班
教育基礎理論暨研究工具與方法	6	6
專門科目	14-18	16-20
自由選修	8-10	12-14
合計	32	36

52.如政治大學教育系開有近代中國教育行政問題專題研究；高雄師大教育系開有中世紀教育思想孔孟荀哲學及其教育思想、老莊哲學及其教育思想、歐洲教育史研究、中國教育思想專題研

究、西洋教育思想專題研究等科目；中正大學教育研究所開有
中國教育史研究、西洋教育史研究、台灣教育史研究、教育學
史、近代教育思想史研究、中國教育思想史研究等科目；東華
大學開有儒家教育思想專題研究、老莊教育思想專題研究、中
國教育思想史專題研究等科目；花蓮師院國教所開有台灣近代
教育政策、中國教育思想史研究、歷史學理論與校史寫作、國
民教育發展史研究等課程；新竹師院初教所開有中國教育制度
研究、中國教育思想、西洋教育史研究、史學方法論、台灣教
育史等科目；台東師院國教所開有中國初等教育史、初教系開
有中西教育史等科目。

「台灣近五十年來教育史學發展初探（1949-1998）」評論

伍振鷟

本文探討近五十年來台灣地區教育史學的發展狀況，分四個向度進行。結果發現：在研究方面，五十年來累計成果約有八百餘種，量既不多，質亦不精。因為成果中，以中國教育史的論述最多，其中又以期刊論文與學位論文佔絕大多數，超過百分之八十，專書較少，不及百分之二十，教育史學更微不足道，不及百分之一。尤值得警惕的是，八十年代以後，數量且有萎縮之勢。在教學狀況方面，教育史在我國中小學師資培育的過程中，其開設的狀況是有的時候少而無的時候多，且選修多於必修。原因可能是：課程排擠效應、不具實用性、相對進步較慢。在本土化與國際化方面，由於我國學術研究在國際社會中，一向居於邊陲的地位，因此無論本土化與國際化，二者皆成就蓋寡。就文中所提本土化的五個方向而論，除第二項「以本國問題為研究主題」外，其餘四項均乏善可陳。即使如此，也缺乏對外介紹的管道，難以獲得國際的重視。至於國際化的三個途徑，如能全部做到，也許可使我國的學術研究，在國際上爭得一席之地，由依賴（independent）而邁向自主（autonomy），但目前則離此理想尚遠，有賴教育學術界的自覺與努力。

基於以上的發現，本文在「未來展望」中分就研究、教學與國際交流三方面，提出諸多具體而可行的建議，本人都深表贊同並支持其逐步使之實現。由此亦可見主講人平日對於這方面的問題研究有素，所以才有如此卓越的見解提出。我在此仍有幾點淺見，提供參酌：

1.建議將本文分析所製的書目八百餘種，以索引的形式出版或上網，以便檢索有利學術研究。

2.與大陸教育史研究學者加強聯繫與合作，共同推動教育史學的研究，俾向國際進軍。

3.籌組教育史研究學會，策劃並推動各項研究計畫，舉辦兩岸及國際學術研討會，出版學術性期刊與專書，以提昇教育史的學術研究水準，並建立我國在國際上學術研究的地位。

最後附帶要提的有：

1.最近國內關於教育史本土化的研究，正朝著正確的方向進行，例如，單文經教授主稿的「鹿港鎮志－教育篇」係依據田野研究與文獻分析的結果撰成，非常踏實；內容部分在《師大教研所集刊》第四十及四十二輯發表，可讀性甚高。

2.文中所述：「再就各類師資培育課程言，（一）中學方面，師範大學部分，在清末至遷台前，教育史曾是高等師範院校的必修科目之一，但遷台後至八十三年止，則一改往例始終未納入。」似有誤。部分與事實不完全吻合；如能加入「為師範校院教育系的課程，教育史一直列為必修科」當更為周延。也就是因為未將這一段時間計算在內，所以才有前文「教育史開設的時候少、不開的時候多」的陳述。

3.註14，將本人列入七十年代末退休的行列，不確。因本人係於八十四年八月自師大退休，目前尚濫竽於文化大學。

一個夢之追尋：
建構植基於教育實踐者經驗
之教育學體系

吳家瑩

摘要

　　論文分為四個部份：第一部份論述文化界及社會科學界自一九七五年以來，所形塑向國內題材吸收創造泉源的局勢已隱然成形。教育研究社群在一九九九年六月籌辦這個「教育科學：國際化或本土化？」研討會及回應了這個找回本土性學術定位之社會脈動。

　　第二部份為述說作者三十年來追尋本土教育學之心路歷程，曾先後從理念思辯層面及歷史發展層面探索我國教育發展相關的課題，近年來則關注我國教育系統中教育實踐者如何處理「理想與現實」差距之課題。

　　第三部份則論述筆者在經過三個階段之構思，已對「教育理想與教育現實辨證關係」之課題孕育了些微心得，並以口訣方式呈現之。同時也畫了一個圖，概略描述新取向之教育學架構。

　　第四部分則指出與新取向教育學相搭配之教育專業課程新教學方式，在以適當比例融入個案教學法，庶幾較能激發教育實踐者結合「理論與實際」之高層次智慧。

新局成勢

　　「教育科學：國際化或本土化？」研討會之召開象徵著教育研究社群創造之醒覺已漸由個別關心化為團體意識，而且也回應了台灣自一九七五年來文化學術界吸收創造泉源開始由國外題材轉向國內題材，以凸顯自己是有獨特存在價值主體的局勢。

　　文化界在這轉向下，正逐步開拓出嶄新的台灣文化。一九七

○年代中後期朱銘的關公、水牛及太極等主題系列雕刻，林懷民的小鼓手及薪傳等舞蹈主題，皆因取材自我們生活傳統之素材，且又跳脫於傳統，而為該領域注入新生命內涵，乃使得他們之展演都造成喝采，觸動無數國人深處之自信心弦，覺得「我們沒有那麼差，也能做出自己的舞、自己的畫、自己的歌…」這種相對於以往總是嚮往歐美，而轉向傾心珍視自己文化的情懷，也孕育了1980年代初期吳念真、小野創作反應本土題材的劇本，並推動台灣一波波新電影浪潮，造就出侯孝賢、楊德昌等在國際發光之導演。（楊孟瑜，1998）在中期賴聲川推出利用傳統來表現對傳統感想的新舞台劇「那一夜，我們說相聲」亦造成國內舞臺藝術的空前熱潮，使台灣已滅絕的相聲起死回生，被現代人們再重新省思玩味。（賴聲川，1999）上述舉例的台灣藝術家在雕刻、舞蹈、戲劇、電影等領域自覺地於作品中融入我們人民浸淫其中並倍感親切的文化符徵，經過這些年的創造努力，已成為具有自己風格的藝術家。他們不但在國內的展演撫慰了國人渴求光榮成就的心靈，更在國際舞臺的公演場合中釋放了外國人的熱情而贏得聲譽。

　　學術界在新轉向下，也正浮現社會科學中國化之情懷與心志。此處所謂中國化課題是指從事社會科學研究者覺得多年來，他們一直努力在吸收西方研究的成果，模仿西方的研究方式，沿用西方學者所建立的理論，而忘卻將自己的社會文化背景反映在研究活動之中，由於這樣的趨勢，不僅使中國的社會及行為科學缺乏個性與特徵，而且幾乎淪為西方科學的附庸，其長期研究的結果所能反映中國社會文化歷程的程度也成為可疑。（李亦園等編，1995）於是省思「在研究中國社會與中國人時，如何於採用西方的研究成果與經驗外，同時又能在問題、理論與方法等方面有所創新與突破，而對自己的整個學科提供獨特的貢獻。」（李亦

園等編，1995）在這個意圖下，社會科學界乃於一九八〇年代初中期連續召開兩次有關學術中國化之大型研討會，以凝聚社會科學社群之心向而共同深究之。首次於一九八〇年十二月假台北市南港中央研究院民族學研究所舉行，訂名爲「社會及行爲科學研究的中國化」，由於台港與會學者均感覺此研究趨向之重要，希望把會議的內容與形式延續下去。接著在一九八三年三月又假香港中文大學社會科學院及新亞書院召開第二次研討會，命名爲「現代化與中國文化」，與會學者除台港兩地外更包括大陸、新加坡及美國華裔學人，這使得學術中國化迴嚮範圍更形擴大。其後，針對這個主題於一九八五年（二屆 香港）、一九八八年（三屆 香港）、一九九三年（四屆 大陸）、一九九七年（五屆 台灣）在兩岸三地又相繼辦了四次研討會，第六屆「現代化與中國文化研討會」並已確定於一九九九年十一月在江蘇省吳江市召開。在下一個新紀元，這個研討會若能繼續定期辦理，二、三十年後，累積可觀的成就將是指日可待的。（喬健編，1999）

在一九八〇年代後期心理學者曾對初中期所辦的二次研討會加以反省，例如，曾志朗即指出：「在這兩次會議裡，心理學只是大會中的一小部份而已，因此對本土化的呼籲，在整個心理界並沒有引起太大的反應。」（高尚仁等，1991）有鑑於此，香港大學心理學系作出回應，乃決定在一九八八年十二月舉行「邁進中國本土心理學的新紀元：認同與肯定」研討會，主旨是在促進並建立屬於中國人自己的心理學。在總結會上，與會人員曾激烈討論並提出幾個最基本的問題，例如，第一，到底什麼是心理學研究的本土化？第二，它是否是中國心理學中每一領域都必須走的方向？第三，在每一個領域中，應該選擇什麼題目，用什麼方法才算是本土化研究？等，並建議在下次類似會議中共同探討有系統建立中國心理學所必須立即攜手努力的研究題目，並組織隊伍

提綱挈領地去抓這些課題。（楊中芳，1996）隔年十二月，台灣大學心理學系亦主辦「中國人的心理與行為」學術研討會以催化之，本於每三年辦一次的構想（楊國樞編，1993），一九九二年、一九九四年及一九九六年之研討會亦順利舉行，未來這個聚會持續下去是可預期的。心理學研究社群用心凝聚成員以本土化取向從事有關中國人心理與行為的開創性研究，審視歷次會議的論文，一套科際化之中國人的本土心理學似正快速積累中。

綜合上述，可知：自一九七五年以來，文化界與社會科學界歷經二十餘年之努力，所形塑自覺向國內題材吸收創造泉源的局勢已隱然成形。身為此局勢中的個別文化創造者及學術研究者，今後若欲做出令人雀躍的獨創性成就，須對此局勢之期望有所回應－即試著在我們的歷史文化與生活世界中去尋找我們自己的那一份。故教育研究社群在一九九九年六月籌辦「教育科學：本土化與國際化」研討會，代表我國教育學研究欲脫離對外來教育理論過度依賴之邊陲性格，而建立合乎自身社會文化特性的教育知識作了群體宣示，例如，在舉辦目的第二點即指出：「以寬廣的國際視野，探究教育科學本土化的主要方向。」由此亦可推知：教育學界對我國找回本土性學術定位之社會脈動是保持警覺狀態的，也是有團體反應力的，儘管稍微遲了些。

不過，個別教育學者追尋本土化（有自己個性）教育學之醒覺是與其他社會科學社群同步的，自一九八○年以來，例如，杜祖貽（1980）、賈馥茗（1984）、伍振鷟　陳伯璋（1985）、林玉體（1987）、吳家瑩（1987）、周愚文（1988）、高敬文（1988）等都對教育研究提出省思並指出植根本國社會文化研究之必要性。這期間筆者認為楊深坑於一九八○年至一九八八年所發表數篇有關評論教育學之基本性質、過去發展及未來研究的文章，雖然難懂卻是能豐富我們對教育學中國化、本土化可能性與意義性課題之

思考資源的。至於筆者三十年來是怎樣在孕育及追尋自己教育學之夢，將於下一節述說之。

漫長探索

在追尋本土教育學的過程中，最近關注的課題是：教育實際工作者面對其角色時，如何處理教育理想與教育現實差距之問題。經過的心路歷程是這樣的：

一九六七年至一九六八年間，在台南一中讀高二的時候，本來是讀自然組，且立志讀理工科系。但遇到教歷史的王念法老師，他上課中，時常將中國大陸（淪陷前）的教育與自由中國（台灣）當時的教育作對比評述，乃激發筆者一股「改革中國教育」的雄心壯志，於是在瞞著父母親下轉組，且決心以攻讀教育為第一志願，結果也如願進入自己期盼的科系。

大學四年（1969-1973），由於課堂上所聽及書上所寫的教育理論，率皆舶來品，故為大學生時，知道盧梭對教育說了什麼？杜威對教育說了什麼？就是不知道中國人對教育深刻的主張。對此情況，當時祇是有點不對勁的感覺，但並不強烈。因為在此時期，心中只關切變革中國教育的新處方，只要有新發現，都充滿了喜悅，不論其來自何處。

不過，一九七六年至一九七七年間，由於撰寫碩士論文的需要，乃用心查閱已完成的碩士論文，發現大多數的研究都只用此地樣本來驗證外國學者的理論。此種現象讓我感受到中國教育學術界的發展危機，故對上課時，同樣還祇是聽到大堆外來的理論，在某種心理尊嚴感下，也開始不安而展開理性的自我反省，並決定自己撰寫碩士論文時，有關題目及其理論基礎部份，一定

要嘗試自行建構。由於「道德判斷」已是當時教育學術界較爲熟悉的領域，且其研究焦點是偏重於道德行爲中的認知成分。鑑於「過去研究師範教育者總認爲師範生祇要具備專門、專業知識及技能，並具有熱心、負責、愛心、耐心的人格特質，就構成了優良教師的條件。而對於教師的專業認知因素則較爲忽略，尤其對於運用教育原理以解決教育問題及分析教育現象的能力，甚少注意。因此筆者乃依據『道德判斷』之觀點，嘗試使用『專業判斷』一詞以研究教育專業認知領域，並藉以強調專業知識教學的最後目的是在於培養教師對教育現象具有獨立自主與適當的分析力、判斷力。」（吳家瑩，1978）後來也完成「國中教師專業判斷之研究」的學位論文。如今再回顧該論文有關「專業判斷」的意義界定及理論建構，仍嫌非常粗糙，但此種新嘗試確實增強了筆者持續開拓我國教育學實質內容的信心與不懈怠之鬥志。

一九七八年八月到花師任教後，在「找回中華民國教育之根」理想的指引下，對尋覓適合中國國情及中國人口味的教育學理更加關切。但尋覓及探索的最佳起點在那裡呢？胡秋原分析中國爲何不能照西洋一樣畫葫蘆的原因，給筆者很大的啓示。他說：

第一：我們國家條件不同，可能不可能照樣學，是第一個問題。第二：西方國家許多做法，到底對不對，應不應該完全照樣學，是第二個問題。第三：西方國家本身的制度，學說和政策也發生了嚴重紛歧問題，這又如何學法呢？此是第三個問題。這三個問題，是在孫中山先生以前和以後一直困擾中國人的。在中國，有的主張可能維持中國的傳統。有的主張儘可能的西方化。有的主張中國蘇俄化。孫中山先生是與這三派不同的，綜合當代的思潮而為創造，超越當代派別而為前進；不僅要使中國之富強與文明並駕齊驅，還要駕乎歐美之上。（胡秋

原，1977）

那麼，深入探究依孫中山思想，所制定的中華民國教育宗旨之可能意涵及相關的實踐課題，應是我國教育學值得開發的領域。蓋中華民國教育宗旨是自一九二八年以來「民國教育設施」的最高基準，也是「民國教育實況」所自出。若能將與此項教育宗旨相關的因素有系統地刻畫詳晰，相信將更有益於整個學校教育系統革新。

從一九七八年到一九八九年，筆者整個心思即用於此主要課題上。首先於一九八〇年完成〈就孫中山先生之救國心志與建國方案試剖析中華民國教育宗旨〉（吳家瑩，1980）一文，這篇論文探討的主題是：中華民國教育宗旨的精義，若依孫中山一生的「志思及行狀（事）」作詮釋，到底代表什麼內涵？筆者曾使用了「宏願」與「本事」兩個主要名詞來敘述我對這個主題思索的心得。亦即在「中華民國教育宗旨」指引下，我國政府賦予學校的教育功能是培養出「似孫中山樣」的建國者。各校應培育每個學生具備「眞宏願」與「眞本事」，使其能承擔得住國家所賦予的建國任務。簡言之，各校需教育學生成為具有「A宏願」且擁有「Y本事」的建國者。其中A表常數，無變異性，故A宏願係指每位中國人皆應有「變中國成富強」的志氣，所以民國組成份子皆應有此理想存心。Y表變數，有變異性，故Y本事係指對Y事件有辦法，亦即每位中國人貢獻「中國成富強」的事是呈差異性的，不一定皆做同樣的事，民國組成份子可各擇恰當事做成之。（如此詮釋將更能同時反映中華民國各校間的「共通性」與「差異性」）

在一九八一年，完成的論文是「中華民國教育宗旨對各級各類學校之實質指令…以花蓮師範專科學校為例，試論其建構之道。」（吳家瑩，1981）探討的主題是：各校該怎樣做，才能將A

宏願中的「Ａ」與Ｙ本事中的「Ｙ」代以具體適切,恰當可行的內涵?我曾使用「形式指令」與「實質指令」二個名詞來區分對中華民國教育宗旨兩個不同層次的詮釋。簡而言之,本文即在探討各校化「形式指令」為「實質指令」之道。由於實質指令的內容是隨著各校性質不同而有變異的,故其問題更具體的敘述是:假設某校為教育部所轄的一所學校,教育部依據中華民國教育宗旨,對該校下達的形式指令是:「培養出具有Ａ宏願且擁有Ｙ本事的新中國建國者」,則該校於接獲此指令後,該如何將之轉譯為「實質指令」?為使此主題更清晰起見,筆者乃以自己當時的服務單位…花蓮師專為例,參酌下列一個前題及三個基準,詮釋花師實質指令之內容。所謂一個前提是指:中華民國各級各類學校的教育力應有助於中華民國建成一個穩固壯大的國家,以屹立世界。而所謂三個基準是指:

1.評估本校學生在創建中華民國現階段國力時,所應扮演的角色。
2.評估本校學生在主導國家未來情勢時,所應具備的條件。
3.評估教育法令指令本校學生應學會的事項。

經此思考過程,筆者建議花蓮師專培養的建國者—國小教師—宜具有「四」宏願與「十」本事。

在一九八二年,筆者仍繼續探討此問題,完成的論文是「各級各類學校實踐實質指令之有效路徑—以花蓮師範專科學校為例,試論其建構之道。」(吳家瑩,1982)探討的主題是各校該怎樣做,才能將校內各種教育力,組合成某種結構性或關聯性的「行動路徑(模式)」,俾將學校各種力源匯集,以更有效地、更統整地實踐實質指令。筆者曾使用「感動系統」(其功能在培養準教

師具有為國育才之宏心大願，以激發其高昂的情意）及「挑戰系統」（其功能在培養準教師具有高品質教學的真本事，以孕育其內在真實的自信心）二個名詞來統整並歸納學校各類相關的行動路徑（模式）。並參酌下列三個律則，規劃花師實踐實質指令的有效路徑。所謂三個律則是指：

1.揣摩教育當局規定各校諸教學科目及訓導活動所應發生的教育力，以辨認影響實質指令實踐較大的課程組型。
2.評估各校「人員系統」對其角色職責之省察情況，以辨認各校所潛存影響實質指令實踐較大的人力資源。
3.評估學生對各校所安排學習活動的反應情況，以辨認各校所累積影響實質指令實踐較大的「動態型教育力」。

經此思考，筆者建議：花蓮師專的感動系統宜包括二個實踐路徑，挑戰系統宜包括三個實踐路徑。

綜合以上三篇論文，所作有關中華民國教育宗旨的詮釋，可以說是都偏重在理念思辨的層次，且以對當前及今後學校教育的實踐意義作闡揚的重點。有關中華民國教育宗旨的孕育情形及過去對國家所發揮的功用如何，尚未被筆者所正視。從一九八二年起，由於讀博士班的關係，為構思博士論文題目，從歷史層面再深究中華民國教育宗旨的內涵，也成為我思考的範圍。同時也開始閱讀相關的資料及撰寫與之有關的短篇論文，以確認此新被重視的領域（層面），到底潛存那些值得探討的問題。

在一九八四年，首先完成〈從蔣中正先生對民國二次國難之反省檢討，試歸納中華民國教育發展應確實實踐之核心成分〉（吳家瑩，1984）一文，探討的主題是：從蔣氏的觀點，分析國民政府依中華民國教育宗旨所辦的教育，在二次國難中是否如德意志

教育一樣，發揮了抒解民國國難及鞏固民國國基的功能。由於蔣氏在處理二次國難中都扮演了重要的角色，他對那個時期民國教育的詮釋、批評及主張，應最能幫助我們理解當時實施的三民主義教育，在中華民國建國過程中，所已盡或所未盡的職責。蔣氏的結論是：每次國難都與教育失職有關。他的評語中，以下列這段話的說明，最具代表性，同時也最富爭議性。他說：

> 從民國十七年本黨統一全國以來，追溯一下，我們黨的歷次全國代表大會以及中央全體會議，幾乎每一次都有關於教育政策重大的決議，只可惜一般主持教育的同志們，不論是教育部長廳長局長或各大中小學校長職員，都很少能夠為革命負責，推行主義，確實的依照本黨的教育政策，去從事設計和積極推行，竭盡其黨員的本分，大家把黨的決議案看成具文，與實際教育漠不相關，因此，我們國家的教育從來就未能實現本黨的教育政策，更沒有樹立我們三民主義的中心思想。時至今日，受了這樣國破家亡的教訓，如果我們還不能徹底反省此次最大失敗的主因是教育，而仍以為教育對於此次敗亡無關，那真是太可悲痛了。（蔣中正，1951）

蔣氏對教育界作這種指謫，筆者認為不完全符合史實的真相。對這段話我有如下的質疑：國民政府在大陸期間許多「名為黨員」的一般教育工作者為什麼會完全不顧黨的政策，不加以推行，莫非國民政府教育政策之本身即有不合理之處？或雖具合理性，但詮釋得不夠深入，以致實行者認識不深，無法產生堅定信仰，而陽奉陰違？抑或有其他原因？如雖想依照政策推行，但實施條件不備，因而懈怠，而不是如蔣氏所指，不願推行…等。那麼，毛病到底出在那裏呢？故在一九八五年又完成「一九二八年

至一九四五年國民政府整頓民國教育之經過」（吳家瑩，1985）一文。探討的主題是：著重在分析國民政府於一九二八年至一九四五年間，在整頓教育方面所作的努力情形。在此文中，筆者曾使用「中國化」及「制度化」二個名詞來標示國民政府整頓教育的主要目標（或大方向），並發現其採取了如下重點式的革新措施：

1. 在符號和象徵層次（指建立教育系統的價值規範，以統整所有教育人員之心力，使在同一方向上發揮，這是建立國家教育「合法性」與「共識」之根本。）─國府努力的重點在於「確立一個為全國所共信的教育宗旨─即由黨化教育到三民主義教育」

2. 在組織與技術層次（指創造和採用合乎教育原理之措施、辦法，以提高教育系統的效率和效能，這是建立國家教育有效性和力量的根本。）─國府努力的重點有三方面。第一是：經過慎重的科學程序把民國十七年前的教育作一番通盤的檢討，並擬訂一套長期的發展計畫，再按照步驟一貫地實踐中華民國教育宗旨。第二是：在實踐中華民國教育宗旨的過程中，進一步將中等教育及初等教育立法，為民國教育走向制度化奠定了「法」的基礎。第三是：教育部進而採取了柔且強而有力的措施，整頓高等教育之積習使民國各級教育確實納入國家管理中，完成了國家教育體制之初步規模。

雖然這個初步的研究結果作為博士論文內容是不夠的，但已使筆者有信心以此領域作為論文的方向。

剛開始時，筆者是將論文題目的期間訂在一九二八年到一九四五年。因為北伐成功，全國統一，是國民政府訓政的開始，教

育上也配合訓政的需要採取更積極的作為，故一九二八年應是一個很好的研究起點。而抗戰勝利，國民政府也正著手結束訓政，實施憲政，在這樣新的政治情勢下，教育也即將有新的變革出現，這代表訓政時期的教育即將告一段落，故以一九四五年做研究的終點，也是有道理的。不過，後來經過不斷閱讀文獻，逐漸感悟這種時期的劃分方式有些瑕疵。因為筆者發覺國民政府教育改革的理念及政策，從一九二五年開始，即已逐漸孕育並作明確的宣示，若欲對之作完整理解，必須從一九二五年開始探討，乃將年限往前提早三年。至於以一九四〇年作為終點，是基於到該年年底為止，國民政府有關教育方面的大政方針及政策，已大致定型，故從一九二五年到一九四〇年可以說是國民政府教育政策由形成到定型的階段。這種從教育發展的角度來確立研究期限，站在研究教育學的立場，相信是種較合理的取捨（吳家瑩，1989）。

這樣更動，後來亦獲得指導教授同意，再經四年功夫的探索，到一九八九年七月才完成「國民政府的教育政策及其內外形勢（一九二五～一九四〇）」之學位論文。探討的主題是：分析國民政府因應了什麼樣的情勢及採取了什麼樣的教育政策，以具體實現其在教育方面的改革目標─建立由中華民國教育宗旨（三民主義教育思想）所主導的學校教育制度。筆者曾使用「功能」、「結構」、「適應」三個與制度特性相關的名詞，作為歸類教育政策課題的依據。同時也發現國民政府教育當局所規劃的教育政策確實具有客觀上合理性的成分，而且在幾個個別的教育政策上也有些成效，並非完全如蔣氏籠統指責的那種情況。這樣的研究結果，也為筆者在高中時代所聽聞的大陸教育發展事實，找到某些程度的論據。

但筆者高中歷史老師對當時自由中國教育的評述是否合乎史

實，乃有待作進一步的探索。題目可暫定爲「中華民國教育宗旨在台灣的實施情況（一九五〇～一九九〇）」，因中華民國政府遷台，由於其主政者仍與國民政府爲同一決策階層—中國國民黨，故在改造日據時代所留下的學校教育制度時，率依其在國民政府時期，所累積的教育發展經驗來規劃辦理，不但在理念層面，仍沿用「三民主義教育」爲其指導典範，即在實踐層面，亦將在大陸時期推行不徹底的教育政策，更督導其落實。其間雖也曾採取若干改進措施，以因應局勢的變遷，不過，整個學校教育制度，仍舊是維持在訓政時期的基型上穩定地發展。（吳家瑩，1989）

由前面說明，可知：過去十餘年來，筆者的整個研究重點，都集中在探索與中華民國教育宗旨相關的問題。且每篇論文也都儘量構思更適切、更富可溝通性的術語（概念）以重新詮釋主題。不過，率從「研究者主觀思考」角度出發，尚未關注「實踐者之主體體驗」，是美中不足處。

但自一九八九年七月通過博士學位考試後，至一九九七年七月，其間曾實際扮演訓導長（1989: 7～1992: 7）及教務長（1994: 8～1997: 7）角色。由於筆者同時是抱著累積實際經驗的心情投入，故也準備全力扮演好這些角色，以體會在中華民國教育體系中，有教育理想的實際工作者，在「教育現實」中到底會遭遇什麼情況。類似教育實踐者面對理想與現實差距如何處理之問題，會成爲筆者關注之課題，主要是基於如下之認識：

> 因爲教育系統中每類角色都有一群實踐者，而每位實踐者各自都有其一套相應於角色的教育理想、理念，無論有意識的或無意識的，粗糙的或精密的。同時每個角色也都受制於一些無形的「存在之勢」，使其無法發揮功能。因此教育實踐者在心中之「理」與角色之「勢」作動態性的因應中，也必然產生微

妙的心理變化。目前，我們對教育系統中每類角色實踐者之個
人理想、理念及其發展歷程，尚未作有系統的開發，而對各類
角色實踐者所面臨的客觀之勢，也未作深入的探究。就因為我
們在這方面沒有完整堅實的知識體系，故對各類角色實踐者與
其角色職責結合的種種現象，也無充分深入的認識。所有教育
上認為良法美意的的改進措施之未見成效，或許就在於忽略對
這個層面作理解，故我認為中國教育學研究的新課題之一即在
深究我國教育系統中每類角色實踐者之「心」與其「職責」合
一的變化情況及造成不能合一之勢。（吳家瑩，1987）

在下節中將陳述對這個課題，目前思索的心得。

初見曙光

教育學這門學問是由教育研究者發展出來的，故教育學特性
的塑造，應從分析教育研究者在這個領域內所創造出來的「代表
性著作」著手，檢查諸著作對教育圈內外的人員可能產生的啟
發，無論是在問題的形成上，探究的方法上或研究的發現上。而
不是僅「抽象地」、「形式地」設定其是否具備「自主性」的性
格。基本上，我認為：各學科間具有互相啟發的功能，無「高—
低」、「主—從」或「基本—應用」之分，只不過有些學科，因為
其研究者作出了較具突破性的發現，故其知識（概念）體系或研
究方法被其他學科引用得較多，因而也被公認為發展得較成熟。
反觀有些學科的內容，幾乎完全借自其他學科，故也被認為低度
發展的學科。

教育學發展至今，一直被視為是應用科學，故也就一直在

「借用」其他學科的概念來發展其知識體系，由哲學到心理學到社會學到行政學，無所不借，所以也難怪其一直被視為是附庸性的學科。而教育研究者在這「應用」的形象下，也幾乎忘了自己主動的創造力，而未能積極地去開創一套更能掌握住教育現象的知識體系或研究方法，以供其他學科借用，反停留在借用的層次。

我國這種情形更嚴重，僅能作「移植式的借用」，教育研究者大部分將心思用來譯述或印證外國之研究發現，而較少將腦力有系統地用來思索、挖掘、詮釋或解析我國教育系統中所潛存的問題、現象。在這種與現存教育現實脫節的情況下，當然也難感覺或體悟需要創造（或運用）新的語詞或命題，始能對我國某些「無言的教育現象或關係」作更精確的敘述或解說。故也祇能不自覺地使用外來的概念或論點，模糊地或隔鞋搔癢式地論說我們的教育事實及問題。

超越此困境之道，我認為我國的教育研究者應有志發展一套對教育實際工作者及其他學科能作更大貢獻的教育學知識體系。首先，即在真誠地對我國教育系統中某些現存的教育課題作關切，領先地去開發，並持續地、長期地及有系統地去接觸，起共鳴，作出超越既有的發現，寫出富啟發性的專著。這類型的發現及著作累積得愈多，中國教育學被賦予自主性的性格及地位，相信必大為提高（吳家瑩，1987）。

改造中國自清末引進來的這一套教育制度，使之產生更能促進中國「社會─經濟─政治─文化」往合理方向發展的功能，是我國教育學界一貫關切的核心課題。筆者是有這樣的一個想法：除非教育系統每一類角色的實踐者，都能發揮自己的創造力，使「心」與「角色」合一，才能稱得上是真正的改造。亦即教育系統的更新，其根本是在每類角色實踐者之自我更新，而使自己與角色合一。那要怎樣探索這個課題呢？自1987年至今，筆者的構思

經過三階段的演進，目前已稍有眉目，茲將所得分述如下：

第一階段

　　此時僅有初步構思，其內容形式，我用「部廳局長與其制度處境、各級校長與其學校處境、各級教師與其教學處境、各級學生與其學習處境、督學與其視導處境…」等標題表明之，以部長這個角色爲例說明之，所面對的情境是全國性教育制度，而曾擔任部長的已有許多人，他們投入部長角色，在將其「心中之理」實踐於「現存之勢」中，是如何地在發揮其功能，善盡其職責？或面對了什麼樣的挑戰？如何處理？相信多少都累積了一些經驗，但我們較缺少這方面的研究，若能研究出來，不是很有價值嗎？因爲日後還有許多人會擔任部長角色。同樣地，大中小學校長及幼稚園園長，大學的教務、學務、總務三長與中小學三大主任，大學教授、中小學及幼稚園教師與職員工，還有廳局長及督學等，都是教育系統中不可或缺的角色，也有相當多的人在這些角色中累積了相當寶貴的心得及經驗，都較少深入被挖掘，這不是太可惜了嗎？相信這是充實教育學最好的素材之一，也將給教育學開闢一個更寬廣的新天地。（吳家瑩，1987）此階段雖然看見了教育學具發展潛力之新領域，但若從研究歷程觀之，乃有待一步構思可操作之題材（目）以實化之。

第二階段

　　是承繼前述之思考點，首先想到的切入題材是詮釋自己擔任訓導長之經驗，寫成〈教育理想與教育現實之間〉（吳家瑩，1991）一文；緊接再撰成〈蔡元培與北大校務革新〉（吳家瑩，1992）專

文。之所以會先以筆者及蔡元培在教育現實中實踐教育理想的經過作為探索之起點，其理由是：由於自己是在大學任教的關係，故以所扮演的角色作探討對象是最能直接受益的，而且也是合乎目前「質的研究」之新趨向的。

在大專院校的行政職務中，解嚴後那一段期間的訓導長角色可算是較難扮演的。因為大學生在追求校園民主的過程中，對學校的要求日益增多，較關切的有：期望參與校規的訂定、學生的獎懲、教授的遴聘，成立學生自治會，開闢言論廣場，開放校園的政治活動，取消對刊物的審查規定，及反對軍訓教官兼任訓導工作等事項。面對大學生這些不斷滋生的新需求及衍生的新難題，都需要訓導處用心妥為處理，稍一不慎，可能就會釀成校園脫序之禍。故訓導長所承受的心理壓力是相當大的。無論基於健康著想或其他原因，此職是不宜久任的。而事實上，也確是如此，這由擔任訓導長人員更換之頻繁可為證。正由於訓導長這個角色在當時具有如此高度的複雜性及挑戰性，致令許多有理想的教授都不願意幹完規定的任期。到底這個角色潛伏了怎樣的問題及限制，確實值得深究。這也是筆者當初答應接任花師訓導長的理由之一，因為這是獲取第一手資料最直接有效的途徑。

至於選擇「蔡元培與北大校務革新」作為探討對象，主要原因是蔡氏任北大校長期間，就已處理過類似今日大學生要求校園民主諸問題。雖然境況不完全相同，但在校園中孕育自由氣息，以促進學術發展之理想，仍是與今日相通的。而蔡元培也確實作過努力，他的經驗應相當珍貴。

而為完整理解蔡氏及筆者處理教育理想與教育現實差距的經驗，筆者仍建構一套概念架構作為分析的依據，以更能有系統地彰顯該種教育經驗的意義。這套概念架構包括了下列五個層面的內容：

教育實踐者是屬於那一類型的知識份子？

根據葉啓政（1984）的研究，知識份子有四種不同的類型：第一，批判神聖性的；第二，冷漠神聖性的；第三，批判世俗性的；第四，冷漠世俗性的。這四種類型的知識份子分別代表著知識份子不同的理念、期望、性格。葉氏認爲第一種類型的知識份子最具有理想與現實之間的困境。蓋他們具有強烈的道德勇氣和社會責任意識，關心發生於社會國家以及文化中種種普遍性的問題，尤其有關社會和政治規範或制度的問題。據此論點，則教育理想與教育現實差距的感覺，是不會在每位教育實踐者心中發生的，除非教育實踐者確實期盼對教育現實作些新的調整。故論述蔡元培及筆者是屬於那一種類型的知識份子，應是第一個待解的問題。他們在處理角色迎拒的思維過程中可略顯此方面心跡。葉氏同時也認爲知識份子秉持共同的終極理想，但在理想之理論建構和實踐形式的轉換安置過程中，也無可避免地會因理論依據和認知態度等等的差異，而有不同的展現；（葉啓政，1984）故接著須探討下列第二個問題。

教育實踐者是否有形成較系統性的理論以詮釋理想？

若有，是以那些專門知識領域作基礎？所謂理論，無論定義多紛歧，至少都蘊涵如下的共通性：是由一套相關的概念或命題所組成的。教育實踐者，對自己理想的內涵，多少都會用一些概念加以解析（說明），祇不過有些人的概念具一貫性、系統性，因而具備了理論的性格；有些人的概念則較缺乏邏輯性而已。（Carr, 1986）教育實踐者若具有較科學性、說服性的理論作支柱，則在推行理想時，將更具有韌性與效能。那麼論述蔡氏與筆者各構思那些概念系統以詮釋其理想的合理性與價值性，亦是待答的問題。

教育實踐者是否擬訂「短中長程計畫」？

不論有沒有計畫，改變均會產生。可是所有有成效的組織與個體，均從事計畫。教育實踐者如果重視教育計畫之策略，對教育革新是有利的。蓋革新的過程有許多資源及心理限制，而於計畫確立後常能設法取得資源，建立心理方向，突破限制，達成革新的效果。（林文達，1986）那麼論述蔡氏及筆者在任期內是否有從事教育計畫？若有，曾作出那些有關策略性與管理性的短中長計畫，以作為任期內發展的重點？亦是值得處理的問題。

教育實踐者在實行時，面對的是那些類型的現實勢力？

實踐是理想轉化成實在最重要的關卡，為了應付現實的需要，實踐本質上是實用的，更必須關照到現實環境的特殊條件，通常須與其他社會社群產生密切關聯。（葉啓政，1984）以學校組織為例，此即所謂的學校外在因素，教育實踐者除在制度上接受教育部、教育廳或教育局等直屬教育行政機關的指揮督導外，其他許多壓力團體也各本其利益或就其觀點來影響學校的運作與經營。此等影響壓力的來源可能是來自家長會或某位家長，特權分子，有力的地方人士、工商團體、宗教團體、政黨團體、或社會服務團體等。（林生傳，1988）另外也須面對學校內在因素的激盪，可能來自下列四方面：第一，成員個人的動機認知態度。第二，校長教師學生彼此間的人際關係。第三，教學行政各單位間的關係。第四，整體組織的發展方向及型態。（陳伯璋，1987）這些內外在因素，何者對教育實際工作者會造成阻力，何者會造成助力，是隨著各校處境不同而有所變異的。亦即每位教育實踐者所面對的阻力因素與助力因素是不同的，那麼蔡氏與筆者因承擔角色的不同，到底各自面對那一類型的勢力，亦是值得探討的問題。

教育實踐者若遇阻力,將會採取怎樣的態度及策略調適自己的心理?

　　教育實踐者遭遇到阻力,通常會造成其心理壓力。若阻力造成的心理壓力大於本身的容受力,則他會產生適應問題。但事實上,此情況並不會立即發生。依柯永河(1985)的分析,個體自從他的最簡單的神經單位開始,就有特定的對於外來刺激的忍受力。唯個體所受內外壓力總和已超過其忍受力範圍,個體適應之良否則和個體解決內外問題的能力有關。能面對問題、立刻解決問題的個體,應該沒有問題或困難,相反地,不面對也不設法解決問題而任問題陸續堆積如山的人,一定感到問題重重,精神將行崩潰,心理健康無法維持。由之,可知教育實踐者在面對阻力所造成的心理壓力時,是否能調適妥當,端視其對於壓力的忍受力及解決問題的能力而定。由於個體與個體之間存有相當的差異性,故為解決心理壓力所採行的態度及策略也未必相同。那麼蔡氏與筆者在面對教育現實產生的阻力時,是採取怎樣的態度及策略作為調適心理壓力之道,亦是值得理解的問題。

　　在採用前述概念架構,對比詮釋蔡氏與筆者處理「教育理想與教育現實」差距課題之經驗後,心得有三點:

　　漸孕育二者關係之律則:省思任訓導長之實踐經驗,我體悟到:能如願縮短教育理想與教育現實之差距者是強有力的教育革新者。亦即教育革新者「能力」「意志」之強弱與縮短兩者差距之幅度是有密切關係的。但探索蔡元培在北大之革新經驗後,我則將之修正為:在某種相同的「政治—濟經—文化—社會」條件下,教育革新者縮短教育理想與教育現實差距的幅度與其「能力」「意志」的強弱有相關。

　　漸形成教育實踐者行動律則:教育實踐者若企圖經營教育

現實成為合乎教育理想所欲的存在，首先須透過「理論體系」解析教育現實，並重點式地標出教育理想之內涵；其次須規劃數次的「實踐策略」，並持續推行一段時期，則可欲的（desirable）教育現實，就會漸擴大範圍，接近自己所預期的程度與進度。

漸能精確界定主題中兩個關鍵性的術語：所謂教育理想一詞是用來描述教育實踐者以對教育現象（或事實）所直接經驗者或所見聞者為質素，進而運用思維、想像力以安排之，以建設之，不必於客觀界有與之相應者，但是為思想信仰之對象。簡言之，即指對某種教育完美狀態之追求，有超越既有教育現狀之動機；且該教育完美狀態是具有客觀妥當性的，用心努力追求後可得實現，不似如御風乘雲之說而不可得。而所謂教育現實一詞是用來描述在某種社會結構及團體組織影響下所發展成的教育存在狀態，可能與教育理想相接近，也可能與之背離。

上述二篇探索性的報告，雖已對「教育理想與教育現實辯證關係」在研究方法上，如概念架構與名詞釋義提出觀點，同時在研究發現上也形成了二者關係之假設性命題。但所積累的知識仍是薄弱的，故仍進而又嘗試詮釋國小校長在教育現實中實踐教育理想的經驗，以深化對此課題之研究。在研究對象上則擴大人數，選了花蓮地區二十五位國小校長為樣本；在研究方法上則將先前概念架構轉化為「訪談問題」，共有七個，分別是：

1. 請問你擔任校長工作已有幾年？在擔任校長職務之前當老師幾年？主任幾年？當初是抱持什麼樣的動機去參加校長的甄試？
2. 請用幾句話來描述你心中極力想推行的教育理想？（經訪談後修正為：擔任校長這幾年間，無論你在那一個學校服

務，你一貫想貫徹的教育理想是什麼？）

3.這個教育理想的形成過程如何？曾受那些人、事、物或某種理論、某種經驗的激發而產生的？

4.為了實踐這個理想，你在學校曾採取了那些措施？成效如何？

5.在擔任校長這幾年中，你遇到了那些教育現實？

6.在發現教育理想與教育現實有差距時，你是如何調適的？（分心理層面與策略層面敘述）

7.試為「教育理想」與「教育現實」這兩個名詞下個定義？

　　而在實施程序上，是先給校長填寫，再以之為依據，進行訪談蒐集資料。這與前二篇報告所採用自陳經驗及資料推論有別的。

　　這個對國小校長實踐教育理想經驗之初步探索。帶給我對這個課題的新視野有三：

對教育理想之孕育過程更富關心性

　　這些受訪的國小校長，由教師努力奮鬥到國小校長職位，至少需要在國小教育環境中接觸、體驗達十餘年的光陰，真是得之不易。亦即一位國小教師若有心要成為校長，做一位有理想的教育革新者，是有足夠的期間去充實能力及孕育自己的理念的。但又怕太囿於自己的教育實務經驗，故怎樣利用此期間多充實教育理論的素養，以使自己革新教育的理想具備現實性又兼顧前瞻性，更成為我的關心點。

對情境差異性更具敏感性

　　這些受訪的國小校長，認為影響花蓮地區國小校長實現教育理想的最大現實，是教師之不穩定性。代課老師太多及異動率太

頻繁已使正常教學都有問題，遑論其他改革。亦即校長要用很多時間精力來維持學校之「基本生存」，那麼，許多高品質的教育改革根本無法進行。於是，偏遠地區校長詮釋的教育革新重點，似乎與目前一般教育學者一再強調的「人文主義教育」改革內涵有別，受訪的二十五位校長中，有十八位都以「學力主義教育」為學校之重點改革目標，當森林小學、夏山學校之教育理念一再被報刊雜誌傳揚時，在對照此存在事實，是否也反映出「人文主義教育」改革方向也有其偏限性，不宜過度被誇張，否則反而與實質的教育機會均等理念相違，這更讓我敏感到地區情境差異性之潛在的影響。

對教育實踐者更具同理心

這些受訪的國小校長，大部份都已用其一生中最精華的二、三十年歲月，在花蓮偏遠地區的國小服務，此種奉獻犧牲精神，在訪談後，令我感動良深。同時使我也認為：無論你對台灣目前的小學教育有多麼不滿意，但別忘記，若沒有他們的投入付出，可能比目前更難令人忍受。瞭解他們是如此用心在改革，使我對國小教育的實際工作者，多了一分敬仰，也更激發自己與他們一起共同奮鬥的宏願。

其後以同樣研究方式又完成「台北縣首批實施開放教育二十位校長的經驗歷程」之專案報告（吳家瑩　蘇麗春，1998），故在此階段筆者乃是不斷在探索該課題，雖已孕育幾點片段心得，但尚未形成較一貫性、整體性的概念系統，故乃須深耕之。

階段三

是筆者較集中精力系統化思考這個新課題的時期，焦點是擺

在統整前階段所累積的研究心得，並進一步構思貼切的概念，以更彰顯其真相。茲將這一段日子深思所得之主要概念，先以下列「口訣」簡述之，進而再解說之。以口訣呈現理論精萃點之靈感，主要來自閱讀武俠小說及中國古代經典如論語、近思錄等之啓發，並體察目前研究論文皆長篇大論所造成讀者難以捕捉精彩論點之困境而萌生減輕之志。當然這一種新嘗試，恰當與否，有討論空間。此為我首次試用之，不習慣之處，請體諒。對「教育理想與教育現實」這個課題所涵蘊的概念及原則，我賦予的口訣內容是：

> 「個個願景有差異　完成所願有久暫　諸因配合是關鍵
> 　內在變因含兩點　生命度量有盈虧　理性功能有明暗
> 　外在變因亦兩點　角色情境有吉凶　制度結構有強弱
> 　居間變因僅一點　經驗積累有深淺　個個如願是所盼」

口訣中前三句形成一組，指明教育系統中各類角色之扮演者，在踐行該角色期間，其賦予角色之理想是隱涵著某種企盼有所成就之「願景」，至於願景是什麼，因人而異，那是彰顯每個人主體之所在，也是每個人生命活力之動源，但每個個體心中之願景，何時能顯現令其滿意之成就，需估量所需時間之久暫，亦即需將願景放在時間脈絡中加以思考，有些願景是短時段（例如，一天或數天，一週或數週，一月或數月，一年或數年）內即可實現的，有些願景則需中時段（例如，十年至五十年間）始可達成的，更有些願景是需歷長時段（例如，五十年以上或百年以上）才能顯現其果效，有此時間觀為權衡，個體將更有從容篤定之智慧來平衡「失望與希望」交雜之情緒，而減少承受「不必要的焦慮」之苦，而能在沉著氣中常保持續奮鬥之志。

至於時間幅度之彈性，需再估量個體與處境中各種相關影響變因之配合情況，若借用數學四象限分析之，第一象限代表個體變因與處境變因皆佳；第二象限代表個體變因佳，而處境變因不佳；第三象限代表個體變因不佳，處境變因不佳；第四象限則代表個體變因不佳，處境變因佳。個體心中之景願若置於第一象限中，則其時間幅度可縮短，反之若置於第三象中則其時間幅度可能需再加長。

　　口訣中四至六句形成一組，指明教育系統中各類角色扮演者，為實踐其心中之理想，個體需先對自己靈魂體有所經營。首先是在生命狀態方面，需估量目前是處於「肉體生命」狀態，或處於「精神生命」狀態，或處於「神聖生命狀態」。使用這三個名詞是用以指稱實踐中個體生命所處的發展階段是有差異的，這會影響到他們操作運用理念的成效性，若其他條件相同，則同一個「理念」給三種不同生命狀態的個體，所產生的結果是有歧異的。這是要指出個體時時滋潤自己生命力使由虛弱無力轉成飽足充盈，是實現理想重要的力源，但不是唯一的。而其根本途徑在能過一種可大可久的生活方式。

　　其次是在理性功能方面，個體需估量自己是處「零碎理念」狀態或是處「系統理念」狀態，因「理念」是理性照明事實所得之光、掌握事實所得之鑰，使個體能脫離迷惑之網，並偵定行動方向。故一個有系統理念為依據的個體與一個僅有零碎理念為依據的個體，在推動理想實踐過程中所呈現之迎接挑戰信心將是有別的。這是要指出角色扮演者需更勤力用功，以深化自己的理論理性，而厚植內在的信心，非僅來自外在讚美掌聲的肯定。尤其是對追求中長時段願景之實踐者來說，更需要充實理論理性力，以在孤寂的長路上，仍能時時品嚐發現新意義之樂趣，而延續生命活力。

至於理性展現在角色實踐策略之規劃上，則涉及「曲」與「直」或「陰」與「陽」策略類型交互應用之智慧。亦即個體需體悟「用」的境界是在體現「一內涵二」之太極行動，（曾仕強，1993）此將減少盲點而凝聚整體效能。

　　口訣中七至九句形成一組，指明教育系統中各類角色扮演者，為實踐其心中之理想，個體亦須體察目前之「位」的情境，是處於易經中那個「卦」所描述之局勢。「吉」「凶」「悔」「咎」四個字是縱論情境帶給個體影響之局勢，至於各局勢中之微差仍有待六十四卦再細分研判之。蓋「易經是一套由六十四卦、三百八十四爻的符號所構築的象徵體系，以爻與爻，爻與卦，卦與卦間種種錯綜複雜的關係，來描述宇宙人生之變化，卦代表宏觀的情境，爻則為其中不同層次，不同立場的更細微的變化。卦所代表的宏觀情境亦非孤立，而與它卦之間有或深或淺或隱或顯的關係，在八卦相盪，上下內外互動的結果，自然產生六十四卦的種種情境，六十四卦非任意排列，有其自然演進的順序，稱為卦序，對事情發展的來龍去脈，前因後果即能掌握，看問題不但有歷史的縱深，還可對未來有精確的預估。」（劉君祖，1997）不過此處引進易經六十四卦是為豐富個體掌握情境之思維資源，並無命定之意。當個體試著判定與自己情境現象相繫屬的卦，並依據易理解剖爻象的基本意涵，從而推論情勢之可能發展時，心智就在發揮描述與預測的理性功能。筆者相信，角色扮演者若能活用易經，對其掌握角色所處之複雜情勢及脈絡，會有些助益的。

　　以校長這個角色為例，台灣目前有七千多所學校，各校所處之卦象，亦呈現紛歧狀。某校長若辨識主事學校是處乾卦，則他可採取精進不息之作為；反之若學校是處坎卦所描述險惡陷溺之狀態及難以前進之時期，則宜採取真誠且不冒進之行動，以應對之。有關此方面的內涵今後將再深入研讀易經以豐富自己之思

想。

　　其次是制度結構有強弱，個體須估量與角色有關之制度發展是處在強結構狀態或處在弱結構狀態。所謂制度是指人為制定的規則，用以約束人類互動行為的範圍，包括規範個人不准去做的行為，及在何種條件下個人可以從事的行為，其目的在建立人們互動的穩定結構，以降低不確定性。（劉瑞華譯，1994）由之，個體所處之團體在各自制度引導下，有的是已處在穩定性高的團體結構裡，故紛擾較少；有的尚處在穩定性不高的團體結構裡，則心思較受攪擾，故個體能否集中精力聚焦於理想推動上，需視各團體所建立制度之演進程度而定。

　　此外，制度也界定個體選擇行動之可能範圍，故系統性地檢閱角色處境中用以彰顯制度之各項成文辦法、章程，評估它們對理想推動所造成之助力或阻力程度，並因時因地制宜予以修正，是民主社會中所有角色扮演者宜用心處理的課題。團體中建立愈多客觀公正的「法度」，則個體在公道氣氛中，潛能將有更大的揮灑空間。

　　口訣中十至十二句形成一組，指明教育系統各類角色扮演者，為實踐其心中理想，個體須關照自己與該角色互動所積累經驗之深淺。誠如杜威指出「每種經驗既從過去的經驗中採納了某些東西，同時又以某些方式改變未來經驗的性質。」（劉素芬編，1992）那麼扮演角色之個體每項做過和經歷過的經驗，會決定他未來經驗的特性。對這些相繼出現與相互影響的經驗，有些個體是將之作有意識的結合在一起，發展為更高一層或更深刻的經驗，有的尚未作意識的結合，僅任其偶發碰撞出零散的火花。在推動理想的過程中，對角色經驗作後設認知式的監控，是引導經驗積累由浮面走向深刻的關鍵。亦即個體在「經驗－反省－再經驗」循環流程中，心靈將更易孕育出智慧且豐富的經驗主體，而

掃除浮光掠影之弊，並展現出有效能的教育作為。更由於「經驗不是在真空裏產生，在個人之外，還有產生經驗的一些泉源。」（劉素芬編，1992）若個體能不斷地從其他經驗源泉中吸取養分，則其經驗之深刻性及廣博性也將更易積累。那麼如何挖掘教育系統各類角色諸扮演者，費n年所積累的經驗，將之解說出來，以蓄積更多的經驗源泉供取用即成為我目前最關切的研究主題。

至於這個主題要如何鑽研，方法上如何進行，筆者認為是給教育研究社群最大的挑戰，但也是形塑我國教育學自我主體性最大的契機。若能對此主題深耕多年，則教育學知識體系對解決角色實踐者所面臨理想與現實，理論與實踐之落差問題，也許有早日解惑的一天。此種新取向之教育研究，我稱之為「人與角色情境結合」的教育學，其形貌暫時以（圖1）呈現如下：

有關（圖1）有待補充修正之處仍多，我將再以數年時間探索之，也盼教育社群伙伴共同來耕耘之，成為我們共同的夢。

圖1 教育學新形貌

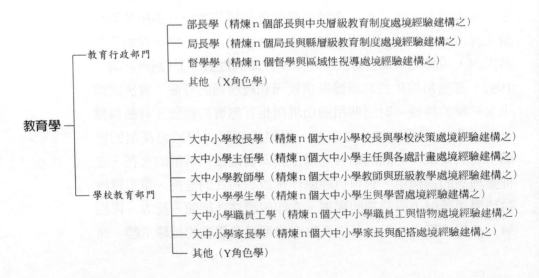

教育學
┌ 教育行政部門
│   ├ 部長學（精煉n個部長與中央層級教育制度處境經驗建構之）
│   ├ 局長學（精煉n個局長與縣層級教育制度處境經驗建構之）
│   ├ 督學學（精煉n個督學與區域性視導處境經驗建構之）
│   └ 其他（X角色學）
└ 學校教育部門
    ├ 大中小學校長學（精煉n個大中小學校長與學校決策處境經驗建構之）
    ├ 大中小學主任學（精煉n個大中小學主任與各處計畫處境經驗建構之）
    ├ 大中小學教師學（精煉n個大中小學教師與班級教學處境經驗建構之）
    ├ 大中小學學生學（精煉n個大中小學生與學習處境經驗建構之）
    ├ 大中小學職員工學（精煉n個大中小學職員工與惜物處境經驗建構之）
    ├ 大中小學家長學（精煉n個大中小學家長與配搭處境經驗建構之）
    └ 其他（Y角色學）

專業新貌

　　拓展這個形式的教育學，其目的是希望教育學研究真能回應教育系統每類角色扮演者關心之問題，並豐富他們面對難題之解決智慧，最終個各成為勝任並享受角色的實踐者。以此心發願，則創造更能孕育角色實踐者智慧之教育專業陶冶新形式同樣是筆者念茲在茲的課題。我平時即不斷在留意其他專業以怎樣的方式陶冶他們社群高品質的專業人員，發現例如，醫學院、法學院、商學院、管理與行政學院皆使用了個案教學法，以突破理論與實踐差距之困境。舉管理教育為例說明之，是「因為管理教育就是要培養學生解決問題的能力，將那些因時因地制宜的管理理論，應用在不同的情境，解決實務問題。因此學生要學的不僅是理論或實務，而是應用理論到實務的能力。這種應用能力，無法靠課堂講解去培養，必須從課堂討論中去體會，才能逐步展現。」（劉常勇編，1998）而個案教學法帶給學生的成長，舉哈佛管理學院資深教授羅瑟（John Russell）觀察學生變化的情形說明之。他說：「將近四十年來，我不斷地觀察哈佛的教育者，如何把學生培養為一流人力。第一年九月份開始時，每個入學學生都尚是分析判斷的門外漢。本身的成長經驗總是不足以充分掌握一些影響大局的決策因素，常依主觀判斷，採信人云亦云的自然經驗法，常犯一些小聰明人所犯的錯誤。但是當這段戰戰兢兢的學習過程在進入初冬後，效果就恰如玫瑰般的盛開，每個人的自信心建立在所學的才智上，一掃往日疑慮、失意，變得豁然開朗而有智慧。歷經不斷研討和分析個案的磨練，每個學生都增進不少知識。到了春天，一個個地已練就成身懷絕技的成員。第二年，學生逐漸能明白如何掌握機會及執行複雜的事物。學校完完全全地

改變了學生，提昇了他們的素質。」（張瓊玉譯，1991）這段話我不會盡信，卻激發我對個案教學法想進一步認識的動力，當然在個案教學法之名下所發展的法律案例教學、醫學案例教學、管理案例教學，在運作方式上，會有些差異。但我關切的焦點是若個案教學法在培養學生結合理論與實際之智慧上，確實存在比目前講述教學更獨到的效果，則研擬教育專業課程之新授課方式，並以適當比例與之結合，將是一新教育專業陶冶面貌的契機。（吳家瑩，1992a）據此理念思考，我對師範院校教育科目之教學革新，曾構思了如下調整計畫：

在調整原則方面

較重概念認知的教育科目

例如，初等教育、教育社會學、教育哲學、教育心理學、課程與教學、兒童發展與輔導、輔導原理等儘量配合「個案分析教學」。

較重操作演練的教育科目

例如，視聽教育、各科教學研究、教育實習等儘量採用「臨場實習」的方式進行教學，並在此方式中配合「省思」理念逐步實驗各種有效的實施類型。

在調整技術方面

將師院教同一科目的老師作有機組合，一同到班級、學校及教育行政機構發掘值得探討的案例，撰寫成個案。個案撰寫的本意是讓學生從中熟悉形形色色的教育狀況，所以案例要具備「真

實性」與「激勵性」二個規準。

「四年期間」的分配運用，前兩年半著重討論教師提供的教育案例，後一年半則強調由學生透過臨場實習，自己製作個案及研討改進方案。

學校班級的組成及運用，應配合個案分析教學，作更有機的配置，例如，討論主持人、記錄者的安排、學生個人簡介手冊、教室桌椅佈置，凡是有利於激發同學間互相討論風氣的事項，皆應列入考量。

最後我還是要強調：「個案教學法」是諸種可能培育途徑之一，但卻是最值得優先重視並試行的培育之道。因為「每個教育個案，若是教育實際問題的實錄，也是經過精心編寫的，則討論完一個個案就等於多接觸一個教育實況。討論的個案越多，對實務的瞭解就會越深，而處理教育問題的經驗與能力也會伴隨增高。」（吳家瑩，1992b）雖然不必要求師資培育機構的學生討論上千個個案，但四年內若能討論五十至一百個個案，整個師範教育的品質及功能必然提高不少。是則教育專業課程作為激發準教師高層次心智的功能，才算盡職。

哈佛商學院個案分析之教學方式，是歷經數十年才發展成型的，雖自一九一二年至今已有八十餘寒暑，但仍在演進中。則教育專業課程若能朝此方向持之以恆地試行，則歷來「教育理論與教育實踐」被刻板化為脫節的形象，應能逐漸獲致改善，而更彰顯教育專業的存在價值。就在此教育專業課程新教學取向的脈絡中，筆者看到以「人與角色情境結合」為導向新教育學未來之美景。

參考文獻

中文部份

蔣中正（1951），〈教育與革命建國的關係〉，載於張其昀編
　　（1984），《先總統蔣公全集（第二冊）》頁2164。台北：文化
　　大學 。

胡秋原（1977），《國父思想與時代思潮》，頁90。台北：幼獅文
　　化。

吳家瑩（1978），〈國中教師專業判斷之研究〉，國立台灣師範大
　　學教育研究所碩士論文，頁2。（未出版） 。

杜祖詒（1980），〈論外來教育理論之限制與今後教育學研究的路
　　向〉，載於楊國樞、文崇一編（1982），《社會及行為科學研
　　究的中國化》。台北：中研院民族所。

吳家瑩（1980），〈就孫中山先生之救國心志與建國方案試剖析中
　　華民國教育宗旨〉，《花蓮師專學報》第十一期，頁1-36。

吳家瑩（1981），〈中華民國教育宗旨對各級各類學校之實質指令
　　－以花蓮師範專科學校為例，試論其建構之道〉，《花蓮師專
　　學報》，第十二期，頁1-42。

吳家瑩（1982），〈各級各類學校實踐實質指令之有效路徑，以花
　　蓮師範專科學校為例，試論其建構之道〉，《花蓮師專學報》
　　第十三期，頁17-88。

吳家瑩（1984），〈從蔣中正先生對民國二次國難之反省檢討，試
　　歸納中華民國教育發展應確實實踐之核心成分〉，《花蓮師專
　　學報》第十五期，頁113-128。

葉啓政（1984），《社會、文化和知識份子》，頁120；148-149；
　　127-128。台北：東大。

賈馥茗（1984），〈教育研究〉，《載於中國教育的展望》。台北：
　　五南。

伍振鷟、陳伯璋（1985），〈我國近四十年來教育研究之初步檢
　　討〉，載於《中國論壇十週年專輯》。

柯永河（1985），《心理衛生學（上冊）》，頁155；162。台北：大
　　洋出版社

吳家瑩（1985），〈一九二八年至一九四五年國民政府整頓民國教
　　育之經過〉《花蓮師專學報》第十六期，頁1-10。

林文達（1986），《教育行政學》，頁62-63。台北：三民書局。

吳家瑩（1987），〈移植式教育學的超越〉《現代教育》第2卷，第
　　4期，頁32-33。

林玉體（1987），〈台灣三十年來教育學研究的檢討〉，載於賴澤
　　涵編，《三十年來我國人文及社會科學之回顧與展望》。台
　　北：東大。

陳伯璋（1987），《課程研究與教育革新》。台北：師大書苑。

林生傳（1988），《教育社會學》，頁203。高雄：復文書局。

周愚文（1988），〈我國教育研究的新方向—教育研究的本土
　　化〉，載於陳伯璋編，《教育研究方法的新取向》。台北：南
　　宏。

高敬文（1988），《質的研究派點之理論分析與實際應用》。屏
　　東：東益。

楊深坑（1988），《理論、詮釋與實踐》。台北：師大書苑。

吳家瑩（1989），〈國民政府的教育政策及其內外形勢（一九二五
　　－一九四〇）〉，《國立台灣師範大學教育研究所博士論文》，
　　頁12-13；306。台北：五南。

吳家瑩（1991），〈教育理想與教育現實問題之間〉，《花師初等教育學報》，第一期，頁1-22。

高尚仁、楊中芳 編（1991），《中國人、中國心》，頁v。台北：遠流。

張瓊玉譯 David W. Ewing著（1991），《揭開哈佛商學院的奧秘》，頁ix。台北：聯經。

劉素芬編，杜威著（1992），《經驗與教育》，頁30；37。台北：五南。

吳家瑩（1992a），〈師範院校教育科目教學革新之我見〉，《台灣教育》第149期，頁42-46。

吳家瑩（1992b），《蔡元培與北大校務革新》。花師：人文教育中心。

曾仕強（1993），《掌握中國人性的管理法》，頁9-23。台北：方智。

楊國樞：余安邦編（1993），《中國人的心理與行為：理念及方法篇》，頁 vii。台北：桂冠。

劉瑞華譯，道格拉斯、諾斯著（1994），《制度、制度變遷與經濟成長》，頁7-15。台北：時報文化。

李亦園、楊國樞、文崇一等編（1995），《現代化與中國化論集》，頁ii。台北：桂冠。

楊中芳（1996），《如何研究中國人》，頁3-5。台北：桂冠。

劉君祖（1997），《時習易》，頁13-24。台北：大田。

劉常勇編（1998），《台灣本土企業個案集－系列1》，頁序。台北：華泰。

吳家瑩、蘇麗春（1998），〈台北縣開放教育實踐歷程之研究〉，「國立花蓮師院國民教育研究所專題研究報告」。

楊孟瑜（1998），《飆舞—林懷明與雲門傳奇》，頁108-131。台

北：天下遠見。

賴聲川（1999），《賴聲川—劇場（1）》，頁407-408。台北：元尊
　　文化。

喬健、李沛良編（1999），《社會科學的應用與中國現代化》，頁
　　1-4。台北：麗文文化。

英文部份

Carr Wilfred, 1986, Theories of Theory and Practice, *Journal of Philosophy of Education*, 20(2), 178.

「一個夢之追尋：建構植基於教育實踐者經驗之教育學體系」評論

崔光宙

對作者的觀察

評論者對作者的認識近三十年，他在大學時即創辦「教育鬥士會」，不但深具理想性，且有將其付諸實現之道德勇氣。三十年來，可謂「一路走來，始終如一」。

對本文的外部觀察

本文內容顯然有卓然獨立於一般學術論文之處有四：

1. 研究者主體性：本文第二部分檢視作者一九六七年至今之研究心路歷程，研究者主體性彰顯無疑。
2. 本土性：本研討會以「國際化或本土化？」為主題，但作者標舉「本土性教育體系」之大旗，立場至為鮮明。
3. 原創性：作者提出「教育理想與教育現實」口訣，及「人與角色情境結合」之教育學體系，均為與眾不同之獨特見解。
4. 前瞻性：本文四個部分中，前兩部分為檢討過去本土性學術發展與作者本人的研究心路歷程；而後兩部分則是前瞻本土性教育學未來的發展。

夢言夢語

莊子齊物論：「方其夢也，不知其夢也。夢之中又占其夢焉。覺而後知其夢也。且有大覺而後知此其大夢也，而愚者自以為覺，竊竊然知之。」

作者在論文標題中，以尋夢者自居，而本評論也企圖順著此標題之指引，分「夢的分享」與「夢的解析」兩部分。

夢的分享

本篇論文雖虛心的以「夢」為標題，然其中潛藏著許多寶貴的想法，值得特別提出：

1.本文努力建構本土化教育學體系，並勾畫美麗願景。
2.教育學發展建立本身基礎，而不再僅以生硬借用外國現成教育理論為滿足。
3.教育學可建立其自本自根之科學體系，而不再淪為哲學、心理學、社會學、人類學…之應用或附庸。
4.教育學體系可經由本土化之建構過程，彌平理論與實踐之鴻溝。
5.人人可參與教育研究，教育工作者亦可為教育學者。

夢的解析

1.就學術發展的角度而言，求真與應用，本土化與國際化是

相輔相成，不可偏廢之雙翼。

2.教育學的核心概念應是省思「人的本質」與「文化」一般教育工作者之經驗，若未經常自省，也容易偏離此核心概念而捨本逐末，故以角色情境為研究之最基本素材，或許有其學術意義，但未必是「教育學體系」之最重要內涵。

3.本文提出以教育行政和工作人員之實踐經驗來「精鍊」出教育學體系，似應再通過下列質疑：

◇就方法論言，根據Karl Popper（1902~94）「科學發現的邏輯」中之論述，特殊事例無法推出普遍原則；因此歸納法並不能邏輯的推論出理論。而有高層智慧的學術體系，更是大師級學者之創造。誰去將各種教育零碎的經驗「精鍊」成理論，甚至學術體系，成為美夢是否可以成真的關鍵。

◇就知識論而言，人類知識的發展確實是由源遠流長的文化累積而成。建構紮實的學術體系，更有賴前人的智慧啟迪與過去知識成就結晶為基石。本文所主張之教育學體系，雖未持否定傳統之立場，然純以狹窄之工作者實踐經驗為素材，難免走上虛無主義道路。

◇就範疇而言，扮演稱職的教育行政與教育工作者的角色與教育學體系誠屬不同範疇的問題。有濃厚的理論傾向與興趣，才會結合教育學術之各種不同的知識而形成體系，故學術體系純為教育學者統觀各種教育問題所得之整體結果。將之化約為角色，似有範疇失誤之嫌。若要使理論與實際完全結合，關鍵在於教育工作者之實踐智慧，實與教育學是否需要建立體系無必然關係，無須強為之媒。

臺灣教育哲學之發展：
從國際化和本土化來衡量

蘇永明

摘要

　　本文係從國際化和本土化的角度，來衡量教育哲學在臺灣五十年來的發展。筆者認為，國際化和本土化對於教育哲學在學術上的發展是互補的，能兼顧兩者將使教育措施更具有正當性。然後回顧幾位在教育哲學上著有成就的前輩，衡量他們在國際化和本土化方面的貢獻。包括黃建中、田培林、吳俊升、賈馥茗、歐陽教、陳迺臣等先生。研究的國際化方面，還需對外國理論有更深入的研究，在這方面對外國期刊、書籍的採購和外文的學習都有待加強。尤其，有關法國的思潮最為缺乏。在本土化方面，從目前中文的「教育哲學」教科書，少有中國教育哲學或本土教育哲學的專章介紹，可看出這方面仍嚴重缺乏，亟待努力。就未來的發展來看，仍舊不是很樂觀。因為在教育學程中，「教育哲學」變成是弱勢科目，這方面人員的晉用也相對地機會較少。如何吸引純哲學背景的學者也加入教育哲學的研究也是重要的課題。最後指出，由於臺灣的解嚴使得學術自由的空間大增。一方面，不必有意識形態上的考慮。另一方面，各種期刊和書籍的容易獲得，學者們更應該努力以赴，拿出像樣的成績。

前言

　　此一主題雖然重要，卻是不易處理。而且，可能人言人殊。幸好，本文只是從本土化和國際化兩個層面來探討，不完全是對於過去教育哲學的全面性評估。然而，這仍難免會觸及。由於所評論的對象都是以往的師長和前輩，這種做法在中國文化中，一

向是不被鼓勵的。然而，基於學術發展的需要，仍有必要針對此一學門的現狀（state of the craft）加以評估之後，才能導出未來的發展方向。在態度上，筆者將秉持就事論事的立場來從事，若對前輩有所批評，也必以「吾愛吾師，吾更愛真理」的立場出發。當然，本文若有偏頗之處，仍期待各位予以指正。

本文首先說明，國際化和本土化對教育哲學而言具有互補的價值。然而要能同時兼通中外哲學，實非易事。然後再以人物為主軸，說明從光復後，臺灣教育哲學的發展中，主要的代表人物他們在這方面的貢獻。在選材方面，主要是以具有原創性者、或是影響較大者為考量。筆者對這些前輩的瞭解也很有限，只能以實際所蒐集到的著作做為論斷的依據。然後，再依據現況，對於國際化和本土化應努力的方向，提出具體的改進途徑以供參考。

教育哲學的國際化和本土化

我國的教育在清末新式教育傳入之後，傳統的教育方式急速退卻。在這中西分明的對比之下，人們經歷了各種矛盾，有人認為要全盤西化，有人抗拒這種投降的做法。因此，就在不中不西的組合方式中，走過了一百多年。由於交通和傳播的發達，人們已不再堅持全盤西化或是全盤的本土化，而是兩者要有所統合。不中不西的組合應該要更進一步統合，變成是本土的特色。畢竟，文化的發展本身就是兼容並蓄各種特色，在與環境的互動中，逐步篩選而組合出新的文化。在這樣的過程中，國際化和本土化雖然有互相排斥性，卻也有互補性，端看所持的心態。因為，我們已不可能完全只以其中一種做依據。

中國在面對西方時，受到許多挫折。連帶的也使中國哲學受

到貶抑，例如，五四運動時對於儒家的批判，高喊「打倒孔家店」。西方於啓蒙運動時雖然對中國頗爲推崇，但是到了殖民主義之後，就不斷貶抑所有非西方文化。中國文化的明顯缺點至少有不具科學性及不利於資本主義的發展。民國初年，爲了找出中國文化中的科學性，對於墨子、荀子及名家的研究盛行，因爲他們的學說中有較多的「科學」成份。連胡適在杜威指導下的博士論文也以「先秦名家」爲主題，想找出中國文化中的邏輯成份（吳森，民67:252）。吳森認爲這樣的選題是有偏差的，

> 這種研究的對象，畢竟是中國文化的旁支和末節。我們若給公孫龍子以「正統」或「大家」的地位，或故意誇張他在名學上的成就，便很容易喪失中國文化的本來面目了。（吳森，民67:252）

筆者認爲這種偏差是因爲喪失信心所造成的，完全以外來的標準來衡量自己文化的價值。到了邏輯實證論興起後，以他們的標準來看中國哲學的邏輯性，那更是微不足道。幸好，邏輯實證論的熱潮已快速的退卻，不再是哲學的主流，否則我們還不知道還要自卑多久。對於資本主義的發展，韋伯且將儒家說成不利於資本主義的發展。一直要到亞洲四小龍的興起，各種反駁韋伯的論點才大量興起，筆者認爲這種現象乃是對自己失去信心所造成的。

國際化和本土化並不完全是國際化求同，本土化求異。若以生物分類上的界、門、綱、目、科、屬、種來做比喻。今天我們對於某一現象的定位，應該從國際的比較上找出其與他人相同的部份及相異的部份，這整個過程就同時包括了本土化和國際化。如果只是一昧的套用外來的理論，而未注意到本土的特色和差異，這可能連國際化都說不上，因爲國際化不一定是標準化。但

是，我也不否認西方啓蒙運動以來的現代主義，曾想要對自然現象和人文建立普遍的通則，這樣將抹煞各地的個別差異，這樣來對待人文現象上可說是扭曲的。然而，後現代的說法常走另外一個極端，無條件的強調差異，使得現象間幾乎不可能統合。筆者上述的模式等於是承認各地的本土化，再由各地的差異中找出某種程度的相似性和差異。所以，國際化就等於是這種比較的過程。不可否認的，以往在現代主義的典範下，常常只是求同，而忽略了差異，以致於淪爲外國理論的殖民地。近年來，由於後現代的推波助瀾，本土的特色取得了正當性，但也不可一昧的肯定自己，否定別人。所以，和他人比較，並找出異同乃是將自己正確定位的必要步驟，不可偏廢。

因此，在面對西方哲學或文化時，態度應該不卑不亢。哲學不應只是狹隘的用某幾個層面來衡量就可以定高下，哲學代表的是整個文化的取向，是生活方式，或是所謂的生命情調的抉擇。中國文化與其他文化的取向不同，但決不至於沒有本土的哲學，只是在外來強勢文化的籠罩下，變得面目全非。在與外國比較時，也不應該用何者爲優的心態來定高下，而是要找出各自不同的特色。事實上，在深入瞭解各種邏輯的特色之後，現在已有人用邏輯和語言哲學的角度，來解釋老子的哲學（例如，劉福增的《老子哲學新論》，民88）。姑且不論上述的研究是否得當，筆者相信，應對於中外文化有深入的研究，才能瞭解其相同點和相異之處，然後再思索如何加以整合。林正弘指出：

> 國際化與本土化，兩個是可以互相補充，或是說兩個交融在一起的。我不是那麼樣的擔心說，一方面要朝國際化，一方面又要朝本土化，好像兩難之中無所適從。當然，如果一天到晚只討論別人的問題，比方說，討論文化衝突的問題時候，不去注

意臺灣原住民的問題，只注意到美國的印第安跟白人之間的問題，那就…，可是，他們討論問題的方法，跟他們思考的方式，我們還是可以借用，而不受他的限制。（林正弘，民87：17）

因此，就以文化發展的角度來看，國際化與本土化也可以是互補的。本土化要放在國際的大架構來考量其涵義，在追求國際化的同時也要考量本土的特色。

在教育領域，這方面研究的先驅者至少有蔣夢麟和林茂生，蔣夢麟在美國攻讀博士時，他的博士論文是《中國文化與教育：一個歷史和比較的觀點》（*Chinese culture and education: a historical and comparative survey*）。這本論文曾在一九一八年於上海的商務印書館出版（吳俊升，民61: 205）。這也預示了他後來在西潮一書中的文化反省。日據時代，前臺大文學院院長林茂生在哥倫比亞大學的教育學院就讀時，在杜威和門羅（Paul Monroe）的指導下，一九二九年完成他的博士論文，題目就叫：「日本統治下的台灣學校教育：其發展以及文化問題之歷史的與分析的研究」（Public education in Formosa under Japanese administration: a historical and analytical study of the development and cultural problems）（李筱峰，民85: 39）。筆者都未能取得這兩篇論文，但從他們的題目已可看出其出發點，都是從國際化的角度來看本土的教育。這也是許多國人到國外去攻讀學位時，寫作論文的主要取向。

當國際化和本土化被認為是互補時，這已走向兼容並蓄，既不排外，也不媚外。可以平心靜氣的來思索，如何來統合各種勢力，以發展未來的文化。以下就從這個角度來衡量教育哲學在臺灣五十年來的發展。

臺灣教育哲學之發展

　　以下依時間的先後次序來說明，臺灣五十多年來教育哲學發展的國際化和本土化趨勢。敘述時，以人物爲主軸，並輔以教育哲學的派別來區分其本土化與國際化的面向。以下所討論的五位代表人物，黃建中、田培林、和吳俊升先生在到臺灣來之前，已完成其國內外的教育，直接將其所學貢獻於臺灣的教育哲學界。

黃建中先生

　　黃建中先生的主要生平如下（王鳳喈，民50: 1-4）：

◇民國前廿三年出生。

◇民國三年入北京大學中國哲學門。

◇民國六年畢業，任朝陽大學講師。

◇民國十年，以鄂省公費赴英留學，初入愛丁堡大學習教育後轉劍橋大學習哲學。

◇民國十四年歸國，任國立暨南大學教務長。比較倫理學初稿完成。

◇民國十七年任教育部高教司長。

◇民國十九年任湖北省教育廳長。

◇民國廿一年任中央大學教育學院院長。

◇民國廿三年再任教育部高教司長。

◇民國三十三年由四川大學正式出版《比較倫理學》。

◇民國三十八年抵台，任職省立師範學院。

◇民國四十三年，出版《教育哲學》。

◇民國四十八年逝世。

　　黃建中先生目前比較容易找到的著作是《比較倫理學》（黃建中，民51）一書。其《教育哲學》（黃建中，民43）一書因是由中國地方自治函授學校出版，至今已難以找到，筆者是在臺灣師範大學的圖書館借到。事實上，其《教育哲學》一書篇幅不多，且與《比較倫理學》在人性論的部份重複較多。然而，書中所提到的中、外哲學家和教育家的人數，可說是目前國內同類的書中，在量的方面算是最多的。從此一現象可以看出他的企圖心。然而，其結果也是可以預見的，就是沒有辦法深入探討每個哲學家的概念。我們可以說，他確實想從國際化和本土化的角度來瞭解教育問題，但只是起個頭。不過，如果考量當時的戰亂，他所做的已有相當的成績。另一方面，他在當時的省立師院學院教育研究所也開了這方面的課，並指導研究生從事中國教育思想史的研究工作。對於教育哲學的發展，實有相當的貢獻。

田培林先生

　　根據劉延濤先生所撰「吾師田伯蒼先生行述」（賈馥茗主編，民65:1-4）所載，關於田培林先生之簡要生平如下：

◇民國前十九年生。
◇民國九年北京大學哲學系畢業。任教於保定育德中學。
◇民國十年返豫，任教於省立第一第二中學、男女師範、法
　政專科等。
◇民國十七年，至北平，任國立女子師範大學、北平大學法
　商學院、俄文法政專門學校講習。

◇民國二十一年，任河北省立女子師範學院教授。

◇民國二十四年，赴德國就讀柏林大學，獲得哲學博士。返國後歷任西南聯大師範學院教育系教授、國立同濟大學教授、國立河南大學校長、西北農學院院長。所擔任之官職有中央組織部訓練處長、國民參政員、教育部次長、教育團體國民大會代表。遷臺後，任臺灣省立師範學院教育系教授兼主任、國立臺灣師範大學教育學院院長。

◇民國四十四年兼教育研究所主任。

◇民國六十年九月退休。

◇民國六十四年逝世。

　　田先生在德國柏林大學哲學院的兩個主科是哲學和教育學（賈馥茗主編，民61: 825）。所以應該可以算是教育哲學界的一員。據說，他在擔任教育研究所主任時，對於教育哲學的重視，可說是不遺餘力。雖然他的著作不算多（主要部份收錄於《教育與文化下冊》），但是現在讀起來，仍見功力。對於歐陸的教育思潮之介紹，至今仍可算是權威。尤其，他的文章寫的清晰易懂，實在不容易。

吳俊升先生

　　根據司琦、徐珍所編之《吳俊升先生暨夫人倪亮女士年譜》（司琦、徐珍主編，民86），摘錄其主要生平事蹟如下：

◇一九〇一年生

◇一九一九年江蘇如皋師範畢業、任附小教員。

◇一九二〇年入南京高等師範。

◇一九二四年南京高等師範畢業，於國立東南大學補修教育
　學分，得教育學士。
◇一九二五年入巴黎大學就讀。
◇一九三〇年杜威至巴黎大學接受榮譽博士學位。第一次會
　見杜威。
◇一九三一年六月完成博士論文「約翰杜威之教育學說」
　（La Doctrine Pedagogique de John Dewey）。返國任教於北
　京大學教育學系。
◇一九三五年《教育哲學大綱》出版，此書爲授課講稿。
◇一九三七年第二次於美國會見杜威。
◇一九三八年任教育部高教司長（部長爲陳立夫）。
◇一九四五年第三次會見杜威。
◇一九四九年任教育部次長（部長爲杭立武），年底大陸淪
　陷，赴香港，參與籌組新亞書院。
◇一九五二年於國立臺灣師範學院（即今日臺灣師大）　兼
　課。
◇一九五八年教育部長張其昀去職，新任梅貽琦部長。先生
　辭次長職，任政大文學院院長兼教育研究所教授。
◇一九六〇年移居香港講學。
◇一九六一年撰《約翰杜威年譜》。
◇一九六五年任新亞書院校長。
◇一九六九年出版《德育原理》一書。
◇一九七〇年撰《存在主義的教育哲學》。
◇一九七三年增訂《教育哲學大綱》。
◇一九七九年移居美國洛杉磯。
◇一九八七年撰《學記與現行教育精神》。
◇一九九一年《教育哲學大綱》一書重新排版出版。

吳俊升所著《教育哲學大綱》一書，可說是在過去五十年來，臺灣最重要的一本教育哲學著作，值得詳細論列。從民國廿四年出版，到了民國七十四年，「以平均每年讀者一千人計，五十年來，已有五萬人之多」（吳俊升，1997: 3）。本書的特點，在體例上，於緒論之後，以「心靈論與教育」、「知識論與教育」、「道德哲學與教育」、「社會哲學與教育」為主幹。在民國六十二年增加了「存在主義與教育」和「邏輯實證主義與教育」兩章。作者認為這樣的體例為中文之首創，在英文著作，也比John S. Brubacher的《*Modern Philosophy of Education*》（此書有趙一葦之中文譯本，正中書局出版）和Van Cleve Morris的《*Philosophy and American School*》要來得早。在上海復旦大學出版的《中國學術名著提要（教育卷）》，已將本書列入名著之列（張瑞璠、金一鳴，1996: 569-575）。

　　《教育哲學大綱》一書可說是臺灣五十多年來最重要的教育哲學教科書。影響之大，不言可喻。即使在今天，許多教育哲學的著作也未必能超越本書。可是，其後續無力，他在晚年（民國59年）為《雲五社會科學大辭典的教育學》所寫的「存在主義教育哲學」條目中，引了九本書或期刊，竟然全部是英文的，沒有一本法文原著（吳俊升，民61: 711-72），這幾乎無法使人把他和留學法國聯想在一起。他大部份致力於杜威的研究，曾與《杜威全集》的主編Ann Boydston會面（司琦、徐珍編，民86: 195）。在本土化方面，吳俊升先生自己承認對於本土的教育哲學沒有建樹，在民國七十四年的「教育哲學大綱問世五十週年自序」中，他說：

　　本書有一缺憾，即是對於中國教育哲學沒有特加敘述…講教育
　　哲學而忽略了中國方面，終是一種缺憾。著者雖有志於此，但

是學力未充未敢嘗試。老大蹉跎，恐終無成就，乃不得不寄望
於同輩和後進的專家了。（吳俊升，1997: 4）

　　此時他已八十五歲了。事實上，他在1987年，發表了「學記
與現代教育精神」（司琦、徐珍主編，民86:261-269），算是在這方
面唯一的貢獻。

賈馥茗先生

　　賈馥茗先生對於教育哲學的本土化可說是情有獨鍾。她本身
的家學淵源已奠定了良好的國學基礎。她於民國四十四年考上師
大教育研究所，領到第一筆公費六百元後，就買了一套世界書局
出版的諸子集成。民國四十六年寫的碩士論文是由黃建中指導的
朱子教育思想（王萍，民81: 59）。到了美國奧勒岡大學的碩士論
文（民國49年）是以輔導爲主題（同前註6）。民國五十三年畢業
於南加州大學的博士論文是以人格方面爲主題，而且還做實證研
究。當時決定她專攻的領域有幾個考量：

我認為學習這麼多科目，將來返國之後必定很有用處。因為既
然專攻教育，總要對國內教育有所貢獻。當時國內關於教育方
面的材料相當缺乏，例如，師大教育研究所的教授多半專精於
哲學，心理學方面的就很少；台大雖有心理系，但也借重西洋理
論，實用方面的又不足。所以我決定主修輔導。（王萍，民81:
71）

　　另一方面，是美國當時的學風，「那時美國教育方面的研
究，重點不在哲學和歷史，卻必須有實際調查統計的材料」（同前
註72）。在回國後的著作，也以心理學方面爲主。到了民國六十六

年有「從學庸中所見的教育準則與情懷」（《師大教研所集刊》第十九集）算是純粹對中國教育哲學的詮釋。最密集的是在七十五年以後，計有：

◇一九八六，〈中國教育思想的哲學基礎（一）〉，《師大教研所集刊》，第二十八集。

◇一九八七，〈中國教育思想的哲學基礎（二）〉，《師大教研所集刊》，第二十九集。

◇一九八八，〈中國教育思想的哲學基礎（三）〉，《師大教研所集刊》，第三十集。

◇一九八九，〈東周的教育及學術思想（一）〉，《師大教研所集刊》第三十一集。

◇一九九〇，〈東周的教育及學術思想（二）〉，《師大教研所集刊》第三十二集（同前註220）。

從這些密集的著作及範圍，可知賈先生所投注的心力。並在後續的著作中重新整理，加入外國的理論，例如，《教育的本質》（賈馥茗，民85）一書就是這種體例。由於賈先生的心理學背景較強，對中國的心、性哲學與心理學理論相通處，多所闡述。

歐陽教先生

歐陽教先生對臺灣教育哲學的發展具有里程碑的意義，因為他帶回來了英美的觀念分析哲學。就像他的業師—皮德思（R. S. Peters）對西方教育哲學的貢獻，使得此一學門在教育學所佔的地位，有顯著的提昇，或許應該說是提昇到恰如其份地位。一方面，分析哲學所要求的概念清晰使得人們容易接受，而且似乎不

必有太多的傳統哲學基礎就可以參與概念分析的討論，至少比傳統哲學要友善些。雖然，分析哲學所宣稱的偉大宏圖與它所能達成的有一大段距離。然而，經由歐陽先生的介紹，卻是使得教育的分析哲學成為國人較為熟悉的西方教育哲學派別。因為他的著作《教育哲學導論》、《道德判斷與道德教學》、《德育原理》等著作讓人易於瞭解，引導人們進行哲學的思辯。在教育哲學的國際化方面，歐陽先生對於教育分析哲學的傳入，有相當的功勞。

陳迺臣先生

陳迺臣先生在教育哲學界是個異數。他雖然在美國佛羅里達大學接受教育哲學的訓練，並獲得博士。可是，對佛學情有獨衷，自稱受到印順導師和星雲法師的啓發（陳迺臣，民86: 10-11），以至提早退休，離開教育界而投入佛學教學的工作。不過，他卻把佛學的概念帶入了教育哲學，這是有需要特別一提的。他的《教育哲學導論》一書中引進了許多佛學的概念，在大部份章節中，他都加入了「佛法」對於該問題的看法。而且，他還加了一章「宗教與教育」（第七章），這是比較特殊之處。雖然佛教是外來宗教，但某些派別在臺灣已本土化，所以陳迺臣先生所做的應該是本土化的功勞較大。

從以上前輩學者的學經歷可知，要培養一位教育哲學方面的學者實在是相當不容易。除了要有中、外的學習經驗外，還得窮一輩子的努力，而其成果仍只是階段性的，筆者仍覺得他們的著作太少（賈先生除外，她的著作最多），這或許與當時的戒嚴體制有關，可是，像吳俊升先生從民國五十四年就到香港去了，他應該較不受到政治上的限制，也比別人更容易買到外文書或是兩岸出版的中文書，但其晚年的著作，比他民國二十四年的《教育哲

學大綱》超越不了多少。目前國內尚有許多學者仍致力於教育哲學的研究和教學，然而他們的貢獻不宜太早論定。但如果與這些前輩比較，我們在各方面的條件都比他們好太多了，大多數都有國外的學歷或研究經驗，不管是要買書或是期刊，或是親自到國外進修、蒐集資料，都是在可能的範圍內，甚至還有網路資源，各種訊息不但不缺，還可能是太多了。政治上的禁忌也幾乎不存在，所以實在沒有理由怠惰，期待同行有比前人更輝煌的成績。

　　另外值得一提的是，教育部所設置的「國家講座」，在八十六年第一次所給予的教育學門就是「教育哲學」—得主為楊深坑先生。這也是本次會議的經費來源之一。筆者認為這不但是對楊先生的肯定，也是對「教育哲學」的肯定。事實上，「教育哲學」本身兼負著重大的使命。照理，任何教育變革和新的教育動向，都應先從教育哲學加以評估和引導，否則將失去方向感。例如，國內目前流行的開放教育、建構主義教學，這些都有必要從教育哲學的角度加以評估。可是，我國對外國學說的引進，常常是從實用的角度加以引進來。然而，這些人既然是採實用的心態，也為了急於實用，就不太可能去深入瞭解，並加以批評或修改。

　　順便一提的是，對於西洋教育思想的研究也應算入，雖然思想史的範圍應該比哲學要來得廣泛。林玉體先生的《西洋教育思想史》（林玉体，民84）一書，對於導引學生進入教育哲學的研讀，應有相當的貢獻。

朝向國際化的努力

　　以往的國際化已有相當的成績，只是仍嫌不夠。一方面是人數不多，能對西方教育哲學從原著加以介紹的，大多要仰賴曾於

當地留學或是經常出國，而與國外學界有接觸的人。因此，教育部的公費留學就是培養這方面人才最主要的管道。因為，自費生少有人會去唸「教育哲學」的。目前活躍於教育哲學界的幾乎都是公費出國的人。有鑑於此，教育部應衡量國內教育哲學人才的需求，而增加此一科目的公費生名額。然而，有許多人錄取出國後卻自行改唸非指定的學門，以致於未達到培育教育哲學人才的預定目標。而教育部在這方面仍未有適當的管制。以致於歷年來雖有不少人考取以「教育哲學」之名出國進修，唸回來的卻不是教育哲學的專長，這一點仍有待教育部研究改進。在留學的心態上，不應該再重蹈急功近利的心態，黃光國先生指出：

> 台灣留學生到國外留學的時候，往往是以「完成學業」或「獲取學位」作為首要目的。他們找到一位指導教授之後，通常會依循教授的研究典範，在特定的領域內，作類似的研究。大家最關心的是：學習一套有效的研究方法，找到一個相關的研究題目，趕快把論文完成。在這種「實用取向」的心態影響之下，大家所關心的是一套「研究方法」，而不是深入鑽研其背後的「方法論」，他們只想學各種不同的「科學」，卻不想深究作為西方「科學」之基礎的「科學哲學」。（黃光國，民88）

上述的留學心態可說是只學到別人的皮毛，未能深入瞭解當地的本土化特色。不管是「方法論」或是「科學哲學」，這些都是純哲學的領域，但也是每個學者都必須要面對的問題。因此，如果學教育而迴避教育哲學，那等於還未登堂入室。尤其，專攻教育哲學的人更應面對這些純哲學的問題，不能只唸掛有「教育」兩個字在前頭的文章。當然，這樣的任務也相當艱鉅，可是卻責無旁貸。

在國際化的研究上，期刊和原著的取得已比以往更爲方便。眞正的有心人，只要跑一趟國外，大多也能蒐集到所要的書刊。尤其是借助於網路，對各種新的訊息之獲得應該不是大問題。然而，就學者自己來做的話必須耗費大筆財力。筆者認爲應該整合各大學的圖書館，例如，在期刊的訂閱上，除了共同的幾種例如，美國的《*Educational Theory*》、英國的《*Journal of Philosophy of Education*》，最多再加上澳洲的，然後分配各校專門訂閱某一國家的教育哲學期刊，如此一來，各國的期刊才可能比較齊全。書籍也可以類似的方式來處理。事實上，在購書方面，目前已幾乎可以與歐美同步了，英文書籍大概只慢半年，比起以往是好太多了，應該已具備了國際化的條件，剩下的就是學者的努力了。楊深坑先生曾言「以往當學生時是沒有書看，現在是書和期刊多的看不完。」做爲研究教育哲學的一份子，已經沒有理由再推拖了。

第二外語乃至第三外語的學習對於教育哲學的研究相當重要，因爲哲學強調原典的閱讀。只靠翻譯本不是完全不能研究，例如，康德當年讀了英國哲學家休姆（David Hume）的著作，才從獨斷論中驚醒，他讀的休姆著作是德文翻譯本。可是，靠翻譯本畢竟還是隔一層，仍有必要從原著的語言來體會原作者的用意。所以，攻讀教育哲學的人，爲了要國際化，有必要懂更多的外國語文。另外，對於教育哲學經典的翻譯，對於初學者仍是相當有必要的，目前有賈馥茗先生所主編的《教育經典譯叢》（五南圖書公司出版），還有其他零星的譯本，這些都是必須持續進行，以後才會有一些成績出來。

目前國內以教育哲學爲專長的學者，其留學國以世界主要國家中來看，以留學英國最多，德國次之，美國更少，留學法國的在目前可以說沒有。偏偏法國又是哲學最發達的國家，他們的高

中生考大學就可以選考「哲學」這一科（Roberts, 1988: 1）。二次大戰以來，從存在主義、結構主義、後結構主義、後現代主義、及對於馬克思的研究等，都是原創性哲學家輩出。筆者認為當務之急，就是在留學考試中，指定留法的「教育哲學」學門的公費生，或是指派目前在教育哲學界已有相當成就者，再到法國去泡一段時間。否則，這個缺口可能還要空白很久。

從主題來看，以往戒嚴時期，馬克思主義是個禁忌，目前開放後也未見對此一思潮的熱潮。臺灣大學林正弘指出在戒嚴時期，「政府方面相信，邏輯實證論、分析哲學都是反政府的」（王英銘，民87: 25）。事實上，哲學就是對現狀的批判、反省，邏輯實證論、分析哲學在政治哲學上所具有的批判性，還不算是出類拔萃，這種心態實在是杯弓蛇影。學術界如果對現狀不具批判性的話，那整個文化將如一灘死水，無藥可救了。如今解嚴後，學術界確實得以自由發展。然而，從國際化的角度看，現今對於教育哲學上外國的各種主義和主題，還不太容易在國內找到專攻的人，這一方面和人才有限有關，另一方面，每位學者至少要對某一國外主題有長期的投入，起碼的國際化才有可能。

國際化除了將外國理論介紹進來之外，還要與外國人對話。因此，需要有一份國際性的刊物來做媒介。當然，在今天中文仍呈弱勢的情況下，以英文發表的國際性刊物就是不可或缺了。可是，目前連國內以中文為主的教育哲學刊物都還沒有的情況下，英文的國際刊物更形困難。不過，據說這個構想已在努力當中，楊深坑先生準備引用國家講座的力量來促成，也期待有心人士來共襄盛舉。

朝向本土化的努力

　　相較於國際化，教育哲學的本土化成績可能是更差。只要從目前我們所用的教育哲學的教科書，本土理論幾乎只是點綴，大多無專章來討論的情況來看，就可知道其嚴重的缺乏。這原因固然不只一端，但和民族的自信心有關。在西方文化強勢主導之下，非西方文化常被貶抑，使得人們無法以持平的觀點來瞭解自己的文化，甚至於拿西方文化來貶抑自己的文化。也有人認為先從西洋理論入手，然後再處理中國的傳統理論。然而，何者為先都可能會有偏差，吳森指出他的觀點如下：

> 有些學者認為研讀中國哲學之前，應在西洋哲學下一番功夫。但筆者卻持相反意見。倘若一個學生在中國哲學沒有基礎的話，這條路子是很危險的。因為受過西洋哲學訓練之後才開始研讀中國哲學，很容易有格格不入的感覺，而且很容易導致胡亂運用西方概念來解釋或批評中國思想。許多留學生都犯這個毛病。他們出國前沒有根基，未能把握中國思想和文化的精神。一旦學了西方文化回來，那時已帶了有色眼鏡，在他們眼中所看的中國文化已經不是本來的面目了。用西洋哲學方法來研究中國哲學，要在兩方面都很有基礎才行，而且治學者要有超人的睿智和圓融的態度。（吳森，民67: 204-5）

以上的說法足以讓我們引以為戒。因為，目前大部份人可能都是對西洋的理論比對中國的理論還熟。所以，目前本土化方面的成績還是相當薄弱。

　　臺灣教育哲學本土化的困難之一，在於對傳統中國哲學的詮釋本身就眾說紛紜，派系林立，有人甚至於用「『派』門酒肉臭，

或是『教』門『派』肉臭，路盡學生骨」（王英銘，87: 179）來形容。以往光是對儒家的解釋就有強調原始儒家、新儒家、及與天主教結合的儒家理論。如果再加上大陸的馬克思主義觀點，真是令人莫衷一是，因為它們之間常格格不入。在組織上，目前除了原有的「中國哲學會」，還有一九九五年新創的「臺灣哲學會」，兩者處於競爭狀態。哲學本來就是非常主觀，且無客觀依據可證驗的學門，如果大家再不敞開心胸，很容易就流於惡鬥。雖然研讀教育哲學的人不一定會捲入國內哲學派別的紛爭，可是對中國哲學解釋的紛歧很容易使人望而卻步，好像怎麼說都不對。另一方面，中國哲學經典的研讀，本身就不是一件容易的事，常常還要涉及訓詁、考證之學。而從事教育哲學的人大都不具這方面的訓練，除非是有心人，才會去補足這些能力。所以，也只能期待有心人了。

　　本土化的另一個方式，就是深度的介入國內的教育實際活動，從中找出本土做法的理論依據，或是進而去實驗自己的教育理論，這是教育本土化的必要途徑之一，也是每個教育學者都必須考慮從事的。國內目前較為人熟知的教育實驗，是以森林小學為代表的「開放教育」，這是偏向類似英國「夏山學校」（Summerhill School）的方向。可是，這樣的實驗放在教育哲學來看，卻是非常偏激的（radical）教育理論。筆者認為，國內尚無此條件。事實上，夏山學校在英國已面臨是否關門的考驗。話說英國自從將皇家督學改組為「教育標準局」（OFSTED, Office for Standards in Education）之後，規定所有公立學校每五年都必須接受一次評鑑，凡未通過者再評一次，若再未過，必須關門或由教育行政機關接管。照理私立學校不受此項管制。但夏山學校很有信心，自動申請評鑑，沒想到卻被評為不及格，就等下一次的機會，來決定它是否面臨關門或被接管重整的命運了（黃藿，民

87）。當然，願意從事教育實驗者的熱忱與理想是值得肯定的，只是在理論及各方面的考量要相當慎重。

從目前國內教育哲學的教科書中，少有中國方面的教育哲學理論這一點，就可知在本土化方面仍待加強。雖然以往戒嚴時期大多有「三民主義的教育哲學」一章，解嚴後所出的書都沒有這一主題，可見這是當時的環境有關。在今天，即使是大陸學者也會承認三民主義在面對中、西文化時的持平態度。劉笑敢指出：

> 總起來說，面對中西文化的衝突，孫中山的選擇有別於仇視性、傾倒性和迴避性的態度，他的態度是參與與發展。參與即「起而隨世界之進步」，即依照西方國家工業發展和商品發展的原則與國際資本合作以求互利，在互利中求得中國自身的發展，在發展中求得中國的富強從而從根本上鏟除列強壓迫的土壤。近百年來的歷史證明，孫中山的選擇是代價較少的，甚至是中國唯一的出路。（劉笑敢，民83: 42）

事實上，三民主義代表的是八十多年前融合本土化與國際化的成績，其方向是不錯的。可是，當時並沒有針對教育專章來討論，今天應該要更仔細的來討論，加以超越才對。

臺灣教育哲學發展之展望（代結論）

以上已說明了在國際化和本土化的方向上，教育哲學所應注意的事項。在未來的發展，主要是靠現有的成員和將來可能加入的成員之努力。因此有必要從這方面來檢討。教育哲學為綜合「教育」與「哲學」兩個領域，也就是具備這兩者之一者都還要繼

續研讀另一個領域才能完成，那等於是開放給這兩個領域的人。事實上，像英國的皮德思原先攻讀的是古典研究系（Classical studies）。目前國內研究教哲學的學者，絕大部份是先具有教育學背景，只有中研院的郭實渝和中央大學的黃藿算是哲學系畢業，也持續對教育哲學有所關注的人。我們期待更多具哲學背景的人能加入此一領域。吳俊升早在民國廿十三年就指出：

> 中國教育的哲學，也不能從教育界產生，這也不是「滅自家威風」。原來如上文所說，這種教育的哲學，必定牽涉到宇宙觀，人生觀，和社會觀等等根本問題，又必定與中國過去文化，過去歷史，和現在的要求相應合，這決不是教育界本身所能單獨決定的。（吳俊升，民61: 53）

在各大學都開設教育學程後，是否能因此吸引更多以哲學為專攻的人士，致力於教育哲學的研究，這是我們所期待的。

在教育學程中，教育哲學是與教育心理學、教育社會學、教育人類學（中學）或特殊兒童與教育（國小）四科並列，學生只要四選二即可。這樣的安排使得教育哲學常居於弱勢。因為就內容而言，學生常會避重就輕，選擇較容易瞭解的科目。這種情況對於教育哲學是不利的。而各個教育學程中心的編制只有三位專任教師，所以各個教育學程中心的老師大多必須是通才，其進用的條件對於專長並沒有嚴格的限制。但是，進去了以後，也很難只發揮某一專長。因此，教育學程對於以教育哲學為專攻的老師並不是特別有利或是會加以排斥。只是在選課上，教育哲學仍居弱勢。

就教育哲學的專門研究人員來統計，國內三所師大、九所師院、約四十個教育學程中心及一般大學的與教育相關的研究所

（例如，中正大學、成功大學、東華大學有教育研究所），其中，每個師範學院至少有四個研究所。可是，有的師範院校或一般大學的教育研究所卻還未見教育哲學的專攻學者。也就是，這個科目可能有人在教，但教的人對於教育哲學的投入還不能算是專攻學者。我對「專攻學者」的界定是，博士論文以哲學或教育哲學爲主題且持續從事這方面的研究、或是每年能以哲學或教育哲學的原著寫出論文者。若擁有以上兩項條件之一者就算的話，臺灣這方面的人才可能只在二十人左右。換句話說，臺灣教育哲學的發展實有賴於這些人的繼續努力。

教育哲學的重要性如果由我們本行的人來強調，好像有自吹自擂的嫌疑。但是，只要承認哲學是所有學問之母，那麼教育哲學在教育學術的研究中，就佔有同樣的地位。筆者認爲，目前國內教育哲學的專攻人員應該還有增加的空間，至少每個師院都要有一人。各個教育研究所若無教育哲學的專攻人員，實在不容易讓人相信其學生會有紮實的訓練。可是，有專攻的老師在教，學生也不一定修。由於目前學生權高漲，選修科目大增，容易造成學生避重就輕的現象。爲什麼學生不願意修，如果排除外在條件不算，教育哲學本身的難度就會嚇退許多學生（包括其他教育類科的教師）。然而，光是迴避於事無補，只會造成惡性循環，使得越來越少人去專攻此一科目。積極的做法，應該是繼續培養這方面的人才。目前，在這方面仍以臺灣師範大學博士班培養的較多。政治大學的教育研究所自從八十七年起，在博士班十二個名額中，規定兩名爲史哲專攻。我們期待有志於此的人能遂其所願。另一方面，公費留學考試也應注意此一特別冷門的科目，多提供名額，且要求確實以此爲專攻。

再就學術自由而言，教育哲學是很容易受到影響的學科。因爲，任何教育現象的詮釋都會碰到意識形態的問題，要躲都躲不

掉。相較於戒嚴時期的限制，目前的學者應該是幸運多了，不必有意識形態上的顧慮。雖然，意識形態這個用詞在後現代已不願意再使用。因為意識形態本身蘊涵有客觀真理的存在，一旦後現代不承認有客觀真理，那也就不再有意識形態的問題了。在具有學術自由的情況下，才可能百家爭鳴。再加上中、外文資料的取得已比以往更容易的情況下，國內的研究教育哲學的學者，應該要大步前進，拿出比前人更好的成績才是！

參考文獻

中文部份

王英銘（民87），《臺灣之哲學革命：終結三重文化危機與二十世紀之告別》。台北：書鄉文化。

王萍（民81），《賈馥茗先生訪問紀錄》。台北：中研院近代史研究所。

王鳳喈（民50），〈比較倫理學修訂三版序〉，刊於黃建中編著（民51），《比較倫理學》。

司琦、徐珍（民86），《吳俊升先生暨夫人倪亮女士年譜》。台北：三民。

李筱峰（民85），《林茂生、陳炘和他們的時代》。台北：玉山社。

吳俊升（民61），《教育與文化論文選集》。台北：商務。

吳俊升（民86），《教育哲學大綱》。台北：商務。

吳森（民67），《比較哲學與文化（一）》。台北：東大。

林玉体（民84），《西洋教育思想史》。台北：三民。

林正弘（民87），〈英美分析哲學之理解〉，刊於王英銘主編，
　　（民87），《臺灣之哲學革命：終結三重文化危機與二十世紀
　　之告別》。

黃光國（民88），〈台灣文化危機與科技創新〉，《中國時報》，88
　　年5月15日第15版（時論廣場）。

黃建中（民43），《教育哲學》。台北：中國地方自治函授學校講
　　義。

黃建中（民51），《比較倫理學》。台北：正中。

黃藿（民87），〈關門或改善，夏山學校面臨抉擇〉，刊於《英國
　　文教輯要》。駐英代表處文教組出版。

張瑞幡、金一鳴（1996），《中國學術名著提要（教育卷)》。上
　　海：復旦大學出版社。

賈馥茗主編，田培林著（民65），《教育與文化（上、下冊）》。台
　　北：五南。

賈馥茗（民86），《教育的本質》。台北：五南。

陳迺臣（民86），《教育哲學導論：人文、民主與教育》。台北：
　　心理。

劉笑敢（民83），《兩極化與分寸感：近代中國精英思潮的病態心
　　理分析》。台北：三民。

劉延濤（民65），〈吾師田伯蒼先生行述〉，載於賈馥茗主編，田
　　培林著（民65），《教育與文化》。

劉福增（民88），《老子哲學新論》。台北：東大。

英文部份

Roberts, Julian, 1988, *German philosophy: an introduction*. Oxford:
    Polity Press.

「臺灣教育哲學之發展：從國際化和本土化來衡量」評論

郭實渝

目前不僅是教育之相關學門要在國際化與本土化之間找個平衡點或發展方向，同時，在各種人文及社會學科，爲了在國際學術界中獲得認同，都大聲疾呼，需要國際化；相反的，有人認爲各種學門要顯現其地方特色，則要本土化。這個問題的確不容易處理。而且各個學門在評估其自己的發展方向上，也都設定其標準。那麼，國際化與本土化如何界定就是每一學科需要仔細思考且預設的了。

　　作爲一門思想探討的學科，教育哲學本身應不會產生是否需要國際化或本土化的問題。理由有二，其一，「教育哲學」本身在西方發展的歷史就不長，雖然有哲學之背景或以哲學之歷史做其理論之基礎，但以一個新的學域而言，在國內尚未稱得上是生根，更談不上國際化或本土化了。其二，「教育哲學」關心的不是「教育」活動或「教育」工作等實踐上的問題，後者很明顯的是有引進西方教育方法或保留中國傳統的教育方式之爭。因此，作者只能由將教育哲學引進國內的幾位前輩師長的貢獻談起。在引進西方對教育問題之哲學思索方式與理論之後，我們希望的是國內學者不但能深入探討此一學域，不論是西方的，或是東方的，而且還要將個人具原創性的教育思想向外傳播，以便獲得國際的認同與討論，這才是國際化的眞意。很明顯的，由作者所提之國際化討論中，連前面深入探討教育哲學的學者在國內還不多見，更不必談由中西的角度發表一些原創性的理論了。

　　其次，本土化的努力方面，本土化基本上是需要對西方理論的透徹瞭解，及對中國哲學理論的熟悉，然而正如作者指出，教育哲學的本土化成績可以說是幾乎完全缺如，連多少能融合中西學說的「三民主義」的觀點，都不再出現於國內的「教育哲學」教科書中了。

　　作者以相當客觀的角度，持平的討論「教育哲學」學域在台

灣發展的過去與可能之未來，也進一步提醒目前亟待努力的方向，積極繼續培養此一學門的專攻學者。

個人非常欽佩作者在本文中採用豐富的資料，對前輩學者持平的評論。個人對全篇論文有著極高的評價，但是總覺得有些遺憾。

首先，我們仍有必要先界定國際化及本土化的意義，否則作者所提出的數位前輩學者的貢獻也只是因為其受教於國外，回到國內只在傳達些國外學科發展的資訊而已。若這就是此學科的國際化走向，則有避重就輕的遺憾。

其次，教育哲學的本土化應是怎樣的樣態，是否只如作者所提在教育哲學的教科書中討論本土理論，或中國傳統教育原則，或將西方教育理論移植到國內教育實踐上的行動？個人認為，應該更深入的發展一個屬於本土的教育哲學理論，不論以何種思考方式去建構。如此去考慮本土化，對於此一學域的發展才有意義。

最後，作者強調國際化和本土化具有互補的價值，但卻沒有說明此二發展方向如何互補。在一般的瞭解下，所謂互補的意義是指兩者各有優、缺點，其中一者的優點可以補強另一者的缺點，使得在經過互補以後形成的理論或實際工作更加完整。因此，我們希望作者能提出教育哲學理論在國際化與本土化如何互補的討論。

第四部份

臺灣教育社會學研究的回顧與前瞻

李錦旭　張建成

摘要

　　本文將臺灣教育社會學的發展分成三個時期，它們在學科架構、理論取向、研究方法和方法論、研究主題、國際化與本土化五方面，各具特徵。萌芽期（1960－1972）的特徵是：學科架構空泛未定，理論取向不明，科學意識模糊，是教學導向而非研究導向的時期，因此談不上研究主題，並且只是簡單學習美日而無暇本土化。奠基期（1972－1980年代初期）的特徵是：學科架構劃定，結構功能論一枝獨秀，科學主義盛行，廣泛但不見得深入探討各相關主題，大量學習英美的同時，也開始嘗試本土的研究。轉型期（1980年代初期－1990年代末期）的特徵是：尋找新的學科架構及新的理論取向，研究方法多元化，繼續深化舊主題並開拓新主題，在學習外國的同時，也開始從事國際化和本土化的努力，但成果還有待加強。

　　至於前瞻方面，本文提出一個學科架構草案，做為討論的基礎。理論取向上，除過去引介性和個別理論家的專題研究外，本文建議可兼採理論對比、主題綜合研究、以臺灣經驗驗證外國理論、以及從本土經驗提鍊理論等途徑來發展。研究方法和方法論上，本文呼籲學者應該多做這方面的反省，實證、解釋和批判三種取向，都應該有更多人去做細緻的檢討；本文也從局內及局外的觀點，提出四種探討途徑，以供參酌。研究主題上，本文嘗試以教育的社會控制、社會公平、社會進步等功能為橋樑，聯繫鉅觀與微觀，揉合結構與行動，銜接理論與實務，期能擴寬視野，尋求主題領域的突破。最後，本文建議以團隊力量兼顧本土獨特的課題與舉世共同的課題，以孕育臺灣教育社會學的學術主體及國際聲望。而成立專業學會，發行專業雜誌，當有助於這些目的的達成。

引言

　　反思社會學（reflexive sociology）要求研究者不斷檢討自己身為文化財貨之生產者及消費者的角色，包括社會學家的自我分析，以及社會學者對於社會科學之可能性條件的經常反省。本文即從此出發，目的在於回顧過去臺灣教育社會學的研究成果，期望從中理出未來的發展方向。然而，什麼樣的作品才算是教育社會學的研究呢？

　　李錦旭（1999）最近試著從教育社會學的思維方式來予回答，經以研究對象、研究方法、概念工具及觀點等四者為切入點，發現研究對象應該是教育現象，至於其餘三方面則大部份借鏡於社會學。很顯然的，問題並未因此而獲得完全的解決。例如，由於臺灣沒有教育社會學的專業團體，我們頗難「認定」其會員和作品，所以有些教育領域的著作，想把它們歸類在教育社會學或教育行政，甚至教育心理學或教育哲學的範疇下，並不容易。如果再把課程與教學等學科納進來考慮，問題似乎更形複雜。此外，由於臺灣也沒有教育社會學的專業雜誌，所以我們更無法像李錦旭（1991）、王麗雲（1999）那樣，從分析英美教育社會學的專業雜誌，來探討此一學門的發展動態。

　　那麼，我們還有什麼辦法呢？李錦旭（1993）曾就教育社會學的教科書內容，探討過「教育社會學的經濟面向」。其次，李錦旭（1996）也曾嘗試扣緊「主要研究人員」的角度，去分析臺灣教育社會學研究的梗概。這兩種途徑，對本文的撰寫具有一定程度的參考價值。也就是說，我們決定仍以前次的「主要研究人員」為準，加入最近幾年的新血輪，為他們分別建檔，蒐集其相關資料和著作，包括教科書、專書及論文等，做為分析的文本。當

然，臺灣的教育社會學，是在國際教育社會學和臺灣教育學的體系內發展的，而臺灣的教育社會學研究，又與世界潮流、臺灣經驗有著密不可分的關係，本文無法一一加以細說，但會在分析時加以注意。

　　臺灣的教育社會學研究，於一九六○年之前可說是處於幾近空白的狀態。雖然一九四九年大陸易幟時，部份教育社會學研究者，例如，陳啓天、盧紹稷、蘇薌雨、崔載揚等，遷移來臺，一九五二年時臺大社會學系創系主任龍冠海曾為文介紹教育社會學，惟因一九六○年之前的學校裡，沒有這方面的課可教，也就缺乏了研究的磐床。衡酌此一實況，本文將臺灣教育社會學的發展分成萌芽期、奠基期、轉型期等三個時期。萌芽期係從師專將教育社會學列為必修課算起，此期的成就，主要是為教育社會學在專上學校中取得教學的地位。奠基期則從大學教育系將教育社會學列為必修課算起，此期的主要成就，是將臺灣的教育社會學帶上科學實證的路線，並確立結構功能論和量化研究的基本方向。轉型期係因應臺灣社會及學術思潮的多元變遷而發，本地的教育社會學研究，開始呈現多樣化的發展，並且根扎本土及走出國際的呼聲，也愈來愈強。以下擬就學科架構、理論取向、研究方法和方法論、研究主題、國際化與本土化等五個方面，來討論臺灣的教育社會學研究在這三個時期的變化，以及未來的展望。言微識小之處，尚祈方家賜正。

學科架構

　　學科架構指的是一門學問所研究的範圍和內容，以及這些內容彼此之間的邏輯關係。關於臺灣教育社會學的學科架構應該如

何，至今並沒有人專門去討論。不過，從臺灣已有的教育社會學教科書去細查，或可窺其大要。

萌芽期是摸索學科架構的時代

　　一九六〇年臺灣在當時臺中師專校長朱匯森的建議下，剛從師範改制過來的師專乃率先將教育社會學列為必修課，而開始該門學科的教學和研究。為了教學的需要，朱匯森（1963）出版了《教育社會學：教育社會觀的研究及其實施》，這是臺灣本土最早的一本教育社會學教科書。朱先生之所以對教育社會學如此熱衷，是因為一九五六年奉派到美國進修一年學習這門學問，以及後來到菲律賓考察，而「認識了教育社會學對於師資訓練確有很大的價值」（自序頁1）。後來，朱匯森將他在臺中師專的這門課交給尹蘊華擔任，她為了升等的需要也出版了一本《教育社會學》（1965）。同年，留學日本東京高等師範學校專攻教育，且曾在武昌中華大學和臺灣省立師範學院講授社會學的省立臺北師專教授曹先錕，也由該校出版《教育社會學原理》一書（1965）。此外，陳啟天亦於一九六八年重印了他早年（1930; 1933）在大陸出版的《社會學與教育》。

　　朱匯森所著之《教育社會學》，據其自序：「原來只編寫教育社會學部分，後來因為臺灣省教育廳有將全省中小學實施社會（community）中心教育推廣的計畫，於是把社會中心學校的設施也包括在內。全書分上、下兩篇，上篇是理論部分，可以說是社會中心學校的學理根據；下篇是實施部分，也可以說是教育社會學的實際施行。」序文中也提到：「教育社會學的先修學科為普通社會學。著者惟恐讀者沒有研習過這一科，所以在本書第一、二兩章簡要介紹些有關社會學的基本知識。」該書上篇共四章，

分別是：「緒論」、「教育與社會的相互關係」、「學校內的社會關係」和「學校在社會中的地位」，以此區區數章呈現教育社會學的理論部分，顯見學門初創時的青澀。

尹蘊華和曹先錕的教科書，大致承襲這樣的思路，只不過章次較多、篇幅較廣而已。例如，尹氏的《教育社會學》分成四篇共十章，依序是：「緒論」兩章、「教育與社會組織及其控制」兩章、「教育與社會變遷及其問題」兩章、「教育的社會目標」四章。曹氏的《教育社會學原理》共十八章，作者依序將它們歸納成幾類：第一至六章「汎論」，第七至十二章「社會集團（group）與教育的關係」，第十三至十四章「社會變遷、社會控制與教育的關係」，第十五章「社會文化與教育」，第十六章「學校社會集團」，第十七章「社會（community）中心學校」，第十八章「社會計畫與教育計畫」。由此可見萌芽期的學科架構尚在摸索的階段，這些學者大致看出了教育的「社會」性質，嘗試加以分門別類，惟因初學乍練，難免生疏，故以今日的標準來看，遂顯得不夠周延而流於空泛。

奠基期是劃定學科架構的時代

此期的主要代表人物，是林清江、陳奎憙、林生傳三人。林清江於一九七〇年爲《雲五社會科學大辭典第八冊—教育學》撰寫「教育社會學」詞條時，指出教育社會學的研究領域有五：「社會過程與教育」、「社會結構與教育」、「社會變遷與教育」、「學校的社會結構及其與社區之關係」、「教學社會學」。後來他出版《教育社會學》（1972）一書時，即根據這樣的認識來安排全書架構，並於第一章介紹「教育社會學的意義、發展與研究方法論」。該書曾於一九七五年和一九八六年兩次修訂，但章節並沒有

更動。從今天去回顧，這本書固然遺漏了一些重要的主題，例如，族群、性別、教育政策等，但是目前在臺灣從事教育社會學教學及研究的人員，大概都會承認，該書實具有規範臺灣教育社會學之學科架構的劃時代意義。

接著而來的兩本普遍使用的教科書，一是陳奎憙（1980）的《教育社會學》，另一是林生傳（1982）的《教育社會學》。陳著曾於一九八八年修訂過，但章節沒有更動，與林清江的《教育社會學》比較下，該書凸顯出「教育社會學理論」、「社會階層化與教育」和微觀的部分，並增加了「社會問題與教育」和「教育社會學的展望」，是爲特色。

至於林生傳一書的體系，除前兩章「緒論」和「教育社會學的方法論」以外，由四個部分組成：「教育與社會結構的關係」兩章、「教育與社會變遷」兩章、「學校社會學」三章、「教育問題社會學分析」一章。與前述林清江和陳奎憙的著作相比，林生傳此書刪除了「社會過程與教育」，將「學校的社會結構及其與社區之關係」和「教學社會學」合併成「學校社會學」，並在「教育與社會結構的關係」中加入「教育與都市化」和「教育與家庭變遷」。該書一九八五年的修訂版增加「教育與社會變遷」一章，一九九〇年的修訂版又增加「教育與政治」一章，則見作者對臺灣社會脈動的體察。而全書對於「方法論」、「經濟制度」、「都市化」、「家庭變遷」和「教育問題」的關注，是其特色。

值得一提的是，林清江（1972）的《教育社會學》論及「教學社會學」，當時的內容僅有教師角色、教師團體和教師地位。後來他在《教育社會學新論》（1981: 235-237）裡，建議我國教學社會學的理論體系應該包括六種內容：「學校社會功能的分析」、「學校中師生關係的分析」、「學校組織、學校文化、與教學之間關係的分析」、「社區環境與學校教學關係的分析」、「教師角色

及教師團體特徵的分析」、「教學社會學及教育心理學協調途徑之研究」。林生傳的《教育社會學》沒有超出林清江對於教學社會學的範圍界定，陳奎憙的《教育社會學》則增加了「班級教學的型態」，具體探討到教學方法。後來他在〈教學的社會學分析〉（1987）一文中，小幅度修改了林清江所劃定的教學社會學體系，將「學校中師生關係的分析」改成「班級社會體系與師生關係的分析」，將「教師角色及教師團體特徵的分析」改成「教師專業地位與職業聲望的分析」，並在呈現的先後順序上作了局部調整。

然而，不論林清江、陳奎憙或林生傳，同樣都很少、甚至沒有介紹課程和評量。其實有關課程、教學方法和評量的研究，早在「傳統（規範性）教育社會學（Educational Sociology）」時期就已出現。例如，Walter Smith（1917）所著世上第一本教育社會學教科書《教育社會學導論》、David Snedden（1922）的《教育社會學》、以及E. George Payne（1932; 1934）所編集傳統（規範性）教育社會學大成的兩卷《教育社會學讀本》裡，課程、教學方法和評量方面的探討，都佔了不少篇幅。而中國大陸早期所出版的教科書，例如，流傳較廣的雷通群（1931）《教育社會學》中，在這幾方面也有介紹。可能是傳統（規範性）教育社會學的科學性不足，曾受林清江的大力抨擊，以致他在建構臺灣教育社會學之學科架構時，並沒有將這些資料列入參考範圍。因此，雖然一九七八年林清江所譯的Olive Banks《教育社會學》中有專章介紹教育知識社會學，但這種對於教育知識社會學的忽略，在一九八一年他出版《教育社會學新論》時，依然視之「尚未定型」（頁20），一直要到轉型期歐用生和陳伯璋等人的作品出現以後，才得到改善。此或與英美教育社會學的發展動態、臺灣社會的變遷、以及臺灣課程與教學研究人力的增加有關。現在，林清江（1994）及陳奎憙（1986; 1995）都在做這方面的呼籲，像林清江（1994:

363）即稱：「過去很長久的時間……大部分的人都忘掉……社會學的學者……也關心教學過程中，在教些什麼，如何教，怎樣測量學生。」

從社會轉型中尋找新的學科架構

相隔十幾年後，臺灣教育社會學的新生代在陳奎憙的領導下，合力撰成《現代教育社會學》（1998），全書十九章，分成三大部分。第一部分「導論」，包括：什麼是教育社會學、教育社會學的發展與主要理論、教育社會學的量化研究方法、教育社會學的質性研究方法等四章。第二部分「教育制度的社會學分析」，包括：教育功能、教育政策、學校組織與學校文化、班級社會體系、課程、教學、教育專業、教育機會均等等八章。第三部分「教育與社會之間的關係」，包括：教育與社會變遷、教育與社會階層化、教育與族群、教育與性別、教育與文化、教育與政治、教育與經濟等七章。

誠如林清江為該書作序時所說，本書在內容上反映了社會需要的創新重點，例如，凸出「研究方法」、「教育功能」、「教育機會均等」的概念，新增「教育政策」、「課程」、「教育與族群」、「教育與性別」的討論。惟因本書是許多人（十四位）合作的產物，內容難免重複，且各章份量不一。而就學科架構來看，雖有別於前輩作品，例如，把「教育制度的社會學分析」放在「教育與社會之間的關係」前面，但其各章前後的邏輯關係，卻不是很強。此外，有些對現階段臺灣很有意義的主題，例如，「學校系統的擴張」、「學校與社區」、「教育與家庭」等，亦未納入，甚是可惜。

前瞻性的課題

　　吳康寧在建構其《教育社會學》（1998）的體系時，參考日本新堀通也的看法，將教育視爲一種社會子系統。其基本思路是：第一，作爲一種社會子系統，教育系統的生存與運轉，必受外部社會制約；第二，作爲一種特殊的社會子系統，教育系統當有其自身之結構與過程；第三，作爲一種社會子系統，教育系統也必定會對外部社會有所影響。而這三個層面，理應各具一定的整體性。按照這樣的思維，他主張教育社會學的體系，依序由四部份組成：「教育社會學學科論」、「教育的社會背景」、「教育自身的社會系統」，以及「教育的社會功能」（吳康寧，1998：前言頁3）。這樣的處理，頗似「投入─過程─產出」的模式，在架構上也頗具邏輯性，不過在「產出」與「投入」之間，宜有「回饋」（feedback）的部份，以容納對於教育功能的省思和實踐，及其匯進「投入」的轉化過程。

　　下面嘗試根據這樣的想法，並參酌臺灣的經驗，提出一個教育社會學學科架構草案，以便攻錯。須加說明的是，各章後面所列的概念，只具舉例提醒的作用，並不表示各章只探討那幾項內容。關於這個架構中各個主題在臺灣的研究情況，下文將會有所討論。林義男和王文科（1998：1）認爲：「現在的教育社會學已逐漸統合成爲一門體系完整的社會科學。」本文作者同樣盼望，臺灣教育社會學學科架構統合完成的那一天早日到來。

教育社會學的學科架構（草案）

一、學科造型

　　（一）教育社會學的學科要素

　　（二）教育社會學的學科發展

　　（三）教育社會學的理論取向

　　（四）教育社會學的研究方法

　　（五）教育社會學的研究主題

二、教育的社會背景

　　（一）全球化與教育：世界體系、國際政治、經濟競爭、文化帝國主義

　　（二）政治與教育：國家理論、民主理論、政治文化、政治社會化、教育與國家認同、教育立法、教育決策、教育政治學

　　（三）經濟與教育：經濟型態與教育型態、教育自由與教育管制、人力資本論、經濟社會化

　　（四）文化與教育：規範、語言、科技、次文化、流行文化、文化霸權、多元文化

　　（五）媒體與教育：傳播、網路

　　（六）家庭與教育

　　（七）教育機會均等：教育階層化、積極差別待遇、教育優先區

　　（八）階級與教育

　　（九）族群與教育

　　（十）性別與教育

　　（十一）地區與教育：教育資源的分配、家長會、社區

　　（十二）社會變遷與教育

三、教育本身的社會體系
　　（一）教育思想：社會史與教育、臺灣教育史、臺灣教育理論
　　（二）教育制度：教育系統的演進與擴張、公有財與私有財
　　（三）教育組織：教育立法單位、教育行政單位（部、廳、局）、教育團體
　　（四）教育政策：教育指標、教育管理民主化、教育鬆綁
　　（五）學校組織：科學管理、學校本位管理、校園文化、教師評審會
　　（六）班級：團體動力、學級（能力）編組、民主的教室
　　（七）課程：知識社會學、意識型態、學術本位、科技理性
　　（八）教師：教育專業、教師團體、身份認同、職業倦怠
　　（九）學生：次文化、同儕團體、學習表現、差異行為、公民教育
　　（十）教學：教的要素、學的要素、評量、師生關係、師生互動策略
四、教育的社會功能
　　（一）教育功能：正功能與負功能、顯性功能與隱性功能、秩序與變遷
　　（二）社會控制功能：社會傳承（社會化）、社會選擇
　　（三）社會公平功能：均等與效率、多元文化主義、批判教育學
　　（四）社會進步功能：資訊社會、富裕社會、學習社會、民主社會、地球村
五、教育實踐與回饋
　　（一）教育問題：管理主義、粗廉主義、升學主義、差異行為

（二）教育運動：教育運動團體、學生運動、校園民主、新
　　　　保守主義、後殖民主義
（三）教育改革：動力、類型和策略，可能性與限制

理論取向

　　理論取向（theoretical approach）是指某一特殊理論傳統對於
社會生活的觀點。教育社會學者利用各種理論取向，來為「事情
為何那樣運作」、「社會世界如何進行」，提供邏輯的說明。它幫
助我們決定要問什麼問題、如何進行研究以便得到解答：它也影
響研究者觀察什麼、如何加以解釋。

萌芽期是理論取向未明的時代

　　受限於發展的基礎，萌芽期的臺灣教育社會學，其社會學理
論的味道自然淡薄了些，談得最多的是涂爾幹和杜威。涂爾幹的
一枝獨秀，固然有其時代意義，但也顯示理論取向的貧乏：而教
育哲學家杜威的思想，大量出現在教育社會學的教科書中，更顯
示彼時的重點偏向規範性論述，不太熟悉科學社會學的理論。

奠基期是結構功能論的時代

　　林清江赴英留學之前，其社會學的素養主要受業於臺灣師大
社會教育系謝徵孚教授。謝氏是早年中國大陸來臺的少數知名社
會學者之一，為留學法國的社會學博士，治學上採取涂爾幹的路
線，認為「我們要使社會學研究，成為真正的科學研究，自當採

取客觀的實在論，研究社會的整體，而不是個人。在社會學史上，力倡此說者爲涂爾幹（Emile Durkheim）及涂爾幹學派，這是我們在書中引證其學說特多的緣故。」（謝徵孚，1972: 自序）一九六四年當謝徵孚要出版其在臺灣師大擔任社會學課程所編的講義《社會學》第二版時，即由「林清江同學做了一番仔細的校勘工作，把原來所有的錯字或誤排，一一加以刊正。」（謝徵孚，1972: 再版序）

　　林清江一九六八年取得博士學位返臺，一九七〇年編譯《現代化》一書，這是他所出版的第一本書。「現代化」的主題是臺灣當時上下努力的共同目標，也成爲林清江後來長年努力的方向，他一直深信教育對於個人和社會都有積極的貢獻。因此，他的治學於理論取向上偏重結構功能論及其分支現代化理論、人力資本論，於方法論上著重量化研究。

　　林清江（1972; 1986: 36-37）將教育社會學的理論取向（他稱之爲「方法論」）分成四種：「第一，功能主義（functionalism）的研究方法論，涂爾幹的著作及傳統教育社會學的研究，偏重在個人社會化過程的研討，便屬於這種類型。第二，『結構─功能』派的研究方法論（methodology of structural-functionalism），認爲教育社會學宜探討現代社會結構中，各種社會制度的和諧配合途徑。第三，發自變遷觀點的研究方法論，認爲『結構─功能』派的探討僅重視社會的和諧統一性，而忽略了變遷過程中可能產生的觀念或制度方面之衝突，因而強調社會變遷過程中教育性質的研討。第四，組織分析的研究方法論，主張將權威（authority）、權力（power）、『人事階層化』（bureaucratization）、角色（role）等等學理，應用到教育社會學的研究。」他且斷言，他所劃定的教育社會學的五個研究領域，分別偏重某一種「方法論」的應用。亦即，「社會過程與教育」偏重第一種方法論的應用；「社

會結構與教育」偏重第二種方法論的應用：「社會變遷與教育」偏重第三種方法論的應用：「學校的社會結構及其與社區之關係」和「教學社會學」則須借重第四種方法論。這樣的見解，可能有待商榷，因為理論取向與研究領域之間，會有如此乾淨而單純的對應關係嗎？

後來（1981年）他把第三種「發自變遷觀點的研究方法論」給刪了，理由是：

> 早期有關社會變遷與教育關係的研究，偏向於哲理性的分析。功能論的教育社會學方法論並未重視社會變遷的問題，結構—功能派的方法論則已開始重視社會變遷的問題。學校社會學的研究，也多少注意社會變遷的影響。不過，以科學的方法從事社會變遷與教育關係的研究，事實上並不容易。因此，最近教育社會學的研究中，「變遷」仍被視為重要的概念，但建立研究社會變遷與教育關係的科學方法論，則有其實際的困難。
>
> （林清江，1981: 16）

鑒於一九六○年代中期結構功能論開始沒落、衝突論日漸興起、新教育社會學也於一九七一年問世的史實，而林清江亦曾引用所譯Olive Banks的《教育社會學》（1978）來證明結構功能論「已經過時」，原因是「在觀念方面過分保守……在方法方面偏向科學實證論」，同時他還指出「教育社會學方法論的最近發展，是與文化社會學及知識社會學發生關係」，此處指的就是新教育社會學的想法，那麼為何他還會做出上段引文的評論，實在令人費解！事實上，後來的研究證明，建立研究社會變遷與教育關係的科學方法論，並沒有他想像中的那麼困難，問題的關鍵在於研究方法的精確程度。

陳奎憙和林生傳同樣認為結構功能論比較適用於臺灣，衝突論則比較不適合。他們是這樣說的：

因為我國文化特質與建國理想，大體上為全體國民所認同，在教育方面，乃有明確的教育宗旨與政策。近幾十年來，我國教育發展對促成社會流動、政治統整、與經濟繁榮，均有極大貢獻。因此，和諧理論（按指結構功能論）似乎比較符合我國社會實際情況，用以分析我國教育制度，應比衝突理論更具有積極的意義。（陳奎憙，1986: 334；1990: 33）

回顧我國係一個民族組成一個國家，不似美國，如同一個難民營；文化悠久，認知工具與背景相同，教育宗旨與政策明確，全國上下均對之有共同的認同；教育促成社會流動及政治、經濟的平等為有目共睹的事實；衝突分析模式雖能增廣對教育社會學方法論的見識，但在我國並無實用的價值。以結構功能論分析模式，來鑽研我國的教育社會學才是正確的方向。（林生傳，1981: 129；1982: 24）

其實，陳奎憙長期關心理論的發展，他的教科書也是臺灣現有教科書中，對於教育社會學理論介紹最為完全的。可是他的書中（1980 & 1988），卻只將教育社會學的理論劃分成兩大類：和諧理論學派與衝突理論學派。當時社會學界對於理論的劃分，最粗略的至少也分成功能論、衝突論和互動論。蔡文輝（1979）的《社會學理論》廣為臺灣學界所知，也為陳奎憙所引用，蔡氏的劃分比這三大導向更細。由於新教育社會學早於一九七一年就已興起，而一九七二至一九七五年則是陳奎憙留學英國的期間，因此，他根據美國學者Ann P. Parelius and Robert J. Parelius（1978）合寫的《教育社會學》，將教育社會學理論分成兩大類的做法，並

不完全合適。不過，一九八六年當他寫出〈教育社會學的發展趨勢〉此一長文時，除了維持這兩大區分以外，也列一節專門介紹一九七〇年代以後的發展，可惜並沒有反映在其教科書一九八八年修訂版介紹理論的第二章裡，而只在最後一章「教育社會學的展望」裡約略提到。

　　至於林生傳（1982; 1985; 1990）對於教育社會學理論取向的劃分，顯得更為簡明。他同樣將結構功能學派與衝突學派加以對比說明，只是格外重視結構功能論和數量研究。這種注重量化和結構功能論的精神，同樣體現在應該是屬於轉型期學者的馬信行（1986: 前言頁1）身上。馬信行所宗奉Richard Munch的社會系統理論，一般劃歸功能論的傳統。林生傳後來（1990: 29, 38）雖承認「研究分析模式本身沒有所謂正誤」，「研究者應洞察社會實況……使用時則必須注意其適用性與階段性」，但卻仍然主張「教育社會學採取結構功能論是為正統」，且「衝突學派的方法論徒重衝突病態而力促改造變遷，似以盲目鬥爭、變遷為事，不是一個健康的方法論」。理論取向好比觀察世界的窗口，任何單一時空都可從不同的「角窗」來觀察，何來「正統」與否、「健康」與否或「階段性」的區別！

新時代需要新的理論取向

　　西方自一九六〇年代末期至一九七〇年代，接連產生了新教育社會學、新馬克思主義和新韋伯主義，一九八〇年代開始女性主義尾隨而至，到了一九八〇年代中期，包括批判理論和後結構主義在內的社會分析（social analysis）以及政策社會學的新方向，也異軍突起，不旋踵間，後現代的腳步亦跟著加入社會分析的行列。在這樣既多樣又快速的思潮衝擊下，結構功能論的典範

受到強烈的質疑，強調多元差異及衝突的理論，逐漸成為西方教育論述的主流，量化研究的傳統也因此受到質性研究的凌厲挑戰。

　　臺灣自一九七○年代末期開始引進這些新的理論及方法論，尤其一九八○年代隨著臺灣本身的政治、經濟和文化的激烈變動，社會運動風起雲湧，一時之間各種思潮紛紛湧現，對傳統的研究取向構成沈重的壓力。今天回想起來，一九八○年代前期可說是臺灣教育社會學的一個分水嶺，除了林清江（1981）的《教育社會學新論》、陳奎憙（1980）和林生傳（1982）的教科書於此時出版，總結奠基期的研究成果外，有不少引導教育社會學轉型的關鍵性作品，亦在此一期間構思或問世。

　　歐用生和陳伯璋是兩位先鋒人物。歐用生（1981; 1987）從課程與教學的角度，把批判導向的美國學者Michael Apple和英國的新教育社會學請了進來，他雖然不是以他們做為專研的對象，卻有開風氣之先的作用。陳伯璋（1984; 1987a; 1987b）也是從課程與教學的角度切入，但視野更寬廣地引進了一些乍看之下似與教育無關的西方學者，例如，Karl Popper、Jurgen Habermas、Ivan Illich、Anthony Giddens、Erich Fromm等。在他們兩人和其他一些課程學者（例如，黃光雄和黃政傑）、教育哲學學者（例如，楊深坑）的聯合努力下，新思潮很快站上了臺灣教育社會學的舞臺。

　　此時，陳奎憙（1986）的長文〈教育社會學的發展趨勢〉和李錦旭（1987）的譯作《教育社會學理論》適時出現，幫助大家對於教育社會學當下的理論取向，有了一個全貌性的了解。其他例如，楊瑩（1988b; 1994）也曾介紹過新取向；羊憶蓉（1991; 1992; 1994）運用美國社會學者John Meyer的想法，來研究臺灣教育與國家發展的關係；謝小芩（1993）同樣利用Meyer的觀念研究臺灣教育，不過她側重在教育組織上，同時她（1992; 1998）也相

當注意女性的教育經驗。瞿海源和蔡淑鈴（1987; 1992; 1993）則長期關心臺灣教育階層化的問題，他們提出有別於過去人力資本論的看法，對臺灣教育持著批判的立場。瞿海源的學生黃毅志（1998）在其博碩士論文的基礎上，更進一步想證明教育不是人力資本而是文化資本，他用了Pierre Bourdieu和Randall Collins的概念。而桂冠圖書公司在李錦旭的穿針引線下，也翻譯出版了多本教育社會學的好書。整體而言，具社會學背景的研究者似乎比較能接受衝突論的傳統，具教育學背景的研究者則較能融入微觀導向的傳統。

經由以上學者的引介，多篇採取新取向的博碩士論文一一誕生，例如，Apple（王麗雲，1990）、Bernstein（黃嘉雄，1989）、Bourdieu（邱天助，1993）、Bowles and Gintis（李錦旭，1998）、Freire（王秋絨，1990）、Giroux（周珮儀，1999）、Goffman（許殷宏，1994）、Illich（游明麟，1989；曾久芳，1995）、Weber（蘇明燦，1995）、Willis（陳珊華，1997），以及Althusser、Illich、Bowles and Gintis的綜合研究（黃駿，1998）。這些論文以陳伯璋和陳奎憙指導的篇數最多，且絕大部份是在臺灣師大教育研究所完成的。

轉型期在理論取向上的成果，除了上述以外，還有馬克思主義（李錦旭，1988; 1989）、韋伯主義（譚光鼎，1991；胡夢鯨，1993）、新教育社會學（王瑞賢，1993）、象徵互動論（鍾蔚起，1989；林美玲，1993；姜得勝，1997）、戲劇論（許殷宏，1994）、標籤理論（黃光明，1991；鄭世仁，1994）、俗民方法論（劉錫麒和鍾聖校，1988；方德隆，1996）、結構化理論（許殷宏，1998）和後現代主義（馬信行，1996；周珮儀，1997）等的引介。

總之，臺灣教育社會學在轉型期的理論取向，不論鉅觀的或

微觀的都有人介紹，也累積了相當的成果。連一向做量化研究的馬信行，現在也在研究後現代主義對教育的影響。不過，這一切終究還是「介紹」的成份多，深入批判的少，雖有人以臺灣經驗來印證外國的理論（例如，沈姍姍，1995；孫志麟，1995；鄭淵全，1998），但量不夠多難以相互觀照，距離建立本土理論的理想還很遙遠。而且，結構功能論的氣氛，迄今依然濃厚，新的理論取向需要更加努力才能生存。

前瞻性的課題

　　教育社會學的研究，幾乎貫穿了教育學及社會學的所有領域，由於所涉範圍之寬廣，研究主題之龐雜，非但使得社會學與教育學的界限，很難明確劃分，復使得教育社會學用以研究及解釋的理論典範，也多得難以勝數。猶有進者，教育社會學理論典範之間的轉移，更是快得令人眼花撩亂。前些年，我們還在引用「新教育社會學」的解釋典範，分析其在學理上及方法上對鉅觀論與實證論所提出的反動，一轉眼間，批判的教育社會學已後來居上，後結構及後現代的主張亦蔚然成風。

　　歸納來說，教育社會學的理論，大致可分為鉅觀與微觀兩大類，各類之下又因基本論點之差異，形成了不同的觀察窗口（方法論）及互別苗頭的學說。鉅觀的典範，例如，功能論、結構功能論、衝突論、批判論及其各種分支等，視社會結構為一客觀的存在，其運作的軌跡，會普遍反映在個別成員的行為上。因此社會學及教育社會學的研究，主要的任務就是探討這個客觀社會結構的特徵。微觀的典範，例如，詮釋學、現象學、符號互動論、俗民方法論及其各種分支等，認為社會的意義，是個別成員主觀建構的。凡生活經驗不同，個人的認知架構或意義系統就會跟著

有異，故不同成員對相同社會情境所作的解釋，遂有可能不盡一致；而這種來自個人主觀賦予的情境定義，才是影響個人行為的關鍵。所以社會學及教育社會學的研究，便無須為客觀的社會結構勞神，重點端在互為主觀地去捕捉日常生活之中，個別成員賴以互動的意義世界。

顯而可見的，這兩大典範各有所偏。鉅觀結構論強調統一的共相，容易流為簡約的機械論，微觀互動論重視差異的殊相，容易造成紛歧的相對論。其實，教育的現象，既有其普遍性，亦有其差異性。鉅觀的社會結構與微觀的互動過程，原是彼此呼應、表裡觀照的，偏於一執，固然方便研究上的處理，易有所成，卻無從得窺全貌。是以近來屢有學者高聲呼籲，要求積極解決教育社會學研究中之鉅觀與微觀的差距。例如，Shilling（1992）便曾建議教育社會學家必須從鉅型的學理論述中，例如，女性主義、馬克思主義等，找出足為微觀層次研究所用的明確線索；Randall Collins（1981）亦努力為鉅觀社會學找尋微觀的基礎。此外，英國學者Giddens所勾勒之外在結構與行動主體相互輝映的結構化理論（structuration theory），或許可為教育社會學的未來，提供一個討論的起點，而美國學者Ritzer（1996: 487-561）最近有關整合鉅觀與微觀理論的思索，亦極具參考價值。事實上，不論是英國的Margaret Archer、法國的Pierre Bourdieu、德國的Jurgen Habermas、及臺灣的葉啟政，他們都同樣努力在整合行動與結構。

將來臺灣教育社會學的理論研究，除了針對某一理論家或流派做專題研究外，還可以採用下面四種途徑來進行：第一，理論對比，即比較不同理論家或流派的某些思想建構；第二，主題綜合研究，即選定一個核心概念，循著歷史發展的軌跡，爬梳不同理論家或流派的看法；第三，以臺灣經驗驗證外國理論，如此一

來可豐富理論的國際內涵，二來可奠定本土理論的發展基礎；第四，從本土經驗提鍊理論，即直接從臺灣經驗的具體研究中，建立本土理論。此外，我們應該繼續將外國的好書譯成中文，以方便後學者進入這個領域。當然，臺灣社會學界的研究成果，也應該受到主要是在教育學界服務的教育社會學研究者更大的重視。

研究方法和方法論

　　為達特定目的或目標，研究計畫採用具體或抽象、明確或模糊的操作方式，謂之研究方法。社會學方法論的意義，大致有四（陳秉璋，1981: 1-6）：第一是社會學的「知識方法論」，探討如何才可能、怎樣使可能、為何使可能、為什麼可能獲得可靠的社會學知識；第二是社會學的「科學方法論」，探討如何、怎樣、為什麼才能夠使社會學獲得科學性知識；第三是社會學的「研究方法論」，探討社會學在研究社會現象時，應該適用何種具體研究方法與何種有效研究技術、如何設立研究計畫、如何操作研究計畫之進行、怎樣才能夠使觀察、分析與驗證達到最高的客觀性與科學性；第四是社會學的「理論方法論」，探討社會學理論建立的出發點、過程、範圍、及其主要內容。

萌芽期是科學意識模糊的時代

　　臺灣教育社會學在一九七〇年以前的發展，基本上是學習美國以及受美國影響的日本。而美國教育社會學的發展，經過一九四〇年代的沉寂以後，大約從一九五〇年開始重新出發，並由原來以教育學者為主、注重應用性且研究範圍較龐雜的規範性研究

（educational sociology），轉換爲以社會學者爲主、注重理論性且研究範圍較精簡的實徵性研究（sociology of education）。可是臺灣教育社會學於一九六〇年代的萌芽，所繼承的主要還是傳統的規範性研究，與當時西方教育社會學的主流頗有差距。

朱匯森（1963: 14）認爲：「教育社會學的研究，在了解個人社會化的意義、學校內人與人的關係、社會結構及變遷對學校教育的影響、學校與社會的交互作用等，再以這些認識爲基礎，進而研討如何促使學校與社會共謀進步的有效辦法。」他並沒有說明教育社會學的研究方法屬性，也沒有專門討論研究方法的問題，只是引用一些統計數字和別人的研究結果，來論證其規範性的觀點。不過，他在談到社會中心學校時，則提醒讀者要多做社會調查。

尹蘊華（1967: 22）認爲：「教育社會學，乃應用社會學已有之原理材料與方法，並自行研究原理與方法，藉以探討教育理論與實際，改進教育實施，促進社會進步爲目標的教育學與社會學連鎖的科學。」她雖然強調教育社會學是一門「科學」，她的《教育社會學》也列有一節介紹社會學的研究方法，可是全書之內容、風格，均與朱著頗爲類似，重在「改進教育實施、促進社會進步」的規範性論述。

曹先錕（1965: 34）認爲：「教育社會學，是就教育與社會的相關，研究教育現象，與其他有關的社會生活現象，以求教育合理化之實證的科學。」雖也強調教育社會學的科學性，然而該書「側重理論的敘述，實例較少」（自序頁2），全書讓人感覺「說理」的味道更濃些。總之，萌芽期的臺灣教育社會學，即使或多或少體認到教育社會學應有的證驗性，惟受限於實徵研究資料的缺乏，主要的學者本身也鮮有實徵的研究，從而表現出較多的規範性。

奠基期是科學主義的時代

　　林清江（1972; 1986: 21-22）指出：「教育社會學是研究教育與社會之間交互關係的科學。其由教育學家從事者，側重規範性的研究，旨在導致社會行動；其由社會學家從事者，則側重證驗性的研究，旨在證實學理，建立社會理論。惟兩類研究共同探討有關社會過程、社會結構、社會變遷與教育之間的關係，並研究學校的社會結構、社會環境、及教學社會學等課題。」不過，他從一開始就強調「由於教育社會學的研究已走向科學化的趨勢，本書取材儘量偏重科學性的研究成果，哲理性的敘述材料力求減少（1972: 序）」。因為「思辯性及哲理性的探討，應屬於教育社會哲學的領域，而非教育社會學領域（1978: 譯者序頁1）」。一九七〇年代可說是林清江學術論著的黃金時代，其後或許是因為從事教育行政工作，創作力大不如前。考其已有的教育社會學論著，他所注重的量化研究，有不少是由官方的統計資料、官方統計資料的簡單加工、別人的量化分析、以及自己調查得到的資料所組成。整體而言，調查研究在他的作品中份量並不重，所運用的統計方法也不複雜。

　　陳奎憙（1980; 1986: 16）最初認為：「教育社會學係探討教育與社會之間交互關係的科學；其研究在了解個人社會化的意義，闡明教育制度在社會結構與變遷中的地位，分析學校社會組織與班級社會體系，其目的在於建立或修正社會學與教育學理論，並藉以改進教育措施，促成社會進步。」後來他（1995; 1998: 2）將此定義修改成：「教育社會學是探討教育與社會之間相互關係的科學；它是運用社會學的觀點與概念分析教育制度，以充實社會學與教育學理論，並藉以改善教育，促成社會進步。」明顯凸出「社會學的觀點與概念」。從研究方法的角度來看，陳奎

憙和林清江的大致類似，只是陳奎憙對於官方的統計資料，沒有那麼大的興趣，他做得最多的是從文獻中去整理一些道理和趨勢。因此，相對而言，他比較不排斥「規範性的研究」，他指出：

> 教育社會學的研究可以採取多種途徑，不必完全拘泥於行為科學的觀點與方法……在大學教育系所或社會系所的學生或學術研究人員，應偏重證驗性研究，而師資訓練機關為教育行政人員及教師提供此一課程時，除介紹證驗性理論而外，不妨多從事規範性研究（1980: 305-306）。

不過，陳奎憙仍然認為「教育社會學未來的發展趨勢，仍將注重證驗性的研究與理論體系的建立。在研究方法上將逐漸強調客觀的觀察、調查與實驗，並採用社會現象的數理分析。」（1980: 305）這種態度，在他注意到一九七〇年代質性研究的興起時也沒有改變，他說：

> 教育社會學「質」的研究方式，固然可以補偏救弊，但是，事實上它無法取代教育社會學的研究主流—注重量化的科學實證模式（1988: 306）。

在這個大原則下，他和林生傳一樣，認為量化研究和質性研究各有所長，應可相輔相成；其可能合作的途徑有二：一是以「量化」研究為主，先了解一般現象，然後針對特別個案進行深入的「質」的研究；另一是先運用參與觀察法，實地蒐集資料，以作為研究假設，再進行客觀實證探討，以建立教育社會學理論（陳奎憙，1986: 336; 1988: 306; 1995: 201; 林生傳，1982: 33; 1990: 37）。這種見解，恐怕未必會得到質化研究者和文獻研究者的完全贊同。

林生傳在其《教育社會學》一九九〇年的增訂版中，將教育社會學的定義由原先的「教育社會學是跨越教育學與社會學之間，以探討社會結構中的教育制度，教育歷程中的社會行爲爲目的的一門科學（1982: 2; 1985: 5）」，修改爲「教育社會學是結合教育學與社會學，以分析社會結構中的教育制度，實徵教育歷程中的社會行爲，並詮釋其意義爲目的的一門科學（1990: 6）」。此舉似有意緩和早期對於實徵性的強調，希望能兼顧意義的詮釋。惟在奠基期的三位代表人物中，林生傳應是最爲貫徹實徵研究的學者，誠如他自己所說，幾十年來「默默地從事了不少的實徵研究，並且領導學生從事這方面的試探」（1982: 自序頁3）。如果說林清江和陳奎憙採用描述統計，來進行他們爲數不多的量化研究，那麼林生傳則用了更多推論統計來進行他的主要研究。儘管如此，他們三人對於教育社會學研究應走量化科學的路線，信念卻是相當一致的。

轉型期是研究方法多元化的時代

　　一九八五年伍振鷟和陳伯璋檢討臺灣自一九五六至一九八四年間的教育研究，指出：

> 多年來，教育學的研究，大都呈現出……「實證性」、「實用性」和「移植性」的特徵，雖然這在「技術」層面上有較好的成效，但卻逐漸產生「反理論」的傾向，這不僅不能促進教育學的發展，更容易使教育學再度淪爲各學科的「殖民地」，同時也使其失去學術發展的生命力和獨立自主性。（伍振鷟和陳伯璋，1985: 231）

一九八〇年代初期以降，臺灣教育社會學的研究人員逐漸多了起來，他們不再情有獨鍾地一昧擁抱量化的或實徵的研究，開始運用各種理論取向和研究方法來進行探討。由於研究者常常會同時運用一種以上的方法來做研究，因此想將他們截然分成量化研究（調查法和實驗法）、質性研究（實地研究法）、或文獻研究（含歷史研究法和理論分析法等），多少有些武斷。不過，如以研究人員主要的研究導向為準，這樣的歸類，還是比較容易看出轉型期臺灣教育社會學在研究方法上的大體趨勢。

　　在量化研究方面，馬信行、瞿海源、蔡淑鈴和黃毅志等人，利用統計報告、大規模的臺灣社會變遷基本調查資料，做了許多精細的研究。一九九〇年代初期，在林清江的主持下，多位教育社會學研究者，例如，林生傳、林義男、楊瑩、陳麗欣和胡夢鯨等，曾合作進行「教育機會均等大型計畫」的實徵研究。採用這種研究方法的主要學者，還有吳素倩、蔡璧煌、張建成、薛承泰、王保進、陳正昌、譚光鼎、郭丁熒、謝小芩、符碧眞、湯梅英、孫志麟和張善楠等。一般說來，量化研究者主要還是採用調查法來研究，利用實驗法的人幾乎沒有。

　　在質性研究方面，歐用生的《課程研究方法論：課程研究的社會學分析》（1981）和《質的研究》（1989），以及陳伯璋的《教育研究方法的新取向：質的研究方法》（1988; 1990），引來不少的反省。黃政傑（1996: 2）指出：「截至目前質化研究已經由過去地位遭到質疑的情況，進到地位穩固的情況，質化研究報告愈來愈多，有關質化研究方法的論著也十分普遍。」就教育社會學而言，採用田野研究的人，有孫敏芝、方德隆、陳麗華、周德禎、陳添球、黃鴻文和王瑞賢等人，目前這方面的研究，仍在穩定增加之中。

　　至於文獻研究法，還是有不少人採用，也產生了不少的研究

成果。採用這種研究方法的主要學者，包括宋明順、歐用生、陳伯璋、高強華、羊憶蓉、沈姍姍、李錦旭、莊勝義、黃嘉雄、姜添輝、張鐸嚴、黃駿、翁福元、周淑卿和許殷宏等。在這類的研究中，有一項特色，那就是有些學者會從事比較細緻的方法論探究，對教育社會學的研究方法提出檢討。例如，楊深坑（1973）很早即呼籲形成教育社會學方法論的必要性，並指出其可能途徑。崔光宙（1980）、簡成熙（1988）、王順平（1990）也都在這方面下過功夫。黃毅志（1996）最近反省臺灣社經地位（SES）測量的問題，更是難得的作品。一般而言，臺灣的教育社會學界，質性研究者和文獻研究者，比量化研究者更努力去反省方法論的問題。

　　陳奎憙（1986: 321-322）曾借用外國學者的看法，指出結構功能論和衝突論大體上同樣利用實證主義來研究鉅觀社會，而象徵互動論和俗民方法論則同樣利用解釋的方法來進行微觀研究。簡成熙（1988）根據這種說法，將教育社會學方法論的模式演繹成六種：鉅觀—數量的功能論分析、鉅觀—數量的衝突論分析、微觀—質量的功能論分析、微觀—質量的衝突論分析、微觀—數量的形象互動論分析、微觀—質量的形象互動論分析。姑且不論這種演繹是否完全適當，但此種勇於思考方法論的精神，是教育社會學的希望所在，因此很值得鼓勵。

　　發展至今，臺灣的教育社會學研究者，一般都同意教育社會學是利用社會學的概念、原理、觀點和方法來研究教育現象，同時也都呼籲有志於教育社會學研究的人，首先應該熟悉社會學的概念、原理、觀點和方法。從方法論的角度來看，社會學有實證社會學、解釋社會學和批判社會學三大傳統（黃瑞祺，1996），每個傳統都有其特有的概念、原理、觀點和方法，也都有其基本假設、研究特性和研究限制，從而吸引其追隨者。臺灣的教育社會

學研究，奠基期重視實證傳統，轉型期除實證傳統繼續有人追隨外，解釋傳統和批判傳統也都有人效法，這是可喜的現象。然而整體上，對這三大傳統的反省，仍然不足；每個傳統的研究人力，也仍嫌不夠。這都是未來需要努力的地方。

前瞻性的課題

教育社會學在二十世紀前、後半葉的兩個英文名稱Educational Sociology及Sociology of Education，分別代表兩種不同的研究途徑。前者走的是規範性的應用研究路線，認為教育社會學是一種有關政策或改革取向的教育研究，意在建立符合某種倫理法則的行動方案，以達成預懸的教育目標；後者比較強調實證性或科學性的基本研究路線，認為教育社會學必須遵循科學的法則，調查過去及現在的教育事實，務期先行建立可加檢證的學術知識，再藉以預測可能的發展方向（Corwin, 1965; Hansen, 1967; Saha, 1997: 1）。

很顯然的，四、五十年前許多人放棄了Educational Sociology，改採比較重視學理深度與方法精度的社會學概念，從事Sociology of Education的探討，終於在學術圈內取得一席之地。可是Sociology of Education在這短短的幾十年間，又經歷了多次的轉型，目前用以考察教育現象之理論典範，不再定於一尊，方法工具也不再像當年那樣沈迷於自然科學式的類比，譬如政策社會學的興起，即在科學訴求與應用思考之平衡上，提供了極具啟發的示範。Noblit and Pink（1995）指出，未來的教育社會學研究，日趨活潑，其多樣化的「途徑」（path），可歸為五類：即實證分析的途徑、解釋的途徑、批判的途徑、政策的途徑、以及後現代的途徑。

根據這樣的發展，再考察知識論上的演變（例如，Greene, 1993），我們認爲臺灣的教育社會學研究，未來可能需要在下列的四種途徑間，找出兼容並蓄之道，方不至有所偏廢。

1. 研究者是局外人，並採局外的觀點進行探討（outsider-etic perspective）
2. 研究者是局內人，但採局外的觀點進行探討（insider-etic perspective）
3. 研究者是局外人，但採局內的觀點進行探討（outsider-emic perspective）
4. 研究者是局內人，並採局內的觀點進行探討（insider-emic perspective）

　　前兩種局外觀點（etic）的探討途徑，衍自科學實證論，直接引用現成的理論及方法論進行探究，著重普遍法則的推演；後兩種局內觀點（emic）的探討途徑，衍自互動論及詮釋學，直接走入現象或生活世界中去探索意義，著重特殊情境的了解。這兩類觀點，都有可能涉及鉅觀的層面、微觀的層面、或鉅觀與微觀的呼應層面，也都有可能涉及結構的問題、行動的問題、或結構與行動的交融問題。以臺灣的婦女研究爲例，來自局外的研究者（outsider）可能是男性或外國女性，來自局內的研究者（insider）則是臺灣本地的女性。不論局內或局外的研究者，均有可能從局外的觀點，引用某一既有的理論架構，例如，功績主義或新馬克思主義、人力資本論或文化差異論等，去印證婦女教育中的某些屬性；不論局內或局外的研究者，也都有可能採取局內的觀點，希望互爲主觀地從臺灣婦女本身的情境、經驗、認知或意向中，去發掘事實的眞相與原委。

這些探討途徑，分別代表不同的窗口或通道，有助我們從不同的角度觀察或切入某一事件，是以合則能夠極廣大而盡精微，既見輿薪，復察秋毫，分則有若瞎子摸象，各是所是、各非所非的爭到最後，還是鬧個不明不白的局面。過去的研究，就是大家各行其是，孤芳自賞，以致孳生不少流弊。譬如，第一種途徑經常製造文化暴力，以普天之下莫非王土的心態，堅壁清野；第二種途徑容易喪失文化主體，一昧依賴、移借外人設計的模子，削足適履；第三種途徑容易出現「子非魚而安知魚」的涵化問題，萬一解讀有誤，可能指鹿爲馬；第四種途徑容易形成習焉不察的慣性及惰性，而有坐井觀天或當局者迷之虞。其實，這四種探討途徑，各有所長，也皆各有所見，如能發展出互補的函數關係，針對某一情境，進行四者的批判性對話，或許有助於我們從事應然與實然的辯證，拉近理論與實踐的距離。

研究主題

　　任何學術領域的學科架構，一方面標示了教學的綱目，另方面也反映出研究的主題。但在不同的時空下，由於學科定位、理論典範及方法論的差異，研究的主題便會有所出入。

萌芽期是教學導向而非研究導向的時代

　　萌芽期的臺灣教育社會學，是教學導向的時期，重點在於介紹這門學科，實無餘力多做專題研究。不過，還是有幾個主題比較受到注意。其一，是社會（社區）中心學校的研究，這與當時政府的教育政策有關。其二，是兒童的社會行爲，這與當時教育

社會學的教學，主要在師專進行有關。

奠基期是廣泛研究但深度有限的時期

今日臺灣教育社會學研究的雛型，發凡於奠基期。當時，不論林清江、陳奎憙或林生傳，都努力於學科架構的建立，學科造型成為他們共同關懷的主題。他們為了撰寫教科書，做了許多廣泛的研究，幾乎教育社會學的各個主題，他們都設法加以研究和介紹，以致倍多力分，迭有未盡之處。雖然如此，由於學者個人的興趣和時代發展的潮流，這個時期的研究還是可以看出兩個較為突出的重點。一是教育機會均等的問題，另一是教學社會學的問題。

總的來說，教育機會均等的問題，一直都是奠基期學者們的關懷重點。像林生傳的「教育階層化」研究，就相當具有特色，而此期的一些研究生，也陸續寫出家庭社經地位與學業成就、中途離校、大學入學機會等之關係的學位論文。在教學社會學方面，奠基期的學者對教師角色與地位、學生文化、師生關係等等課題，甚感興趣。林清江便曾長期調查臺灣教師的職業聲望，陳奎憙也在這樣的認識下不斷研究教學社會學，後來集結成《教育社會學研究》（1990）一書出版。或許是這種氣氛的影響，李緒武也編譯了《教育社會心理學》（1982）一書，介紹學校內的人際現象。而創作力一直維持旺盛狀態的林生傳，其另一個研究主軸也正是「教與學」，只不過其教學研究融入較多的心理學成份，這或許與其博士學位係在教育心理與輔導領域取得有關。至於學生次級文化的研究，則多半出自一九七〇年代林清江在臺灣師大指導的碩士生之手。

轉型期是繼續深化和開拓新主題的時代

　　這個時期，人才輩出，受到教育社會學吸引的年輕學人，愈來愈多。例如，一九五六至一九九八之四十餘年間，臺灣三個教育研究所（政大、臺灣師大和高雄師大）的教育社會學博碩士論文，共約一百餘篇，其中在一九八○年代和一九九○年代完成的，佔了絕大部分。如以產量最豐的臺灣師大為例，迄今總計二十篇左右的教育社會學博士論文，一九九○年代通過的佔了十五篇，總計六十篇左右的教育社會學碩士論文，一九八○年代約佔三分之一，一九九○年代則超過半數。研究人力較前期充裕的結果，研究主題自然跟著增多增廣，每個主題的探討深度，也出現比較令人滿意的發展。歸納起來，這個時期的研究主題，大致有下列六項：

學術造型

　　關於教育社會學本身造型的反省，是轉型期的特色之一。有些學者做過這方面的研究，例如，陳奎憙、王文科、羅大涵和李錦旭等。今年五月十五至十六日在中正大學舉行的第--屆「教育社會學論壇」研討會，其主題之一就是「教育社會學的定位與發展」。

社會結構、社會變遷與教育

　　在林清江所劃定的學科架構裡，這方面的份量不小。然而，陳奎憙和林生傳對於教育與政治、經濟的關係，並沒有當成重點來研究，陳伯璋和歐用生也沒把主要精力放在這上面。到了瞿海源和羊憶蓉才又重視這方面的研究，後者累積幾年的研究成果出版《教育與國家發展：臺灣經驗》（1994）一書，極富特色。目前此一領域的研究，不只在師範院校外有人關心，即使在師範院校

內也引發學位論文的注意。

教育階層化

　　教育階層化及教育機會均等的研究，除了繼續探討階級的影響（例如，林生傳、林義男、瞿海源、蔡淑鈴、馬信行、楊瑩、譚光鼎、黃毅志、陳正昌、莊勝義和鄭淵全等）外，族群（例如，譚光鼎、張建成、陳麗華、周德禎、蔡淑鈴等）和性別（例如，蔡淑鈴、謝小芩、潘慧玲等）的研究，也日受重視。另外，學者們對教育機會均等理念的反省，例如，莊勝義等，也是新猷。

教學社會學

　　教學社會學是奠基期學者努力和呼籲的重點之一，他們累積的成果陸續出版，到了轉型期更吸引不少人的注意。沈姍姍和姜添輝對教師專業特別感興趣，郭丁熒關切教師的角色知覺，方德隆偏重學校效能和教學的研究，王瑞賢偏重學校的運作邏輯。至於學生次文化，則繼續有鍾蔚起、吳素倩、黃鴻文和戴曉霞等人在研究。近年來由於教育改革風潮大起，師資培育的問題頗受重視，因此關於教師的研究也就大為流行。

教育知識社會學

　　林清江（1978; 1981）和陳奎憙（1979; 1980）曾經注意到這個領域，不過並沒有花力氣去介紹和研究。1980年王文科曾從Bourdieu和Bernstein的見解，探索教育知識社會學研究的重點，算是比較早的引介，可惜他並沒有繼續深入研究。後來經陳伯璋、歐用生和黃嘉雄等人的努力，教育知識社會學才比較為人所了解。這是轉型期的新重點，雖然大家對此研究主題的造型，還不是很確定，例如，曾榮光（1987）與黃嘉雄（1998）有關課程社

會學的研究分類，就不是很一致，惟因國內課程改革的需要，以及國外相關研究成果的推陳出新，導致我國整體教育研究中「課程與教學」領域近來呈現一枝獨秀的走向（陳伯璋，1996），在這種時代氛圍下，此一主題可望很快會有更具系統的成果出現。像是今年舉行的第一屆「教育社會學論壇」研討會，提會發表的十八篇論文中，屬於教育知識社會學領域的就佔了6篇，可見其受歡迎的程度。

教育政策社會學

一九九四年九月行政院成立教育改革審議委員會，進行為期兩年的教育改革方案研議工作，不少教育社會學者投入其中，使得教育政策與改革的研究，成為最近臺灣教育社會學研究的一個新方向。例如，羊憶蓉和吳惠林（1996）、章英華、薛承泰和黃毅志（1996）、謝小芩、張晉芬和黃淑玲（1996）、翁福元（1996a，1996b）、張建成（1998）和王慧蘭（1999）等人研究，即是顯例。尤其臺灣自從解除戒嚴以來，教育系所的研究生開始有比較多的人，以教育與政治的關係、教育系統本身的權力運作、教育指標等，做為學位論文的題目，故可預見的是，未來有關教育政策社會學的研究，隨著國外教育社會學的潮流和國內教育改革的經驗，可能成為臺灣教育社會學的新貴。

綜上所述，可知臺灣教育社會學發展至今，的確已在開花結果，令人欣喜。不過，如依本文前面提出的學科架構來衡量，又不難發現還有不少部分是屬於低度開發的，並且對於臺灣教育現實問題，例如，教育運動、教育的全球化現象、教育系統的擴張、國家認同與教育的關係、教育政策形成過程的解析、教育思想的知識社會學分析等的回應，也顯得不夠積極。這些或許正是未來的挑戰與契機，發展之道，除了積極鼓勵更多人員投入教育

社會學的研究行列外，研究者實不必自我設限在既有學科架構內，而有必要拓寬視野，嘗試在新的主題上尋求突破。

前瞻性的課題

國外學者在世紀末，亦對教育社會學的研究主題提出了一些反省。例如，澳洲國立大學教授Lawrence J. Saha（1997: 110-114）指出，教育社會學已是一門國際性的學科，貫穿整個教育社會學理論及研究的主題走向有七：第一，結構與行動；第二，批判教育學與後現代主義；第三，均等與效率；第四，性別與教育；第伍，文化多元論與多元文化教育；第六，學生中途離校與教師工作倦怠；學校疏離；第七，民主與教育。加州大學教授Torres and Mitchell（1998: 1-2）指出，教育社會學的新里程及新觀點，有三個要素：第一是教育社會學研究出現了新的知識論（按即研究途徑、方法論），截然不同於過去的實證主義及實徵論（positivism and empiricism）；第二是教育社會學面臨了現代主義與後現代主義（或是說後結構主義）的對立，二者壁壘分明，對於階級、種族、及性別研究，各有不同看法，而這些領域的研究，正是教育社會學的新動向；第三，這些新的理論發展，對於教育研究及未來公共教育所構成的危機及挑戰，教育社會學必須設法回應。據此，他們的書中，邀請世界知名的學者，討論了教育與階級、性別、種族再製的問題，以及知識社會學、新保守主義、文憑主義、批判教育學（文化研究）、能力分組、組織文化、批判種族理論、殖民教育等問題。

由上述這些線索，可以看出國際教育社會學研究的幾個主要趨勢：在理論及方法論上，百家爭鳴，不斷摸索新的出路；在學科造型上，嘗試建構橋樑，加強學理與實踐的互動；在主題領域

圖1 教育社會學的研究架構

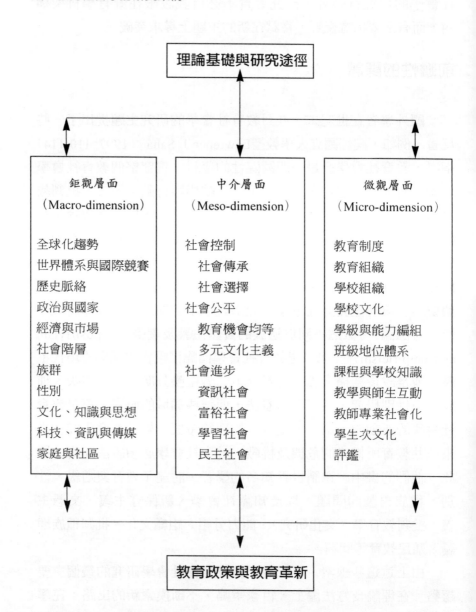

上，隨著研究範圍的日趨寬廣，期望找到有力的中介點，以連通鉅觀結構與微觀行動。當前臺灣的教育社會學研究，也具有類似的特徵，如能研議一個比較統整的架構，或許容易凝聚力量，進行深入的探討。爲此，我們大膽地將前面呈現的學科架構草案，轉化成（圖1），盼能拋磚引玉，更見高明。

圖中的五個方塊，大小不一，並不表示面積大的就比較重要。本來「理論基礎與研究途徑」、「教育政策與教育革新」這兩個小方塊之內，亦涵有許多項目，如前者就包括了前文所討論的各種理論取向及研究方法，後者也包括了原學科架構草案中的各種教育實踐與回饋。由於牽涉項目過多，我們又想特別突顯鉅觀層面、中介層面、微觀層面三者的關聯性，以及這三者在教育社會學研究主題上的關鍵性，所以爲了圖表的清晰起見，刻意將小方塊中的內容予以省略。以下茲就此圖之大意，簡要作一說明：

第一，鉅觀層面係指教育所處的歷史及結構脈絡（historical-structural context），微觀層面係指教育內部的社會運作體系（operational-interactional system），中介層面係指教育的社會橋樑功能（social-institutional function）。各個層面，我們均列舉了一些項目提供參考，只是這些項目一方面並未窮盡所有的主題，另方面同一層面中的項目劃分，也不是截然互斥的。例如，鉅觀層面中的政治與國家乙項，便與同層面之全球化趨勢、歷史脈絡、經濟、階層、族群、文化等關係密切，甚至有所重疊。餘依此類推，並且「理論基礎與研究途徑」、「教育政策與教育革新」內部，也有相同的情形。

第二，圖中大小不等的五個方塊，皆以雙箭頭連接，代表他們彼此之間具有雙向或多向的交互作用。因此，我們可以從某一理論基礎及研究途徑出發，單獨探討鉅觀層面中的族群問題，或中介層面中的社會選擇問題，或微觀層面中的評鑑問題，或某一

教育政策與革新的問題，藉以印證、修正或補充原來的理論基礎及研究途徑。其次，我們可以從教育政策與革新的立場出發，分別探討其與鉅觀層面、中介層面、微觀層面、或理論與方法論中某一或某些主題的關係，據以加強、修定或保留某一政策措施。當然，我們也可以根據需要，統合這五個方塊或部份方塊，就某一特定的課題，例如，市場經濟與教育機會均等、社會傳承（社會化）與學校知識、全球化趨勢與教育制度、或性別、民主社會與師生互動等，進行探討，研究的結果，或以驗證理論、建構理論，或以回饋政策、形成政策，或以提鍊理論爲先、增進實務爲輔。

第三，（圖1）有一項核心的構想，那就是欲以「中介層面」居間策應，上下貫通「理論基礎與研究途徑」及「教育政策與教育革新」，左右連結「鉅觀層面」及「微觀層面」，從而構成綿密而有系統的主題領域。在我們的思考裡，中介層面係由教育制度的社會功能所組成：鉅觀層面的歷史及結構因素，透過這些社會功能的界定，影響微觀層面的學校運作體系及過程；而微觀層面的行動，也經由這些社會功能的實踐，鞏固、反省或再造鉅觀層面的條件。這些具有橋樑性質的社會功能，可大別爲三，一是貫徹社會控制（social control），二是維護社會公平（social equity），三是促進社會進步（social progress）。過去的教育社會學研究，談得比較多的是鉅觀結構因素、社會控制機制、學校運作行動三者的關係，以及其中的過程或結果，是否符合社會公平的原則。目前的研究，則已日益觸及社會進步功能的同步發展。因此，我們若能以中介的各項社會功能爲準，找出它們與各種鉅觀因素、微觀面向、理論方法、教育政策的對應關係，或許有助於勾勒出教育社會學未來研究的主要課題或領域。

（表1）是我們的一項初步設計。在這張表裡，我們將各項社

表1 中介層面與微觀層面的列聯交叉檢核表

對應關係檢核 中介層面＼微觀層面	教育制度	教育組織	學校組織	學校文化	學級與能力編組	班級地位體系	課程與學校知識	教學與師生互動	教師專業社會化	學生次文化	評鑑文化
社會控制功能											
社會傳承（社會化）											
社會選擇											
社會公平功能											
教育機會均等											
多元文化主義											
社會進步功能											
資訊社會											
富裕社會											
學習社會											
民主社會											

會功能與各種微觀面向，做了一個列聯交叉。根據這張表，我們可以逐一檢核每一社會功能與每一微觀層面的交叉，例如，社會傳承與學校組織、社會選擇與班級地位體系、教育機會均等與學生次文化等等，是否具有邏輯上的對應關係。如果沒有，可能表示這一方面暫時沒有研究的必要。如果有，則須進一步追問，過

去在這方面的研究有何成果，有無需要加強的地方，如何加強；此一對應關係與其他的對應關係，有無整合的可能，如何整合等等。同樣根據這張表，我們也可以逐一檢核每項鉅觀因素，例如，經濟、族群、科技變遷等，在每一交叉細格裡，是否具有邏輯的意義，然後重複上述的步驟。當然，我們也可以繼續加入理論、方法、政策的考量，做一全面性的檢核。

國際化與本土化

本次研討會的主題是「教育科學：國際化或本土化？」這裡的問號，打得實在是非常的妙。身為臺灣的教育社會學研究者，我們揣測，「國際化」無疑是指臺灣本地的教育社會學研究，不可自外於世界潮流，甚且必須躋身國際一流水準，從而引導世界潮流；而「本土化」可能是指臺灣本地的教育社會學研究，必須貼緊臺灣這塊土地，取材於斯，建構於斯，並回饋於斯。然則，這種涵意的本土化，是否可以直通國際化呢？

如果本土化的訴求非常堅持民族大義，誓言抵抗國際強權的文化殖民，寧死也不做其學術附庸，這條路可能走得很有風骨，堅苦卓絕之餘，卻有遺世獨立、敝帚自珍之憾，恐不足取。所以我們再度揣測，如果本土化的主張意在根扎本土，以保存「土」味，然後藉此旁人所無的風味，自創品牌，行銷全球，那麼至少在包裝上便得符合流行的品味，在內容上也要適應人家的口味，否則到頭來仍是一項長期擺在貨架上「蒙塵」的土產而已。也就是說，本土化的產品，必須通過世人的檢驗，才能順利的國際化。

誠如湯梅英（1999）所指出的，過去臺灣教育社會學的發

展，大致是跟隨國外的趨勢，卻未必深刻理解各學派典範的內涵，常常在流行術語間打轉，如此自然不利於教育社會學本土化的實踐。臺灣教育社會學的觀點，應與臺灣社會文化、歷史脈絡、及教育環境緊密結合，而非一昧移植西方思潮或略加修飾社會學理論即可完成。也就是說，臺灣的教育社會學研究，必須著眼於臺灣本身的教育現象和問題，進行思考，其主要目的之一，是解釋斯土斯民的教育現象，協助解決斯土斯民的教育問題。過程之中，參考或對照國際現有的論述，是拓寬視野、促進交流之用，而非任憑宰制之意，一切須以無違上項目的的達成爲依歸。在這樣的思維下，國際化與本土化之間，或可少了扞格，多了鮮活。以下即就臺灣教育社會學的發展，說明不同階段之國際化與本土化的情形。

萌芽期主要是簡單學習美日的時代

臺灣教育社會學從草創到一九七〇年以前的發展，可以說是學習美國以及受美國影響的日本。朱匯森的《教育社會學》，雖認爲「教育社會學的內容最好從此時此地的社會來取材，才能幫助讀者認識現實環境的構成型態及其對教育的影響」（自序頁2），但它主要是參考兩本美國的教科書撰寫而成的：Wilbur B. Brookover（1954）的《A Sociology of Education》及Florence G. Robbins（1953）的《Educational Sociology》。此外，他也稍微參考了中國大陸雷通群的《教育社會學》（1931年初版）。尹蘊華的《教育社會學》，主要是根據中文文獻進行撰寫，她參考了許多中國大陸早期出版的教育社會學作品。曹先錕的《教育社會學原理》，除了參考朱匯森所引用的兩本美國教科書、雷通群《教育社會學》和陳啓天的《社會學與教育》外，也引用了不少日文資料。由此看

來，萌芽期的臺灣教育社會學，主要是受到美國的影響，其次才是中國大陸和日本；雖已有若干本土化的想法，終未能往此方向邁進。

奠基期是大量學習英美的時代

林清江（1972）在其第一本《教育社會學》的教科書序文中指出，「本書的主要目的，在於討論社會與教育的基本關係，並介紹適合於我國社會情況的教育社會學概念及理論」。一九七五年他在該書三版自序中說：「爲了適應本國教學及應用方面的需要，我們仍須更多、更深入的研究。」到了一九八一年，他更爲了「以教育社會學的理論，深入分析當前中國社會與教育之間的關係，建立我國教育社會學的理論體系」（林清江，1981：序頁1），出版了《教育社會學新論》，書名的副標題是「我國社會與教育關係之研究」。有趣的是，在林清江所著的這兩本書中，只引用萌芽期朱匯森的著作，至於更早的大陸著作則完全沒有引用，顯見其篳路藍縷的拓荒精神。

陳奎憙（1980）也在其教科書的序言中提到，「今後研究方向，作者認爲，除介紹國外最新的理論與研究趨勢之外，並應及早建立我們本國的教育社會學理論體系」。林生傳（1982：自序頁3）更明白的指出，「教育社會學本具有社會文化性，最後必須在自己的文化裡面，實地對自己社會的教育制度與活動進行研究，建立起來的教育社會學才是有生命的教育社會學，才能發生宏偉的影響」。他企圖使其教科書「成爲較具國土色彩的教育社會學」（1982：自序頁4），並且一直以此自感欣慰（1985：修訂版序；1990：增訂版序）。由此可見，奠基期的學者在大量引進英美資料的同時，不忘提醒自己及國人，必須努力研究自己的社會。惜因

研究人力不足，本土化的資料留下大幅成長的空間，國際化的地位也有待後學繼續努力。

轉型期是既學習西方也思本土化及國際化的時代

　　轉型期的教育社會學，由於一九八七年八月臺灣九所師範專科學校全面升格為師範學院，並逐年增系增班，以及一九九四年二月公佈之「師資培育法」，開放一般大學校院設立教育院系所及教育學程，研究人力受這兩大事件的影響，出現幾項特徵。第一，在人力數量上，基於各校教學的需要，教育社會學的師資開始大幅成長（根據李錦旭的非正式調查，一九九二年約有七十位，現在應該更多）；第二，在人力的素質上，基於學校聲譽的維繫，教育社會學的師資具有高級學位者愈來愈多；第三，在人力的結構上，教育社會學的師資除了傳統佔多數的教育學博士外，有些社會學博士亦逐漸加入這個領域（例如，南華管理學院於一九九七年八月成立國內第一所教育社會學研究所，師資主要由社會學博士組成），而其博士學位的來源，雖仍以英美及國內大學為大宗，歐洲大陸的學術頭銜也陸續出現。這些變化，均促進了教育社會學的發展，不但西方的觀點更為完全，教育學與社會學的交流日益加深，以本地素材或情境完成的研究，亦開始逐步累積成果。

　　今日臺灣的教育社會學者，大都懂得研究的本土化，必須連通國際化的道理，只是這連通的橋樑，始終沒有建構得很周全。其實，早在一九八〇年代中期，伍振鷟和陳伯璋（1985: 241-242）即高聲呼籲要積極推展教育學的「中國化」（按即今日所稱的本土化），並提出六點建議：

1.教育研究要反映本國社會、文化的特性。

2.對我國重要而獨特的教育問題,做有系統的研究。

3.有系統整理本國重要的教育文獻。

4.全面評介和翻譯西方重要教育文獻。

5.建立教育研究者的信心和專業精神。

6.我國教育研究的「輸出」。

如以這些標準,來衡量轉型期臺灣教育社會學的本土化及國際化表現,我們可以看到一些成效,但是距離理想還有一段很長的路要走。

例如,《*Chinese Education & Society*》雜誌一九九四和一九九五年連續兩期刊登「臺灣教育社會學」專號,由謝小芩主編。然而除此之外,臺灣教育社會學的本土研究,似乎就斷了走出國際社會的線。目前僅靠部份學者,憑其個人關係與國外的教育社會學界保持聯繫。所以我們可能把國際的趨勢抓得很清楚,可是外面的世界卻不知道我們在這裡搞些什麼。像一九九七年臺灣師大教育學系舉辦了一場多元文化教育的國際學術研討會,由英美等國邀請來的頂尖學者,非常訝異我們有幾位先生(包括:林清江在內)在族群、性別、多元文化主義方面的觀點,是那麼樣的傑出,卻從未在世界上聽到我們表達,所以會後急忙邀請其中兩位去參加他們的學術研討會。我們在想,這次「教育科學」的研討會,可能就是出於這樣的想法而舉辦的,一方面整理教育相關學科本土化的研究成果,一方面把它們擺在國際的天平上去秤秤斤兩,份量足的地方,藉機打個國際廣告,好讓世人皆知,差斤減兩的部份,趁此痛下針砭,理出未來的研究方向。

前瞻性的課題

　　臺灣的教育社會學研究者，曾經從事過大規模的整合型研究，例如，林清江主持的「教育機會均等大型計畫」，奠定了良好的合作模式。如何在這些基礎上，進一步發揮集體的力量，例如，成立專業學會、發行專業雜誌等，將教育學界和社會學界的相關研究人力和資源，合在一起做整體的考量，乃成為新的時代課題。今年召開的第一屆「臺灣教育社會學論壇」，是一個很好的開始。我們深刻期望，今後大家能夠群策群力，共同為臺灣的教育社會學奮鬥，通過本土獨特課題與舉世共同課題的批判性對話，耕耘學術實力，厚植學術主體。以下我們試著統整本文撰寫的思路，提出一項連通國際化與本土化的構想如（圖2），期與同道共勉之。

　　首先，我們建議以學科造型、理論典範、研究方法、主題領域等四者為基準，以國內外的教科書、專書、期刊論文等為文本，就二次戰後迄今五十餘年間的教育社會學研究，比較臺灣經驗與國際潮流的異同。

　　其次，我們建議將這些研究成果，置於社會環境中做一檢視。此處所謂的社會環境，主要有三：第一是臺灣社會本身的脈動，第二是國際社會整體的發展趨勢，第三是臺灣社會與國際社會的互動關係。這些鉅觀面向的時代需要，牽扯著以社會控制為主的三種社會功能，相當緊密地交織於臺灣的教育制度與歷程之中。透過這樣的觀察，我們應可進一步確定臺灣教育社會學研究的獨特課題，以及舉世共同的課題。

　　然後，參考前面幾節有關學科架構、理論取向、研究方法、研究主題等在未來展望上所做的討論，進行深入而有系統的研究，我們庶可逐步建構臺灣教育社會學的理論體系，並通過實踐

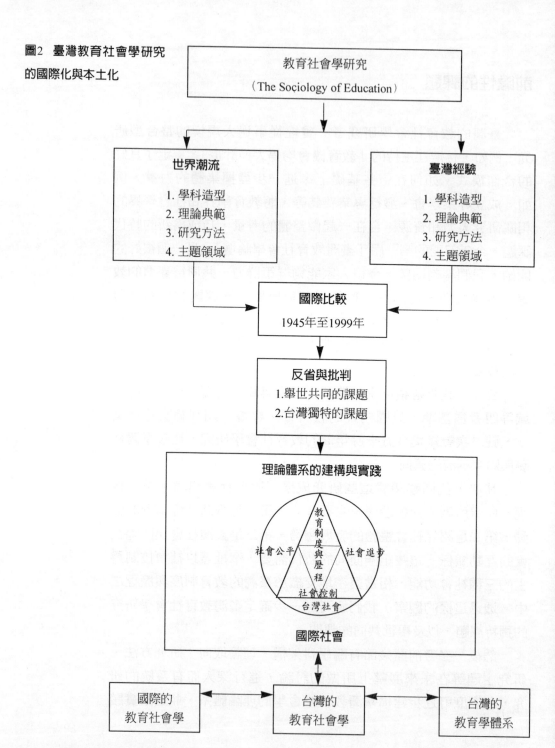

圖2 臺灣教育社會學研究
的國際化與本土化

教育社會學研究
（The Sociology of Education）

世界潮流

1. 學科造型
2. 理論典範
3. 研究方法
4. 主題領域

臺灣經驗

1. 學科造型
2. 理論典範
3. 研究方法
4. 主題領域

國際比較

1945年至1999年

反省與批判
1.舉世共同的課題
2.台灣獨特的課題

理論體系的建構與實踐

教育制度與歷程

社會公平　　社會進步

社會控制

台灣社會

國際社會

國際的
教育社會學

台灣的
教育社會學

台灣的
教育學體系

表2 臺灣教育社會學的發展史及其特徵簡表

分期	學科架構	理論取向	研究方法和方法論	研究主題	國際化與本土化
萌芽期 （1960-1972）	未定	未明	科學意識模糊	教學導向而非研究導向	簡單學習美日
奠基期 （1972-1980年代初）	劃定	結構功能論	科學主義	廣泛研究但不見得深入	大量學習英美
轉型期 （1980年代初至1990年代末）	尋找新的架構	融入新的取向	多元化	繼續深化舊主題並開拓新主題	既學習西方也思本土化及國際化

的工夫，促其日新又新。惟須注意的是，由於臺灣的教育社會學，必然與臺灣整個教育學體系血水相連，同時也必須與國際的教育社會學互通聲息，所以我們應該隨時保持一種開放系統的狀態，加強多邊交流，俾能相互發明，止於至善。

結語

總結臺灣教育社會學的發展史及其特徵，可以參考（表2）。

十九世紀中葉，Auguste Comte為了建立實證的社會學，將哲學趕出社會學的門外，現在哲學卻又從社會學的後門悄悄地溜進來，正在社會學的屋子裡吵著格局不夠大，且想把房子的門楣由

「社會學」改成「社會分析」。他們說：「我們爲什麼要劃地自限呢？」同樣地，過去社會學者鄙視教育學者對於學校內部的研究，教育學者則較忽略教育與社會結構的關係，現在幾乎所有的教育社會學者也都在問：「爲什麼我們要劃地自限呢？」讓我們一起跨出去，跨出傲慢與偏見，遨遊國際與本土，讓二十一世紀的到來，見證臺灣教育社會學的新貢獻。

參考文獻

中文部份

方德隆（1993），A Study of Pedagogical Process and Interaction in the Primary Classroom. Ph.D. Thesis, University of Wales, Cardiff.

方德隆（1996），〈俗民方法論及其對教育研究的啓示〉，《高雄師大學報》，7期，頁51-83。中華民國比較教育學會和中國教育學會（主編）。

方德隆（1998），《社會變遷中的教育機會均等》。臺北：揚智文化公司。

尹蘊華（1965/1967），《教育社會學》。臺中：臺灣省教育廳。

尹蘊華、孫慶祥、孫澈、鄒長欽、謝鍾銓（1974），《教育社會學》。臺北：中華出版社。

王文科（1978），〈教育社會學的歷史發展之分析〉，《教育學院學報》，3期，頁59-83。

王文科（1980），〈從波爾狄和柏恩斯坦的見解探索教育知識社會學研究的重點〉，《教育學院學報》，5期，頁210-223。

王仙霞、楊士賢和曾榮華（1995），《教育與心理論文索引彙編（二）》。臺北：心理出版社。

王順平（1990），〈從韋柏的「意構典型」（Ideal Type）概念探討其社會學方法論，及其對教育社會學方法論的影響〉，《教育文粹》，19期，頁82-88。

王瑞賢（1993），〈新教育社會學之源流及其理論〉，《現代教育》，8卷2期，頁9-19。

王瑞賢（1995），《國小教師班級經營策略—俗民誌研究》。高雄：高雄市教師研習中心。

王瑞賢（1999）A Study of the Form of Pedagogic Discourse and the Modality of Pedagogic Practice in a Taiwanese Primary School. Ph.D. Thesis, University of Wales, Cardiff.

王慧蘭（1999） Higher Education Reform and 1994 New University Act in Taiwan-A Sociological Exploration of Education Policy. Ph.D. Thesis, University of Wales, Cardiff.

王麗雲（1999），〈由兩份期刊的貫時比較分析教育社會學的發展〉。第一屆「教育社會學論壇」論文，嘉義：中正大學教育學研究所，5月15至16日。

羊憶蓉（1991），〈教育與國家發展：「臺灣經驗」的反省〉，賴澤涵和黃俊傑主編，《光復後臺灣地區發展經驗》。臺北：中央研究院中山人文社會科學研究所，頁133-170。

羊憶蓉（1992），〈「國家與社會」的理論與實例：臺灣教育的個案〉。清華大學社會學暨人類學研究所、中央研究院民族學研究所和中國社會學社合辦「臺灣民主化過程的國家與社會」學術研討會論文。

羊憶蓉（1994），《教育與國家發展：臺灣經驗》。臺北：桂冠圖書公司。

羊憶蓉和吳惠林（1996），《分流教育與經濟發展：政策分析與實際效果》。臺北：行政院教育改革審議委員會。

伍振鷟和陳伯璋（1985），〈我國近四十年來教育研究之初步檢討〉。《中國論壇》，241期，頁230-243。

朱匯森（1963），《教育社會學：教育社會觀的研究及其實施》。臺北：復興書局。

沈姍姍（1990）Higher Education and Graduate Employment: University Traditions and Economic Planning Imperatives-A Case Study of Taiwan（The Republic of China）. Ph.D. Thesis, the Institute of Education, University of London.

沈姍姍（1995），〈臺灣的教育選拔制度與社會流動之探討〉，《新竹師院學報》，8期，頁95-112。

沈姍姍（1997a），《教師專業與教師自主權之社會學探討》。行政院國家科學委員會專題研究計畫成果報告。

沈姍姍（1997b），《自「借取」與「依賴」觀點探討臺灣教育發展的外來影響》。行政院國家科學委員會專題研究計畫成果報告。

沈翠蓮（1993），〈教育知識社會學的演進與課程研究〉，《教育文粹》，22期，頁21-27。

宋明順（1990），《教育社會學》。臺北：水牛圖書出版公司。（友田泰正編，1982）

李猛和李康（1998），《實踐與反思：反思社會學導引》。北京：中央編譯出版社。（Pierre Bourdieu & Loic J. D. Wacquant, 1992）

李錦旭（1987），《教育社會學理論》。臺北：桂冠圖書公司。

（David Blackledge & Barry Hunt, 1985）

李錦旭（1987），〈臺灣教育社會學研究者檔案〉。

李錦旭（1988），〈西方馬克思主義教育社會學導讀〉，《現代教育》，3卷3期，頁27-34。

李錦旭（1989），《資本主義美國的學校教育：教育改革與經濟生活的矛盾》。臺北：桂冠圖書公司。（Samuel Bowles & Herbert Gintis, 1976）

李錦旭（1989），《教育社會學》。臺北：五南圖書出版公司。（Christopher J. Hurn, 1985）

李錦旭（1991），〈一九八〇年代英美教育社會學的發展趨勢：兩份教育社會學期刊的分析比較〉，《現代教育》，6卷2期，頁3-14。

李錦旭（1993），〈教育社會學的經濟面向〉，《初等教育研究》，5期，頁213-234。

李錦旭（1994），〈正視臺灣教育學的知識結構問題〉，《中國時報》，2月7日，第9版。

李錦旭（1996），〈中文教育社會學的回顧與展望〉。《佛光學刊》，1期，頁97-116。

李錦旭（1999），〈教育社會學的思維方式〉，《教育社會學通訊》，12期，頁1-7。

李緒武（1976），《教育社會學》。臺北：中華出版社。

李緒武（1978），《教育社會學》。臺北：七友出版傳播公司。

李緒武（1982），《教育社會心理學》。臺北：國立編譯館。（David Johnson, 1970）

吳康寧（1998），《教育社會學》。高雄：復文出版社。

林生傳（1981），〈談結構功能學派與衝突學派在教育社會學研究〉，《教育文粹》，10期，頁124-129。

林生傳（1982/1985/1990），《教育社會學》。高雄：復文出版社。

林生傳（1988），《新教學理論與策略：自由開放社會中的個別化教學與後個別化教學》。臺北：五南圖書公司。

林生傳（1993），《中等教育階層化之研究：高級中學升學率之實徵分析與探討》。行政院國家科學委員會專題研究報告。

林美玲（1993），〈象徵互動論及其在教育上的應用〉，《現代教育》，8卷2期，頁20-45。

林清江（1966），《社會與教育的基本關係之研究》。臺北：臺灣師範大學教育研究所碩士論文。

林清江（1970），《現代化》。臺北：商務印書館。（Myron Weiner, 1966）

林清江（1970），〈教育社會學〉，載於《雲五社會科學大辭典第八冊—教育學》。臺北：商務圖書館，頁23-46。

林清江（1972/1986），《教育社會學》。臺北：國立編譯館。

林清江（1978），《教育社會學》。高雄：復文出版社。（Olive Banks, 1976）

林清江（1981），《教育社會學新論：我國社會與教育關係之研究》。臺北：五南圖書公司。

林清江（1983），《文化發展與教育革新》。臺北：五南圖書公司。

林清江（1986/1987），《教育的未來導向》。臺北：臺灣書店。

林清江（1994），〈教學知識的社會學評析〉。收入林清江（1996），頁363-370.

林清江（1996），《教育理念與教育發展》。臺北：五南圖書公司。

林義男和王文科（1976），《教育社會學導論》。臺中：昭人出版

社。

林義男和王文科（1978），《教育社會學》。臺北：文鶴出版公司。

林義男和王文科（1998），《教育社會學》。臺北：五南圖書公司。

周珮儀（1997），〈後現代社會學及其在教育上的啓示〉，《國教學報》，9期，頁333-351。

姜得勝（1997），〈符號互動論初探〉，《教育資料文摘》，40卷6期，頁172-178。

胡夢鯨（1993），〈教育社會學研究的一個新取向：韋伯合理化理論的啓示〉，《國立臺灣大學社會學刊》，22期，頁49-93。

高旭萍（1998），〈中國教育社會學：引進與變革〉，馬和民和高旭萍《教育社會學研究》，頁52-77。上海：上海教育出版社。

翁福元（1996a），〈臺灣中等教育政策發展五十年（1945-1995）〉，《中等教育》，47卷5期，頁83-102。

翁福元（1996b），〈九〇年代初期臺灣師資培育制度改革的反省：結構與政策的對話〉，中華民國師範教育學會和中華民國比較教育學會主編，《師資培育制度的新課題》，頁1-24。臺北：師大書苑。

馬信行（1986/1991/1998），《教育社會學》。臺北：桂冠圖書公司。

馬信行（1996），〈後現代主義對教育的影響〉，《教育研究》，50期，頁12-23。收入馬信行（1998），《教育社會學》，頁285-299。

孫志麟（1995），〈和諧論與衝突論在分析臺灣教育選擇功能上的適用性〉，《國立政治大學學報》，70期，頁55-75。

孫敏芝（1986），《教師期望與師生交互作用：一個國小教室的觀察》。臺灣師範大學教育研究所碩士論文。

孫敏芝（1993）Control and Discipline in a Primary School: A Qualitative Study inTaiwan. Ph.D. Thesis, Department of Educational Studies, University of York.

郭丁熒（1995），《我國國民小學教師角色知覺發展之研究》。高雄師範大學教育研究所博士論文。

郭丁熒（1998）， 〈教學〉。陳奎憙主編《現代教育社會學》，頁207-250。臺北：師大書苑。

郭爲藩（1969），《社會學理論大綱》。臺南：開山書店。

許殷宏（1994），《高夫曼互動秩序理論及其在教育上的蘊義》。臺灣師範大學教育研究所碩士論文。

許殷宏（1998），〈紀登斯（A. Giddens）「結構化理論」對教育社會學研究的啟示〉，《教育研究集刊》，40期，頁93-110。

章英華、薛承泰和黃毅志（1996），《教育分流與社會經濟地位：兼論對技職教育改革的政策意涵》。臺北：行政院教育改革審議委員會。

莊勝義（1996） An Enquiry into the Social Constitution of Justice with Special Reference to Politics for Equality of Educational Opportunity in Britain and Taiwan. Ph.D. Thesis, University of Manchester.

崔光宙（1980），〈新教育社會學方法論之探討〉，《今日教育》，37期，頁30-43。

陶孟和（1922/1926/1933），《社會與教育》。上海：商務印書館。

張建成（1998），〈教育政策〉。陳奎憙主編，《現代教育社會學》，頁83-118。

張建成和黃鴻文（1993），《光復以來臺灣山胞之教育成就及其家

庭相關因素的探討》。行政院國家科學委員會專題研究計畫成
　　果報告。

陳正昌（1994），《從教育機會均等觀點探討家庭、學校與國小學
　　生學業成就之關係》。政治大學教育研究所博士論文。

陳伯璋（1984），《潛在課程研究之評析》。臺灣師範大學教育研
　　究所博士論文。

陳伯璋（1987a），《課程研究與教育革新》。臺北：師大書苑。

陳伯璋（1987b），《教育思想與教育研究》。臺北：師大書苑。

陳伯璋（1988），《意識型態與教育》。臺北：師大書苑。

陳伯璋（1988/1990），《教育研究方法的新取向：質的研究方
　　法》。臺北：南宏圖書公司。

陳伯璋（1996），《教育學門內容規劃之研究》。行政院國家科學
　　委員會專題研究計畫成果報告。

陳秉璋（1981），《社會學方法論》。臺北：環球書局。

陳科美（1945），《教育社會學》。上海：世界書局。

陳奎憙（1977），〈教育社會學的展望〉。《今日教育》，32期，頁
　　9-12。

陳奎憙（1979a），《教育社會學研究》。臺北：教育部教育計畫小
　　組。

陳奎憙（1979b），〈教育社會學的理論導向〉。《今日教育》，36
　　期，頁16-23。

陳奎憙（1980/1988），《教育社會學》。臺北：三民書局。

陳奎憙（1986a），〈教育社會學的發展趨勢〉，臺中師範專科學校
　　校友會編輯小組編，《學術與思想：教育科際整合研究》，頁
　　301-341。臺北：五南圖書公司。修正後改名〈教育社會學的
　　理論發展〉，收入陳奎憙（1990），頁1-35。

陳奎憙（1986b），〈教育社會學研究的新取向〉，《今日教育》，

47期，頁4-12。

陳奎憙（1987），〈教學的社會學分析〉。收入陳奎憙（1990），頁321-334。

陳奎憙（1990），《教育社會學研究》。臺北：師大書苑。

陳奎憙（1998），《現代教育社會學》。臺北：師大書苑。

陳奎憙、高強華和張鐸嚴（1995），《教育社會學》。臺北：空中大學。

陳添球（1998）〈師資培育取向的「教育社會學」之課程與教學模式〉。八十七學年度師範學院學術論文發表會論文。臺北：臺北市立師範學院。

陳啓天（1968），《社會學與教育》。臺北：中華書局。

湯梅英（1999），〈臺灣教育社會學發展回顧與前瞻〉。第一屆「教育社會學論壇」論文。嘉義：中正大學教育學研究所，5月15至16日。

曹先錕（1965），《教育社會學原理》。臺北：臺灣省立臺北師範專科學校。

曾榮光（1987），〈公民教育發展取向的理論基礎：一個課程社會學的觀點〉，載於《亞洲地區華人社會教育事業的展望》，頁327-372。香港：香港中文大學教育學院。

程又強、陳明終和吳清山（1988），《教育與心理論文索引彙編》。臺北：心理出版社。

黃光明（1991），〈標籤理論在教育上的運用〉。《現代教育》，6卷2期，頁81-87。

黃政傑（1996），《質的教育研究：方法與實例》。臺北：漢文書局。

黃建華（1987），《社會學方法》。上海：上海人民出版社。
（Raymond Boudon, 1984）

黃瑞祺（1996），《批判社會學：批判理論與現代社會學》。臺北：三民書局。

黃毅志（1989），《臺灣地區民眾社經地位取得過程》。東吳大學社會學研究所碩士論文。

黃毅志（1994），《社經背景與地位取得過程之結構機制：教育、社會資源及文化資本》。東海大學社會學研究所博士論文。

黃毅志（1996），〈社會科學與教育研究本土化：臺灣地區社經地位（SES）測量之重新考量〉，八十五學年度師範學院教育學術論文發表會論文。臺東：臺東師範學院。

黃毅志（1998），〈教育階層、教育擴充與經濟發展〉。《國立政治大學社會學報》，28期，頁25-55。

黃嘉雄（1989），《柏恩斯坦分類與架構概念及其在課程研究上之意義》。臺灣師範大學 教育研究所碩士論文。

黃嘉雄（1995），《轉化社會結構的課程理論》。臺灣師範大學博士論文。

黃嘉雄（1998），〈課程〉。陳奎憙主編，《現代教育社會學》，頁179- 205。臺北：師大書苑。

葉啓政（1987），〈對社會學一些預設的反省：本土化的根本問題〉，收入葉啓政（1991），《制度化的社會邏輯》，頁1-31。臺北：東大圖書公司。

葉啓政（1998），〈「行動」與「結構」的拿捏〉，《國立臺灣大學社會學刊》，26期，頁53-97。

楊瑩（1988a），《臺灣地區教育擴展過程中不同家庭背景子女受教育機會差異之研究》。臺灣師範大學教育研究所博士論文。

楊瑩（1988b），〈衝突理論在教育社會學上的應用〉，《中國論壇》，317期，頁76-80。

楊瑩（1994），《教育機會均等：教育社會學的探究》。臺北：師

大書苑。

楊深坑（1973），〈教育社會學方法論形成之必要性及其可能途徑〉。收入楊深坑（1988），《理論‧詮釋與實踐：教育學方法論論文集（甲輯）》，頁283-307。臺北：師大書苑。

雷通群（1931/1977），《教育社會學》。臺北：商務印書館。

劉錫麒和鍾聖校（1988），〈俗民方法論〉，賈馥茗和楊深坑主編，《教育研究法的探討與應用》，頁141-166。臺北：師大書苑。

厲以賢（1992），《西方教育社會學文選》。臺北：五南圖書公司。

盧紹稷（1934），《教育社會學》。上海：商務印書館。

鄭世仁（1994），〈淺談貝克的標籤理論對教育的啓示〉，《教育資料與研究》，1期，頁31-36。

鄭淵全（1998），〈社經地位、能力、學校教育與國小學生學業成就之關係：功能典範與衝突典範之探究〉，《新竹師院學報》，11期，頁421-448。

蔡文輝（1979/1990），《社會學理論》。臺北：三民書局。

蔡淑鈴（1987），〈職業隔離現象與教育成就差異：性別之比較分析〉，《中國社會學刊》，11期春季號，頁61-91。

蔡淑鈴和瞿海源（1992），〈臺灣教育階層化的變遷〉，《國家科學委員會研究彙刊：人文及社會科學》，2卷1期，頁98-118。

蔡淑鈴和瞿海源（1993）Educational Attainment in Taiwan：Comparisons of Ethnic Groups。《國家科學委員會研究彙刊：人文及社會科學》，3卷2期，頁188-201。

歐用生（1980），〈新教育社會學的興起與特徵〉。後改名〈新教育社會學的研究典範〉，收入歐用生（1987），頁121-134。

歐用生（1981），《課程研究方法論：課程研究的社會學分析》。

高雄：復文出版社。

歐用生（1987），《課程與教學：概念、理論與實際》。臺北：文
　　景出版社。

歐用生（1989），《質的研究》。臺北：師大書苑。

歐用生（1990），《我國國民小學社會科「潛在課程」分析》。臺
　　灣師範大學教育研究所博士論文。

龍冠海（1952），〈教育社會學與當代教育問題〉，《新社會月
　　刊》，4卷11期。收入龍冠海（1963），《社會學與社會問題論
　　叢》，頁337-349。臺北：正中書局。

謝小芩（1992），〈性別與教育機會：以二所北市國中為例〉，
　　《國家科學委員會研究彙刊：人文及社會科學》，2卷2期，頁
　　179-201。

謝小芩（1998），〈性別與教育期望〉，《婦女與兩性學刊》，9
　　期，頁205-231。

謝小芩和王震武（1993），〈臺灣學校組織性格的形成〉，中央研
　　究院民族學研究所主辦「近期組織變遷理論之發展：本土經
　　驗研究的對話」學術研討會論文。

謝小芩、張晉芬和黃淑玲（1996），《技職教育政策與職業學校的
　　運作》。臺北：行政院教育改革審議委員會。

謝徵孚（1972），《社會學》（上下冊）。臺北：正中書局。

鍾蔚起（1989），〈簡介符號互動論及其在教育上之應用〉，《教
　　育文粹》，18期，頁18-29。

簡成熙（1988），〈教育社會學方法論模式分析〉，《教育文粹》，
　　17期，頁251-265。

瞿海源（1987）"Education and Social Change in Taiwan." Paper
　　presented at the International Conference on Taiwan, ROC: A
　　Newly Industrialized　Society, held at the National Taiwan

University on September 3-5.

譚光鼎（1991），〈韋伯論理性化社會及其選擇功能〉。《新竹師院學報》，5期，頁149-183。

譚光鼎（1992），《中等教育選擇功能之研究：國中學生升學機會與社會階層再製關係之探討》。臺灣師範大學教育研究所博士論文。

譚光鼎（1994），《臺灣山胞青少年文化認同、成就概念與學習行為關係之研究》。行政院國家科學委員會專題研究計畫成果報告。

譚光鼎（1998），〈社會與文化再製理論之評析〉。《教育研究集刊》，40期，頁23-50。

羅大涵（1987），〈教育社會學研究的歷史分析與展望〉。《教育與心理研究》，10期，頁125-147。

英文部份

Collins, Randall, 1981. On the microfoundations of macrosociology. *American Journal of Sociology*, 86: 984-1014.

Corwin, Ronald G., 1965. *A sociology of education*. New York: Appleton-Century Crofts.

Greene, Maxine, 1993. Epistemology and educational research: The influence of recentapproaches to knowledge. In Darling-Hammond, L. (Ed.), *Review of Research in Education*, Vol.20, pp.423-464. Washington, DC: AREA.

Hansen, Donald A., 1967. The uncomfortable relation of sociology and education. In Hansen, D. A. and Gerstl, Joel E. (Eds.), *On education: Sociological perspectives*, pp.3-35. New York: John

Wiley & Sons.

Noblit, George W. and Pink, William T., 1995. Mapping the alternative paths of the sociology of education. In Pink, William T. and Noblit, George W. (Eds.),*Continuity and contradiction: The futures of the sociology of education*, pp.1-29. Cresskill, New Jersey: Hampton Press.

Ritzer, George, 1996. *Sociological theory*, 4th ed. New York: McGraw-Hill.

Saha, Lawrence J.(Eds.), 1997. *International encyclopedia of the sociology of education*. Oxford, UK: Elsevier Science Ltd.

Shilling, Chris, 1992. Reconceptualising structure and agency in the sociology of education: Structuration theory and schooling. *British Journal of Sociology of Education*, 13(1): 69-87.

Torres, Carlos A. & Mitchell, Theodore R. (Eds.), 1998. *Sociology of education: Emerging perspectives*. Albany, N.Y.: SUNY.

Wexler, Philip, 1987. *Social analysis of education: After the new sociology*. New York: RKP.

「臺灣教育社會學研究的回顧與前瞻」評論

高強華

前言

　　在〈知識份子的社會責任〉一文中，林清江教授指出：「在我國歷史中，殷憂啓聖的時代與奢侈浪費的時代相對照；王道仁政的時代與霸道暴政的時代相對照。兩者之間最大的差異是：在前一種時代中，知識份子參與歷史的創建工作；在後一種時代中，知識份子僅圖享受社會建設的成果，藉著祖先的蔭庇，在苟延喘息中生活。」（民76）

　　事實上王道霸道或仁政暴政，在後現代渾沌多元遊戲顛覆的力裡，其實是非常虛擬非常二元對立的觀念。創建參與的知識份子和貪圖享樂的知識份子尤其令人莫測高深。改革者與被改革者，英雄與英雄崇拜者，研究者與被研究者在整體的社會中，是共生共死榮辱禍福相依互賴的命運共同體。在當前亂石崩雲驚濤駭浪的時代，誰才是先知先覺先憂天下的知識份子？

知識份子的明智抉擇

　　林教授進一步主張知識份子是社會變遷方向的導正者，知識份子的職責包括：從著書立讀宣揚教育社會學的理念，到歷任學校行政要職實踐公平正義機會均等的制度，以及榮任教育部部長後積極推動的教育改革十二項動方案，林部長確實可謂有方法與策略，有理想與抱負，積極參與社會行動，推動社會革新，維持社會穩定，促成社會進步的社會精英份子。在教育社會學的研究由萌芽期到奠基期而轉型期的發展歷程之中，林部長確實以其知識、研究、風範與人格見証了知識份子憂報時國的責任事業。和

其他被現實政法折磨蹂躪糟塌污辱的政治人物相較，林部長以健康因素在聲譽正隆的關鍵時刻請辭，或許竟是立足於知識人格之上，光明磊落豪爽瀟灑的明智抉擇。

知識份子的虛擬角色

傳統的知識份子誠如同徐復觀所論，「只有不自覺的被動殉葬，而很少能作為一個集團底自覺以挽救歷史的命運」，「知識份子根本缺乏狂熱的氣質」（民69）。大部份的知識份子在虛擬的夢工廠或烏托邦之中，構築著自戀自是的城堡。大部份城堡在浩瀚書海之中猶如迷濛之中的海市蜃樓。知識份子四體不僅無縛雞之力，蒼白貧血抑鬱消極，如何而能力挽狂瀾。

果真林部長能在任期內實現學習型社會的理想，規劃完成九年一貫課程革新，建立回流教育新制，有效提昇教育品質，提昇教育經費使用效益等邁向新世紀的教育政策，無疑證明教育社會學的知識與研究，確實是供國家現代化發展提供知識基礎。反之如果不幸林部長請辭之後種種政策改弦易轍，種種「社會力」或「政治力」取代知識與專業，則教育社會學界的研究與教學同道，勢將面臨更多的問題與挑戰，亦勢必要耗費更多的時間於政策辯論價值釐清的研討對話。教育的現實泥濘和理想願景之間鴻溝愈深，差距愈遠。教育社會論壇的地位，勢必愈形嚴重。禍兮福兮，有待同志同道的集思廣益，虛擬或真實，取決於同志同道的行動與作為。

知識份子的觀念遊戲

　　事實上教育社會學的學科架構龐鉅而複雜，理論取向可謂百家爭鳴，各俱特色。研究的方法則多元紛歧，優劣互見。研究主題尤其包羅萬象，不勝枚舉。李錦旭與張建成教授合力以四、五萬字的專文，回顧在台灣教育社會學的研究，企圖整全周備地聯繫鉅觀與微觀，揉和結構與行動，銜接理論與實務，期能從回顧與前瞻，開創教育社會學研究的新視野與新視界，可謂用心良苦。資料或文獻蒐集瀏覽之廣泛，文章結構之條理清晰，段落分明，文字流暢順達，評述中肯切實，極為難能可貴。

　　惜乎全文基於「台灣沒有教育社會學的專業雜誌」之反省，決定以「主要研究人員」為對象蒐集著作及論文。對於相關的專業組織或學會之研討論文並未涉獵，對於「次要的研究人員」及「另類的研究人士」之觀點或成就缺乏觀照。教育社會學的知識豈僅只是存在於學院派的著作或論述之中。

　　其實主要或否正統、不正統或健康、不健康的問題，純為研究者觀點的主觀虛擬的類型。存在哲學家雅思培（Karl Jaspers）認為社會猶如大齒輪，任何人都只是齒輪上的一小環節。齒輪流轉，個人亦隨之流轉運行，沒有人能夠自外於瘋狂病態或者頹廢渾沌的社會，知識分子「舉頭天望外，無我這般人」的自信自是可以理解，卻其實也是非常的虛矯浮誇。知識份子為天地立命，為往聖繼絕學，為萬世開太平的志節情操，固然令人欽佩，但是時不我予，天命難違，一切的知識與學問著權位之高低而消長，徒然令人興起雲海蒼茫，天地寂寥之悵惘而已。

知識份子的爲所應爲

　　知識份子的知識與研究不能達到經世濟民的實效，泰半緣於知識或研究偏狹，研究所能提供的資訊空泛，研究的方法及技巧偏誤，以及研究者個人視野的囿限。導正之道在於兼備鉅觀與微觀層面的思考，尤其兼採科際整合與多元的方法論以統觀問題直探核心議題。本文兩位作者的專論可爲範例。（表1.2）及（圖1.2）的繪製顯示作者歸納事理之中肯。草擬的教育社會學學科架構亦可謂嚴明有理，美中不足的是對前瞻性的課題泰半緣引外文書籍資料，缺乏本土的思維式或想像空間。少數用字遣詞方面的瑕疵，例如，「抓得很清楚」、「搞些什麼」、「差斤減兩」之類用語如能善爲修飾，更能提昇論文之品質。

　　最後，作者建議以團隊力量，成立專業學會，發行專業雜誌，亦是中肯切實的主張。唯若檢討現有二、三十種專業組織之目標與功能、結構及運作模式；專業同僚除了和諧互慰相互激勵之外，如何在矛盾中爭辯事理，在利益衝突的情形下彼亡競爭，如何在敵對的觀念或理論之中彼此顛覆或批判，恐怕才是切合時代精神，有益政策發展的適恰模式。問題是當今的台灣教育社會學家們，眞能逃離功能主義的烏托邦嗎？

結語

　　總而言之，教育社會學的知識與研究，隨著社會變遷與政策渾沌錯亂而愈益顯得重要。教育社會學論壇的籌劃運作，必須本諸性而常態性發展建構，不能始於政策轉換歷程中偶發性的情緒

激發。教育社會學的教學尤其必須能夠激發追求進步與卓越的熱忱。本文兩位作者精勤切實，嚴謹客觀，專論結構良好，敘事論理清晰流暢，如能以鮮活擴散的思維，前瞻廿一世紀的教育社會學發展，必能引人遺緒，發潛德之幽光，為教育社會學的本土化與國際化立下重要的里程碑。

參考文獻

林清江（民76），《教育的未來》。台北：台灣書店

徐復觀（民69），《學術與政治之間》。台北：學生書局。

李錦旭、張建成（民88），「台灣教育社會學研的回顧與前瞻」，台灣師大教育系主辦。教育科學：國際化與本土化國際學術研會，民88年6月12、13日。

林清江（民88），「邁向新世紀的教育政策」，《中等教育》，49（5）：3-7。台北：國立台灣師大出版

教育社會學學科地位之發展與檢討

沈姍姍

摘要

　　本文以教育社會學學科在美英之起源，及其在中國大陸、前蘇聯與台灣之學科發展情形，企圖分析教育社會學在英美及所謂教育理論較依附西方的台灣在此學科地位上所遭遇之問題。六個發展上的困境包括：學科名稱與內容之不易明確界定、學科定位問題、學科發展受政經制度與意識形態之影響、受師資培育型態改變與政策之影響、在高等教育師資培育機構中之地位及教育社會學在地化問題。

前言

　　「學科」（academic disciplines）根據字面的定義係指「知識、教學或學習的區隔（division）或分支（branch）」（International Encyclopedia of Education, 1977），亦即強調具有別於其他學科的獨特性。Hirst為避免disciplines本身模稜兩可的定義，而以「知識之形式」（the forms of knowledge）取代之，主張區別知識形式之三個標準為：具有獨特的、基本的概念；具有專屬的邏輯結構或關係網絡；可用以測驗命題之真假（引自Kneller，張銀富譯，1989: 17-19）。教育社會學做為一個興起於二十世紀初期的學科，究竟具備哪些獨特性使其能成為一門教育學科？又如何具備重要性而與教育心理學、教育哲學及教育史學並列成為所謂的「基礎學科」（foundations of education）[1]？而當此學科領域者憂心於此學科之存續（Reid & Parker, 1995）時，是否意謂者其在歷經將近一世紀的發展，仍然只是一個邊緣學科？因而在新的學術發展或

改革浪潮下易受輕乎或易為其他學科所取代呢？以下先就此學科之源起、佔教育專業一席之地等發展歷史先予描述。論述範圍除英美外，也包含了社會主義與我國，以避免過度以資本主義國家社會型態為背景之狹隘。

學科歷史發展

教育社會學學科最初興起於美國，而建立了其學科之地位，一般均以其出現於大學課程、出版專書與期刊、及成立學會等來界定[2]。

美國與英國之發展

大學中開課

美國方面一九〇七年Suzzallo H.於哥倫比亞大學首開教育社會學講座；一九一六年Snedden D.於哥倫比亞大學創立教育社會學系，同年紐約大學也創辦教育社會學系。在一九一〇～一九二六年美國開設教育社會學課程的學校從四十所增至一百九十四所。其中師範學院佔半數以上，而非師範學院也有三分之一以上開設此課程。

英國方面，一九六一年當Halsey, Floud & Anderson編輯有關教育社會學專書：《*Education, Economy and Society*》時，英國師資培育機構尚無此學科之課程，然而至一九七七年Karabel及Halsey編《*Power and Ideology in Education*》時，每所師範學院均已有教育社會學課程。

出版專書與期刊

一九一七年Smith R.出版世上第一本冠有教育社會學名稱之書《*An Introduction to Educational Sociology*》，至一九三六年美國共出版了二十五種之教育社會學之書。英國在二十世紀最早與教育社會學相關之著作是Clarke的《*Education and Social Change*》，是引發一九六〇年代教育社會學在英國盛行的專著 （Reid & Parker, 1995, 396）。

成立學會

一九二三年Snedden D.、Payne等人發起成立美國「全國教育社會學研究會」一九二八年Payne發行《*The Journal of Educational Sociology*》，Payne因此被譽爲美國教育社會學之父。

社會主義國家之發展（中國大陸及蘇聯）

社會主義國家的教育社會學發展也頗值得關注，一則是因中國大陸與我關係之密切；再則其以馬列思想爲主軸之分析觀點，是此學科相較於教育哲學或教育心理學等教育基礎學科，有更困難成爲較「科學」的學科之限制。

在中國大陸的發展如下：

大學中開課

一九二二～一九四九年間陶孟和在北京大學、雷通群在廈門大學教育學院、盧紹稷在江蘇省立上海中學高中師範科均講授過教育社會學課程。

一九八二年南京師範大學率先開設教育社會學課程，建立正式之學科制度。之後大多數師範大學及一部份師範學院相繼開設。之後華東、南京、北京及杭州師大開始培育教育社會學之碩

士、南京與華東師大之後又培育博士生。

專書與期刊

一九二二年陶孟和《社會與教育》為中國第一本系統地論述教育與社會關係之著作。一九七九年社會學獲平反後，教育社會學的相關著作也開始出版，例如，一九八六年裴時英的《教育社會學概論》、一九八七年桂萬宏、蘇玉蘭的《教育社會學》等（魯潔、吳康寧編，1990: 19），而魯潔、吳康寧編一九九〇年編著的《教育社會學》則是很普遍的高等學校文科教材。

成立學會

一九八九年中國第一個教育社會學學術團體─全國教育社會學專業委員會於杭州成立（吳康寧，1998）。會中對於中國教育社會學的三大研究課題進行討論：第一，教育問題的社會學分析。第二，教育社會學的學科理論與方法。第三，針對地區特點之研究，例如，教育與社區文化建設等（魯潔、吳康寧編，1990: 20）。

在蘇聯方面，教育社會學研究於二十世紀中期迅速發展，由於認為教育可促使社會質變，故開始以社會學觀點探討教育，其研究之主題包括：第一，在科學技術發展的條件下教育系統的社會功能及其變化。第二，教育的社會決定性、教育和環境對個人的影響及其相互作用。第三，蘇聯社會結構和職業結構與教育的相互關係。第四，普通教育與職業教育的相互作用。第五，社會主義社會中知識份子的社會地位及其作用。第六，學生集體的教育影響作用。第七，青年學生的社會定向、勞動就業與繼續教育等問題（引自魯潔、吳康寧編，1990: 18）。

我國之發展（1945-present）

大學（師範校院）中開課

　　民國四十一年教育部修正師範學校課程標準，此時的教育專業科目包括：教育概論、教育行政、教材及教學法、教育心理、測驗及統計、社會教育與教育史。其中僅社會教育與教育社會學有些微關聯。但在民國四十四年所修正的師範學校教學科目表中，前述的教育必修科目中則減少了社會教育一科，將其改為選修科目。民國五十年七月教育部又開始修訂師範學校課程標準，十月通過修正的教學科目及每週教學時數表，其中教育科目包括：教育概論、教育心理、教育史。專業科目則有：國民學校行政、教育測驗及統計、視聽教育、健康教育、各科教材教法及實習[3]。此時仍然不見教育哲學、教育社會學等學科，而社會教育仍為選修。

　　民國五十年針對師範學校逐年改制師專的發展趨勢，台中師專擬訂了師範專科學校課程綱要，在此課程綱要中教育社會學乃首次出現在我國師資培育的課程，其係開設於第二學年上學期之必修科目，並列出教材要項為：第一，教育學的社會基礎。第二，學校與社會。第三，社會中心教育。（與其並列的教育科目尚包括：教育概論、教育心理學、教育史、兒童發展與輔導、教育測驗及統計、課程教材教法通論、視聽教育、國民學校行政等）。由此師專的課程綱要可知，我師資培育之課程在學制延長、學生入學資歷提昇後，其學科不論在名稱與範圍方面均趨向現代之師資培育課程內涵。民國五十四年省立台北師範專科學校編印了「五年制國校師資科課程綱要草案」，原擬作為全省各師專之課程大綱，惟後來教育部另擬了課程綱要而作罷。其中也將教育社

會學列爲必修，開設於第三學年第二學期。其並詳列了教育社會學之教材大綱（見附錄），就此大綱分析，其混雜了社會學的內容，較適合以「教育與社會」的名稱稱之，而不似同時期一九六〇年代英美發展的Sociology of Education趨向較純粹科學學科之發展。

民國六十七年三月教育部公佈了「師範專科學校五年制普通、音樂、美勞、体育等四科課程標準暨科教學科設備標準」，其中教育專業科目包括：健康教育、教育心理學、兒童發展與輔導、心理與教育統計及測驗、教育概論、教育史、國民小學行政、課程教材教法通論、視聽教育、各科教材教法及教育實習，於其中吾人可知教育社會學並未列入必修，只是共同選修科，置於第四學年第二學期，是二學分的科目。民國七十六年各師專改制四年制師範學院七月公佈施行的「省（市）立師範學院課程總綱、各學系（組）課程表」中，將課程區分爲普通課程、專業課程與專門課程。教育社會學被列爲二上必修，其餘的教育專業課程尚有：初等教育、教育哲學、教育心理學、教育研究法、兒童發展、輔導原理與技術、課程與教學、教學媒體、教學評量及學校行政。這些科目即爲現行各師院自大學法予各校較大課程自主權後，自訂課程與科目、學分數之基礎。民國八十三年師資培育法公佈施行後，一般大學也得開設教育學程培育小學與中學師資，在小學學程的四十個學分中，教育社會學歸屬於教育基礎學科，與教育哲學、教育心理學、及特殊兒童心理與教育並列，由學生選修二～四學分；在中學學程的二十六個學分中，則與教育哲學、教育心理學、教育人類學等學科中選修兩科。

專書與期刊

在專書方面，遷台之後教育社會學的專書編著或翻譯的在一

九六〇年代有朱匯森、尹蘊華的《教育社會學》、曹先錕的《教育社會學原理》、陳啓天《社會學與教育》；一九七〇年代則有林清江撰寫與翻譯英國Banks的《教育社會學》、林義男、王文科兩人與李緒武的《教育社會學》、華視教學部針對師專學生編著之《師專教育社會學》、陳奎憙的《教育社會學研究》及師大教育研究所多人合著的《教育社會學》；一九八〇年代相關著作則有陳奎憙、林生傳、馬信行等人之《教育社會學》、林清江之《教育社會學新論」與李錦旭等人編譯之《教育社會學》（*The Limits and Possibilities of Schooling*）（Hurn C., 1985）與《教育社會學理論》；進入一九九〇年代，仍出現八〇年代作者之新著或編著，例如，陳奎憙及陳奎憙 等人的《教育社會學研究》（師苑）、《教育社會學》（空大）及陳奎憙主編之《現代教育社會學》與林義男、王文科合著之《教育社會學》；翻譯的著作則有宋明順翻自日人友田泰正編著的《教育社會學》。此外，中國大陸學者的著作也開始引進台灣：例如，厲以賢主編的《西方教育社會學文選》、吳康寧的《教育社會學》等。

在期刊方面，目前尚無任何教育社會學的專門期刊，但南華管理學院的教育社會學研究所則有自行編印的《教育社會學通訊》，免費寄給相關學者。

成立學會

目前尚無任何學會等正式組織之出現，但「第一屆教育社會學論壇」於民國八十八年五月十五、十六日於中正大學教育學研究所召開，與會者頗多主張籌設正式學會，是一開啓之契機。

教育社會學學科發展之困境

　　教育社會學的發展若以較短的歐洲及世界多數國家自一九六
〇年代興起計算，也將近有四十年歷史了（若以自美國之源起計
算，更是將近百年），但此學科至今卻仍處於頗多發展的困境，估
且不論那些共同屬於教育學科的次學科（subdiscipline）的本質，
依賴母體學科的理論與方法的問題，相較於教育哲學、教育史學
與教育心理學，教育社會學有以下的困境。

學科名稱與內容之不易明確界定

　　與教育社會學內容相關的學科或著作，出現名稱上頗多的變
異，例如，「教育與社會」（education and society）、「教育的社
會學分析」（sociological analysis of education）、「教育社會學觀點」
（perspectives on the sociology of education）「教育的社會基礎」
（social foundations of education），「教育的社會功能」（social
functions of education）等。如此名稱的岐異顯現其內容之複雜與
多樣，雖有焦點之不同但頗難加以明確區隔。此外那些不完全以
「教育」及「社會」冠於書名之著作，卻又可能是典型的教育社會
學著作，例前文提及的Halsey、Floud & Anderson於一九六一年編
著的《教育、經濟與社會：教育社會學讀本》、一九七七年Karabel
及Halsey編的《教育中的權力與意識形態》及一九九七年 Halsey,
Lauder, Brown & Wells編的《教育、文化、經濟與社會》
（*Education, Culture, Economy & Society*）均係頗為經典的教育社會
學論文集。

　　此由Halsey所主編的三本教育社會學論文集，歷經三十多

年，除了反映英國教育社會學在不同時期研究主題之差異外，也凸顯了人類社會發展之變遷而影響教育社會學之內容與觀點：曾如Halsey等人於一九九七的該本論著的導論中指出的：「社會的變遷被不同的術語標籤為自工業到後工業、自現代到後現代、自福特至後福特」，「而由於後工業社會經濟、文化與社會變遷，以往所認定的教育角色也開始受到質疑。國家政府（nation state）的權力受全球化經濟之威脅、而科層體制—用於供應大眾教育與工業效率的組織也顯得過時及無效能、此外用以維持社會凝聚的共同文化（common culture），也因不同群體主張以其特有之宗教與文化價值去教育子女而遭逢挑戰。」（Halsey, et al., 1997: 1） 此即顯現教育社會學學科內容必隨著社會學理論、社會變遷與社會結構之調整而變異，比起教育心理學人的心智發展的變化，社會變遷的速度可是快得多了。

此外就此學科的內容來分析，綜觀之可包括以下範疇：

1. 教育社會學（含社會學）自身的發展、理論與方法
2. 教育社會學的鉅觀探討：社會結構、社會階層化、社會流動、社會變遷、社會化、都市化、全球化、種族、性別等
3. 教育社會學的微觀探討：學校組織、組織文化、教師、教學、班級等
4. 教育與社會其他部門關係：經濟、文化、政治、家庭、宗教等
5. 教育問題的社會學分析：視各國差異
6. 其他不易歸類者：例如，教育知識社會學、社會語言學等

〔以上綜合自陳奎憙（1998）、李錦旭（1992）、Robinson, 1981等人資料〕

教育社會學進入一九九〇年代，出現著重特殊重點的分支學科：例如，教室民族誌（classroom ethnography）、以教育政策分析爲主的政治社會學（political sociology）、教育機會均等，教育組織社會學、課程社會學、教師社會學、及教學社會學等。此也顯示教育社會學在其本身學科內容與範疇尚未完全確定或獲致共識時，已然開始分殊化。

學科定位問題

吳康寧認爲中國教育社會學的發展，無論在理論與實證、借鑑國外與立足本國及定性與定量等基本問題上均出現問題，而最嚴重者莫過於其並未出現其自身之獨特觀點，使教育社會學與教育學無法區隔。故就此學科無其獨立地位之狀況，而指出教育社會學在中國只是處於創建階段（吳康寧，1998: 51-52）。

早在二十年前林清江在〈教育社會學在教育學中之地位〉一文中，指出台灣的教育社會學學科地位不明確，原因有三：第一，教育社會學是一門新興學科；第二，教育社會學的教學人員缺乏；第三，教育研究或從業人員對教育社會學因不瞭解而冷漠（師大教研所，1979: 22）。二十年之後，台灣的教育社會學仍在掙扎其學科地位，但前述之三個原因值得吾人檢討。第一，教育社會學自二十世紀初期開始已臨屆滿一世紀，即以引進台灣來看也有二十多年，不再是一門新興學科；第二，教育社會學的教學與研究人員與年俱增，以李錦旭羅列曾出版相關著作或擔任此學科教學的各大學、師範校院的社會學與教育學者不下七十人，已不再是少數（資料來源：http:www.nhmc.edu.tw）。因此前二者原因已然消失，而第三個原因呢？是教育研究或從業人員之冷漠，使教育社會學無法在教師專業課程中扮演重要角色嗎？

毛連塭（1992）在「從國小教師任教情形談師範學院課程設計」的研究中，對教育界人士（包括：師範學院院長、各系主任、師院教師、各縣市主管小學教育行政人員、及國小校長、主任及教師）及師院生調查其對於教育專業科目之意見。結果在對於教育科目的必選修的看法上，大多數贊成教育心理學、教育實習、兒童發展、輔導原理與技術、教學評量、課程與教學、初等教育、教學媒體列為必修；而教育社會學與學校行政、教育哲學、教育研究法及各科教學研究則列為選修，此結果可瞭解教育界大多數人士並不認為教育社會學學科重要；或者自被列為選修的科目來看，是否因其都較具理論性，被視為缺乏實用價值而輕忽呢？

　　單文經在介紹美國中小學師資養成的教育課程中，也提及了教育基礎課程往往無法建立理論與實際間之關聯，而令多數中小學教師冷漠以對（1992: 311-312）。

學科發展受政經制度與意識形態之影響

　　蘇聯的費里波夫在其所著的《教育社會學》的引言中，指出其撰寫本書所持之觀點與意識形態：「教育問題在馬克思列寧主義社會學中所占的地位，只能在分析社會學這門學科的結構的基礎上才能確定」「…在進一步研究歷史唯物主義的普通社會學問題和科學共產主義的理論的同時，還必須研究分科的、專門的社會學理論—社會主義社會的社會結構、勞動和生產、教育、文化、娛樂及整個社會主義生活方式的社會問題理論」（費里波夫著，李震雷、徐景陵譯，1985: 1-2）。費里波夫更進一步明確地指出依賴馬克思列寧的理論可做為教育社會學方法論的原理。第一，對於研究教育制度和社會之間的相互聯繫，應持辯證唯物主義的態

度。第二,自黨性分析教育社會學,即批判任何客觀主義的表現,即任何把「社會學與思想意識分離」使之相對立之意圖,認為只有從黨性立場出發,方能對教育制度與社會之間的相互作用進行科學分析。第三,馬克思列寧主義社會學理論觀點的客觀真理性,就決定了做為理論認識和經驗認識的統一的教育社會學的最重要的方法論原則。第四,對馬克思主義教育社會學進行系統的研究,要求對教育結構以外(在大的社會結構中)、教育結構以內,以及各種系統因素加以思慮。(費里波夫著,李震雷、徐景陵譯,1985: 30-36)

　　中國大陸學者教育社會學之著作也會出現以馬克思歷史唯物觀點來分析社會變遷(吳康寧,1998),或以馬列主義做為思考線索(魯潔、吳康寧編,1990: 163-166),或以教育社會學作為服務社會主義之用(李震雷、徐景陵,1985)。相較於資本主義社會採較多元理論與觀點而言,社會主義國家之教育社會學之發展較為受限。而我國早年的教育社會學著作中,也出現以三民主義為思考主軸的分析觀點(例如,曹先錕、朱匯森等人之著作)。如此必須受制於政治與經濟權力與意識型態之束縛,使此學科欲發展成科學性學科的難度頗高。

學科會受師資培育型態改變與政策之影響

　　當美英的師資培育型態愈趨向教學實務,而較不強調其學術性,愈以能力本位的師資培育制度(competency-based teacher education)為改革標的(Borman, 1990;Reid & Parker, 1995),強調craft skills及降低專業學習之要求,改以學校為主的學徒式師資培育(英國),以部份時制、較不具正式資格及缺乏經驗之師資替代全時、永久性與合格教師之改革策略,均使得教育的基礎學科

受到較大之威脅。而教育社會學普遍被視為較不具教學實用價值的學科，也因此較易受到輕忽。Borman（1990: 400-401）認為面臨這樣的挑戰，教育基礎學科學者也必須針對經常為人批評之問題深自檢討，例如，第一，教育基礎學科傳授之觀點及知識與教師的教學效能間並無明確關係；第二，教育基礎學科與教學實務關聯低。

Epstein（1996）認為教育社會學應該是可以對於學校改革在理論引導、研究方法、學校與教室組織與改革方法等方面提供具體的幫助。其認為教育社會學家與學校實務隔離有三個主要原因：第一，「恐懼無知」：教育社會學家恐懼其所不知道的學校日常生活；而學校教育人員則恐懼其所不知道的學術研究。第二，則是「恐懼知道結果」：教育社會學家對其所建議方案，若實際施行無效會有所懼怕。第三，「恐懼失去社會地位」：教育社會學家習慣以高學歷及專業知識為恃，而居處高於教師與行政人員之地位，參與實務使其害怕地位降低。據此Epstein主張二者間建立連結須滿足三個要求：多重語言之使用（multilingualism）─使用雙方均能習慣之語言；相互尊重（mutual respect）與來自專業的經費與資源之支持（professional preparation and support）。

在高等教育師資培育機構中之地位

在英國由於師資培育的型態與理念之改變，使得教育學科在高等教育師資培育機構中呈現衰退的現象，教育社會學自然深受影響。Reid與Parker調查英格蘭、威爾斯與北愛爾蘭提供師資培育的高等教育機構，請其標明任教教育社會學的教師姓名。在寄出的九十七份調查表中，七十九份回覆，其中十二個回應該師資培育課程中，並無開設教育社會學。再根據已知的教育社會學任教

教師姓名，寄出六十七份問卷，其中五十三位回應。結果發現其中有25%（16位）表示已無該學科名稱；26%以其他名稱如「機會均等」取代；26%則只在有關「課程」或「均等」科目上會採用一些社會學觀點。又在調查在各種師資培育及在職進修的狀況時，發現教育社會學學科在在職進修（INSET, in-service education and training）的課程中最不受重視（77%並無開設），在碩士班課程中最高，尚有54%開設。而對於教育社會學的未來發展，有11%（6人）認為「沒有未來」、15%（8人）回應「限於現有師資」、36%（19人）「圍於專業研究領域」、9%（5人）認為該學科會「地下化」、另有21%（11人）認為其會存在於「非職前師資培育」課程中（1995: 401-404）。

　　與英國相較，美國教育社會學學科在教育基礎學科中的地位是較受重視的。Borman（1990）在分析美國師資培育課程的教育基礎學科時，列出了Lucas與Cockrie在一九八一年及Bauer與Borman於一九八八年所調查的美國公私立學院與大學提供的教育基礎課程，結果在一九八一年普遍指出「教育概論」與「教育哲學」是最常見的科目。而到了一九八八年的調查則有較明顯的改變，見（表1）。

　　由（表1）得知，「多元文化教育」在美國的教育基礎學科中排行第一，顯見相當受重視。「教育社會學」排行第四，也頗重要，而「人類關係與教育」、「都市教育」、「性別角色/性別問題社會學」在一九八一年的調查時並沒有，而是較新的學科，此反映均等與社會問題仍是美國人較為關心的。然而此處也值得重視的是，原先屬於教育社會學內容的主題，由於該社會的特別關注，而另成學科，如（表1）中的「學校與社會」、「人類關係與教育」「都市教育」、「性別角色/性別問題社會學」等，而在英國甚至可能取代原有之「教育社會學」，如前述Reid與Parker的調

表1 美國大學部教育基礎課程

課程	排序	開課數	百分比
教育哲學	1	63	12.4
多元文化教育	1	63	12.4
美國教育史	2	58	11.4
教育問題與趨勢	3	47	9.25
教育社會學	4	43	8.5
教育基礎	5	36	7.5
學校與社會	6	32	6.3
特定主題選讀	7	18	3.5
比較教育	8	16	3.1
人類關係與教育	8	16	3.1
都市教育	9	15	3
學校組織，管理	10	14	2.75
課程理論	11	11	2.2
性別角色／性別問題社會學	12	10	2
外國教育	12	10	2
教育經濟／政治學	13	8	1.6
學校法律	14	7	1.4
教育的人文心理學	15	5	1
學校政策	15	5	1
教育人類學	15	5	1
總課程數		508	

資料來源：Borman, K. M.(1990）Foundations of education in teacher education, in Houston, W. R., Haberman, M. & Sikula J.(eds.) *Handbook of research on teacher education*, 397.

查，發現在教育專業課程中只教授某些專題如「教育機會均等」以替代教育社會學。

教育社會學在地化問題

對於台灣或中國或在學術上依賴英美的國家而言，教育社會學學科的發展所面臨的另一困境往往是教育社會學的在地化的問題。吳康寧認為中國教育社會學借鑑國外頗多，而尚未發展成為成熟學科（1998: 51）。而台灣在擺脫了以三民主義政治意識形態為主軸的分析觀點後，教育社會學移植了頗多英美的理論與實證資料，以及將之應用於課程、教育機會均等、偏差行為與教師等主題之實務研究（王麗雲，1999），但其分析主軸觀點卻令人有邯鄲學步之遺憾。即以新馬克思主義為例，其係以對資本主義社會中之生產與教育關係為批判對象的思想体系，對於台灣早期計畫經濟模式與階級意識、貧富差距不似英美般嚴重之社會情境而言，必有其難以適用處，如資本主義社會中學校再製理論與符應原則等之應用。

註釋

1. 在此姑且不論教育學科長久以來所為人爭議之獨特性不夠之問題，而僅就做為教育專業基礎學科之一的角色，思考其所遭逢之定位問題。
2. D. Lawton與P. Gordon（1996）所編著的《*Dictionary of education*》，對於學科之定位以其是否具有學術期刊、專業學會以及是否以文字或非文字之符碼去實踐。p.90。

3. 此時期對於科目類別之劃分（例如，教育科目與專業科目）與現行認知之教育專業科目與專門科目之劃分不同，且有些科目之歸類有些怪異，如將健康教育納入專業科目內即為一例。

參考文獻

中文部份

王麗雲（1999），由兩份期刊的貫時比較分析教育社會學的發展，5月15日發表於中正大學教育學研究所舉辦之「第一屆教育社會學論壇」。

毛連塭（1992），〈從國小教師任教情形談師範學院課程設計〉，載於中華民國比較教育學會、中華民國師範教育學會主編，《國際比較師範教育學術研討會論文集》。台北：師大書苑。

朱匯森（1973），《教育社會學》。台北：復興。

吳康寧（1998），《教育社會學》。高雄：復文。

李震雷、徐景陵譯，費里波夫著（1985），《教育社會學》。上海：華東師範大學出版社。

李錦旭（1991），〈1980年代英美教育社會學的發展趨勢：兩份教育社會學期刊的比較分析〉，《現代教育》，6（2）頁3-14。

孫邦正（1967），《師範教育》。台北：正中。

曹先錕（1965），《教育社會學原理》。台北：台灣省立台北師範專科學校。

陳奎憙（1998），《現代教育社會學》。台北：師大書苑。

國立台灣師範大學（1979），《教育社會學》。台北：偉文。

張銀富譯，Kneller, G.原著（1989），《當代教育思潮》。台北：五南。

單文經（1992），〈美國中小學師資養成教育的課程〉，載於中華民國比較教育學會、中華民國師範教育學會主編，《國際比較師範教育學術研討會論文集》。台北：師大書苑。

湯梅英（1999），〈台灣教育社會學發展—回顧與前瞻〉，5月15日發表於中正大學教育學研究所舉辦之「第一屆教育社會學論壇」。

魯潔、吳康寧編（1990），《教育社會學》。北京：人民教育出版社。

英文部份

Borman, K. M.（1990）Foundations of education in teacher education ,in Houston, W. R., Haberman, M. & Sikula J.（eds.）*Handbook of research on teacher education*, New York: Macmillan.

Epstein, J. L.（1996） New connections for sociology and education: Contributing to school refprm, *Sociology of Education*, extra issue, 6-23.

Halsey, A. H., Floud, J. & Anderson,A.（eds.）（1961） *Education, economy and society*, New York: The Free Press.

Halsey, A. H. ,Lauder, H., Brown, P. & Wells A. S. （eds.） *Education, culture, economy, and society*, Oxford: Oxford University Press.

Karabel, J. & Halsey, A. H.（eds.）（1977） Power and ideology in education, New York: Oxford university Press.

Moore, R.（1996） Back to the future: the problem of change and the possibilities of advance in the sociology of education, *British Journal of Sociology of Education,* Vol.17, No.2, pp.145-161。

Reid, I. & Parker F.（1995） Whatever happened to the sociology of education in teacher education? *Educational Studies,* Vol.21, No.3.pp.395-413。

Robinson, P. （1981）*Perspectives on the sociology of education: An introduction,* London: Routledge & Kegan Paul.

附錄

其教材大綱爲：

一、教育學的研究與社會學：（一）教育的社會意義（二）教育學的研究與社會學

二、社會學的成立與發展及其研究領域：（一）社會學的名稱（二）社會學的成立及其發展（三）社會學的定義（四）社會學的研究領域

三、教育社會學的涵義及其成立與發展：（一）教育社會學成立的因由 （二）教育社會學的成立及其發展 （三）教育社會學的涵義

四、人類社會的形成：（一）社會的意義 （二）社會的本質 （三）人類社會的形成 （四）人類的社會圈

五、人類的社會生活與教育：（一）人類的成長及學習與社會生活 （二）社會生活對學習與教育的關係

六、社會集團的型態與教育的機能：（一）社會集團概說（二）社會集團的型態與教育的機能

七、家庭與教育：（一）家庭生活的起源與發展（二）家庭集團的結構與性格（三）家庭集團的教育價值

八、兒童青年集團與教育：（一）兒童青年集團的型態（二）兒童青年集團與社會階層（三）兒童青年集團的功用（四）兒童青年的社會特性（五）兒童青年集團特有的問題

九、社區與教育：（一）社區及其教育的意義（二）鄉村社區與教育（三）都市社區與教育（四）都市社會與教育

十、國家及國際社會與教育：（一）國家在社會學上的意義（二）國家與國際社會（三）國家的機能與福利國家（四）國家及國際社會與教育

十一、社會階層與教育：（一）社會階層化（二）階級的調整（三）社會階層與教育

十二、大眾社會與教育：（一）大眾社會（二）大眾傳訊及大眾媒介與教育

十三、社會變遷及社會進步與教育：（一）社會變遷（二）社會進步（三）社會變遷及社會進步與教育

十四、社會控制與教育：（一）社會控制的性質（二）外在約束的內面化與社會的性格(三)社會控制與教育

十五、社會文化與教育：（一）文化素材與教育（二）文化型式與教育（三）教育體系與文化體系（四）文化與人格的形成（五）當前社會文化與教育問題

十六、學校社會集團：（一）學校社會的發展（二）學校的社會機能(三)學校集團的構成（四）學校集團的兒童與教師

十七、教育社會的統合與社會中心學校：（一）教育社會的統合（二）社會中心學校與教育中心社會（三）社會中心教育

十八、社會計畫與教育計畫：（一）民主主義社會的教育與三民
　　　主義社會的教育（二）社會計畫與教育計畫

「教育社會學學科地位之發展與檢討」評論

馬信行

本文敘述教育社會學在國內外之發展簡史及其所遭遇的問題。對於教育社會學之發展是否適宜在大學開課？是否出專書或期刊？及是否成立學會來界定。

在開課方面，國內外大學開設教育社會學者已愈來愈普遍。教育社會學之專書亦不少。期刊方面，美國在一九二八年就出刊《*Journal of Educational Sociology*》國內尚無教育社會學期刊。教育社會學學會至今亦尚未成立。

對於教育社會學在發展上，國內外所遭遇的問題有：

1. 學科名稱與內容不易明確界定，有些專書並無冠以教育社會學之頭銜。可能是受各作者所側重的主題而異之影響。
2. 學科定位問題，在國內教育社會學並未被普遍重視，並未被認為應該列為必修。
3. 教育社會學受意識型態的影響，在共產國家受馬列主義的影響，在我國早期也受三民主義的影響。
4. 受師資培育型態的影響，由於教育社會學一般被視為是較不具教學實用價值的學科，故在英國的師資培育上較不被重視。
5. 在英美的師資培育課程，有以教育社會學裡的某些主題代替教育社會學。
6. 教育社會學之理論與實証資料仍多數自國外移植而缺少在地化。

本文之優點為收集不少有關教育社會學之發展史料。以下為本文值得討論之處：

本土化問題

本研討會之主題是「教育科學：國際化或本土化」。故何謂本土化必須先予以定義。本文使用「在地化」似乎是指非由外國移植入者謂之本土化。個人覺得可如是定義：以教育社會學的理論與方法論研究台灣教育現象者稱之教育社會學本土化。由此產生的理論或具有台灣獨特性的實證資料便具本土化意義。到目前為止尚未出現有國人所獨創的教育社會學理論，但實證研究資料卻不少。例如，從教育資源的分配探討台灣教育開發的優先區；從人口普查資料中求出台灣各教育程度、職業地位的母群體分佈百分率（此可供日後取樣是否具代表性的參照架構）。最近也有學者在驗證到底台灣社會較符合功能論（或人力資本論）或較符合衝突論（或文化資本論）。台灣要想產生本土化的理論，必須仰賴大師級的教育社會學家，從實證研究結果中去歸納出智慧的花朵（理論）。

教育社會學能否成為成熟的科學？

在本文引述大陸學者吳康寧的敘詞：「中國教育社會學借鑑國外頗多，而尚未發展成為成熟的學科」。個人認為教育社會學尚未成為成熟的學科並非是借鑑國外的關係。事實上，即使是國外的教育社會學也仍尚屬幼稚階段。因為要成為成熟科學（或稱高階層科學或所謂硬科學）必須具備下列特性：

1.理論有高度符號化（codification）。

2.理念以數學語言來量化。

3.對於研究發現的重要性具有高度的共識（consensus）。

4.可根據理論作實証的預測。

5.舊的參考文獻被廢棄速度快。

6.新知識成長速率快（參閱Cole, S.The hierarchy of the science. *American Journal of Sociology*, 1983, 89, p.113）這些條件是目前教育社會學尚缺少的。大多數教育系並未開設微積分及線性代數等課程。商學與經濟學把微積分列爲必修，經濟學更有高等微積分等計量化之基礎課程，故比教育學更成熟。教育社會學要想成爲成熟的學科似乎必須讓下一代的研究者具有微積分與線性代數的基礎，如此才能使其以符號來表達理論進而促進知識體的累積。

教育社會學與教學實務隔離

在談到Epstein認爲教育社會學與學校實務隔離有三個主要原因：

1.教育社會學家恐懼對學校日常生活的無知。

2.教育社會學家恐懼其所建議的方案實施無效。

3.教育社會學家恐懼其參與學校實務會降低其地位。個人覺得教育社會學與學校實務的連結是間接而非直接的。教育社會學與教室活動關係較少。它是屬於鉅觀的教育學。而與教育心理學、輔導學、或教學法等微觀教育學不同。它較涉及教育體制。它對教育改革的貢獻應是政策面的改革

例如，改善低階層與弱勢族群子弟的教育機會；從人力資本論的觀點研究如何透過培養個人的就業能力提高國家的競爭力並減少失業率；改善學校組織的領導方式及保障教師權益；研究如何改善研究環境以提高大學教師之知識生產力等等。

最後對於教育社會學的國際化方面，個人覺得有一隱憂，即仍有多數研究生對外國教育社會學的期刊無法看得懂。而主要原因在於未學過多變量分析等高層次統計分析方法。對期刊看不懂，會導致文獻探討及生產知識有困難。以上謹代表個人不成熟看法，預期拋磚引玉，引發更多的討論，尚祈先進指正。

一九九〇年後台灣地區教育行政學術研究狀況之分析與展望

黃宗顯

摘要

　　這篇論文的目的在於探討一九九〇年以後台灣地區教育行政學術研究狀況，並就探討所得提出展望性建議。研究分析的資料包括博碩士論文、學報學刊論文和國科會專案論文共七百五十九篇。研究結果發現近十年來國內教育行政學術研究題材主要集中在「管理與制度」、「組織」、「人員心理」、「計畫與決策」和「領導與權力」等範圍。研究的方法以問卷調查法爲最多。研究的典範應用以邏輯實證論爲主要。研究的目的取向則偏重於現況描述、關係研究和一般理論性析述。資料分析結果並發現「西方理論轉借移植」、「重實用輕學理」、「跨國性比較研究不足」和「忽略某些本土重要題材的研究」等現象。研究者在討論和反省研究的結果之後，提出七項展望性建議。

前言

　　台灣地區的教育行政學術研究，不宜犯「孤癖自大症」，無視於國際教育行政學術研究的狀況，失去「取精用宏，擷長補短」，以提昇研究理論與實踐品質的機會；台灣地區的教育行政學術研究也不宜沈溺於「外來學術依賴」，以致淪爲學術研究的邊陲地位或「受殖民式的學術消費者角色」（黃宗顯，民80；葉啓政，民80），失去了學術研究的主體性（黃光國，民88）。爲了避免教育行政學術研究的「孤癖自大症」或「主體性喪失」的弊端，有必要針對台灣地區教育行政學術研究狀況進行分析探討，以便從中進行醒覺式反省和創造性的轉化。

對於台灣地區的教育行政學術研究進行分析探討，不僅有助於反省學術研究「孤癖自大」和「主體性喪失」的問題，更有助於思索改善教育行政理論與實踐方面的有關問題。誠如陳伯璋（民84）所言：教育的理論與實踐之間具有動態的辯證關係，兩者之間必須有所關聯。如果教育的理論僅僅是為研究而研究的觀念架構，而不能與實際教育活動相印證，則理論易流為空疏的觀念遊戲，而失去價值。另一方面，如果教育研究僅是以問題解決為主導，則理論的建立很難擺脫實用的取向，將無益於教育學術地位的建立和提昇。教育行政的學術研究，不管是理論或實用的，都會與教育的實際狀況相關聯，使有助於教育行政現象的了解、觀念的導引、問題的思考，或有利於改善教育行政行為的品質和解決現實問題。由於教育行政要面對的教育現象與處理的教育問題，往往與其社會情境和文化脈絡息息相關，因此，教育行政理論與實踐，應考量社會文化的情境脈絡因素。教育行政研究，更應與其社會文化脈絡的特殊需要結合。為了檢討台灣地區教育行政學術研究理論與實踐間的相關問題，及其與社會文化情境的配合情形，有必要對台灣地區的教育行政學術研究狀況進行分析探討。

　　另者，在世紀之交，回顧過去台灣地區教育行政的學術研究狀況，不管是針對研究的典範與方法加以探討，或者是對於研究的主題及其應用性加以分析，都可以從中獲得啟迪，有助於構思台灣地區未來教育行政學術研究的發展方向。此種反省性的探討，不僅是展望教育行政新世紀研究發展之基礎，更是追求新世紀教育行政學術研究卓越所不可或缺。

　　基於以上三項體認，加上一九九〇年以後，台灣地區在新世紀來臨前民間與官方推動教育改革特別活絡的事實（吳清山，民88），本文擬蒐集教育行政博碩士論文、學術刊物有關教育行政的

專門著作、以及國科會補助的教育行政專案研究資料，分析一九九○年以後台灣地區教育行政學術研究狀況，並據於展望新世紀台灣教育行政學術研究可循的發展方向。

台灣教育行政學術研究狀況反省有關的文獻析述

檢視文獻，國內學者過去對台灣地區教育行政學術研究狀況進行通盤或整體探討的文獻相當稀少。就本文作者透過學術網路資料庫及各種圖書資料探討所得，有關文獻大致可分爲兩類：一類係將教育行政學術研究歸併至教育學的大領域中，就整體的研究狀況做一種反省性的檢討，此類的研究以伍振鷟、陳伯璋（民74）、國立教育資料館（民83）、陳伯璋（民84）及楊深坑（民88）的著作爲代表。另一類則直接針對教育行政的學術研究狀況進行分析探討，此類文獻以王如哲（民86；民88）、林明地（民88）的著作爲代表。以下謹將這兩類研究報告的概要加以析述，以供本文後面討論之參考。

將教育行政學術研究併入教育學大領域的研究分析狀況

此類研究較早發表的爲伍振鷟和陳伯璋（民74）的合作研究報告。這份報告以「我國近四十年來教育研究初步檢討」爲題，在報告中研究者先析述教育學研究有關的「規範與描述」、「理論與實踐」和「量與質的方法」三項特質，再詮釋教育研究發展的「經驗─分析」、「詮釋理解」、和「社會批判」三種典範，接著兩位教授從「研究題材」、「方法」和「研究目的」三方面檢討台灣近四十年的教育研究狀況。此部份研究取用的資料以民國四十五

年至七十三年十二月間台灣師大、政治大學和高雄師範學院三所學校的教育博碩士論文，及民國六十一年至七十三年十二月間台灣師大及高雄師範學院的教育專案研究為主。在研究題材方面，研究者將「教育行政與政策」與「教育思想與教育史」、「教育心理與輔導」、「課程與教學」、「特殊教育」等並列分析。研究方法分為實證、非實證性兩大類。實證性研究又分為「調查研究法」、「實驗研究法」和「相關研究法」三種，非實證研究分為「歷史研究法」和「理論分析法」兩類。在研究目的方面則分為「實用性」和「理論性」兩類。研究的主要發現包括下列要點：

1.教育行政與政策的博碩士論文計有一百四十七篇，佔全部篇數五百九十三篇的24.7%；教育專案研究六十六篇中，教育行政與政策計有二十六篇，佔全部專案研究39.4%。在五類研究中分居研究數量第二和第一位。

2.在研究方法方面，博碩士論文中實證性研究計有四百一十二篇（佔69.48%），非實證研究計有一百八十一篇（佔30.52%）。實證研究中以調查研究法三百一十二篇最多，佔75.7%。在專案研究的六十六篇中有六十五篇屬實證研究，其中調查研究法多達五十八篇（佔87.88%）。

3.在研究目的方面，博碩士論文和專案研究中的實用性研究皆多於理論性研究，分別佔70%和89.4%。

最後該研究歸納指出：我國近四十年來教育研究理論基礎薄弱，研究成果效益不大和建議空泛，及研究脫離不了「實證性」、「實用性」、「加工性」和「對外來理論依賴」等問題，並據而提出研究要反映出本國社會、文化特質等多項建議。

除去前項研究外，國立教育資料館（民83）亦曾針對民國八

十年至八十二年間的博碩士論文及政府機構委託之教育專案研究進行分析，其間收錄的博碩士論文計有二百一十二篇，專案研究計有一百七十五篇，統計分析將研究的題目分為「教育思想與教育史」、「課程與教學」、「教育行政與政策」…等十四類。其中「教育行政與政策」在博碩士論文中計有四十五篇（佔21.23%），為十四類數量之最高者。在教育專案研究中，「教育行政與政策」有十四篇（佔8%），比「大陸教育及比較教育（佔20%）」、「各級教育（佔20%）」和「科學教育（佔10.29%）」少。在研究方法方面，博碩士論文中有一百六十篇（佔74.48%）係實證性研究，五十二篇（佔24.52%）係非實證性研究。在實證性研究中，以調查研究法和相關研究法的篇數居多，分別為八十和五十二篇。非實證研究的五十二篇中，歷史研究法有三十一篇，理論分析法有十五篇，人種誌研究法有六篇。教育專案研究中，實證研究有一百二十九篇（72.8%），非實證研究有四十六篇（27.9%）。實證性研究中調查研究法最多計有一百零八篇，非實證研究中多數屬歷史研究法，計有四十一篇。在研究目的方面，博碩士論文實用性研究有一百五十六篇（73.5%），理論性研究有五十六篇（26.42%）。專案研究除一篇為理論研究外，其餘皆為實用性研究（99.43%）。

　　陳伯璋（民84）繼續伍振鷟和陳伯璋（民74）的研究，對我國教育研究再次進行分析檢討。此次研究報告依據的三種理論典範和分析架構與伍、陳二位（民74）的研究相似。用於分析的材料則為前項國立教育資料館（民83）的統計報告資料。其中「教育行政與政策」在各類研究中所佔的篇數比率已如前述。在此次報告中，研究者提出的檢討如「理論的轉借與移植」、「研究方法偏重實徵性的調查研究法」、「研究目的的重實用而輕理論性」、「研究結果陳述含混不清」、「研究建議過於空泛」等與伍振鷟和陳伯璋（民74）的研究報告大致相同。

最近將教育行政併入教育學門做統整分析探討的有楊深坑（民88）的報告。這篇報告先統計比較分析國科會民國八十～八十七年間教育學門與其它社會學門通過之專案研究數量之經費補助額等資料，此項分析發現教育學門獲補助的數量不比其它社會學門少，但在每單一專案平均費上則不及社會科學的總平均值。該報告並對整個教育學門提出「研究整合仍嫌不夠」、「研究整體環境有待改善」、「缺乏明確研究衡鑑指標」、「研究理論與實踐仍待融合」、「研究的本土化與國際化仍待加強」、「獨特的學術造型仍待積極建立」等六項檢討。

　　以上將教育行政學術研究納入教育學作整體分析的研究報告，有助於了解「教育行政」學門與其它教育學門在研究數量的比較狀況。而有關研究典範、分析的架構、及對研究的檢討部份，可供作比對「教育行政學術研究」與整個教育學學術研究的關聯性之用。

直接對教育行政學術研究進行分析的研究情況

　　王如哲（民86）曾對台灣地區近五十年來的教育行政學術研究發展進行統整性的分析反省與批判。在這篇研究的文獻部份主要係針對「邏輯實徵論及行政科學研究的特徵」加以分析，並引用格森菲德（T. Greenfield）的「行政革命」思想、以及新馬克思主義和後現代主義的觀點，針對教育行政科學研究作出反省。研究分析的資料爲民國四十年至八十五年間台灣地區的博士論文二十四篇、碩士論文二百一十六篇、學報論文二十七篇、國科會研究報告一百零八篇，共計三百七十五篇。分析的架構包括「研究主題」、「研究方法」、「論文性質」、「研究典範」、「研究對象」、「研究範圍」六項。研究的主要發現爲：

1.在研究主題方面，在全部三百七十五篇論文中其分佈依序為組織八十六篇、領導六十四篇、財政四十一篇、制度三十九篇，決策三十篇、計畫二十一篇、學校行政十八篇、政策十七篇、視導十篇、溝通九篇、法令五篇、學校建築五篇、評鑑三篇。顯示組織與領導研究較多。

2.研究方法分佈的情形為問卷調查法一百八十二篇、理論分析法二十七篇、文件分析法十四篇、訪問調查法四篇、歷史研究法三篇、比較研究法六篇，其它方法三十二篇，兩種方法以上一百零七篇。

3.論文性質分佈如前面研究資料所述。

4.研究典範方面，實證性研究計有二百四十七篇，佔65%，非實證研究一百一十四篇，佔30%，兩種典範並用十九篇，佔5%。

5.研究對象方面，以行政人員為對象八十五篇，教師為對象佔一百一十篇，其它佔一百六十七篇，兩類以上人員為對象的有十三篇。

6.研究的範圍：教育行政機構佔五十二篇，大專佔二十五篇中學佔一百零五篇，小學及其以下佔九十七篇，其它佔八十八篇，兩類以上佔八篇。

該研究在結論部份除了歸納描述前述研究發現外，並反省性的指出：

1.新近國外對於教育行政實證性研究典範進行批判的國際學術發展，台灣地區的教育行政文獻甚少觸及。

2.驗證性的教育行政研究，對於教育行政實際工作者提供的幫助有限，有待思索改進途徑。最後該研究提出「將倫理與價值的問題融入教育行政研究」、「應用多元典範及方

法」、及「教育行政知識建構，宜反應出教育行政專業的技藝層面」等三項建議。

除外，王如哲（民88）進行教育行政與管理研究的發展趨勢探討。該研究報告根據英美文獻，一九九五～一九九八年間《教育行政季刊》（*Educational Administration Quarterly*）刊載的論文，以及台灣地區學校行政碩士在職專班的開設等資料，指出教育行政學術研究的發展趨勢如下：

1. 研究典範變遷，詮釋與批判的研究典範受到重視，多元典範的觀念繼續在研究的認識論擴散。
2. 行動研究，現場為主實務人員為導向的研究類型受關注。
3. 領導、政策、組織，人員訓練、制度、學校管理和效能等為重要研究主題，其中領導、政策尤受關注。
4. 英美兩國新近對教育行政人員培育方案的大幅改革，可能成為重要的研究主題和方向。

最近林明地（民88）則對學校行政管理現況與趨勢加以研究。該研究分析的資料包括三項來源：第一，《教育行政季刊》（*Educational Administration Quarterly,* EAQ）、《學校行政領導與管理》（*School Leadership & Managemant,* SLM）、《學校行政領導與改進》（*School Leadership & Improvement,* SESI）三份期刊之一九九七和一九九八年之論文。第二，K. Leithwood和T. Menzies分析一九八五～一九九五之十年間以「學校為基礎管理」的七十七篇論文報告。第三，國內近年來的學位論文和研究。該研究分析的架構分為「外部管理」、「學校行政管理」、「內部過程」和「產出」四大主題及研究方法五部份，研究的結果要點歸納如下：

表1 國外三種教育行政期刊及Leithwood & Menzies(1998)分析之文章的研究方法統計

方法	1997-1998,EAQ,SLM,SESI之篇數	Leithwood & Menzies研究中的篇數
理論分析	31	25
訪談	35	48
問卷調查	31	32
個案研究	26	19
參與觀察	21	32
資料庫資料分析	9	3
其它	21	0
分析篇數	129（採用二種以上方法者34）	77（採用二種以上方法者4）

註：1.本表根據林明地（民88）及Leithwood & Menzies（1998）的資料整理而得。

2.採用兩種以上方法者，亦分別算入各所屬方法的次數統計，故與總篇數數據有別。

3.本表酌調APA格式。

1.在研究主題上，中外有關學校行政管理的研究都以「學校內部過程」和「學校行政管理」的研究居多。

2.國內有關「學校產出」的研究在比例上較少。

3.國內有關「外部環境」與「學校行政管理」、「學校內部過程」、以及「學校產出」關係之研究均不多。

4.國內有關學校行政管理的研究採用問卷調查法者居多，利用訪談、參與觀察和個案研究較少。此一情形與國外近年來研究頗多採用訪談和參與觀察的情形有別（請參看表1資料）。

以上有關國內外教育行政研究狀況的分析資料，對於瞭解與

反省國內教育行政研究頗有參考價值。較可惜的是王如哲（民86）分析的資料中、其中學報部份的論文僅有二十五篇，較少了些。有關研究主題的分析雖包括了十四個類目，但歸入各類目中包含的具體內涵是什麼仍甚模糊，例如，「組織」這個類目，到底包括那些內涵，便甚模糊。又該文將每一篇論文僅歸入一個研究主題類目，此種情況對於題目含括兩個分析類目以上的論文而言，便有所偏。例如，把〈國小教師參與決定、組織承諾與組織效能關係之研究〉一文歸為「決策」主題，對於「組織承諾」與「組織效能」的研究變項便無法妥善顧及。此一情形，亦同樣出現在王如哲（民88）的研究中，這對於研究主題的具體建議，會造成若干限制。林明地（民88）的研究分析，國內資料部份直接引用王如哲（民86）的資料，其在學報論文篇幅部份及主題分類上難免受到前面提及的限制。又該文採用「外部環境」、「學校行政管理」、「內部過程」、和「產出」的社會系統架構進行分析，雖然可提供國內教育行政研究狀況另一種角度的了解，但各系統中所包括內容廣泛，研究結果未細加指出各系統內部所含主題研究篇幅分佈，使得研究主題成果報告部份有失之籠統的情形。這些情況在本研究的資料分析和報告方面將尋求改善。

一九九〇年以後台灣地區教育行政學術研究狀況分析

如前言所述，在考慮對「教育行政學術研究狀況進行較通盤性的分析有助於展望與提昇未來的研究方向和品質」、「一九九〇年以後世紀之交的幾年間國內教育改革行動特別活絡的事實」、以及「研究者的時間精力限制」，本文選擇以一九九〇年以後台灣地

區的教育行政學術研究狀況，做為探討的重點，以下謹就「研究資料與範圍」、「分析架構與研究方法」、「研究結果」、「結果討論與反省」分別加以說明：

研究資料與範圍

本研究分析的資料包括一九九〇～一九九八年間教育行政有關的「博碩士論文」、「學報（刊）論文」和「國科會專案研究報告」三部分的論文總共七百五十九篇。博碩士論文主要係以「中文博碩士論文索引」光碟資料庫所檢索到的論文為主，計有二百四十九篇。學報學刊論文以「中華民國期刊論文索引」光碟資料庫檢索到之學術性論文為主，總共蒐集到四百一十九篇論文，來自三十四份學報和學術性刊物。國科會之專案研究報告取自「國科會科資中心資料庫」所載之專案補助論文，計蒐集到一百四十四篇，唯其中有許多論文或未全文登載，或資料不全，無法用以分析，此部份實際用以分析的僅有九十一篇。

分析架構與研究方法

本研究分析的架構包括「研究主題」、「研究方法與典範應用」、「研究目的取向」三大類。研究方法以文件內容分析法為主，研究方式循下列步驟進行：

參考黃昆輝（民77）、謝文全（民77）、張德銳（民83）、秦夢群（民86）、王如哲（民86；87）、王如哲等（民88）專書中的教育行政內容，將教育行政探討的主題分為「組織」、「人員心理」、「領導與權力」、「管理與制度」、「溝通與協調」、「計畫與決策」、「視導與評鑑」、「環境與設備資源」、「財政與經

費」、「法規與權利義務」、「學校與社區」、「教育改革與發展」及「其它」等十三類。

透過教育行政、學校行政及前述類目的個別和聯合性關鍵詞逐一檢索光碟資料。

將檢索出的論文剔除其重複出現部份，編號和收集整理。期刊論文部份並刪除非屬學報或學刊登載的非學術性論文。

將蒐集的三類資料分別依「研究主題」、「研究方法」、「研究目的取向」的分析架構歸類統計。在研究主題部份並依研究題目變項屬性在各主類目下呈現分類目及其統計數據。一則透過此種呈現方式，可以改善各類目所含內容模糊的缺點，也可以據而更明瞭各類目下的研究狀況，有助於更具體分析國內教育行政研究的狀況，並作出更具體的展望性建議。另則因考慮一篇論文會出現研究主題跨類目或多種方法的情況頗多的事實，本研究採出現即以劃記統計的原則處理。例如，〈國小校長領導型式、組織氣氛與教師疏離感之關係研究〉一文，在研究主題上跨了領導、組織、與人員心理三個類目，統計上便分別在三個類目下，記載「領導型式」、「組織氣氛」、「教師疏離感」各一次。如此統計方式，研究總篇數與主題變項統計出的總次數會不一致，但有助於更細緻的分析研究主題的分佈狀況。

檢視各類目下之分項目，將分項目意涵相近者合併，例如，將「組織結構」、「組織結構正式化」、「組織結構類型」合併為「組織結構」一個分項目，以避免分項目過度繁瑣之弊。

前後檢視各項歸類情形，以了解歸類之穩定性情況。本研究主題歸類的前後歸類一致性係數約為‧93。

研究結果

以下依「研究主題」、「研究方法與典範應用」、「研究目的取向」的研究結果分別加以析述：

研究主題方面的研究結果分析

台灣地區一九九〇至一九九八年間教育行政學術研究的主題分佈狀況如（表2）所示。

（表2）係依據每一篇文中出現的主題變項加以分項統計。從表中除了可以了解各主要研究類目的研究狀況外，也可以更具體了解各個主要研究類目中，其內部分項目題材受研究的情形。由（表2）的統計資料可以獲得以下幾點研究結果：

1.以研究題材的十三個主要類目和其內容加以分析，其結果為：博碩士論文研究較多的前幾項主題依序為「人員心理」、「組織」、「管理與制度」、「計畫與決策」和「領導與權力」，分別佔其研究總次數的25.1%、23.3%、15.5%、10.4%，和8.8%合計為88.1%。而「人員心理」類目中研究較多的分變項為「工作滿足」、「工作壓力」、「角色知覺／衝突」及「認知形式」。「組織」項下研究較多的項目為「組織效能」、「組織承諾／認同」和「組織氣氛」。「管理與制度」的研究中，有一半以上集中在「管理方式／能力」、「品質管理」、「人員甄選／任用制度」和「衝突管理」。「領導與權力」項下則以領導方式的研究佔最多。

學報和學刊的論文研究較多的主要類目為「管理與制度」、「組織」、「人員心理」、「計畫與決策」和「教育改革與發展」，分別佔學報和學刊研究主題總數的28.4%、13.7%、11.6、11.6%和8.5%，合計達73.8%。在「管理與制度」項下，有超過63.8%的研

表2 一九九○～一九九八年間台灣地區教育行政學術研究的主題分析

主類目	次類目	博碩士論文研究次數	學報（刊）論文研究次數	國科會專案論文研究次數	小計	合計	備註
組織	組織氣氛	15	6	3	24	184	組織理論
	組織結構	7	3	1	11	〈17.2%〉	例如，巴
	組織文化	9	5	7	21		納德組織
	組織效能	26	14	3	43		理論、競
	組織承諾／認同	16	5	2	23		值理論等
	組織發展	2	8	1	11		
	校內組織	6	13	0	19		
	組織理論	2	2	0	4		
	組織病態／衰退	0	0	2	2		
	學習型組織	2	3	1	6		
	組織合併	3	2	0	5		
	組織設置	0	9	2	11		
	專業機構／組織	2	1	1	4		
	小計	90(23.3%)	71(13.7%)	23(13.7%)			
人員心理	工作滿足	16	8	4	28	179	
	工作壓力	12	1	1	14	〈16.7%〉	
	工作倦怠	6	5	1	12		
	角色知覺／衝突	11	8	4	23		
	工作動機／需求	6	4	1	11		
	工作精神／士氣	5	4	0	9		
	認知型式	11	5	1	17		
	工作疏離	2	2	0	4		
	專業承諾／投入	4	3	5	12		
	自我效能感	7	9	1	17		
	生涯／專業發展	7	2	0	9		
	工作態度	4	4	2	10		
	工作價值觀／信念	6	1	2	9		
	人格特質	0	4	0	4		
	小計	97(25.1%)	60(11.6%)	22(13.1%)			

續表2

領導與權力	領導方式／特質	24	27	5	56	84 〈7.8%〉	領導效能此處係指直接以它爲變項名稱者
	領導效能	4	0	2	6		
	領導理論	3	6	4	13		
	權力運用	3	4	2	9		
	小計	34(8.8%)	37(7.1%)	13(7.7%)			
管理與制度	目標管理	1	0	0	1	246 〈22.9%〉	
	衝突管理	5	4	0	9		
	危機及時間管理	3	1	1	5		
	學校本位管理	3	3	1	7		
	品質管理	8	3	5	16		
	管理方式／能力	13	15	6	34		
	行政科技／電腦化	2	4	2	8		
	人員甄選／任用制度	6	4	3	13		
	師資培育制度	4	47	13	64		
	教師職級制度	3	6	0	9		
	教師進修制度	2	12	3	17		
	教育學程制度	1	3	2	6		
	入學方案制度	1	19	1	21		
	教育行政體制	4	4	1	9		
	申訴制度	1	1	0	2		
	教師評鑑制度	2	6	0	8		
	薪資及學生貸款制度	1	2	0	3		
	學制	0	13	1	14		
	小計	60(15.5%)	147(28.4%)	39(23.2%)			
溝通與協調	溝通方式／行爲	11	8	3	22	27 〈2.5%〉	
	溝通理論	1	3	0	4		
	溝通恐懼／窘境	2	0	0	2		
	小計	13(3.4%)	11(2.1%)	3(1.8%)			
計畫與決策	教育計畫(含人力推估)	5	19	4	28	119 〈11.1%〉	
	行政決定	14	17	4	35		
	國內教育政策	15	13	8	36		
	國外教育政策	6	11	3	20		
	小計	40(10.4%)	60(11.6%)	19(11.3%)			

續表2

視導 與 評鑑	教育視導	4	10	1	15	60 〈5.6%〉
	教育評鑑	11	22	6	39	
	教科書評鑑	2	4	0	6	
	小計	17(4.4%)	36(6.9%)	7(4.2%)		
環境 與 設備 資源	學校建築／美化綠化	1	4	0	5	19 〈1.8%〉
	教學資源	1	6	0	7	
	學校環境	1	5	1	7	
	小計	3(0.8%)	15(2.9%)	1(0.6%)		
財政 與 經費	經費資源分配	1	8	6	15	37 〈3.5%〉
	財政預算	1	2	5	8	
	經費補助	1	4	1	6	
	教育募款	2	0	1	3	
	教育投資	0	3	2	5	
	小計	5(1.3%)	17(3.3%)	15(8.9%)		
法規 與 權利 義務	國內法規	3	2	0	5	17 〈1.5%〉
	國外法規	0	3	0	3	
	權利與義務	2	3	4	9	
	小計	5(1.3%)	8(1.5%)	4(2.4%)		
學校 與 社區	公共關係	8	4	1	13	22 〈2.1%〉
	家長參與	5	2	2	9	
	小計	13(3.4%)	6(1.2%)	3(1.8%)		
教育 改革 與 發展	教育改革	3	34	14	51	63 〈5.9%〉
	教育發展策略／趨勢	1	10	1	12	
	小計	4(1.0%)	44(8.5%)	15(8.9%)		
其它		5(1.3%)	6(1.2%)	4(2.4%)	15 〈1.4%〉	
合計		386	518	168	1072	

係指題目以教育改革／革新或發展爲題者

註:1.本表係依據每一篇研究論文出現的主題變項加以統計,故各類論文統計的合計數值與研究總數有別。

2.表中( )內的百分比表示佔各單一論文類別研究主題總數的百分比。〈 〉內的百分比表示佔三類論文研究主題總數的百分比。

3.本表因字數多,爲清晰起見,酌調APA格式。

究集中在「師資培育制度」、「入學方案制度」、「管理方式／能力」和「學制」等次主題。在「組織」項下，研究較多的次主題為「組織效能」、「校內組織（例如，教師會）」、「組織設置」、「組織氣氛」、和「組織文化」。在「人員心理」的主類目下，「自我效能感」、「工作滿足」和「角色知覺／衝突」三個分項目的研究較多，幾佔半數。在「計畫與決策」項下，有60%以「教育計畫（含人力需求推估）」和「行政決策」為研究題材。在「教育改革與發展」項下，則以探討「教育改革或革新」的著作居多。

國科會的專案論文中，有 60%以上集中在「管理與制度（23.2%）」、「組織（13.7%）」、「心員心理（13.1%）」和「計畫與決策（11.3%）」項下。而在「管理與制度」中，以「師資培育」的研究最多；在「組織」項下，以「組織文化」研究較多；在「人員心理」方面，「專業承諾／認同」、「角色知覺／衝突」和「工作滿足」三個分項目的研究佔半數以上；在「計畫與決策」項下，有近乎半數的篇幅以「國內教育政策」為探討主題。

若就三類論文合併加以觀察，則十三個研究主要類目中，75.7%以上集中在「管理與制度（22.9%）」、「組織（17.2%）」、「人員心理（16.7%）」、「計畫與決策（ 11.1%）」和「領導與權力（7.8%）」。在「管理與制度」項下，近半數集中在研究「師資培育制度」、「管理方式／行為」和「入學方案制度」。在「組織」項下，超過50%以上集中在研究「組織效能」、「組織氣氛」、「組織文化」和「組織承諾／認同」等分項主題。在「人員心理」項下，「工作滿足」、「角色知覺／衝突」、「認知形式」、「自我效能感」研究較多，合計達 48%。在「計畫與決策」項下，「行政決定」和「國內教育政策」兩個分項目的研究佔60%。在「領導與權力」方面，則有66.7%以研究領導方式或領導特質為主。

2.以（表2）中所有分項目的研究題材加以分析，可以獲得以

下結果：

　　◇博碩士論文研究較多的前五項分項題材，依序為：組織效能（26次）、領導方式／特質（24次）、組織承諾／認同（16次）、工作滿足（16次）、組織氣氛（15次）、國內教育政策（15次）、行政決定（14次）。
　　◇學報學刊論文研究較多的前五項分項題材，依序為：師資培育制度（47次）、教育改革（34次）、領導方式／特質（27次）、教育評鑑（22次）、入學方案制度（19次）、教育計畫（19次）。
　　◇國科會專案論文中，研究較多的前五項分項題材，分別為：教育改革（14次）、師資培育制度（13次）、國內教育政策（8次）、組織文化（7次）、經費資源分配（6次）、管理方式／行為（6次）。

　　若合併三類論文加以分析，則研究次數較多的前五項分項題材分別為：師資培育制度（64次）、領導方式／特質（56次）、教育改革（51次）、組織效能（43次）、教育評鑑（39次）。
　　3.統合第1項和第2項研究結果，可以發現三類論文中，博碩士論文研究最多的主要類目，雖然其排序與其他兩類論文不同，但三類論文中，皆有超過60%以上的研究集中在「管理與制度」、「組織」、「人員心理」與「計畫與決策」四個主要類目。若從三類論文之分項類目研究較多的題材加以觀察，再對照其論文內容進行分析，則可以發現主要的研究題材以「教育行政問題描述」、「變項間關係」及反映「台灣近年來教育改革議題」的屬性居多。
　　4.從（表2）的統計數據中，若就研究數目較少的題材進行反向式分析，則可以發現在十三個主類目中，「法規與權利義務」、「環境與設備資源」、「學校與社區」、「溝通與協調」四類的研究

論文最少，分別僅佔三類論文研究題材總數的1.5%， 1.8%，2.1%和2.5%。若就研究的次類目加以瞭解，則一些目前教育行政頗重要的主題，例如，「目標管理」、「行政科技」、「教育資源整合應用」、「行政人員工作信念」、「學校本位管理」、「危機管理」、「教育法規」、「組織病態」等題材的研究相對的稀少。而一些台灣地區頗具文化特色的題材，例如，「教育行政體制依附於政治體制之下的行政運作型態」，教育行政歷程中「人情與關說」介入的影響問題等，也幾乎未被研究討論。

研究方法與典範應用的結果分析

（表3）是本研究蒐集到的一九九○至一九九八年間台灣地區的教育行政學術論文的研究方法分析。

由（表3）的統計資料和說明，可以獲知以下研究結果：

1.博碩士論文採用較多的研究法為問卷調查法和訪談法，分別佔66%及18.9%。採用實驗研究法、參與觀察法、歷史研究法、個案研究法進行研究的論文，合計不到其研究方法應用總次數的6%。博碩士論文採用兩種以上方法的論文有四十三篇，唯其中多數是採用問卷調查加上訪談法的方式進行。

學刊學報論文以採用「理論分析法」進行的最多，佔61.9%，其次為問卷調查法（24.9%）和訪談法（8.1%）。三種方法合計達其研究方法應用總次數的93.9%，其他六種研究方法被使用的次數不到4%。學報學刊論文使用兩種以上方法的有三十一篇，多數亦以「問卷調查法 + 訪談法」的方式進行。

國科會專案論文採用較多的方法為問卷調查法（54.1%）、訪談法（16.5%）和理論分析法（11%）。採用實驗研究法和歷史研究法進行的各僅有一篇，採用參與觀察法、個案研究法和比較研

表3 一九九〇～一九九八年台灣地區教育行政學術研究方法的分析

	問卷調查	訪談	實驗	參與觀察	比較	理論分析	歷史	個案研究	其他	合計
博碩士論文 應用次數	196	56	1	5	12	11	1	10	5	297
(佔分類百分比)	(66.0)	(18.9)	(0.3)	(1.7)	(4.0)	(3.7)	(0.3)	(3.4)	(1.7)	
學報（刊）論文 應用次數	113	37	0	3	7	281	4	3	6	454
(佔分類百分比)	(24.9)	(8.1)	0	(0.7)	(1.5)	(61.9)	(0.9)	(0.7)	(1.3)	
國科會專案論文 應用次數	59	18	1	4	4	12	1	4	6	109
(佔分類百分比)	(54.1)	(16.5)	(0.9)	(3.7)	(3.7)	(11.0)	(0.9)	(3.7)	(5.5)	
合計	368	111	2	12	23	304	6	17	17	860
佔總百分比	42.8	12.9	0.2	1.4	2.7	35.3	0.7	2.0	2.0	

註：1.一篇論文使用兩種以上方法時，按其方法分別計入所屬類目，故使用方法之總次數與研究總篇數之數目不同。

2.使用兩種以上方法之博碩士論文有43篇，學報（刊）論文有31篇，國科會論文有16篇

3.「分類百分比」指佔該單一論文類別研究方法總次數之百分比；「總百分比」指佔三類論文研究方法總次數之百分比。

4.本表酌調APA格式。

究法的各有四篇，皆屬少數。採用兩種以上方法進行的有十六篇，亦以「問卷調查法＋訪談法」的形式居多。

　　若合併三類論文加以分析，則研究方法被採用最多的，依序為問卷調查法（42.8%）、理論分析法（35.3%）、訪談法（12.9%）。僅有少數論文採用下列五種方法進行：實驗研究法

（0.2%）、歷史研究法（0.7%）、參與觀察法（1.4%）、個案研究法（2.0%）、比較研究法（2.7%）。

　　2.根據以上的資料分析，可知去除理論性探討的論文之外，多數的論文是以「問卷調查法」為主要的研究方法。參與觀察和個案研究等方法並未被普遍使用。此一狀況就研究典範應用而言，顯示近十年來國內教育行政學術研究應用的典範，係以邏輯實證論為基礎的量化研究為主。源自現象學、詮釋學和批判理論的質性研究典範則並未被普遍應用。至於以後現代主義和後結構主義思潮為基礎發展出的方法，以及融合邏輯實證論、詮釋學、批判理論及實地理論觀點發展出的合作行動研究方法，則極少被應用。

「研究目的取向」的結果分析

　　（表4）的統計資料說明本研究所分析論文之主要研究目的取向。為了更細緻的分析論文研究的目的取向，本研究依蒐集論文之目的性質，將研究目的取向區分為六種類型：

　　現況描述：指研究的目的取向旨在瞭解和描述特定的教育行政問題或現象。此類的論文例子，例如，「台北市國民中學校園綠化問題之調查研究」。

　　關係探討：指研究的目的取向旨在探討與瞭解研究變相間之關係。例如，「國民中學組織氣氛與組織效能關係之研究」。

　　理論性探討：指研究的主要目的取向旨在針對特定的教育行政議題或現象進行純粹屬於理論性的思辯、討論、介紹或詮釋的探究。此類論文的例子，例如，「學校組織氣氛的意義、層面與類型之探討」、「組織理論的類別與教育組織理論的研究」。

　　理論驗證：指研究的主要目的旨在驗證某種理論或方案的實際學理基礎或可行性情形。例如，「情境領導理論在國民小學行

表4　一九九○～一九九八年台灣地區教育行政學術論文之主要目的取向分析

	現況描述	關係研究	理論性探討	理論驗證	模式建構	跨國比較	其他	合計
博碩士論文篇數	124	84	6	11	10	13	1	249
（佔分類百分比）	(49.8)	(33.8)	(2.4)	(4.4)	(4.0)	(5.2)	(0.4)	
學報（刊）論文篇數	74	30	286	14	6	8	1	419
（佔分類百分比）	(17.7)	(7.2)	(68.3)	(3.3)	(1.4)	(1.9)	(0.2)	
國科會專案論文篇數	41	18	10	9	8	5	0	91
（佔分類百分比）	(45.0)	(19.8)	(11.0)	(9.9)	(8.8)	(5.5)	(0)	
合計	239	132	302	34	24	26	2	759
佔總百分比	31.5	17.4	39.8	4.4	3.2	3.4	0.3	

註：1.「分類百分比」指佔該單一論文類別主要研究目的取向總次數之百分比。

2.「總百分比」指佔三類論文主要研究目的取向總次數之百分比。

3.本表為清晰起見酌調APA格式。

政之適用性研究」即屬此類研究。

模式建構：指研究的目的著眼在建立某種理論模式或架構，例如，「國民小學學校效能評鑑指標與權重體系之建構」即屬之。

跨國比較：指研究的目的主要在於針對某一或某些教育行政議題進行國與國之間的狀況比較和分析。例如，「中、日、美三國地方教育行政制度之比較」即此類研究。

由（表4）的統計資料分析，可獲得下列結果：

在本研究分析的二百四十九篇博碩士論文中，有一半的論文研究目的著眼於教育現況的調查瞭解與描述。有三分之一的論文重點在於探討研究變項間的關係。兩者合計二百零八篇，佔83.6%。其他四種研究目的取向的論文分別介於2.4%～5.2%之間，比例不高。

在四百一十九篇學報學刊的論文當中，則多數屬於「理論性探討」性質（68.3%），其次為「現況描述」（17.7%）和「關係研究」（7.2%）。至於「理論驗證」、「模式建構」和「跨國比較」的論文比例僅合佔6.6%。

在分析的九十一篇國科會專案論文中，研究的目的取向依序為現況描述（4.5%）、關係研究（19.8%）、理論性探討（11%）、理論驗證（9.9%）、模式建構（8.8%）、跨國比較（5.5%）。

若合併三類論文做整體的觀察，則有近半數的論文的目的取向旨在進行現況描述和關係探討。此外，論文目的在進行純學理或論理性探討的將近有四成。其餘理論驗證、跨國比較、模式建構的論文比率分別介於4.4%～3.2%之間，並不多。

以上的研究結果顯示，近十年來國內教育行政學術研究的目的偏重於現況的了解、變項間的關係探討和一般理論性的析述，對於教育行政理論模式的建構和跨國際性教育行政議題深入比較的研究則較少。

研究結果的討論與反省

研究主題方面的討論與反省

由本研究有關研究主題方面的研究結果，可以了解一九九〇

年以後的近十年間，臺灣地區的教育行政學術研究的主題，主要集中在「管理與制度」、「組織」、「人員心理」、「計畫與決策」及「領導與權力」等範圍，這些主題在王如哲（民86：民88）及林明地（民88）的研究報告中，同樣顯示是受關注的焦點。然而，王如哲（民86）報告中研究篇數佔第三位的教育財政方面的主題，在本研究中發現其研究的篇數比率僅佔第八位。而在王氏報告中篇幅最少的「評鑑」方面的主題，在本研究中則發現其比以前更受到重視。而且本研究也發現近十年間直接以教育改革為探討的議題，或與教育改革有關的議題如「師資培育制度」、「入學考試方案制度」等方面的研究篇幅比以往更多。這顯示教育行政學術研究因應現實需要和其實用性導向特質的一面。這種因應現實環境需要及實用導向或解決現實問題的學術研究狀況，誠然是教育行政學術研究不可或缺，也有其必要性。但如果臺灣地區的教育行政學術研究在新世紀的時代裡要建立堅實或世界性的學術地位，則有關教育行政的基礎性學理和理論模式的研倡仍至為必要，有待繼續努力。

其次，若將本研究較常被研究的主題的細目對照其論文內容進一步加以觀察，則可以發現一些較常被研究的變項，例如，組織效能、組織承諾、組織氣氛、領導方式、工作滿足、認知型式、自我效能感、品質管理等，其引用的理論多數係源自歐美學者的研究成果，其用於界定變項內涵的層面或分類架構，主要亦係以借用或歸納增補國外學者研究成果的方式為之。舉例而言，研究領導方式的論文，多數係採用國外LBDQ或Fiedler，House，Hersey和Blanchard等學者的架構；研究組織氣氛則多數取用或修正Halpin和Craft等人的分類層面和問卷加以應用。此種研究現象，顯示近十年來國內教育行政學術研究對於國外理論依賴的一面。此一情況同樣見於其他社會科學領域（楊國樞，民88）。對於

西方教育行政理論的研究，故然是臺灣教育行政學術研究不可或缺的一部分，西方的學術智慧成果，不可否認的具有參考和啟迪的價值，然而臺灣有自己特殊的教育環境和文化背景，西方理論的移植自有其無法融入和周全照應的地方。因此為了發展更適宜臺灣的教育行政理論，及避免臺灣教育行政學術研究的「主體性喪失」及「教育行政理論西方殖民化」，有必要努力研發植基於本土文化脈絡的臺灣教育行政理論。

另外，從各個分項研究主題的整體分析結果，發現一些在當前教育行政改革中頗重要的教育行政議題，例如，目標管理、行政科技運用、教育資源整合運用、人員專業工作信念、學校本位管理、危機管理、組織合併與改造、行政組織病態等題材，研究的篇幅仍屬少數，值得加以正視。尤其一些頗具臺灣文化特色的行政題材，例如，教育行政體制附屬於政治體制的行政運作機制，人情與關說在教育行政運作歷程的影響，教育行政人員在職場中「只做但不會明說」的「靜默知識」或「潛在行政符碼、行政文化」、「行政專業與尊長制社會法則的衝突與調和」問題等。或許是因為其不具「解決現實行政問題的立即性效用」，過去甚少被關注研究。由於這方面的主題與臺灣社會文化的「深層結構」密切關聯（孫隆基，民72），屬於教育行政的基礎性問題，未來實在值得鼓勵研發。

研究方法與典範應用方面的反省

本研究結果發現一九九○年以後，臺灣地區教育行政學術研究在方法上的應用，絕大多數係以問卷調查法為主，採用參與觀察法、實驗研究法、歷史研究法、比較研究法，或其他方法，例如，內容分析法、資料庫資料分析法、行動研究法所佔的比率甚低。此種研究方法運用的偏向的情況，與王如哲（民86）和林明

地（民88）的研究結果報告吻合。說明了在研究方法與典範的應用上，近十年來臺灣地區的教育行政學術研究係以邏輯實證論的量化研究爲主流。此種情況亦與伍振鷟、陳伯璋（民74）、國立教育資料館（民83）、和陳伯璋（民84）對於臺灣地區整個教育學門研究方法的應用分析結果相符合。顯示臺灣地區教育行政學術研究方法與典範的應用，與整個教育學門的形態相似。這種情形，與新近國外教育行政學術研究兼重參與觀察、行動研究、資料庫資料分析等的多元方法的發展趨勢有別。

教育行政不能脫離教育實況，透過量化的調查資料分析了解教育行政問題，有其一定的功能和需要。然而問卷調查等量化性質的研究，亦有其研究上的限制。國內外的學者對於量化研究亦做出了許多類似「將教育事實化約孤立化」、「偏向容易測量的屬性」、「自陳式意見填答與實際行爲仍存有差異」、「無法適用於不同教育現象的了解」等反省（黃政傑，民76；陳伯璋，民77；Chanlat, 1994; Donmoyer, Imber & Scheurich, 1995; Carspecken, 1996; Capper, 1998）。

因此，有許多學者倡導教育行政的研究要脫離量化研究支配的拘迷，善用各種不同方法與典範的優點，以收相互濟補之效（Burrell & Morgan, 1979; Chanlat, 1994; Donmoyer, Imber & Scheurich, 1995; Capper, 1998）。尤其爲了縮短理論與實踐之間的鴻溝，使教育行政研究的成果，更能有效適用於教育現場的需要及協助教育人員認知成長，新近有關批判的俗民誌研究（critical ethnography）和合作行動研究等方法，頗受倡導（陳惠邦，民87；Argyris, Putnan & Smith, 1987; Carspecken, 1996; Capper, 1998）。衡諸國外教育行政研究方法和典範應用的發展趨勢，及教育行政學術研究運用多元方法及典範的實際需要性，未來台灣地區教育行政學術研究方法與典範應用，有必要反省突破問卷調查

法支配及邏輯實證論典範掛帥的偏向。

研究目的導向方面的反省

本研究結果發現在跨世紀間的近十年裡，台灣地區的教育行政學術論文，除了針對一般教育行政問題進行討論、析述、論理的理論著作外，博碩士論文、學報學刊論文和國科會專案的論文中，有多數論文都以「現況描述」和「關係研究」為主，有關「理論模式建構」和「跨國際比較」的研究，各僅佔3.2%和3.4%。此種研究目的取向狀況，顯示國內近年來教育行政學術研究目的較偏向於教育行政現實問題的了解與解決，帶有濃厚的實用主義色彩。其優點係教育行政學術研究能配合教育行政現實需要作出回應。不過此種狀況也容易流於「教育行政學術研究隨教育行政政策起舞的工具性聯結」，忽略了教育行政基礎學理與理論模式的研討。此一狀況在伍振鷟、陳伯璋（民74）、陳伯璋（民86）及楊深坑（民88）的教育研究著作反省中亦有過類似的省察。因此，新世紀的教育行政學術研究有必要鼓勵學者多作理論模式與基礎學理方面的研究。另者，由於探討變項間關係的相關研究，對於教育實踐的實質助益頗為有限，已有學者對此類研究的理論建樹和實踐效益作出反省（王如哲，民86；Imber , 1995），未來台灣教育行政學術研究有必要轉移此種重心，多作兼重理論探索、知識啟發及有益職場具體問題解決的研究。此外，由於國內跨國比較性的教育行政學術研究數量不多，為了對國外教育行政理論與措施有更深入的瞭解，避免「學術孤立和自戀」及「表面或膚淺性的將他國教育行政理論及措施引介移植」的缺點，有必要鼓勵學者多作跨國比較性的研究，以收擷長補短之效。

未來台灣教育行政學術研究之展望

　　統合前面有關近十年來台灣教育行政學術研究狀況的資料分析結果與反省，未來台灣地區的教育行政學術研究至少宜在下列幾方面多做努力與提昇：

積極研發具本土特色的教育行政基礎學理與理論體系，以擺脫對西方理論過度依賴的弊病

　　本研究針對研究主題的內涵及其理論引用和研究目的取向等方面的資料分析結果，發現國內近十年來教育行政學術研究具有下列狀況：第一，頗偏重在教育行政議題的調查了解及研究變項間關係探討；第二，研究主題中有關變項或內容的理論基礎多數係以援引或修補國外學者的研究成果為主；第三，研究主題雖然頗能回應國內教育改革和教育政策解決實際問題的需要，但也具有濃厚的實用、工具和短利色彩。此些情況，使得目前具本土特色的教育行政基礎學理的研究仍甚為欠缺；有關植基於台灣本土社會文化脈絡的教育行政理論體系仍未能有效建立。因此，為了避免台灣教育行政學術研究對於西方學術研究的不當移植，為了建立台灣教育行政學術研究的主體地位，並對國際教育行政學術研究提供可供參引的學理性研究貢獻，今後國內教育行政學術研究的學者及研究資助單位，有必要省察教育行政學術研究存在的「過度依賴西方理論」、「重實用、短利」和忽略「本土基礎學理」的研究問題，積極從事植基於本土社會文化脈絡的教育行政基礎學理研究和建立本土教育行政理論體系。

加強以往探討較少的重要題材的研究，以彌補研究的缺漏

　　本研究發現近十年來國內教育行政博碩士論文、學報學刊論文及國科會專案論文主要探討的領域集中在「管理與制度」、「組織」、「人員與心理」、「計畫與決策」和「領導與權力」等範圍，這些主題研究的必要性和價值，無庸置疑，值得肯定，也該繼續研發累積成果。然而如同在前面研究結果反省部份所提及，本研究就整體研究主題進行細目分析的結果，也發現一些在教育行政運作和革新發展上頗重要的題材，過去的研究仍然甚少或不足，有待未來繼續加強。以下例舉一些這類較少被探討而有待加強的研究題材供參考：

1.教育行政體制附屬於政治體制之下的教育行政運作問題：此一問題乃是台灣地區頗具特殊性的問題。在現有附屬體制之下，政治人物對於教育行政決策與運作歷程的影響，既深且巨。因此在「附屬」的體制下，如何發揮教育行政人員的專業理想和專業自主性，而不受政治人物更迭不當的影響或擺弄；或者是教育行政的體制應如何調整更張，應是教育行政未來學術研究的一項核心課題。
2.潛在教育行政學有關的課題：例如，行政人員次文化、人情與關說對教育行政運作的影響、教育行政人員「只做不明說的信念或靜默行政信條」等，都是值得努力探討的主題。
3.行政科技知識與運用問題。
4.教育資源整合應用的問題。
5.行政專業與尊長制社會法則的衝突與調和問題。

6.學校本位管理的具體作為問題。

7.組織改造發展與病態問題。

8.教育指標的建構與落實問題。

9.重要教育思潮和理論典範，（例如，建構實在論、再製理論、批判詮釋學、後結構主義、後現代主義、競值辯證理論等）在教育行政的啟示與應用問題。

10.學校與社區合作和互動關係的問題。

11.教育法令的內容正義和後設理念探討問題。

12.目標管理與危機處理的問題。

13.資訊社會或後現代社會教育的遠景規劃與教育人力培育問題。

加強專題之系統性或整合性研究，以充實教育行政之研究內涵

從本研究所分析的論文資料的題材加以觀察，發現台灣近十年來教育行政學術的研究，除了極少數主題具有系統性的探討外（例如，陳慶瑞教授對於Fiedler權變領導理論的系列研究），多數論文主題的研究型態，皆屬於零散或點狀性質，缺乏系統性和完整的探討。如此，對於一些教育行政主題的研究成果，自然在廣度和深度上較無法形成完整的體系。因此，未來可以鼓勵學者多從事教育行政專題的系列性或整合性研究，以充實研究內涵，提昇研究成果。

鼓勵多元方法和典範的運用，以突破以往教育行政研究受量化方法和實證典範支配的侷限

　　根據本研究資料分析的結果，發現台灣地區以往教育行政學術研究的方法係以問卷調查法為主，研究典範的應用主要係以邏輯實證論為宗。相對忽略了其它方法應用，對於其它重要典範例如，批判詮釋學、解構主義、後結構主義、後現代主義觀點的運用，亦未能給予應有的重視。此種狀況，不僅未能跟上國際教育行政學術研究的潮流，也未能符合教育行政學術研究探究事理的實際需要。由於各種方法和典範皆有其特長和限制。因此，未來教育行政學術研究，宜鼓勵學者配合研究的實際需要，選擇各種合適的方法和典範加以應用，藉以有效達成研究目的並收研究成果的相互濟補之功。

研倡各種合作行動研究的方式，以促進教育行政理論與實踐間的緊密聯結

　　本研究發現近十年來國內教育行政的學術研究目的取向，以現況描述、關係探討和一般理論性析述佔最多數，幾達九成之比重。現況描述和關係探討雖然有助於問題的了解，但對於解決教育行政問題的具體實踐策略，實質助益往往不大，而一般理論性的著述，對於教育行政工作人員往往易流於抽象、空泛或不切實際需要。此種學術研究成果與實踐的差距性問題，在前面已引述學者的研究報告加以說明和反省。因此，為了縮短和改善理論歸理論，實踐歸實踐的研究分離缺陷，今後有必要研倡各種合作行動研究方式，鼓勵學者專家與教育行政現場工作人員合作進行研究，藉以縮短理論與實踐間的鴻溝。

建立教育行政研究人員資料檔案及教育行政資料庫，以分享訊息便利研究

前面的資料分析和討論提及台灣教育行政學術研究的著述，大致是以點狀或零散的方式呈現和進行。如此，各個研究人員關注的焦點與發表的著作，缺乏系統完整的資料檔案供查考。以致在整體研究訊息的流通和分享頗為不足，也不利於結合對同一主題有興趣的學者的合作研究。故未來有必要建立完整的全國性甚至是跨國際性的教育行政研究人員的資料檔案，以利於研究訊息分享與建立合作研究團隊。另外本研究發現有些國外學者常用的方法（例如，檔案資料分析法）或重要的研究主題國內學者卻較少應用或研究，其原因可能與資料取得不易有關。因此未來有必要建立教育行政研究資料庫，以便利研究之進行。

加強教育行政跨國性比較研究與交流，俾較深入了解和吸納國外研究精華

本研究資料顯示國內教育行政學者進行跨國性比較研究篇數比率不多，但在為數眾多的描述性和相關研究，主要卻係以援用國外的理論為主，對照這兩種情況令人擔憂國內學者在移用國外理論或制度至本國情境時，頗易因缺乏對原理論或制度發展的社會文化背景認識不足，致而移用不當或誤導國人認知。因此，未來在努力研發具有本土教育行政理論體系的同時，仍不應故步自封或閉鎖排外，應更加鼓勵學者多做跨國性教育行政比較研究，甚至進行跨國性的教育行政學術合作研究與交流，以加深對國外教育行政理論與作為的了解，進而得以醒覺的採擷國外學術研究的精華。

結語

　　在這世紀之交，針對過去某段時期的教育行政學術研究狀況進行分析與反省，不僅有助於構思未來的研究發展方向，也有助於提昇教育行政研究品質。本此體認，本文針對一九九〇年以後近十年間台灣地區的教育行政博碩士論文、學報學刊論文及國科會專案論文進行分析探討。結果發現近十年來國內教育行政學術研究，在研究題材方面，主要集中在「管理與制度」、「組織」、「人員心理」、「計畫與決策」和「領導與權力」等範圍，相對忽略了許多教育發展和具本土特色的重要題材。在研究方法和典範應用方面，主要以問卷調查法和邏輯實證論為最普遍，其它質的研究方法和典範的應用甚少。在研究的目的取向方面，則以現況描述和相關研究佔多數，頗缺乏本土基礎學理和理論模式的探討。本研究的資料分析也發現國內近十年來的教育行政研究，雖頗能與政府教育改革的議題和政策相回應，但也出現了「西方理論移植轉借」、「重實用輕學理」和「跨國際比較研究不足」等問題。因此，未來除繼續已有的研究成果之外，應針對過去研究不足或缺陷部份加以改善。是以本文提出建立本土理論、強化專題系統研究、增加對以往研究不足的重要題材的探討、及加強跨國際的研究與交流等多項展望性建議。祈望有助於新世紀台灣教育行政學術研究品質的提昇與發展。

參考文獻

中文部份

王如哲（民86），《近五十年來臺灣地區教育行政學術研究發展之反省與批判》。嘉義：國立中正大學。

王如哲（民87），《教育行政學》。台北：五南圖書公司。

王如哲（民88），〈教育行政與管理研究的發展趨勢〉，載於國立中正大學教育學研究所編，《教育學門研究生研究方法討論會會議手冊》，頁VII-1~VII-23。嘉義：國立中正大學教育學研究所。

王如哲、林明地、張志明、黃乃熒、楊振昇（民88），《教育行政》。高雄：麗文文化公司。

伍振鷟、陳伯璋（民74），〈我國近四十年來教育研究之初步檢討〉，《中國論壇》，第241期，230-243。

林明地（民88），〈學校行政管理研究的現況與趨勢〉。載於國立中正大學教育學研究所編，《教育學門研究生研究方法討論會會議手冊》，頁VII-24~VII-39。嘉義：國立中正大學教育學研究所。

秦夢群（民86），《教育行政學》。台北：五南圖書公司。

孫隆基（民72），《中華文化的「深層結構」》。香港：集賢社。

國立教育資料館（民83），《中華民國教育研究資訊彙編》。台北：國立教育資料館。

陳伯璋（民77），《教育研究方法的新取向》。台北：南宏圖書公司。

陳伯璋（民84），〈我國教育研究之檢討與展望〉，載於國立空中
　　大學、國立花蓮師範學院、國立屏東師範學院聯合出版，
　　《分析社會的方法論文集》，頁C-1至C-2。屏東：屏東師範學
　　院。

陳惠邦（民87），《教育行動研究》。台北：師大書苑。

張德銳（民83），《教育行政研究》。台北：五南圖書公司。

黃光國（民88），〈建立「學術實踐的主體性」：對心理學問及社
　　會科學的探討〉，收錄於行政院國家科學委員會編，《全國人
　　文社會科學會議會前會社會科學組會議手冊》，頁209-227。
　　台北：行政院國家科學委員會。

黃昆輝（民77），《教育行政學》。台北：東華書局。

黃宗顯（民80），〈學術消費者角色地位反省〉，《大漢風》，11
　　（12），3-7。

黃政傑（民76），〈教育研究亟需擺脫量化的支配〉，載於中國教
　　育協會主編，《教育研究方法論》。台北：師大書苑。

葉啓政（民80），〈文化優勢的擴散與「中心—邊陲」的對偶關
　　係〉，收錄於葉啓政著，《制度化的社會邏輯》，頁153-192。
　　台北：東大圖書公司。

楊深坑（民88），〈教育學學門成就評估報告〉，收錄於行政院國
　　家科學委員會編，《全國人文社會科學會議會前會社會科學
　　組會議手冊》，頁31-48。台北：行政院國家科學委員會。

楊國樞（民88），〈「西化華人心理學」的本土化〉，《人文與社會
　　科學簡訊》，2（1），1-7。

謝文全（民77），《教育行政—理論與實務》。台北：文景出版社

英文部份

Argyris, C., Putnan, R. & Smith, D. M. (1987). *Action science*. San Francisco: Jessery Bass Publish.

Burrell, G. & G. Morgan(1979).*Sociological paradigms and organizational analysis*. London: Heineman Educational Books.

Capper, O. A.(1998). Critically oriented and postmodern perspectives：Sorting out the differences and applications for practice. *Educational Administration Quarterly*, 34(3), 329-379.

Carspecken, P. F.(1996). *Critical ethnography in educational research*. New York: Routledge.

Chanlat, J. F. (1996). Towards an anthropology of organizations, In J. Harsand & M. Parker (Eds.), *Towards new theory of organization* (156-189). New York：Routledge .

Donmoyer, R., Imber M. & Scheurich, J. (Eds.) (1995).*The knowledge base in educational administration：Multiple perspectives*. Albany：State University of New York Press.

Imber, M. (1995). Organizational conterproductivism in educational administration, In R. Donmoyer, M. Imber & J. Scheurich (Eds.), *The Knowledge base in educational administration*, Albany: State University of New York.

Leithwood, K. & Menzier, T.(1998). A review of research concerning the implementation of site-based management . *School Effectiveness and School Improvement*, 9(3), 233-285.

「一九九〇年後台灣地區教育行政學術研究狀況之分析與展望」評論

秦夢群

本研究探討台灣教育行政學術研究之狀況，為繼王如哲（1997）後第二個直接針對教育行政學術研究的作品，其研究資料多達759篇，遍及博碩士論文，學報論文，國科會專案研究報告，為近年來最詳盡的分析，作者之努力值得肯定。

研究結果依研究主題，研究方法與典範應用，研究目的取向加以分析，其發現極為具體，可供以後教育行政學者參考，最後之建議也多本著發現加以敘述，有其可行性。

本研究優點極多，但也許限於篇幅，仍有部分不足之處，其中包括：

1. 研究發現僅止於敘述，但對其背後之原因則較少觸及。例如，研究發現多數論文以問卷調查法為主要研究法，參與觀察和個案研究等等方法並未被普遍採用，其原因究竟何在，作者並未加以深入分析，也許，作者認為資料不足未敢進一步斷言，但是未提個人之看法，令人有美中不足之感。

2. 作者發現過往教育行政研究係以邏輯實證論為基礎的量化研究為主，鼓勵多元方法和典範的運用。然而可惜的是本研究也僅多以量化為主要研究方式，其餘如批判典範或自然典範的研究型式，本研究也較少觸及，未來如能適當採用質化方法，對量化發現做進一步探討，應該更為完美。

3. 教育行政領域與其他相關教育領域有差異之處，其基礎學理與理論模式到底應移植於行政學，還是應自創？教育行政理論與實務應如何結合？到底是理論引導實務政策，還是實務運作導致理論之形成轉變？本文較少提及，將來如有機會，可再進一步探討之。

第五部份

比較教育研究之回顧與前瞻：
國際脈絡中的台灣經驗

李奉儒

在研究世界各國的教育制度時，我們不能像一位小孩漫步在公園中，任意東採一朵花，西摘一些葉，然後帶回去種植在自家的土壤裡，就滿心希望它會長成一株活生生的花木來。

（Sadler, 1900: 310）

摘要

　　二次世界大戰之後，比較教育研究在台灣日益受到重視，其成長與歷史發展已超過五十年。「比較教育」課程首先出現在師範校院中，但台灣之教育學術界對其定期探討，並組成專業學術社團則始於一九七四年中華民國比較教育學會的成立，並自一九八二年十二月起發行機關刊物《比較教育通訊》。本文依據影響台灣比較教育研究的重要事件，將其發展分成兩個主要時期來探討：第一時期是自二次世界大戰之後直至一九七四年中華民國比較教育學會的成立。第二時期自是自一九七四年至一九九五年國立暨南國際大學設立比較教育研究所為止。最後，則是探討一九九五年迄今的比較教育研究現況，特別是台灣第一所比較教育研究所碩士班設立後，對於研究主題、對象和內容之影響。

　　本研究援引國外比較教育學者的相關主張和研究結果，企圖在國際脈絡中觀照台灣比較教育研究的發展與形構，藉以擬訂兼具國際視野與本土特色的比較教育研究的方向，以奠定台灣在國際比較教育研究之地位。要言之，本研究主要採取歷史研究法以針對台灣地區教育類期刊進行文獻分析，首先回顧與探討一九四五年之後台灣比較教育研究的歷史發展，其次分析台灣比較教育研究的現況和成果，最後在結論中歸結六項未來之研究趨勢和重點。

前言

　　有「比較教育之父」稱謂的法國教育學者Marc-Antonie Jullien在其一八一六至一八一七年出版的〈關於比較教育工作的計畫與初步意見〉一文中，指出正如比較解剖的研究促成解剖成為一門科學，研究各國教育制度和教學方法的比較教育，也必然能提供新的方式使教育完善而成為一門科學。（引自Fraser, 1964: 41）而十九世紀的德國社會學學者Lorenz Von Stein在1856年的著作《行政研究》一書中，也指出「建構科學的教育理論之任務，只能借諸比較分析的協助」。所謂比較分析是指有目的地運用「比較」的方法論，強調「比較點」（the tertium comparationis）的建立，對於收集得到的教育事實資料賦予意義，並尋求教育底蘊的主要原則。（引自Hausmann, 1967: 13）及至現代，Joseph P. Farrel認為比較結果可以增益理論的解釋力，他在其擔任美國比較與國際教育學會會長演說詞中指出：「沒有任何一般化的教育科學研究不是比較教育研究」。（Farrel, 1979: 10）上述學者的論點無疑均肯定教育的「比較研究」在建構教育學成為一門科學的努力中，扮演必要的角色。本研究旨在深入探討與整體瞭解台灣比較教育研究的歷史發展與現況，進而擘畫出台灣比較教育研究的形貌與未來發展的方向，並期有助於我國教育科學的建構。

　　環顧亞洲國家，以日本和大陸的比較教育研究活動較多。日本比較教育學會成立於一九六五年，而早在一九五二年就已在九州大學設立第一個比較教育講座，其後九州大學進而設立日本第一個「比較教育與文化研究所」，也是目前亞洲比較教育學會的所在地。日本比較教育學會的總部則是設在日本教育部於一九四九年成立的「國家教育研究院」內，成為日本比較教育研究的中

樞。（Tshchimochi, 1982: 438）[1]大陸自文化大革命之後，比較教育活動與課程才又開始發展，中國比較教育研究學會在一九七九年成立，同年，大陸也設立第一個比較教育研究所招收碩士生，並在一九八四年開始博士生課程。（Chen, 1994: 233）

　　二次世界大戰之後，比較教育研究在台灣日益受到重視，其成長與歷史發展已超過五十年。「比較教育」課程首先出現在師範校院中，但台灣之教育學術界對其定期探討，並組成專業學術社團則始於一九七四年中華民國比較教育學會的成立，並自一九八二年十二月起發行機關刊物《比較教育通訊》。

　　本文為詳盡分析台灣比較教育研究的歷史發展，依據影響台灣比較教育研究的重要事件，將其發展分成兩個主要時期來探討：第一時期是自二次世界大戰之後直至一九七四年中華民國比較教育學會的成立。第二時期是自一九七四年至一九九五年國立暨南國際大學設立比較教育研究所為止。最後，則是探討一九九五年迄今的比較教育研究現況，特別是台灣設立第一所比較教育研究所碩士班，以有系統地培育新一代比較教育研究者後，對於研究主題、對象和內容之影響。

　　國內學者蔡清華於一九八九年曾針對中華民國比較教育學會會員之學經歷，以及該學會歷年出版的年刊進行分析。本文則是根據一九四五年迄今的教育類期刊文獻，參考蔡清華（1989）的分析架構並做修正後，先區分比較教育研究三個演進時期，再從三個主要面向來探討，同時進行交叉分析：一是研究主題，即區分研究文獻本身是屬於區域研究、專題比較或理論（含方法論）研究；一是研究對象，亦即比較教育研究領域中的國家：一是研究內容，即各類教育階段。換言之，本文將從研究主題、研究對象和研究內涵等三個面向來進行討論，藉以追溯各個發展時期的研究重點、特色及發展方向，並分析其中的研究困境與可能之解

決途徑。

　　要言之，本研究主要採取歷史研究法以針對台灣地區教育類期刊來進行文獻分析[2]，首先回顧與探討一九四五年之後台灣比較教育研究的歷史發展，其次分析台灣比較教育研究的現況和成果，並在結論中歸結未來之研究趨勢和研究重點。本研究在分析過程中也援引國外比較教育學者的相關主張和研究結果，企圖在國際脈絡中觀照台灣比較教育研究的發展與形構，藉以擬訂兼具國際視野與本土特色的比較教育研究的方向，以奠定台灣在國際比較教育研究之地位。

台灣比較教育研究發展的第一時期：1946—1974

　　比較教育學者Nicholas Hans在其《比較教育》一書開頭即提到：「比較教育所包含的內容和應該使用的方法究竟是什麼？至今仍無法得到共同的見解。」（Hans, 1947: 1）Friedrich Schneider（1961: 136）也指出在數次的比較教育國際學術研討會中，與會者對於比較教育的概念、方法、任務和意義等均未達成共識。Altbach與Kelly則認為，比較教育的特色正是其總是出現新且分歧的觀點、對意識型態的激烈論爭、地區和世界體系理論取向的變化，以及典範的轉移等等（Altbach & Kelly, 1986: 1-2）。因此，與其嘗試尋求對於比較教育的界定，本文將從比較教育研究的實際成果來尋繹與掌握比較教育在台灣展開的蹤跡。本節分從研究主題、研究內容和研究對象來說明本時期的研究特色。由於本時期涵蓋將近三十年的時間，另將其細分成一九四六至一九五四，一九五五至一九六四，以及一九六五至一九七四等三個次時期，以彰顯不同時間下比較教育研究重點和內容的差異。

表1 台灣比較教育研究第一時期之期刊文獻的研究主題分類

單位：篇

	1946-1954		1955-1964		1965-1974		1946-1974	
區域性研究	211	84.06%	657	85.77%	367	76.78%	1,235	82.61%
專題比較研究	40	15.94%	108	14.10%	107	22.38%	255	17.06%
理論性研究	0	0%	1	0.13%	4	0.84%	5	0.33%
總計	251	100.00%	766	100.00%	478	100.00%	1,495	100.00%

（本表取至小數點後第二位四捨五入，下同）

比較研究主題的類別

　　根據本研究對台灣各類教育期刊的文獻分析，本時期相關於比較教育的1495篇期刊文獻中，其研究主題、內涵和對象可分別整理成下（表1、表2、表3、表4）來呈現並討論。[3]

　　首先，從（表1）可知，在1946-1954的次期間，台灣比較教育研究的期刊論文著重在區域性研究的主題，在為數251篇中佔了211篇，在比例上超過百分之八十四；專題性的文章則僅只有40篇，約佔全部文獻的百分之十六；但理論性的研究則是付之闕如，連一篇都沒有。可見此一時期的比較教育研究是著重在借取外國教育經驗或是單純地介紹國外教育情況，也較少針對各項教育專題來比較研究，猶如比較教育發展中的旅人時期之外國教育見聞的報導和描述而已。

　　其次，在1955-1964的十年時期，雖然比較教育研究的期刊文獻突增至766篇，為前一個次時期的三倍多；但整體而言，研究主題的分佈比例並沒有顯著的改變，仍是區域性的研究文獻佔了約

百分之八十六；專題性的文章雖然成長為108篇，比例上則降了兩個百分點，只佔百分之十四；至於理論性的研究則僅只有一篇，連0.2百分點都不到。可見本次二時期的比較教育研究仍是著重在描述外國教育經驗或是介紹國外教育情況，也較少針對各項教育專題來研究，至於比較教育的理論研究則是仍未加以重視，也較不關心比較方法的探究，若長期如此，這將使得研究者或決策者在參考外國教育制度時，容易犯了文化借用時期所遭受的責難，像是未曾考慮本土的特性而全部地加以移植，或是盲目追求外國的教育措施或借用外國的教育理念。

最後，在1965-1974這另一個十年時期，比較教育研究的期刊文獻不增反減至478篇，為第一個次時期的將近兩倍，卻只是第二個次時期的三分之二弱。然而，整體而言，研究主題的分佈比例有較大改變，區域性的研究文獻降至全體的四分之三；專題性的文章之比例則增加至約有四分之一；至於理論性的研究也增加為4篇，但仍不到全體的一個百分點。由此，可推知前述的外國教育描述報導或是教育借用的問題仍存在著這一第三個次時期。

整體而言，台灣比較教育研究第一時期研究主題的特色是著重在區域性研究（82.61%），其次是專題比較（17.06%），而理論性研究則是最薄弱的部份（0.33%）。究其實際，這也隱含比較教育的起源是首先發生於對於跟本國相異的外國教育和文化等相異性產生興趣，進而以改良或改革本國教育制度為其目的而嘗試的一種外國教育研究。這種借用外國有用的教育設計來改善本國教育的實用特性，使得台灣的發展跟其他國家一樣重視對別國的研究。然而，國外比較教育研究的趨勢已逐漸從單純描述外國教育的階段，擴展至包含對學校制度發展和運作之政治、社會和歷史等脈絡的檢視，以避免直接借用的可能危險。比較教育學者進而考量教育與其所在的社會環境之間的互動關係，並在一九六○年

表2 台灣比較教育研究第一時期之期刊文獻的研究對象分類

單位：篇

	1946-1954		1955-1964		1965-1974		1946-1974	
單一國家研究	211	84.06%	657	85.88%	367	76.78%	1,235	82.89%
兩個國家研究	6	2.39%	24	3.14%	19	4.01%	49	3.29%
三個以上國家	34	13.55%	84	10.98%	88	18.57%	206	13.83%
總計	251	100.00%	765	100.00%	474	100.00%	1,490	100.00%

代末期發展出運用跨國資料來考驗教育與社會關係的命題（或假設）。（Noah & Eckstein, 1969: 113）但反觀台灣在這一時期仍未進展到Harold J. Noah 和 Max A. Eckstein （1969）所謂的「科學化」階段，當然，這或許跟比較教育研究在這一時期仍是相當年輕，且缺少專業組織或教學研究機構來大力推展有關。

比較研究對象的類別

　　本比較教育研究的第一時期有一凸顯的特點是著重在「單一國家」的研究，（表2）的統計數字顯示「單一國家」的研究文獻總共有1,235篇佔了全部1,495篇的近百分之八十三。如再細分，可看出在第一個和第二個次時期，「單一國家」的研究文獻分別約佔了百分之八十四和八十六，只在第三個次時期降為百分之七十七。嚴格說來，這種單一國家的研究類別不能說是「比較」教育研究（comparative studies in education），而是「外國」教育（foreign education）研究，因其只是描述、說明或分析某一特定國家，而不是進行國與國之間的比較研究，反而較像是「外國教育」

（Auslandspadagogik），這或可以說是比較教育都是從對外國教育的研究出發。Pedro Rossello即認為有必要區分外國教育和比較教育：前者是蒐集資料、觀察和比較事實，以描述相同和相異點的「描述的」比較教育；後者則指探究所比較的教育現象之背後的原因，如有可能並預測未來發展的「解釋的」比較教育。（引自Lauwerys, 1959: 281）本時期如按照美國比較教育學者George Z. F. Beraday（1964）的比較教育研究步驟，也只能算是「區域研究」中的描述、解釋階段，而未進行「比較研究」的兩個必要步驟，即各研究對象國之教育相關資料的「並排」（juxtaposition）和「比較」。甚至，「並排」距離真正的比較仍是相當遠的，因為，前述描述的資料如未先經過解釋，則即使並排處理也根本無從比較。但這種對於單一國家的外國教育研究仍在比較教育上扮演重要角色，有益於後續學者的進一步研究。

此外，本時期的三個次時期之「兩個國家」之比較研究，僅只是分別佔了百分之二、三和四的比例，數量上可說是非常非常的少，顯示本時期教育的「比較」研究仍是相當闕如，也符應了上述的分析，即只著重在外國教育的描述或介紹。值得注意的是，「三個以上國家」的研究文獻比「兩個國家」之比較研究在數量上來的多，分別為34篇、84篇和88篇，且在整體文章中的比例上也不輕，各自達到百分之十四、十一和十九。然而，這些數字並不足以令人興奮。以Robert L. Koehl 在1977年對於美國《比較教育評論》上刊載的文章之統計，介紹單一國家的文獻有162篇，比較兩個國家的有59篇，三個（含）以上的有83篇；雖然比較三個（含）以上國家的研究仍多於兩個國家，但兩者在數量和比例上（27.30%比16.12%）並不像台灣的差距（13.83%比3.29%）如此之大，約達六倍之多。然而，正如Hans指出的，「比較」一詞指涉對事實的解釋，因為，沒有解釋就不可能比較。（Hans,

1959: 300）而相較起來，「三個以上國家」比起「兩個國家」之比較研究來的困難多，所要解釋和比較的資料更多且更複雜；以各類相關文獻短則數頁，多僅十餘頁的篇幅中，若非相關作者黯於比較教育的方法論或是研究步驟，就是這些作者仍只是「描述而非解釋」、「並排而非比較」三個以上的國家，否則，不應有如此的研究現象發生。

比較研究內涵的類別

本時期在比較研究內涵將分別依據教育階段和研究國家來列表說明，亦即在教育階段區分為一般教育、學前教育、初等教育、中等教育、高等教育和繼續教育；並根據資料的分類後，以美、英、日、俄、德、法等主要國家為分析對象來執簡馭繁，使不致於分歧了討論焦點；其他國家以其數量上並不顯著而暫時擱置不去討論。事實上，根據Tshchimochi（1982: 440）的調查，日本比較教育研究的對象也是以美國、英國、西德和法國等先進國家為主，未來則將轉移至亞洲大陸和南亞等地區的研究。必須在此說明的是，如是「三個以上國家」或「兩個國家」的研究文獻，將依照其研究國家而分別記入，故不再是以各篇為計數單位。如此，可依教育階段和研究國家分別作成（表3）和（表4）來說明比較教育研究內涵。

本第一時期的台灣比較教育研究文獻，如根據教育階段來分類，從上述的統計數字可以得知如下結論：

1. 一般教育類的文獻最多，計有146篇這可推論是因為本項分類的涵蓋範圍最廣，凡文獻本身的定位不屬於某一特定教育階段的文章，均將其歸類於此。

表3 台灣比較教育第一時期之期刊文獻研究的教育階段分類

	一般教育		學前教育		初等教育		中等教育		高等教育		繼續教育	
美國	57	39.04%	3	42.86%	20	58.82%	38	49.35%	96	66.21%	16	72.73%
英國	17	11.64%	1	14.29%	2	5.88%	18	23.38%	13	8.97%	4	18.18%
日本	28	19.18%	2	28.57%	5	14.71%	11	14.29%	22	15.17%	1	4.55%
俄國	18	12.33%	1	14.29%	0	0%	1	1.30%	4	2.76%	0	0%
德國	17	11.64%	0	0%	1	2.94%	5	6.49%	7	4.83%	1	4.55%
法國	9	6.16%	0	0%	6	17.65%	4	5.19%	3	2.07%	0	0%
總計	146	100%	7	100%	34	100%	77	100%	145	100%	22	100%

2.其次是高等教育階段的研究文章，總共有 145 篇之多；這
　頗能說明本時期的比較教育之研究重點為高等教育，尤其
　是政府和教育學者均相當重視大學教育的功能；其中尤以
　美國為對象之探討為最多者，超越全體的一半而高達百分
　之六十六，似也能說明台灣在發展高等教育的過程中，其
　取經和模仿的對象主要是美國，其後才分別為日本的22篇
　（15.17%）和英國的13篇（8.97%）。

3.學前教育類的文獻僅只有七篇，是所有研究中最少者。由
　於比較教育研究本身帶有濃厚的「實用性格」希望藉著研
　究外國教育的成果來改善本國教育的體質。可知本時期的
　台灣教育政策或改革的重心並不在於學前教育，也不在於
　次低的繼續教育方面（僅只有22篇）。

4.至於中等教育階段則受到一定程度的重視，計有77篇的相
　關論文，並以美國和英國的中等教育為主要的探討對象，
　兩者分別佔了百分之四十九和二十三，合起來超過全部的

表4 台灣比較教育研究第一時期之期刊文獻的研究國別分類

	美國		英國		日本		俄國		德國		法國	
一般教育	57	24.78%	17	30.91%	28	40.58%	18	75.00%	17	54.84%	9	40.91%
學前教育	3	1.30%	1	1.82%	2	2.90%	1	4.14%	0	0%	0	0%
初等教育	20	8.70%	2	3.64%	5	7.25%	0	0%	1	3.23%	6	27.27%
中等教育	38	16.52%	18	32.73%	11	15.94%	1	4.17%	5	16.13%	4	18.18%
高等教育	96	41.74%	13	23.64%	22	31.88%	4	16.67%	7	22.58%	3	13.64%
繼續教育	16	6.96%	4	7.27%	1	1.45%	0	0%	1	3.23%	0	0%
總計	230	100%	55	100%	69	100%	24	100%	31	100%	22	100%

七成之多。緊接著的對象是日本，有11篇相關的文獻。

另一方面，第一時期的台灣比較教育研究之發展，如根據研究之對象國家來分類，則從（表4）的統計數字可作如下的討論：

1. 美國無疑是各主要國家中最受重視之國家，文獻中有高達 230 篇之多。一方面可以說明台灣早期的教育發展較以美國為馬首是瞻，另一方面則可能是因為相關學者大多從美國留學或進修回來，而以其較為熟悉美國教育和其文化傳統、社會政治脈絡的情況下，較易從美國的各項教育資料來著手。

2. 日本則是次高之研究對象，雖不比其後的英國在數量上有顯著差異 （69篇對55篇），但也可推知台灣比較教育學者或是因為日據時代教育的影響而熟悉日文，以至於沒有很大的語文障礙來進行研究；或是因為相關研究人員可能挑

選就近的日本作為留學或進修的國家，俟其回國之後，自
是較多關於日本教育的研究。

3. 法國、俄國和德國之相關研究明顯較少，這可能是因為法
文、俄文和德文等語文上的障礙，使得有意願或有能力至
這些國家留學或進修的學者不多，也因此成為比較教育研
究領域中較為弱勢的研究對象。

　　總之，比較教育研究在台灣發展的第一時期，即在1946-1974
這為時將近三十年的期間，研究主題主要是區域性的研究，而理
論性的研究則總共只有5篇。這一結果跟鄰近的日本之比較教育研
究相當類似。日本比較教育學會分別在一九六七年和一九七九年
對其學會會員的出版論著進行調查。在總計2,266的論文和著作
中，也發現到區域研究的文獻佔了比較教育研究的大部份，且集
中在日本、美國、英國、德國、法國和蘇聯等國家。其次，日本
比較教育學者較少關心「方法論的研究」。（Kobayashi, 1990:
213）

　　相對於同時期國外學者對於比較教育理論與方法論之討論或
爭議之蓬勃發展，台灣在這一階段仍是有待開發之領域。例如，
在一九六四年美國哥倫比亞大學由二十五位比較教育研究者共同
討論「比較教育的現況」，列出七項比較教育方法論的問題：

1. 比較教育的基礎工具為何？比較教育應使用的基本學科為
何？

2. 比較教育與其他基礎學科例如，教育史學、教育社會學、
教育哲學等之界線為何？

3. 質的與量的研究間如何取得平衡？而理論、實證取向又如
何取得平衡？

4.何處是區域研究的終點、比較研究的起點？

5.比較教育與發展研究間的關係為何？

6. 如果要協助形成計畫，比較分析如何提出建議，且如何區分建議和訓誡？

7.研究者需具備哪些語言技能？（Bereday, 1967: 169-170）

但反觀國內學者在本時期對於比較教育理論與方法論的問題卻是很少加以注意，這往往反應出兩種值得注意的現象：一是研究者對於比較研究據以進行的基礎相當陌生，使得本時期的比較教育研究重點是在借取外國教育經驗或是介紹國外教育情況，而未能針對比較教育的理論或方法論來努力。這個事實正點出為何本時期的研究對象偏向「單一國家」的研究，或所謂「外國」教育的研究，而不是進行國與國之間的比較研究。二是研究成果往往干犯文化借用的謬誤而不自覺，特別是直接「移植」自外國的教育制度，如本時期的研究內涵主要是美國這一「單一國家」，而焦點則是放在「高等教育」這一課題的研究上。一方面，僅僅描述國外教育現況並不足以稱為「比較」教育；另一方面，各國不同發展階段的社會及其教育制度能否立即進行比較，也必須有所區辨。各種教育制度實際反映出各國的民族性（national character）或活生生的精神（living spirit），在「借用」或「移植」任何的教育制度之前，有必要考察其背後的各種影響力量或因素（forces or factors），例如，文化、政治、經濟、社會等加以探究，否則，橘越淮為枳，其扞格難行或弊病百出實屬預料之中。此外，台灣的比較教育研究需要更多具有語言能力的研究人才，使其在堅實的比較教育方法論的基礎上，配合語言的理解力，擴展以其他國家

的教育為主題進行研究，並避免對他國教育資料錯誤的解讀，或盲目的比較過程中所造成的誤用與濫用。

台灣比較教育研究發展的第二時期：1975—1994

　　台灣教育學術界在一九七四年五月十八日組成「中華民國比較教育學會」，以定期探討、統整與進行比較教育研究的學術活動；該會的宗旨為「比較研究世界主要國家教育，增進國際教育學術合作，提高我國教育學術水準，並促進國內教育之革新」；並自一九八二年十二月起發行《比較教育通訊》，作為有系統地推動比較教育研究的論文發表園地。德國比較教育學者Schneider將西歐各國比較教育之歷史發展分為「科學前的比較教育」和「科學的比較教育」兩大時期，期間的區分在於「學問的反省」（轉引自林本譯，1975: 5）。學會作為一個專業社群，其職責在於探究社會工作者所處文化脈絡的限制，避免我族中心主義的干擾，而無法進行理解全體情境及其他可能方案的責任。（Farrell, 1979: 10）如依照Schneider的區分，中華民國比較教育學會作為一個比較教育研究社群，其成立當有助於對台灣比較教育研究進行「學問的反省」，進而有益於本時期邁向「科學的比較教育」。

　　本節仍是根據本研究對教育期刊的文獻分析，將本時期相關於比較教育的1,429篇期刊文獻，依其研究主題、對象和內涵來分別列表如（表5、表6、表7、表8）來呈現並討論。自1975-1994年這二十年的時期，如以中華民國比較教育學會出版《比較教育通訊》的一九八二年十二月為分界點當是較為理想，惟為便於統計分析並跟先前時期作一對照，仍以十年為期來劃分成1975-1984和1985-1994兩個次時期。

表5 台灣比較教育研究第二時期之期刊文獻的研究主題分類

單位：篇

	1975-1984		1985-1994		1975-1994	
區域性研究	355	78.02%	808	82.96%	1,163	81.39%
專題比較研究	86	18.09%	140	14.37%	226	15.82%
理論性研究	14	3.08%	26	2.67%	40	2.80%
總計	455	100.00%	974	100.00%	1,429	100.00%

比較研究主題的類別

　　首先，從（表5）可知，在1975-1984的第一個次時期，台灣比較教育研究的期刊論文仍是著重在區域性研究的主題，在為數455篇中佔了355篇，約百分之七十八；專題比較性的文章則有86篇，接近百分之十九，較諸前一個十年時期並沒有成長多少；至於理論性的研究文獻也有增加，由第一時期各次時期的1篇、4篇而增加為14篇，約佔了百分之三，這是比較教育研究中的一種實足的成長。上（表5）中的數字也再次證明了比較教育研究的重點總是放在區域研究之上，著重借取外國教育經驗或是介紹國外教育情況。

　　Tetsuya Kobayashi在一九八一年參考Robert Koehl（1977）對於三種國際性比較教育期刊進行分析的架構，也將日本比較教育學會刊物從1975-980年間的六卷共88篇文章進行分析，並發現類似上（表5）的研究結果：日本較為不重視比較教育的理論與方法（僅有11篇，且其中的九篇是發表在第一期的刊物上），而在Koehl

所做的調查中，總計287篇中就有110篇理論性研究的論文。全部文章中有74篇採取歷史方法，且主要是文獻分析法；而另外14篇文獻是使用問卷等社會調查方法。（Kobayashi, 1990: 214）可知，對於比較教育理論與方法論的興趣缺缺，並不只是台灣的比較教育學術界；相對的，區域性研究的主題仍是主要的探討焦點。另一方面，在前述Kobayashi的調查中，扣除11篇理論性研究文獻，其餘77篇論文中有46篇是處理單一國家，31篇是比較兩個或兩個以上國家。根據這個結果，Kobayashi認為日本的比較教育研究已逐漸脫離傳統外國教育研究階段，邁向真正的比較教育研究階段。（Kobayashi, 1990: 213-214）

其次，在1985-1994的十年時間，雖然比較教育研究的期刊文獻突增至974篇，將近前一個次時期的兩倍；但整體說來，研究主題的分佈比例並沒有顯著的改變，區域性的研究文獻增加至約百分之八十三；專題性的文章雖然成長為140篇，比例上則降了五個百分點，只佔約百分之十四；至於理論性的研究則數量為26篇，比例上則稍有滑落（2.67%）。大陸學者也調查了約同時期的《外國教育動態》、《外國教育》及《外國教育資料》這三份比較教育期刊在1985-1989年的論文結構，發現其中關於方法論文獻的分別為1.2%、1.2%和1.6%，故指出中國大陸最弱的部份就在方法論上，而比較教育研究尚未超過「因素與動力」階段。（Chen, 1994: 250）

可見本次時期的比較教育研究跟前述各個次時期一樣著重在描述、分析外國教育經驗或是單純地介紹國外教育情況，也未能針對各項教育專題來研究，至於比較教育研究本身的方法論或理論建構仍是有待投入和努力之處，這或許也是因為比較教育研究的純理論探討本就不容易發揮，而使得研究者捨難就易。例如，在第一個次時期的14篇理論性文章中，有九篇是發表在《比較教

育通訊》的第一期至第五期，但全部均為翻譯自國外學者的文章：及至第二個次時期的26篇文章中，在《比較教育通訊》上發表的有19篇，但其中翻譯的文章就佔了12篇，屬於個別作者的創作則有七篇，學者王家通先生在一九七七年第十六期的「比較教育研究的陷阱」是首開創作之例。可見《比較教育通訊》的發行的確在實質上促進學者對於比較教育理論與方法論的關心，引導比較教育研究在理論與方法論上的開創，並提供一個最佳的學術發表園地。本次時期的另外七篇則是分別發表在七種不同的教育期刊上，其中僅有一篇是翻譯的文章；而學者楊深坑先生一九九三年在台灣《師大學報》第三十八期上以英文發表的「Explanation and Understanding in Comparative Education」，更是台灣比較教育研究發展史上的一大突破，有助於將本土的研究成果推向國際學術舞臺。

比較研究對象的類別

比較教育研究的第二時期相同於第一時期所凸顯出來的特點，也就是著重在「單一國家」的研究，像是（表6）的統計數字顯示「單一國家」的研究文獻總共有1,163篇佔了全部1,389篇的百分之八十四，尚比前一時期多了一個百分點。如再細分，可看出在第一個和第二個次時期，「單一國家」的研究文獻分別佔了百分之八十一和八十五。前已提及，這種單一國家的研究類別嚴格而言並非是「比較」教育研究，而是「外國」教育研究，因其只是描述、說明或分析某一特定國家的教育現況，而不是進行國與國之間的比較研究，這只能算是一種「區域研究」而已。Rober Cowen指出這種「傳統的」（conventional）比較教育潛藏著「概念上」的危險，如未受過訓練的新人，將會誤以為比較教育就是對

表6 台灣比較教育研究第二時期之期刊文獻的研究對象分類

單位：篇

	1975-1984		1985-1994		1975-1994	
單一國家研究	355	80.50%	808	85.23%	1,163	83.73%
兩個國家研究	28	6.35%	76	8.02%	104	7.49%
三個以上國家	58	13.15%	64	6.75%	122	8.78%
總計	441	100.00%	948	100.00%	1,389	100.00%

外國教育的描述；甚至更糟的是，將「比較教育」化約為類型學的比較（comparison-by-taxonomy）和並排的比較（comparison-by-juxtaposition）。Cowen 認為這種資料的初步瀏覽只是「前」比較階段，因為，比較的進行不在描述，而在於「解釋」。（Cowen, 1993: 62-63） 這一論點跟前述Hans指出的一樣，沒有解釋就不可能比較。但是，這種區域研究仍有其價值，即增加對於外國教育制度的認識，如能藉此妥善建立各國教育資料庫，將奠立往後的研究者對特定教育議題進行比較研究的基本資料，所以，也不能低估其成果和價值。

不過，雖然在第一個次時期之「兩個國家」比較研究，僅只是佔了百分之六的比例，數量上也只有28篇，但已較諸比較教育研究的第一時期（3.29%）有進步；此外，在第二個次時期之「兩個國家」比較研究，在數量上首次超過「三個以上國家」的研究文獻，總共有76篇之多，且在整體文獻的比例上也提昇到百分之八。這個數字顯示比較教育學者比以往更謹慎於運用比較教育的方法或是研究步驟，不再輕易嘗試「分別描述」三個以上的國家，而是先就「兩個國家」來進行「並排比較」，以深化比較教育

表7　台灣比較教育研究第二時期之期刊文獻研究的教育階段分類

	一般教育		學前教育		初等教育		中等教育		高等教育		繼續教育	
美國	46	58.23%	18	64.29%	37	48.05%	52	49.06%	66	62.26%	15	34.09%
英國	3	3.80%	1	3.57%	12	15.58%	16	15.09%	12	11.32%	9	20.45%
日本	12	15.19%	7	25.00%	19	24.68%	24	22.64%	13	12.26%	12	27.27%
俄國	5	6.33%	1	3.57%	2	2.60%	1	0.94%	1	0.94%	0	0%
德國	8	10.13%	1	3.57%	3	3.90%	11	10.38%	10	9.43%	7	15.91%
法國	5	6.33%	0	0%	4	5.19%	2	1.89%	4	3.77%	1	2.27%
總計	79	100%	28	100%	77	100%	106	100%	106	100%	44	100%

的基本研究資料，並從中考驗假設或尋求問題的解決，進而建構
改善本國教育的教育政策。

比較研究內涵的類別

　　本時期在比較研究內涵的分類，仍是依據前一節對於教育階
段和研究國家的設計來分析，亦即在教育階段區分為一般教育、
學前教育、初等教育、中等教育、高等教育和繼續教育；並以
美、英、日、俄、德、法等主要國家為分析對象。如此，依教育
階段和研究國家為依據分別作成（表7、表8）。

　　本第二時期的台灣比較教育研究文獻，如根據教育階段來分
類，從上述的統計數字可以得知如下結論：

1.一般教育類的文獻只有79篇，不再是最多的類別，這可推

表8 台灣比較教育研究第二時期之期刊文獻的研究國別分類

	美國		英國		日本		俄國		德國		法國	
一般教育	46	24.78%	3	30.91%	12	40.58%	5	75.00%	8	54.84%	5	40.91%
學前教育	18	1.30%	1	1.82%	7	2.90%	1	4.14%	1	0%	0	0%
初等教育	37	8.70%	12	3.64%	19	7.25%	2	0%	3	3.23%	4	27.27%
中等教育	52	16.52%	16	32.73%	24	15.94%	1	4.17%	11	16.13%	2	18.18%
高等教育	66	41.74%	12	23.64%	13	31.88%	1	16.67%	10	22.58%	4	13.64%
繼續教育	15	6.96%	9	7.27%	12	1.45%	0	0%	7	3.23%	1	0%
總計	234	100%	53	100%	87	100%	24	100%	40	100%	16	100%

論是因為比較教育學者更著重在各種特定課題的鑽研上，而較少對於整個國家的教育制度或實務作全盤地描述。這無疑地有助於研究者更深入調查，並獲致更豐富的成果。

2. 高等教育類和中等教育類的的研究文章，同為 106 篇；可見政府和教育學者已將教育重點拉回中等教育，使得高等教育不再是一枝獨秀，兩者則是都以美國為主要探討對象其後才分別為日本和英國等國。

3. 學前教育類的文獻僅只有 28 篇，是所有研究文獻中最少者，可知學前教育自始至終在台灣比較教育研究的發展歷程中，總是為學者所忽略。相同的情形也發生次低的繼續教育方面（僅只有44篇）。

另一方面，第二時期的台灣比較教育研究之發展，如根據研究之對象國家來分類，則從上述的統計數字可作如下的討論：

1. 美國仍是各主要國家中最受研究者重視之國家，在文獻中高達 234 篇之多。這可以說明現代台灣的教育發展還是以美國為主角，也可能是因為歸國學人大多是從美國留學或進修回來。

2. 日本也仍是次高之研究對象，計有87篇，比其後的53篇之英國教育研究還是多了34篇，將近一半了。這一方面可以推論日本在政治、經濟、文化、社會等各方面的成功，使得相關研究人員，仍是以日本教育作為研究的主要對象之一。然而，不像美國是以高等教育和中等教育較受重視，日本則是中等教育和初等教育有著較多的相關研究。

3. 俄國、法國和德國仍是比較教育研究領域中相關研究最少的，這只能推論台灣對於這方面語文人才的培養仍不如以英文作為第一外國語的人才之多，以致於研究人員較為缺少。

語言訓練的適當與否會影響對於所欲研究的資料之取得和解讀，進而限制比較研究所欲選擇的主題和對象國家。驗諸大陸學者對於在1979-1989年《外國教育》期刊上所探究的國家發現，其多寡依序是前蘇聯、美國、日本、英國、西德和法國等，可見大陸大量的俄語人才確實造成如此現象（Chen, 1994: 242），而台灣的比較教育對象中，因為缺少俄語人才，使得前蘇聯一直是主要國家中的最後一名。

再如，根據教育部《中華民國八十七年教育統計》中對於返國服務留學生人數的統計顯示，自1976-1994年的返國留學生總數是41,250人，其中以留學美國35,311人最多，佔全體之85.60%，其次是自日本留學返國者有2,468人，佔全體之5.98%；再次是英國的1,025人，佔2.48%；至於德國和法國留學生分別為493人和442

人，其所佔比例為1.20%及1.07%。（教育部，1998: 50-51）這一系列數字剛好和本時期各國教育相關論文的研究對象之多寡順序完全符合，也證實了留學各國的學生在返國後，往往會利用其熟悉留學國社會背景脈絡和語言的優勢下，為文說明留學國的教育現況。

總之，比較教育研究在台灣發展的第二時期，即從1975-1994的二十年期間，研究主題仍然是區域性的研究，而理論性的研究雖也增加至40篇，還是需要學者繼續努力的一個重要領域。可見，本時期一如第一時期的比較教育研究，重點還是在教育借用，而未能針對比較教育的理論或方法論來努力。這個事實正能點出為何本時期的研究對象偏向「單一國家」的研究，或所謂「外國」教育的研究，而不是進行國與國之間的比較研究。最後，從研究內涵來說，這一「單一國家」主要還是美國，其總數尚高於其他主要國家之數量的總和，至於研究的焦點則是放在中等教育和高等教育的研究上。從探究其他國家的教育制度所獲得知經驗是相當有價值的，但如企圖全盤移植他國教育制度而得到相同效益的想法是危險的。畢竟各國教育所在的生態脈絡並不一致，這是研究者必須謹記在心的，也是本文為何一開始就引用Michael Sadler（1900）的名言之緣故。

台灣比較教育研究的現況：1995-1998

台灣比較教育研究的發展至一九九五年國立暨南國際大學設立「比較教育研究所」之後，達到類似英國比較教育學者Edmund King（1967）所謂教育政策發展的第三階段「運作化」（operational）之前的兩個階段分別是「概念化」（conceptualize）、

「制度化」（institutionalize）。這在台灣的比較教育發展歷程中，可分別對應第一時期探討與初步發展比較教育的「概念化」，以及第二時期中華民國比較教育學會這一專業組織設立的「制度化」和定期發行《比較教育通訊》的「運作化」，而「比較教育研究所」之設立更是另一新階段的「制度化」和「運作化」。當然，這三者之間並不是截然分明的時間斷層，而是指其在學科發展過程中的角色和取向之輕重有別。新的階段，仍需要對「比較教育」概念的再釐清，才能適當發揮制度的特色和更積極的運作。

比較研究主題的類別

底下將「比較教育研究所」設立後，在教育期刊中的相關比較教育研究文獻再依前文之劃分來統計，並配合先前兩個時期之討論結果來比較分析。鑑於時間取樣的不等，使得期刊中的文獻數量有很大的差異，所以，在分析上主要是依據各類主題的比例作探討。

從（表9）可知區域性研究的主題仍是主要的探討焦點，在比例上將近百分之八十三，跟先前兩個時期實難分軒輊；可見現今的比較教育研究跟前述時期一樣著重在描述、分析「單一」外國教育經驗，也較少針對各項教育專題來比較研究，因為專題性的文章降至約百分之十一，較諸前兩個時期有明顯的差距；至於理論性的研究文獻則是突飛猛進，雖只有約百分之六的比例，但較諸前兩期已是比較教育研究中的一種實足的成長，使研究主題出現結構性的改變。在短短四年之間的論文發表量甚至是第一時期近三十年的論文之四倍，且也逐漸逼近第二時期共二十年期間的四十篇，在「量」的方面之成果不可說不大。如再深入分析，可發覺全部十九篇均為創作，各篇作者對比較教育理念、理論或方

表9 台灣比較教育研究之期刊文獻的研究主題分類

單位：篇

	1946-1974		1975-1994		1995-1998	
區域性研究	1,235	82.89%	1,163	81.39%	269	82.77%
專題比較研究	255	17.06%	226	15.82%	37	11.38%
理論性研究	5	0.33%	40	2.80%	19	5.85%
總計	1,495	100.00%	1,429	100.00%	325	100.00%

法論的介紹、分析與批判，而不再只是翻譯外國學者的作品，這是「質的」方面之提昇。其中有六篇是比較教育研究所碩士生所發表，三篇是該所教師的文章；並且除了四篇發表在其他教育刊物之外，總計十五篇是發表在《比較教育》（由《比較教育通訊》在一九九七年的第四十四期改名更版而來）上面。可見研究所的設立與教學、研究等運作，的確有效地改進先前對於比較教育方法和理論的漠視，且《比較教育》更成為該類文章發表的最主要學術期刊。

比較研究對象的類別

比較教育研究的現代時期相同於前兩個時期所凸顯出來的特點，也就是著重在「單一國家」的研究，像是下（表10）的統計數字顯示「單一國家」的研究文獻總共約佔全部的百分之八十八，比前兩個時期分別多了五個和四個百分點。前已提及，這種單一國家的研究類別不能說是「比較」教育研究，而是「外國」教育

表10 台灣比較教育研究之期刊文獻的研究對象分類

單位：篇

	1946-1974		1975-1994		1995-1998	
單一國家研究	1,235	82.89%	1,163	83.73%	269	87.90%
兩個國家研究	49	3.29%	104	7.49%	26	8.50%
三個以上國家	206	13.83%	122	8.78%	11	3.60%
總計	1,490	100.00%	1,389	100.00%	306	100.00%

研究，或「區域研究」而已，但仍具有往後進行比較研究的基本資料之價值。實際上，美國比較教育學者Bereday（1967）也主張「比較研究」必須在博士後階段才適宜進行，因為這時的研究者在接受博士班更堅實的社會科學訓練後，較能科學地將比較研究對象的資料依序描述、解釋、並列和比較。所以，Bereday（1967）建議比較教育研究者，在具備教育的專門知識之外，也需要有至少一門其他領域的專門知識以解釋蒐集得來的教育資料。Cowen在〈邁向台灣比較教育之途〉一文中，也對台灣比較教育學者作如此建議。（Cowen, 1933: 64-65）如果尚不善於比較研究的學者，先行分析和描述「外國教育」資料，不失為穩健合宜的方式。否則，如果只是描述，而不能以社會科學理論，例如，哲學、政治學、社會學、經濟學或人類學等來加以「解釋」；或是只是將資料並排處理，而不能找出「比較點」來加以「同時比較」分析，反而不利於比較教育研究的發展。當然，如果研究者果有上述情形，則有賴於加強比較教育理論與方法論的訓練，以早日達致比較教育研究的主要目的：「借鑑外國教育制度以改善本國

教育」。

　　此外，值得特別注意的一個趨勢是，「兩個國家」之比較研究，在數量上再度超過「三個以上國家」的研究文獻，且高達兩倍之多，在整體文獻中的比例上也提昇到百分之八點五。這個數字顯示比較教育有更良性之發展，學者比以往更謹慎於比較教育的研究步驟，不再輕易嘗試「分別描述」三個以上的國家，致其比例急遽滑落五個百分點，畢竟這比起「兩個國家」之同時「並排比較」兩個國家（地區）之教育資料更難處理。如果研究者嘗試同時比較三個以上的國家，除非其先前已有豐富的研究經驗，多種的語文能力，和適當的社會科學訓練等，否則，所謂的「比較研究」，很容易流於只是呈現其表面上的相異點（或相同點），或是留給讀者自行去發現，而未能進一步解釋為何有此相異點（或相同點）；或是未能進一步建立比較點（或假設）來同時比較所有的相關資料，而留給讀者自行去比較。

比較研究內涵的類別

　　本時期在比較研究內涵的分類，仍是依據前節對於教育階段和研究國家的區別，亦即在教育階段區分為一般教育、學前教育、初等教育、中等教育、高等教育和繼續教育（含成人教育）；但根據先前的分析而加入「大陸地區」作為分析對象，因為，隨著1987年的政治解嚴和兩岸文化交流，大陸的教育現況也引起學者的重視，包括政府都主動委託學者加以研究對岸的教育制度，而在本時期有眾多相關研究結果的發表。如此，依教育階段和研究國家為依據分別作成（表11、表12）。

　　現今的台灣比較教育研究文獻，如根據教育階段來分類，從上述的統計數字可以得知如下結論：

表11 台灣比較教育研究現今時期之期刊文獻研究的教育階段分類

	一般教育		學前教育		初等教育		中等教育		高等教育		繼續教育	
美國	36	26.87%	4	44.44%	5	12.50%	9	16.07%	11	27.50%	4	16.67%
英國	6	4.48%	0	0%	8	20.00%	7	12.50%	2	5.00%	2	8.33%
日本	21	15.67%	2	22.22%	7	17.50%	10	17.86%	1	2.50%	7	29.17%
獨立國協	2	1.49%	0	0%	1	2.50%	1	1.79%	1	2.50%	0	0%
德國	14	10.45%	0	0%	2	5.00%	6	10.71%	3	7.50%	1	4.17%
法國	7	5.22%	0	0%	2	5.00%	3	5.36%	1	2.50%	0	0%
大陸	28	20.90%	2	22.22%	5	12.50%	14	25.00%	19	47.50%	5	20.83%
其他國家	20	14.93%	1	11.11%	10	25.00%	6	10.71%	2	5.00%	5	20.83%
總計	134	100%	9	100%	40	100%	56	100%	40	100%	24	100%

1. 一般教育類的文獻再度躍升爲最多的類別,這可推論現代的教育學者並不特別注重對各種特定教育階段的鑽研。然而,這種很難歸類於特定教育階段的現象實是令人憂心,畢竟,如能專注於某一教育階段,將更能深入瞭解該國之教育情況,甚或掌握背後演進或發展的原理原則,而能有助於回顧分析我國的情況。否則,研究者最後可能只能歸納說:「某國的教育跟我國並不相同」。 如此,無疑是研究人力、金錢和時間的浪費。

2. 中等教育類的的研究文章有56篇,可見政府和教育學者跟先前時期一樣將教育重點拉回中等教育。特別是政府委託學者對大陸中等教育課程進行一系列的分析,使得相關於大陸的中等教育就佔了全部的百分之二十五。其次依序是日本、美國和英國,這跟前兩個時期均以美國爲主要探討

表12 台灣比較教育研究現今期刊文獻的研究國別分類

	美國		英國		日本		獨立國協		德國		法國		大陸地區		其他國家	
一般教育	36	52.17%	6	24.00%	21	43.75%	2	40.00%	14	53.85%	7	53.85%	28	38.36%	20	45.45%
學前教育	4	5.80%	0	0%	2	4.17%	0	0%	0	0%	0	0%	2	2.74%	1	2.27%
初等教育	5	7.25%	8	32.00%	7	14.58%	1	20.00%	2	7.69%	2	15.38%	5	6.85%	10	22.73%
中等教育	9	13.04%	7	28.00%	10	20.83%	1	20.00%	6	23.08%	3	23.08%	14	19.18%	6	13.64%
高等教育	11	15.94%	2	8.00%	1	2.08%	1	20.00%	3	11.54%	1	7.69%	19	26.03%	2	4.55%
繼續教育	4	5.80%	2	8.00%	7	14.58%	0	0%	1	3.85%	0	0%	5	6.85%	5	11.36%
總計303	69	100%	25	100%	48	100%	5	100%	26	100%	13	100%	73	100%	44	100%

對象有很大差異。此發現或許可解釋為我國中等教育已邁入穩健發展的階段,對於先進國家的研究,已不再是為了取經或借鑑。而對於同文同種的大陸地區則有必要多加探討,以彌補先前研究的不足,且有助於國人對於大陸教育的更多認識。

3.初等教育和高等教育類的研究文章同為40篇,其中英國的初等教育文獻最高,可能是因為英國自一九八八年教育改革法的頒佈後,陸續實施「國定課程」而引起研究者的關注。至於高等教育類的文章則是以大陸的相關研究一枝獨秀,約佔全體之一半,這個現象很明顯受到政府委託研究的影響。因為自兩岸文教交流的擴增後,台灣學生到大陸就讀高等校院的數字逐日增加,因此,關於大陸高等教育的教學素質、學位頒授和對其學歷的認證成為政府必須面對的一項課題。美國的高等教育約佔四分之一弱,不再是最主要的研究對象,但仍也有一定的地位在。

4.繼續教育(含成人教育、推廣教育)和學前教育類的文獻,仍屬偏低,這個現象顯示兩者在台灣比較教育研究的發展歷程中總是為學者所忽略。但可預期的是,隨著終身學習社會的來臨,以及國內陸續成立成人與繼續教育研究所,有關成人與繼續教育的比較研究應是會逐漸增加。

另一方面,現今的台灣比較教育研究之發展,如根據研究之對象國家來分類,則從上述的統計數字可作如下的討論:

1.大陸地區超越美國成為最受研究者重視之對象,在全體文獻中所佔比例達百分之二十四,正如上述分析,是受到政治解嚴後,對於大陸地區的研究不再是學術研究上的禁忌

，且政府也有系統地委託學者進行大陸高等與中等教育制度和課程的相關研究。美國退為第二位，僅次於大陸地區一個百分比，仍佔有相當的地位，其中高等教育階段仍是較受學者重視的研究對象。

2. 日本緊接在大陸和美國之後，雖只佔全部之百分之十六，但已比其後的德國、英國之百分之九和百分之八高出甚多，這說明了日本仍是台灣比較教育研究的主要對象之一，尤其是中等教育部份。較特別的是，德國超過英國一篇之多，雖然差距並不大，卻是首度出現超過英國的現象，其一般教育和中等教育階段的研究文獻較多。

3. 法國和獨立國協之相關研究仍是主要國家之中最少的，說明了即使到現今的發展，台灣在法語和俄語等語文人才的培養還是相當欠缺，以致妨礙對於該兩國教育之研究。為能全面掌握各主要國家之教育現況與發展動向，比較教育學術界甚或政府單位實有必要培養這方面的人才。近幾年教育部公費留學考試的「比較教育學門」都是要求留學生至獨立國協，相信將有助於未來在這方面的研究。然而，法國卻仍是失落的一環，在國內留學生因語文能力而往往以英語系國家為第一志願的情形下，若能由政府主動提供公費來鼓勵學生至法語系國家留學，將能實足地改善這方面人才不足的缺失。

台灣的比較教育研究自暨南國際大學設立全台灣第一所比較教育研究所碩士班，並於一九九八年設立博士班後，已進入另一新的境界。鑑於該所成立宗旨是「以堅實的教育理論扎穩研究根基，以寬廣的國際視野提昇研究境界，以及以嚴謹的區域研究獻替決策參考」等，藉由其教學與研究成果將促進比較教育的穩健

發展是可預期的。例如，該所的碩士論文在台灣以往最爲缺乏的比較教育研究領域，亦即理論與方法論上就已有豐碩成果，像是對於著名比較教育學者的理論與方法之探討，這包括美國的George Z. F. Bereday、英國的Brian Holmes和Edmund King，以及德國的Friedrich Schneider等人，撰寫中的也有Harold J. Noah與Max A. Eckstein，以及Isaac L. Kandel。而對於社會科學理論與比較教育理論或方法論建構的探究也有結構主義、依賴理論、新馬克思主義、Jurgen Habermas的批判詮釋學，以及生態學等研究成果，尚在撰寫中的則有世界體系理論、Basil Bernstein的文化再製論和Jean-Francois Lyotard的後現代主義等。

台灣比較教育研究的展望

　　台灣地區五十年來的比較教育活動相當蓬勃地發展，比較教育研究成果也粲然可觀。但不容諱言的，成果背後仍存在著不少亟待檢討的問題。本文對比較教育研究發展重新檢視與再次反省，進而提出如下建議，期使未來的比較教育研究更上一層樓，也作爲本文的結語。

　　首先，比較教育學者必須加強理論與方法論的研究。台灣比較教育的發展一開始是著重在引進西方比較教育學者的著作，翻譯或解釋他們的理論與方法。Kobayashi在評論日本比較教育的發展時，指稱不能夠只是將比較教育先驅，例如，Kandel、Schneider或Hans等人的理論或贊成使用的社會學科「再次解釋」；反而，「需要更多的努力與時間來發現我們自己的Kandel，而他必須首先努力來批判現存的比較教育作品」。（Kobayashi, 1990: 212）

所有研究都會牽涉到理論與方法論基礎的問題。因此，研究的理論與方法論基礎若不穩固或太偏頗，即使其方法非常精密，或推論過程相當嚴謹，其研究價值仍然有限。一方面，如果比較教育研究僅是以瞭解外國教育制度和教學措施等為主導，則很難擺脫「實用」的功利取向，將無益於比較教育學學術地位的建立或提昇，也不能真正增進比較教育實務的品質。至於預期透過瞭解外國教育而更能掌握本國教育，進而全面性和整體性解決本國教育問題將更是遙不可及，甚且盲目移植而導致水土不合，使得教育問題更為惡化。另一方面，比較教育研究的性質由於受到教育活動本質的影響，其所處理的素材（現象）不能僅止於描述性的研究，而必須進入與其有關的政治、經濟、社會和文化傳統等脈絡來作解析。也就是說，比較教育研究不僅是描述外國教育制度，尚要分析其背後的影響因素來瞭解和掌握特定研究國家之教育現象的本質。這尤需藉著比較教育理論與方法論的建構和協助，但證諸本文先前對以往比較教育研究主題的探究，這仍是目前台灣非常薄弱的一環，而有待更多比較教育學者來共同耕耘。

　　其次，比較教育研究必須謹慎於外來理論的借用。在進行比較教育時，研究者需要藉助社會科學理論來建立研究架構，以確實掌握研究步驟，獲致預期成果。然而，比較教育學者常自不同學科，例如，哲學、社會學、經濟學等借用其理論架構，卻很少加以批判這些理論的限制、彼此間可能的衝突或潛藏的意識型態。往往，研究者對於這些借用理論或學科之不加思索的運用，使比較教育本身和其理論淪為這些學科的「學術殖民地」。事實上，比較教育理論隨著時代變遷而出現不同的主張和爭議，研究者不能忽視這種「研究典範的轉移」和「研究方法的多元」。迄今比較教育領域仍是百家爭鳴的景況，並沒有定於一尊或普遍有效的理論或方法論。研究者必須敏於理論之間可能存在的衝突（例

如，實證論和詮釋學之相異主張），以及各自的立論限制。Anthony R. Welch指陳有許多比較教育理論在建構時，未能挑戰文化傳統，或僅只是接受科學主義的命令；直至比較教育出現後現代理論後，才開始對科學（技術）理性和文化菁英主義提出質疑，但後現代理論卻又留下令人批評的道德真空。（Welch, 1998）未來的比較教育研究也不能就獨鍾於某一特定理論，且要細察該理論在解釋教育現象或解決教育問題上的可能缺失。相對地，採取多元的理論取向，限制其適用範圍，而不強求一普遍有效的全能理論，將更能適切地掌握研究對象的真貌。

甚且，由於學術文化的發展也反映出「世界體系理論」的「核心一邊陲」之依賴關係。也就是說，核心國家之學術發展往往對邊陲國家產生支配和壟斷的現象，特別是當後者有許多「取經」的留學生帶回核心國家之研究典範時，常不自覺地移植到本土的研究上，因而變成那些核心國家學術研究的「實驗室」，干犯France Bacon所指的「劇場偶像」謬誤，而受到借用理論的束縛。研究者遂失去本土研究的獨特性和自主性。比較教育如果只是「借用」其他學科或外來理論，其存在的價值往往遭受嚴重質疑，這是台灣在發展比較教育理論和方法論時必須時時引以為鑑的。比較教育學者有必要檢視這類外來理論在本土研究中的適用性和限制，以修正或超越外來理論。

本文發現台灣早期比較教育研究先是忽視對理論的探討，次則「全盤翻譯」外來理論，而發展到今日則能有所批判，並發展出自己的比較教育理念、理論和對方法論的考量。如學者楊深坑（1998）在其英文比較教育著作中，建構兼顧東方與西方的比較教育理念、理論和方法論，擺脫以往依賴核心「北方」國家的單向的、學術殖民的狀態，進而邁向國際學術社群，增加台灣比較教育研究的國際能見度，這是很大的進展。

第三，比較教育研究必須考量本土特殊的教育哲學和社會、文化等背景。教育現象和問題雖有其普遍性，但也必然地同時受到本土哲學、政治、經濟、社會和文化等因素或動力的影響。因此，當借用外國的教育政策、制度或實務時，如果不明瞭其背後的文化特性，或不察本身社會是否具備適當的條件來配合這種在應用時的特別需要，那麼，這類移植的政策、制度或實務自然不會在本土文化中生根、茁壯和發展。因而比較教育研究所建議的教育政策或改革計畫必須評估本土之特殊的教育哲學觀和社會、文化等影響因素，才能使比較教育的研究成果更落實在本土的教育制度之改進上。

第四，比較教育研究必須結合微觀與鉅觀的研究取向。比較教育研究有以鉅觀及整體的角度分析組織、制度及政策的種種問題，並涉及社會、政治、經濟及文化相關因素的探究，以期建立鉅型理念、發展模式或大系統架構。惟近來比較教育研究亦涉及學校內，甚至班級內或個體問題的探討，以深度解析、說明特定現象的發生或解決的對策。King指出「比較研究的真正成果是協助教育的發展」，並要落實於久被遺忘的領域：課程與考試，教師及其角色、地位和培育，學校中的組織與管理，以及學習與工作生活之間的關係等。（King, 1977: 105）學者Vandra L. Masemann認為比較教育的新挑戰是「批判民族誌」（critical ethnography）的研究取向，採取人類學、質的與參與觀察的方法論，（Masemann, 1982: 11）以揭開教育制度對其參與者所具有的意義，並對學校生活中微觀世界，例如，文化、符號和語言的系統觀察與分析。例如，國家政治文化如何在中等教育階段學生的社會化過程中「再製」，尤其是所有主流的意識型態和自外國輸入的「革新」之合理性等，（Masemann, 1982: 24）均可作為比較研究的對象。微觀取向的確有助於研究者掌握教育問題的文化層面，提供建構學校與

班級內所發生事件的說明之工具。（Rose, et al., 1992: 121）這是台灣在發展比較教育的過程中不能忽視的方向，並需結合質與量的方法作深度探討，以對本土教育現象及問題的解決有所幫助。

　　第五，對台灣重要而獨特的教育問題作有系統的比較研究。比較教育研究的目的除了建構理論、發展方法論之外，最重要的還在於協助本國教育問題的解決。而任何國家或社會都有其獨特和重要的問題，關係著該國的發展和文化的綿延。必須先釐清的是，針對台灣本土重要而獨特的教育問題作研究，並非指在封閉的、國家制度內的脈絡來分析教育，否則，將無法掌握台灣在國際脈絡、世界體系中的位置。Robert F. Arnove指出比較教育研究可採用世界體系分析作為架構，藉以理解同時在世界各國中進行的教育發展與改革。（Arnove, 1980: 62）所以，對這些獨特的教育問題作有系統的比較研究，也可說是比較教育研究上相當重要而有意義的活動。而正如英國比較教育學者Vernon Mallinson（1957: 10）所指出的，比較教育研究是對其他文化及其衍生的教育制度之有系統的考察，以發現跟本國之相似點和相異點，以及造成異同的原因，亦即只有透過對他國教育之獨特性的瞭解，才能真正領悟本國教育的特殊性。然而，對於教育的比較研究只是方法和手段，其目的仍是藉由對他國教育的比較，或從全球觀點來反觀本國的教育問題，以突破狹隘的我族中心主義。特別是今日的「教育改革」風潮興起，各類教育口號響徹雲霄，如何在不為改革所眩、口號所惑的情形下，切實了解台灣目前面臨的各種重要的教育問題，進行各國類似教育問題的比較研究，根據其成功或失敗的經驗以提出良善的解決方案，實是有待比較教育研究者的加倍努力。對於我國獨特且重要的教育問題從事比較研究所獲得的豐富知識，將有助於教育行政人員規劃政策和實施程序，使教育制度更為良善。

最後，比較教育學者應能具備多種外語能力以進行跨國的比較研究。外語能力的訓練對於比較教育學者具有相當重要的意義。觀諸台灣比較教育研究的發展就可知道，受限於熟悉俄語、法語、德語等人才的缺乏，使得在研究對象上受到很大的限制。研究者如能具備聽說讀寫的多種外語能力，將能擴充研究對象國家，掌握第一手資料來比較分析，以避免參考第二手、第三手資料所可能發生的資料誤判；畢竟語言本身的模糊和多義，往往對於研究對象的教育術語或概念造成認知上的混亂。此外，外語能力的具備，不僅是對語言能力技巧或表達的熟練而已，因為語言含蘊具備濃厚的歷史與文化意涵，形塑文本（例如，教育資料）的生產、組織和流通，只有理解語言的深層意義，方能分析何以特定的論述成為學校等學習場所中合法化之權威知識。（Giroux & Shannon, 1997: 238-239）這種對於語言、文化、權力和教育之間互動關係的掌握，將是面向後現代社會的比較教育學者必須努力的，而其前提是必須熟悉該種語言。

目前的另一種可行方式，則是由具備不同語言專長、學術領域的學者組成研究社群，如同一九六〇年代成立的「國際教育成就評鑑協會」（IEA）來進行跨國或跨文化的整合研究，以克服個別研究者在外語能力上的不足。這當是台灣今日擴展比較教育研究時所可採行的方式之一，可同時兼顧台灣比較教育研究的本土化與國際化。一方面，這一研究社群可以整體且深入地瞭解各國在特定教育問題上的解決方式或發展趨勢，為國家教育決策或教育改革動向提供建言；另一方面，更可以將我國本土的、獨特的教育問題之研究成果以各種外語發表，走入國際學術殿堂。

註釋

1. 根據本文評論人台灣師範大學教育學系楊思偉教授的書面評論：「比較教育與文化研究所」「前幾年」重整後不再存在；且日本比較教育學會總部「自十五年前左右」已不設在「國立教育研究所」內。然而，經本文作者進一步確認，日本比較教育學會總部仍設在「國立教育研究所」內的教育資訊中心（註：根據世界比較教育學會聯合會一九九九年會籍資料），至於亞洲比較教育學會則仍在九洲大學教育學部內（註：根據亞洲比較教育學會秘書長Kengo Mochida私人通訊）。作者仍感謝評論人楊教授其他的寶貴意見。

2. 本文根據「教育」類期刊文獻進行分析，以求掌握這些公開出版，且能為有興趣進一步研究者可取得的資料；雖然相關資料經過核對、判讀和扣除重複者，但受限於作者個人的能力和時間，仍恐有掛一漏萬、不夠周延之失。主要搜尋的參考工具有司琦主編之《近十年來教育論文索引》（1946-1956）；台灣國立師範大學主編之《近五年教育論文索引》（1957-1961）；國立教育資料館主編之《教育論文索引》第一至第十五輯（1960-1976）；國立台灣師範大學主編之《教育論文摘要》第一至第二十輯（1977-1996）；以及中華民國期刊論文索引光碟資料庫（1977-1998）等。

3. 本文（表1）至（表4）之統計數字係由國立暨南國際大學比較教育研究所碩士生羅玉如所整理提供，特此註明並致謝。

參考文獻

中文部份

林本譯（1975），（平塚益德著）。《世界各國教育政策》。台北：台灣開明書店（一版）。

孫亢曾（1989），〈五十年來比較教育研究的發展趨勢〉，載於《教育經緯》，102-122。台北：師大書苑。

教育部（1998），《中華民國八十七年教育統計》。台北：作者。

國立教育資料館編印（1994），《中華民國教育研究資訊彙編》，台北：國立教育資料館。

蔡清華（1989），〈台灣地區比較教育研究的檢討〉，《比較教育通訊》，20，8-19。

英文部份

Altbach, P. & Kelly, Gail (Ed.) (1986). *New Approaches to Comparative Education.* Chicago: University of Chicago Press.

Arnove, Robert F. (1980). Comparative Education and World-Systems Analysis, *Comparative Education Review*, 24 (1), 48-62.

Bereday, George Z.F. (1964). *Comparative Method in Education.* New York: Holt, Rineehart & Winston.

Bereday, George Z.F. (1964). Reflections on Comparative Methodology in Education, *Comparative Education*, 3(3), 169-

187.

Chen, Shu-Ching (1994). Research Trends in Mainland Chinese Education, *Comparative Education Review*, 38 (2), 233-252.

Cowen, Robert (1993). Towards a Taiwanese Comparative Education, 《比較教育通訊》，31，58-72。

Farrell, Joseph P. (1979). The Necessity of Comparisons in the Study of Education: The Salience of Science and the Problem of Comaprability, *Comparative Education Review*, 23, 3-16.

Fraser, Stewart E. (1964). *Jullien's plan for Comparative Education 1816-1817*. N.Y.: Teachers College, Columbia University.

Giroux, Henry A. & Shannon, Patrick (Eds.)(1997). *Education and Cultural Studies: Toward a Performative Practice*. London: Routledge.

Hans, Nicholas (1949, 1967). *Comparative Education*. (3rd edin.) London: Routledge & Kegan Paul.

Hans, Nicholas (1959). The Historical Approach to Comparative Education, *International Review of Education*, 5, 299-309.

Hausmann, G. (1967). A Century of Comparative Education 1785-1885, *Comparative Education Review*, 11, 1-21.

King, Edmund (1967). Comparative Studies and Policy Decisions, *Comparative Education*, 4 (1), 51-63.

King, Edmund (1977). Comparative Studies: an Evolving Commitment, a Fresh Realism, *Comparative Education*, 13 (2), 101-114.

Kobayashi, Tetsuya (1990). China, India, Japan and Korea, in W.D. Halls (Ed.). Comparative Education: Contemporary Issues and Trends. London: Jessica Kingsley Publishers.

Koehl, Robert L. (1977). The Comparative Study of Education: Prescription and Practice, *Comparative Education Review*, 21, 177-186.

Lauwerys, Joseph A. (1959). The Philosophical Approach to Comparative Education, *International Review of Education*, 5, 281-298.

Mallinson, Vernon (1957, 1964). An Introduction to the Study of *Comparative Education*. (2nd edin.) London: Heinemann.

Masemann, Vandra Lea (1982). Critical Ethnography in the study of Comparative Education, *Comparative Education Review*, 26 (1), 11-25.

Noah, Harold J. & Eckstein, Max A. (1969). *Toward a Science of Comparative Education*. London: Macmillan.

Ross, Heidi, Cho-Yee To, William Cave & David E. Bair (1992). On Shifting Ground: the post-paradigm identity of US comparative education, 1979-88, *Compare*, 22(2), 113-131.

Sadler, Michael (1900, 1964). How Far Can We Learn Anything of Practical Value from the Study of Foreign Systems of Education? *Comparative Education Review*, 7, 307-314.

Schneider, Friedrich (1961). The Immanent Evolution of Education: A Neglected Aspect of Comparative Education, *Comparative Education Review*, 4, 136-139.

Tshchimochi, Gary H. (1982). Comparative Education in Japan: A Note, *Comparative Education Review*, 26 (3), 435-441.

Welch, Anthony R. (1998). New Times, Hard Times: Re-reading Comparative Education in an Age of Discontent, paper presented at the *10th World Congress of Comparative Education*,

Capetown, South Africa.

Yang, Shen-Keng (1998). *Comparison, Understanding and Teacher Education in International Perspective*. Frankfurt am Main: Peter Lang.

「比較教育研究之回顧與前瞻」評論

楊思偉

本論文將台灣地區的比較教育研究，依「歷史發展」分成三個時期，即第一時期是自二次世界大戰之後至一九七四年中華民國比較教育學會成立，第二時期是自1974-1995年暨南國際大學設立比較教育研究所，第三時期是自一九九五年之後至今的時期。然後作者分別就三個時期中，以相關的雜誌論文，進行研究主題、研究對象及研究內容三個面向的分析探討，以分析三個時期比較教育領域的研究重點、特色及發展方向，最後並歸納五項台灣地區比較教育研究之困境與可能解決之途徑，以明示「台灣比較教育研究的展望」，全文約28,000字，以「量的分析」為主，並在最後進行「質的分析」，文中並和其他國家或地區的比較教育研究進行交叉分析，企圖從國際脈絡中，尋找台灣之研究座標，的確是一篇立論有據的好論文。

不過，此篇論文亦顯露出部份的缺失，茲從實質的和理論的兩個層次加以分析。

實質的問題與疑問

本論文既站在國際角度，試圖尋覓且定位台灣的比較教育成果，但綜觀全文，在分析台灣的研究成果時，都只就和比較教育研究有關的期刊和該學會的「刊物」進行分析，但有關「書籍」及台灣本地的學者出版著作，卻未加以參考及分析，顯然在分析台灣比較教育研究成果上立論有欠周全，另外，文中引用的論點，全是外國學者的觀點，很少自己國人的觀點，難道四、五十年來都沒有一些研究成果嗎？這可能仍犯了比較教育所提的僅會「借用」外國理論，貶抑自我痛處的毛病。而這也將造成本土主體性研究無法確立的問題。比較教育研究非常複雜且困難，需要有

更多人累積研究結晶，且必須踏在前人的基礎上繼續發揚光大，才能有所成就是不得不注意的。

第一時期，文中提及分析台灣「各類教育期刊」，不知是指哪些期刊，那些是否具代表性？另外，第二時期所分析的期刊與第三時期所分析的期刊種類或樣本是否都一致呢？另外，爲何選擇那些雜誌，以及如何進行歸類，歸類方式是否夠嚴謹，都未加明確說明，因此不知立論基礎是否「穩固」？

論文中提到中華民國比較教育學會於一九七四年成立，使得台灣比較教育研究進入「科學的比較教育」，但閱讀其後的內容，也只在量的分析著力，看不到「質的分析」，似乎很難說服人們其判斷是正確的，這一部份如果認定學會成立，即走入科學的研究時期，恐犯了過份推論的毛病。

針對「單一國家」的論文，所做的評論，前後並不一致，這可能因援引外國學者不同理論，才有這樣的差別。依個人淺見，「外國教育」研究應是比較教育研究的初步階段，所以不應輕視其所發揮的作用，如果沒有累積單一國家的研究成果，是無法使比較研究進步的，所以不能忽視單一國家的研究。

論文中提到撰寫「三個以上國家」論文的問題，提到三國以上的研究非常困難，並推斷那些論文仍是「描述而非解釋」、「並排而非比較」，然後文中提及當「三個國家以上」的論文減少，則是「不再輕易嘗試分別描述三個以上國家」云云，不知有無直接讀過那些論文，不然是否有過度推論的嫌疑？是否先假設寫三國以上的論文，都沒有進行「比較」呢？

論文引述E. King有關教育政策發展的三階段論，即概念化、制度化、運作化三個階段，而作者就據此推論，一九六四年學會成立是「制度化」，而暨南大學成立比較教育研究所是「運作化」，這種譬喻似乎並不妥切，這顯然犯了兩項錯誤，其一是借用

理論是否適宜的問題，其二是忽略了比較教育學會結構性的問題，以及過份重視比較教育研究所成立的意義，並有意忽視其他大學及學者們對比較教育研究的貢獻。

論文提到日本第一個「比較教育與文化研究所」之事，關於此事，可以補充說明之，即前幾年由於科系重整，目前已沒有此所了；另外日本比較教育學會總部自十五年前左右已不設在「國立教育研究所」內，這可能因作者參考一九八二年的論文所致。

理論的問題與疑問

本論文的作者為暨南國際大學比較教育研究所所長，撰寫此篇論文，當然恰得其分，且頗見功力，不過仍有幾點可加以斟酌的：

比較教育的研究方法論，亦已由量走向質的研究取向，甚至走向質量並重的時期，但本文在結論之前，都以量的分析為主要的立論依據，缺乏質的較深入的分析，例如，缺乏對台灣比較教育研究學者及著作的分析，所以會令人覺得意猶未盡的感覺。另外將「比較教育研究所」成立，視為一個重要的關鍵點，宛如已有重大收獲之意，但若如此，那為何後面又提出有那麼多應做的「展望」方向呢？這都是未做質的分析所致，以致讓人會有丈二金剛摸不著頭的感受。

大學能成立「比較教育研究所」，的確帶給比較教育進入新的里程碑，這幾年來也的確有相當的論文研究成果，但是身為推展比較教育研究的重要據點，在發展過程以及架構上是否存有一些問題呢？對建立本土性的比較教育是否具有導航的作用呢？這都值得仔細分析。

其次，包括大陸、日本、英國的大學中，都已經不稱「比較教育研究所」，都已加入「國際與比較教育研究所」，這表示「國際教育」這領域已有和比較教育合流的趨勢存在，而台灣都尚未提及，顯然有落後時代潮流之慮。

　　最後一段談到「展望」時，未對台灣的研究人力培養問題，以及對現在台灣地區區域研究的缺失，未提出較具體的建議事項，是屬遺憾之事。依個人淺見，人力不足是一大問題，其次，國內的比較教育研究及應用，恕我直言，恐還是在「直接借用」時期，遑論進入「間接借用」及「理性借鑒」的階段了，「比較所」的成立，培養了更多的人力，也提供較多的學術研究，誠屬可貴，但能否建立台灣本土比較教育研究的學術地位，以及能否在國際學術界創出一片天地，恐怕仍是遙遠的夢想。

　　如果就文中所提的論文數（或介紹的文章）來看，國內的研究應可說是有一些成果了，但像該文所述，我們卻仍然感嘆一切都還只是對外國教育的「借用」的話，那就不是量的問題，而是質的問題了。在前項中曾提到「直接借用」的現象，如果要自我省思的話，吾人可說現在國內的學術界，留學國外回來的「洋博士」或「土產博士」雖然很多，但是否融會貫通外國學者的論著，以及對外國之教育制度相關因素是否真的瞭解，恐怕是最大的問題點。現在很多學者，常常「挾洋自重」，拼命引用外國學者「如是說」，好像表示引的愈多愈有學問似的，結果卻都是拾人牙慧而已，對台灣的學術研究一點幫助也沒有。而如果沒有這種體認與反思，期望比較教育有更多的發展恐怕是奢望了，其他如只顧探討理論，而不思考其對台灣的意義，也不對台灣的主體性教育加以研究，都是比較教育研究的重大課題。

　　台灣的比較教育，對於英語圈外的國家教育的缺乏研究，早已是大家有目共睹的問題，所以導致談到教改，必以英、美、澳

馬首是瞻，而偏偏那些國家的制度、文化、社會卻又和台灣截然不同，但我們留學該國或閱讀文獻的人，從來未仔細瞭解各種「因素與動力」，只抓到表面的現象，並玩弄一些新的「流行名詞」，並將之名為「世界潮流」，弄得我國的教改愈改愈亂，每次改革幾乎都成為「失敗的循環」，永遠是教育界的夢魘，這和人人自稱懂得比較教育，人人都說是「某國教育」專家有關，吾人如果不深切體認這問題的嚴重性，以及能從批判的角度，分析外國教育的文化及制度的話，比較教育的研究也不可能進入更精緻的階段。

我國成人教育學的發展及其影響因素分析

王秋絨

緒論

　　舉凡一個專業化的學門，都具備專業化的學門「長期的研究發展，有價值的實務推動、優秀的專業人才培育」等三個重要的先決條件，才能蘊育出成人教育學的發展神髓，也就是確立成人教育明確的研究對象，健全有效的研究方法，系統化的學門內涵，學門本身的獨特造型。如果從上述的幾個基本條件加以評析，西方成人教育學仍在專業化的努力階段，我國的成人教育學則是通過專業醞釀期，邁向專業萌芽轉借階段而已。

　　西方成人教育學的發展自一九三〇年萌芽以來，歷經一九五〇至一九八〇年代之間的發展時期，以及一九八〇年代末期至今的專業化時期。最早，西方成人教育學源自歐洲，再擴及美洲、亞洲。一八三三年，德國高中教師A. Kapp在勞工教育運動的影響下，首先提出「成人教育學」的觀念，後來因教育學的大師J. F. Herbart的反對，而使成人教育學的名詞消聲匿跡八十八年，直到一九二一年才又由法蘭克福勞工學院（Academy of Labor in Frankfurt）教師提出有關成人教育學會與兒童教育迥然有別（楊國賜，民76: 6）接著二次大戰之後，德國學者F. Poggeler積極為文倡議創建成人教育學的系統知識。而此觀念也深受G. Humm與K. G. Fischer的贊同，一九六九年，德國成立成人教育系，使成人教育邁入學術化時期（胡夢鯨，民87: 33-35）。一九六〇年代之後，英美學者也紛紛在各種社會及教育的背景下，主張建立系統性的成人教育知識。

　　英國方面第一個成教系是在一九二〇年於Nottingham成立，在一九六〇年代初期，J. A. Simpson開始注意「如何將普遍的方法應用到各種成人教育和學習情境」（胡夢鯨，民87: 37），提倡適合

教導成人的方法；爾後一九七一年代Nottingham並成立成人教育學團體，該團體是由一群進行成人教育之在職教師與教授共同組成，並於一九八三年撰著《*Toward a Developmental Theory of Andragogy*》一書，爲英國成人教育進入系統化知識發展期的里程碑。近期，則有C. Titmus，C. Griffin，P. Jarvis及B. Bright等人對成人教育的學術有了明顯的專業化趨勢。尤其自一九五五年，熱心於成人教育發展的學者於伊利諾（Illinois）州的Allerton Park聚會三天，促成了一九六四年成人教育黑皮書的出版：《*Adult Education：Outlines of an Emerging Field of University Study*》，使得成人教育的體系更趨系統化（黃富順，民84: 4-6）。一九六八年，成人教育家M. S. Knowles受到其來自南斯拉夫的學生之影響，於Adult Leadership發表〈Andragogy Not Pedagogy〉一文，一九七〇年撰有《*The Modern Practice of Adult Educaiton: Andragogy & Pedagogy*》一書，使成人教育成爲重要的討論議題，同時不斷邁向專精化的發展境地，成人教育的研究學者也由一九六四年的二十人，到一九九〇年已幾近三百人（黃富順，民84: 6）。

到目前爲止，P. Jarvis指出對成人教育的知識發展影響深遠的教育家有英國的A. Mansbridge，B. Yeaxlee，R. H. Tawney，美國的J. Dewey，E. L. Thorndike，E. Lindeman，C. O. Houle，M. S. Knowles，R. Kidd, P. Freire，E. Gelpi（王秋絨，民87），而我國黃富順則列舉對成人教育貢獻厥偉的成人教育學者如下：E. L. Thorndike，L. Bryson, I. Lorge，R. H. Tawney，E. Lindman，P. E. Bergevin，E. de. S. Brunner，A. N. Charters，B. Clark，C. O. Houle，J. R. Kidd，M. S. Knowles，J. Apps，K. P. Cross，P. Freire，P. Jarvis，A. B. Knox，H. B. Long，J. Mezirow，L. Nadler，J. Ohliger，R. M. Smith，J. Tough，S. D. Brookfield，R. M. Cervero，H. A. Fingeret，S. B. Merriam（黃富順，民84: 16：

31)。這些成人教育學者努力使成人教育的知識建立其專業地位，並使成人教育脫離只是「實務領域」描述的階段，進入所謂逐漸建立其知識基礎的研究範圍，其中影響深遠的著作有Thordike的《成人學習》（*Adult Learning*）、《興趣》、《能力》三本書，有Bergeman的《成人教育哲學》（*Philosophy of Adult Education*），Charters的《比較成人教育》（*Comparing Adult Education Worldwide*），Houle的《心靈的探究》（*The Inquiring Mind*），Kidd的《成人如何學習》（*How Adults Learn*），Knowles的《成人教育的實務：從兒童教育學到成人教育學》（*The Modern Practice of Adult Edcuation：From Pedegogy to Andragogy*），Freire的《壓制者的教育學》（*Pedegogy of the Oppressed*），Jarvis的《成人及繼續教育社會學》（*The Sociology of Adult & Continuing Education, 1985*）及《在社會情境中的成人學習》（*Adult Learning in the Social Context, 1987*），Knowles 的《成人教育的發展、行政與評鑑》（*Developing Administration and Evaluating Adult Education, 1980*），Mezirow的《促進成年期的批判性反省：轉換及解放學習的指引》（*Forstering Critical Reflection in Adulthood：A Guide to Transformative and Emancipatory Learning, 1990*），Smith的《學習如何學習》（*Learning How to Learn, 1982*）Brookfield的《發展批判思考者（*Developing Critical Thinkers, 1987*），Merriam的《成人教育：實務的基礎》（*Adult Education：Foundations of Practice, 1982*），及與R. S. Caffarella合著《成年期的學習：綜合指引》（*Learning in Adulthood：A Comprehensive Guide, 1991*）。從上述的重要著作，可看出上述的學習者從成人學習，成人教育社會學、行政及評鑑、成人教育哲學、成人教育研究本身，企圖建構足以促成成人教育專業化的知識基礎。

除了上述學者從研究企圖將成人教育變成一個學術領域，找

出其獨特內容與造型外，一九三四年由D. Rowden所編的《美國成人教育手冊》（*Handbook of Adult Education in the United States*, 1934），對成人教育實務也有相當大的促進作用，此外，有些專業團體的成立，尤其自一九五〇年代以來，迅速發展。例如，「美國成人教育研究協會」（American Adult Education Research Association, 1951），「美國成人教育協會」（American Association for Adult Education, 1926），「美國全國成人教育協會」（the Adult Education Association of the United States of America, 1951）；「英國的勞工教育協會」（Worker's Educational Association, 1903），「全國成人教育組織」（National Institute of Adult Education, 1949）；「德國的民眾高等學校聯合會」（Verband Deutcher Volkshochsulen, 1953）；「加拿大的成人教育協會」（Canadian Associated for Adult Education），另有一九一九年，成立於英國倫敦的「世界成人教育協會」（World Association for Adult Education），一九七二年於加拿大的「國際成人教育協會」（International Council for Adult Education），也都直接貢獻了成人教育的專業發展，除了上述的研究及專業團體的貢獻外，目前世界上幾個重要的雜誌，例如，《成人教育季刊》（*Adult Education Quarterly*），《成人學習》（*Adult Learning*），《國際終生教育期刊》（*International Journal of Lifelong Education*），《成人教育研究》（*Studies in the Education Adults*），《訓練與發展期刊》（*Journal of Continuing Higher Education*），《訓練與人力資源發展》（*Training/HRD*），加速了成人教育知識基礎的探究。至於把成人教育當作一個學術領域的專門著作共有五本：G. Jenson, A. A. Liveright, W. Hallenbeck主編的黑皮書：《成人教育：一門大學新興探究領域綱要》（*Adult Education：Outline of An Emerging Field of University Study*, 1964）。M. S. Knowles所寫的《成人教育的現

代實務：成人教育學vs教育學》（*The Modern Practice of Adult Edcuation：From Pedegogy to Andragogy*, 1970）。G. G. Darkenwald & S. B. Merriam合寫的《成人教育：實務的基礎》（*Adult Education：Foundations of Practice*, 1982）。J. M. Peters & P. Jarvis合寫的《成人教育：一個發展中的研究領域的演進與成就》（*Adult Education：Evolution and Achievement in a Developing Field of Study*, 1991）

　　由上述的分析可發現，西方成人教育源自於勞工教育而逐漸發展成爲有系統的知識體系。一九二〇年首在英國成爲大學的學術領域，之後，成人教育學者驟增，並撰成諸多成人教育理論基礎著作。一九五〇年代專業團體迅速蓬勃發展，一九六四年之後甚且積極將成人教育學建構爲獨特的知識，可惜至目前爲止，教育學及成人教育界仍不認可成人教育具有「學」的水準，而認爲它只是邁向學的途中而已。

　　站在上述西方的研究、實務及理論的發展史脈絡中，再次省思台灣成人教育學發展的軌跡，可了解到台灣成人教育由於社群太小，加上發展較晚，其發展情況猶如嬰兒學步，既蹣跚又不穩定。然而，訴諸台灣成人教育的發展，隨著學校教育的普及和精緻、人民求知需求日增、知識的權力日增，但知識的衰退期卻驟減、休閒時間增加以及資本主義的市場競爭機制而突飛猛進。尤其自民國七十七年召開第六次全國教育會議，揭櫫「終身教育」爲推動成人教育的主要根據，此時，可看見成人教育的政策及實務都逐漸受到重視，可是成人教育研究在此日漸蓬勃的教育推動中，卻有如侏儒與巨人的對比，殊值得加以探究其現有風貌及形成此風貌的影響因素，以爲改進目前我國成教未能獨立成一門頗具風格的學之弊病。

　　爲了達到鑒往剖今，洞視未來專業提昇的途徑，本文擬用

「文獻分析（document analysis）、批判詮釋及歷史研究法、比較研究法」。其中以文獻分析法探析成人教育學會，高師大、中正成教所、師大社會教育系所的活動，包括研究、課程、教學的狀況分析，以及現有的研究論文分析，以明瞭成人教育的內容體系。運用批判詮釋法，以比較研究法找出中西成人教育學發展動力的異同。以批判詮釋法，詮釋發展的歷程、現況及影響因素，找出成人教育學能否專業化，建立系統知識體系，成就獨特造型的動力因素；並以歷史研究法回溯成人教育學發展的歷史，使本文站在歷史流動的視野中，洞悉當前成人教育學發展現況中的特質。

本文依據上述四種方法，探析以下幾個重點：

1.成人教育學發展史。
2.成人教育學發展現況剖析。
3.成人教育學發展的影響因素分析。

成人教育學發展史

嚴格分析，台灣成人教育的研究及實務發展，很難稱得上「學」的層次，但為了揭示未來的發展目標，暫且用「學」來加以分析。

台灣的成人教育自民國四十四年師大設立「社會教育」學系以來，直到民國七十四成立「社會教育研究所碩士班」，此期為成人教育發展的前期：成人教育只是社會教育的一部分，並未受到太大的重視，稱之為蘊釀期。然而，自從民國七十四年，社會教育研究所成立以來，成人教育成為該所的科目之一。民國七十七

年召開第六次全國教育會議，成人教育首先學術化。因之，成人教育自七十四年以來，無論在研究、政策、實務上都有突破性發展，專業化的發軔力昭然可見，是為萌芽期，民國八十二年，國立高師大及中正並成立與繼續教育研究所碩士班，教育部也已於民國七十九年提出「社會教育工作綱要」，教育部於七十九年編印《成人教育》一書，並於八十年提出「發展與改進成人教育五年計畫綱要」。成人教育倍受重視，並急速自西方轉介觀念，實務做法邁向現代化、系統化，是為轉介期。之後，民國八十四年，師大社會教育教育研究所博士班成立，中華民國成人教育學會也於同年出版《成人教育專業化》，對我國成人教育發展情形提出反省，並指明專業化的努力標的與途徑，是為反省期。本文此部份即依據這四個時期，從課程、教學、研究、實務、專業團體的發展，簡述其專業學發展的斑斑軌跡。

蘊釀期（民國四十四至七十四年）

民國四十二年，社會教育法頒佈，民國五十一年，第一次在召開的「第四次全國教育會議」，也都對成人教育的實施，具有初步的倡議。該時期的社會教育主要的目的在於均衡各地區之教育，提高國民之文化水準。第四次全國教育會議確立實施的十大方案：

1. 改進社會教育制度：包括充實社會教育行政機關，確立社會教育機構，改進補習教育，發展特殊教育，劃定施教區（教育部，民51: 26）。
2. 積極維持特殊教育：包括擴充盲啞學校，為心理發展遲緩者設置特殊班級或學校，培育特殊教育師資，寬列經費。

3.設置失學民眾的中級補習學校。

4.發展大眾傳播設備，加強教育功能，擴充教育廣播電台，設立廣播電視學校。

5.加強推行國語：繼續維持「國語推行委員會」的設置，推動國語競賽運動。

6.確定國語文教育基本政策：由教育部確定國語文教育基本政策，並將原有「國語教育輔導會議」改組為「國語文教育委員會」。

7.加強文藝與教育結合：實施辦法包括由教育部成立「文藝教育系」。

8.促進藝術教育發展：其主要目的在於轉移社會風氣，培養國民高尚氣質，主要是透過下列途徑達成：

◇提高藝術人員素質。
◇加強國際藝術交流。
◇增設藝術教育機關。
◇增進藝術實用效果。

9.發展圖書館事業。

10.徹底整修文化古蹟。

由上述的方案性質來看，可見語文、藝術、文化古蹟、補習教育及科技教育是社會教育最主要的內容，其實施內容深受學校教育不足影響，人民失學者眾，以及光復以來，語言統一政策，藝文有待提昇，以提高國民生活品質等因素之影響。

此時期，全台唯一的社會教育系在台北，台灣省立師範大學成立，每年招收一班，第一屆為五十四人，共分四組：圖書館組、社會事業組、新聞學組、視聽教育組，首任主任孫邦正教

授，旨在從圖書館服務、社會工作的社會服務以及新聞傳播、視聽媒體的導正，達到社會教育的目的。

　　至民國七十四年以來的三十年，師大社教系一直獨挑培育社會教育人才的重任，引導社會教育研究的大樑。然而，每年畢業的學生或依輔系教書，或至新聞事業、圖書館任職，與原先設立該系，希望透過傳播媒介、圖書服務、社會工作等方式，達到社會教育之功能，相去甚遠。

　　此時，從事社會教育的教授僅有鄭明東、熊光義、李建興、楊國賜等人。鄭明東於民國六十八年著有《社會教育論文集》，探討社會教育法制、體系之建立問題，並對成人教育的機構、空中教育、教材、經費等加以論述。民國七十年，李建興著有《社會教育新論》，闡述社會教育的新意義、功能、理論基礎、各國教育實施現況，以及文化中心的社會教育工作、社會教育革新。其他著作為介紹社會教育概念論文集，分別為較早期出版民國五十七年，中國教育學會主編《社會教育研究》，相菊潭著《社會教育》，以及中國教育學會出版的《社會教育研究》，楊振華的《社會教育館的重要性及其功能》（中國教育學會，民57鄭明東，民68；相菊潭，民59；李建興，民70）。綜合上述，此時的成人教育只是社會教育的一個重點之一，其研究多屬社會教育專家的專業論見，系統性的研究較少。實徵性的成人教育探究更是闕如。在研究及教學之主要觀點是將成人教育當作補救學校教育之不足，增加大眾再受補習教育的措施或活動，為解決過去學校教育質與量不足之問題，同時用以解決社會問題。因之，此時期的成人教育充分顯示解決學校教育問題及社會問題導向的特質。

萌芽期（民國七十四-七十八年）

　　民國七十九年，教育部有系統地訂出「社會教育工作綱要」之前，社會教育的實務仍延續上述的教育活動，包括特殊教育、成人教育、補習教育、藝文、娛樂、生活技能之教育。以民國七十七年第六次全國教育匯集報告為藍本，社會教育的發展性質與方針，已與前一階段不同。前者侷限於補救式的問題解決取向，後者已朝向發展性的社會教育目標邁進，因之強調「普遍化、通俗化、多樣化」的全民社會教育發展方針，並以「終身教育」為推動的主要目標依據，以「階段性、延續性、進展性」為主要原則，除了原有的社教機構外，並於民國七十五年新設「國立空中大學」，有效推動以下各項工作：（教育部，民77: 137-148）

1. 建立成人教育體系：研訂成人教育基本法規，建立補習教育制度，建立空中教育制度。
2. 推展特殊教育，實現因材施教及有教無類之理想。
3. 建立藝術教育體系，達成全民美育的目標：研訂藝術教育法，鼓勵引介國內外藝術教育學術理論以及經營管理之觀念，建立完整藝術教育學校體系，有系統培育高級藝術人才。
4. 建立社會教育機構體系與功能，充實全民教育設施以及內涵：充實社會教育設施，健全社會教育機構體系與功能。
5. 加強民族精神教育，發揚中華文化：提倡民族精神與道德教育，加強推行家庭教育，推展國語文教育，充實漢學研究中心，加強古物與民族藝術之保存、維護與發揚。
6. 加強三民主義教育，恢宏國父的哲學思想：以演講、座談、巡迴展覽、論文比賽為實施方式。

在研究發展上，則自民國七十四年八月一日成立社會教育研究所以來，社會教育及成人心理與成人學習、社會教育史、成人教育比較研究、社會教育理論研究都是社會教育的主要科目，成人教育的研究生在成人教育或社會教育的研究成果斐然，使台灣的成人教育研究無論在量與質上都有長足地進步。自民國七十六年到七十八年共有碩士論文十九篇，其中三篇是社會教育思想之研究，佔百分之十五點七，成人心理學方面之研究佔七篇，爲全部研究的百分之三十六，有關行政之研究有三篇，佔百分之十五點七，婦女教育共有四篇，佔百分之二十一左右。其研究方法是以量化爲主，佔百分之八十四點二，質化研究包括歷史研究，佔百分之十六左右。就研究性質大多爲實務導向之應用研究，只有百分之十五點七是歷史詮釋研究。其研究典範顯然受到實證科學的支配。

此時期的其他重要著作，則還有黃富順民國七十四年所寫的《成人的學習動機》，民國七十七年的《比較成人教育》，以及《成人心理與學習》。第一本爲其博士論文，主要是以調查法調查台灣「成人參與繼續教育動機、社會人口變項、自重感與動機取向的關係，及其對成人動機的預測力。」其主要立論依據爲來自美加的成人心理學者的動機取向觀點。比較成人教育則主要採用中國教育學會主編之《社會教育研究》及國外成人教育資料彙著而成，敘述性的比較取向爲全書之特色。《成人心理與學習》爲介紹國外成人心理與學習之議題，包括「老化的現象與理論、成年期感官的變化、成年期認知能力的發展、人格的發展、成年人情緒的發展、成人發展理論、終身學習社會的成長、成人參與學習活動，成人學習動機、內容、方法，自我導向學習、成人學習理論、幫助成人學習。」同時《社會教育學刊》利用原有的《社會教育》刊物改版而成，《社教》雙月刊也於七十三年創刊。

此外，社會教育的課程，包括成人教育學或社會教育學的主要基礎科目：社會教育理論研究、社會教育史研究、社會教育研究法、成人心理與成人學習研究，社會教育行政專題，成人教育比較研究，社會教育問題專題研究。當時的課程是由黃富順教授及系主任楊國賜教授參與美國幾所成人教育課程研擬而成，所開的科目大多屬於成人教育或社會教育的基礎課程，專門領域的課程除了「文化建設、圖書館、博物館」專題研究之外，則無其他專門領域之課程。當時的任課教師包括李建興、蔡壁煌、詹棟樑、黃富順等人，多數老師多由研究教育者轉任，只有黃富順是第一個研究成人教育的博士，專任成人心理與學習。

　　綜上所述，萌芽期的成人教育實務已從醞釀期的補救性性質，轉成立基於「終身教育」的理念，除了包括補救性的成人教育之外，還包括發展性的成人教育體系之建立，成人教育之實證首重系統化、延續性。在研究上則與醞釀期迥然有別，不但研究成果斐然，而且已有中文的成人心理學，比較成人教育教科書。成人教育正式邁入學術化時期，唯研究多屬應用，且移植轉借西方成人教育的主要概念、原則及價值的色彩很濃。其中就連國內第一篇成人教育理論方面之文章：楊國賜的〈成人教育的理論與模式〉，也引介了美國成人教育理論及模式的論點，並運用之，提出我國成人教育的地位日益重要，宜積極培育專業人才、鼓勵從事基礎理論的研究，建立適合我國成人教育發展的理論體系及模式。至於如何發展台灣成人教育理論體系及模式則尚未論及。（楊國賜，民76: 18-19）由此可見，萌芽期的成人教育無論就實務、研究、教學、期刊都有趨於建構學術系統的展望，但尚未真正建立系統的、本土化的成人教育知識系統或方法。

轉借期（民七十九-八十三年）

　　在成人實務上，此時期有幾個影響成人教育實務深遠的歷史事件，包括七十九年頒訂的「成人教育工作綱要」，八〇年「成人教育法草案」，八〇年「發展與改進成人教育五年計畫綱要」，八十三年「第七次全國教育會議」。在成人教育工作綱要中規定訓練成人轉業技能，並協助個人充實生活內涵，達成個人發展目標，其實施方式有別於前面成人教育之推廣，包括資源提供、資訊服務，使成人教育進入「資訊運用」的紀元。其新的工作項目包括「成人進修教育、自我成長、生活教育」五年發展計畫自民國八十一年開始實施，係庚續民國七十八年訂定的四種成人教育實施計畫之老人教育、婦女教育、休閒教育、台灣地區公立社會教育機構推行環境教育五年計畫。共動用三十五億六千四百六十萬元，教育部並邀集中央各有關部會及省市政府等組成「成人教育委員會」，定期協商各相關部會推展成人教育有關業務，已達到統籌規劃、分工協調合作之功。此外，教育部並召開「成人教育的前瞻研討會」，邀請學者專家、省市、縣市教育行政人員等溝通觀念及做法，以貫徹實施本計畫。此時，由於社教司長是政府遷台以來第一個研究社會教育的學者—楊國賜，因之，其實務推動也大量邀請學者運用研究、有系統的方式予以規劃。

　　第七次全國教育會議的實施策略計有十四種（p.95）

1.規劃生涯學習體系，建立終身學習社會。
2.研訂家庭教育法規，確立家庭教育體制。
3.設置家庭教育中心，推展家庭教育活動。
4.結合民間社會資源，成立家庭教育基金。
5.運用學校教學資源，發揮推廣教育功能。

6.試辦社區學院制度，實現全民教育理想。
7.建立補教彈性學制，提供多元學習機會。
8.革新成人教育課程，因應成人學習需求。
9.培訓社教專業人才，提昇全民教育水準。
10.建立空中教育體系，實現人人受教理想。
11.推展社會藝術教育，充實國民美育素養。
12.獎勵民間人士捐資，興辦私立社教機構。
13.建立社教輔導網路，落實基層社教活動。
14.調整社教機構組織，發揮教育服務精神。

　　在研究上，高師大、中正大學於民國八十二年同時成立「成人與繼續教育研究所」碩士班，使成人教育的研究社群增加，研究量也增加。師大於同年將研究所課程分為「社會教育與文化行政組，成人與繼續教育組」。教育部社教司配合五年發展計畫的推動，委託師大、中正、彰化師大、政大、高師大的專案，由八十一年開始到八十三年止，共有四十三件，其中除了八十二年委託的「成人認知能量的研究」為基礎研究之外，其餘都是實務性研究，尤以特殊教育佔的比重很高，共有十一件，佔百分之二十五點六。受託的單位以師大最多，為九件，中正、彰師大各八件，政大及高師大五件。委託專案主題並不依學校而不同，係因受託教授專題而定，因之受委託研究之學校的研究主題多元且分散。此外，自民國七十九年到八十三年間，《社會教育》學刊有關成人教育或社會教育的論文共有二十三篇，依此平均每年約有五篇左右是成人教育領域的論文。

　　在學術專業團體上，民國七十九年成立「中華民國成人教育學會」，該學會於一九九一年加入「亞洲及南太平洋區成人教育總會」，一九九二年與「北卡州成人教育學會」建立合作關係。一九

九三年組團參加大陸瀋陽舉辦之「世界成人教育學術研討會」，一九九一年八月分別接受G. L. Carter的訪問，並主辦一場演講：美國的成人教育、美國大學的成人推廣教育。同年，美國北卡Edgecomle社區學院鍾和安博士來台主講：美國社區學院的辦理現況，次年與大陸北京市成人教育學會合辦「海峽兩岸成人教育學術研討會」，之後與大陸之成人教育或互訪或彼此召開研討會，交流頻繁。在研究工作的推展上，則先後編印《成人教育辭典》、《大陸地區成人教育之研究》、《公立中小學如何推展成人教育研究》、《我國成人自學高等教育及成人專業證書制度建立之可行性研究》，以及於民國八十七年進行，影響中華民國教育政策深遠的《邁向學習社會白皮書》之研擬。自八十一年出版《婦女教育》，八十三年《有效的成人教學》，八十五年《回流教育》等書。

成人教育學會是台灣目前僅有的成人教育相關的學會，除了推廣學術交流，進行專案研究，出版專書之外，並於民國八十年開始出版《成人教育》雙月刊，與民國七十三年由師大社教系出刊的《社教》雙月刊，兩者同為推展成人教育重要的雜誌。因之，成人教育學會對我國成人教育學的理論基礎及實務工作影響甚大，可惜該學會的任何學術研討會及年刊撰稿，自創立以來一直都為約稿制，流為少數人的發表園地，未能提供所有會員專業成長的充分機會，發展專業團體的功能，殊為可惜。

反省期（民84年～ ）

民國八十三年，第七次全國教育會議在「推動多元教育，提昇教育品質，開創美好教育遠景」的主題下，提出五大推動終身教育之體系：（教育部，民83）

1.規劃進修與補習教育之彈性的學制，建立成人終身教育體系。
2.加強培育成人及繼續教育師資，擴大教育功能。
3.規劃各級補校及空中大學之課程、教材與教法，因應成人學習需要。
4.有效運用各級學校教學資源，擴大推廣教育功能。
5.調適公立社教機構組織結構，運用公私立機構及社會團體資源，推動全民終身教育。

民國八十五年行政院教育改革委員會也提出教改諮議報告書，民國八十七年，教育部根據該諮議報告書提出台灣教育在邁向開發國家面臨以下幾個挑戰：

1.提昇國家競爭力的基本動力。
2.經濟富裕過程的人文關懷。
3.資訊社會來臨的國際化趨勢。
4.社會開放以後的個人發展。
5.對於各種挑戰的回應。

面對上述五項挑戰，提出十四項建立終身學習社會的具體途徑，其中與成人教育體系最直接相關的包括以下幾項：（教育部，民87）

1.建立回流教育制度。
2.推動補習學校轉型。
3.鼓勵民間企業提供學習機會。
4.發展各類型的學習型組織。
5.開拓弱勢族群終身學習機會。

6.整合終身學習資訊網路。

7.加強民眾外語學習。

8.成立各級終身教育委員會。

9.完成終身學習法制。

10.建立認可全民學習成就制度。

　　此階段的成人教育實務已逐漸邁入多元化、資訊化，並特別重視發展新類型學習型組織，承認個人的學習成就，開拓弱勢族群終身學習的機會，顯然具有後現代尊重個人極少數族群的學習權益之特質。

　　在研究上，民國八十四年，成人教育學會出版了《成人教育專業化》一書，分別由黃富順探討「成人教育學術領域的發展」、魏惠娟分析「成人教育專業化的內涵與實施」、胡夢鯨撰寫「一個成人教育學理論模型的分析」、何青蓉所寫的「成人教育研究所課程開設的趨勢及相關議題」，蔡秀美所寫的「成人教育學術研究的發展與趨勢」，王政彥的「成人教育專業機構的建立」、蔡培村撰寫的「論析我國成人教育專業化及其發展趨勢」，其他人則分別探析「美、英、法、德、日、丹麥、韓國、香港」之成人教育專業化現況與發展趨勢，希望從學術研究、課程、人才培育、理論模型、建立專業機構等主題，以及各國專業化歷程，反省改進我國成人教育未能專業化的問題，因之，此時期的研究者透過成人教育學會的研究出版贊助，已特別注意從研究、教學、人才培育、理論架構、比較研究來反省我國成人教育的專業化情形，並指出改進之道。然而，此時成人教育研究者仍站在西方成人教育專業的發展脈絡，以局外人的角度，理解或解釋台灣成人教育專業化的情形，尚未能站在局內人的場域，以台灣文化及教育問題的脈絡，用台灣式的認識論、方法論、價值論為主要視野，批判建構

台灣成人教育之專業化方向。

　　民國八十四年，台灣第一個有關成人教育研究所博士班于台灣師大成立，民國八十七年中正大學也成立博士班，八十八年高師大都開設有「方法論」，然從其教學大綱可看出，「方法論」所探討的內容是就其研究方法之後設分析，並未涉及方法與內容適配問題的後設分析，對解決前述我國未能開展獨特的成人教育學之困境，殊無突破的功力存在。

　　綜上所述，我國成人教育的發展，歷經前述的「蘊釀、萌芽、轉借、反省」等四個時期，共經過四十餘年緩慢發展的時程，從蘊釀期偏重實務發展，了無系統性的學術論文研究，僅有少數倡議性的文章，以及教學研究者的專業論見之著，進展到成立社會教育研究所，並有專業雜誌出版，同時成人教育學者楊國賜為文論述「成人教育的理論與模式」，使成人教育從實務進展到學術化、系統化的萌芽期。接著，成人教育在教育政策的推動下，實務發展與學術理論互動成為更有系統的活動，同時第一個以成人教育為名的專業團體：中華民國成人教育學會成立，使成人教育的專業化更有了專業性的組織資源。透過這個學會，積極與「亞洲及南太平洋區成人教育總會」及「世界成人教育協會」交流，同時與美、加、大陸等國學者交流，大量引借國外研究之成果，是為引借期，也是成人教育積極學術化，並深受現代化思潮影響，強調系統、科學，無形中受到西方實證主義影響的時期。民國八十四年，成人教育學會出版了《成人教育專業化》一書，極力使成人教育沿著現代化的思考脈絡邁向專業化，是為學術社群企圖超越低專業困境的反省期。此外，部分學者胡夢鯨及作者開始提出後現代的成人教育過度隨興，過度個人主義、商品化的反省。然而，此時的反省尚未能深入方法論、認識論、價值論及理論體系，有關上述攸關成人教育專業發展的深度反省，有

如鳳毛麟角：僅有作者在一九九九年四月十四～十八日「世界比較教育年會」（Annual Conference of the Comparative and International Educational Society）發表的「Exploring Epistemology and Methodology of Adult Learning in Taiwan」，開始反省國內有關成人教育研究的認識論、方法論，希冀成人教育在台發展出立基本土、瞭望國際的寬宏視野。

成人教育學發展現況剖析

　　從前述的分析，台灣成人教育從傳統時期，逐漸進入現代化專業時期，約經過漫長的四十四年。今日我國成人教育學的發展雖未完全專業化，然而大略已臻前專業化時期：凡是專業化的主要要素已略有雛型。以下試從專業化的主要要素：課程（人才培育）研究、理論、政策、實務活動、專業團體等實施的現況，剖析成人教育學發展現況。並嘗試從上述幾個要素之間的關係，做為分析架構（如圖1），說明我國成人教育學發展的現況及特色。

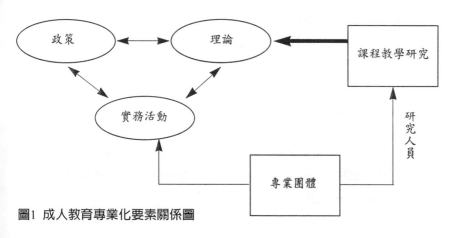

圖1　成人教育專業化要素關係圖

政策理念及推動具體深具國際觀，但不乏潛存意識型態

民國七十七年，第六次全國教育會議，確立「終身教育」為實施成人教育的主要依據，並積極研訂成人教育基本法規，建立補習教育制度及空中教育制度，企圖建立完整的成人教育體系，歷經八十三年的第七次全國教育會議，八十五年的行政院教改會的「教改諮議報告書」，八十七年的邁向學習社會白皮書，揭櫫終身學習社會的教育發展目標，以保障全民學習權，培養國際觀及地球村知能，鼓勵政府及全民激發全民學習潛能，認可全民學習成就。其主要精神係採借一九九六年聯合國教科文組織所出版的《學習：內在的財富》（*Learning: the Treasure Within*），將終身教育當做是人類進入二十一世紀的一把鑰匙，以做為我國民主政治、經濟繁榮的奇蹟中，社會弊病叢生藥方。也就是以下社會問題的解方：（教育部，民87：7）

1. 精神生活的匱乏與空虛。
2. 社會功利取向的高漲。
3. 人文素養的欠缺。
4. 國際競爭的壓力。
5. 生活國際化的衝擊與挑戰。

針對前述社會發展動勢的問題壓力，教育白皮書引借了人類為適應社會變遷的四種基本學習：

1. 學會認知（learning to know）：廣博知識的學習。
2. 學會做事（learning to do）：學會應付生活各種狀況，以及共同工作的能力。

3.學會共同生活（learning to live together）：學會尊重及和平
解決各種衝突、挑戰。

4.學會發展（learning to be）：自主、判斷力的學習。

根據人類四種基本學習的社會需要，教育部分別從法制、推動委員會、學習機構的重構、學習活動的補強與擴增，擬訂了十四項終身學習的具體途徑。

綜上所述，可知我國教育政策在國內外變遷的挑戰與社會問題的危機中，自民國八十三年以來，積極深思如何在既有的教育基礎上，更以國際的視野及實際做法，力求與先進國家具有同步的教育政策改革。教改諮議報告書，邁向學習社會白皮書都是教育部為因應國際競爭力，解決國內社會問題的最主要工具之例證。由此可見，我國教育政策在繼一九六〇年代「教育是一種人力投資」的觀念之後，再一次從政策面揭櫫這種教育為社會資源、國家政治發展工具之一的主張。為了實踐這種工具性的教育觀，推動教育的策略是相當具體，且頗能符應國際競爭的潮流。然而在這種工具理性的教育觀中，極力將教育推向現代化、理性化的政策推動，雖也照顧到教育不利地位者的教育權，但卻仍不脫教育中心者的照顧模式，展露出教育統一的思考路數：人人努力邁向前述的四類學習，以此一統的目標要求，是否要能達到to be的教育主體性，發揮教育在社會層面之外的自主專業性，殊值再深刻批判與對話。

實務活動熱鬧化、多元化

在教改政策的推動下，成人教育成為人人的活動，各公私立機構活動頻仍，百家爭鳴，尤其在教育白皮書推動下的成人教

育，一方面注意少數社群、不利地位家庭之學習活動，另一方面重視企業及資訊、外語教育，並與企業共同推出所謂的兔龍（To Learn）系列，使成人教育「去機構化」，變成更多元、活潑、非正規化型的活動，與民眾生活較貼近；然而在眾生喧嘩，眾音併陳的熱鬧活動中，專業工作者如何在活動計畫中做專業介入之外，是否能在活動過程中，以及活動之後，做專業介入、評鑑、回饋，殊值得省思。否則活動熱鬧化、多元化、非正規化之餘，引發的教育淺薄化，失去專業深度問題，甚且：因重視多元、隨機、有趣之特質，失去垂直的組織與系統；因政策強力主導，失去學習者做自己學習決策及執行主人的深思機會，都是當前教育資源的提供者及使用者當深思反省及改進之處。

成人教育學的理論基礎論述甚少，難以開展本土化的理論體系

國外成人教育學的理論研究，除了P. Freire，J. Mezirow，M. S. Knowles，P. Jarris，R. Usher，並未有卓越的學者已建構完整的成人教育理論體系。我國成人教育學的相關研究，除了楊國賜、胡夢鯨及作者曾論及之外，並沒有學者從事本土化成人教育學之研究。但楊國賜的〈成人教育的理論與模式發展初探〉一文，是引借國外觀點之論。胡夢鯨的《成人教育學理論與模型》，則是驗證國外成人教育學理論。作者的「Exploring Epistemology and Methodology of Adult Learning in Taiwan」只是對台灣成人學習之研究提出認識論與方法論的反省，但並未進入到實際建構本土性認識論與方法論的階段。根據林振春的分析，我國成人教育多偏重在實證性研究，同時這些研究偏重應用研究，無法累積建立成人教育理論體系所需的基本材料與觀點。由此可知，成人教育十

四年來的研究所教育成果，其研究論文尙處於概念、觀點借用期，未能深植文化沃土，發展獨特專業風味或特殊目的之研究。

課程未具深厚的本土化理論及專業

在研究所課程上，經由三所的課程大綱及研究材料的分析，高師大及台師大的成教所及社會教育研究所在成人心理學都列有本土心理學的開展議題，其他系所該科目及成人教育心理學、行政學、社會學、哲學、方法論都還停留在只是引借國外學者的論點，未能從台灣文化脈絡與特質，加以論析。以八十七學年度社會教育行政專題研究一科爲例，其主要內容共包括以下四部分（如附件一）：

1.行政學理論的發展及其可能之應用。
2.社會教育行政的組織分析。
3.社會教育行政的領導行爲。
4.社會教育行政的成員行爲。

社會教育行政的政策分析、社會教育行政的行政倫理、社會教育的資源運用、社會教育的經費分配、社會教育機構的事務管理、社會教育機構的績效評鑑。

再次，以當代社會與文化理論一科而言，該科目之講授目的在於以「文化研究」爲主軸，說明當代重要的社會文化現象，及其理論論點。主要探討以下三大主要議題：

1.人類學和社會學家眼中的文化現象爲何？
2.社會與文化活動的目的爲何？
3.如果「文化」是人類日常生活的全部，那探究的內涵爲

附件一

行政學理論的發展及其可能之應用

1.古典行政理論。
◇管理技術學派：泰勒的科學管理原則。
◇費堯的管理術、葛立克與烏屈克的Posdcorb。
◇Mary Parker Follet（1920）。
◇科層體制學派：韋伯（Max Weber, 1864-1920）。

2.行政科學理論。
◇霍桑實驗學派：梅堯（Elton Mayo）。
◇動態平衡理論：巴納德（Chester Barnard, 1886-1961）。
◇行政決策學派：賽蒙（Herbert A. Simon, 1916-1994）。
◇需要層次理論：馬斯洛（Abraham H. Maslow）。
◇人性本善學派（Y理論）：麥理格（Douglas McGregor）
　The Human Side of Enterprise（1960）。
◇激勵保健理論：賀茲柏格（Frederick Herzberg）。

3.系統理論時期：
◇權變理論：費德勒（Fred E. Fiedler）、賀塞和布蘭查
　（P. Hersy & Kenneth H. Blanchard）。
◇社會系統理論：蓋哲（Jacob Getzels）。
◇管理歷程系統方法論：席思克（U. L. Sisk）。
◇Z理論：麥哥里（J. E. Megley）。

社會教育行政的組織分析

1.組織結構。

◇韋伯的科層理論。

◇艾齊厄尼（Amitai Etzioni）順從理論（Compliance Theory）。

◇海格（J. Hage）不證自明理論（Axiomatic Theory）。

2.組織歷程。

3.組織氣氛。

4.組織變遷與發展理論。

社會教育行政的領導行為

1.組織領導。

2.決定理論。

3.計畫理論。

4.溝通理論。

5.衝突理論。

社會教育行政的成員行為

1.組織認同。

2.工作滿意。

3.工作倦怠。

4.員工疏離。

5.工作壓力。

6.工作表現。

7.生涯規劃。

何：

◇制度層面的社會與文化活動。
　　★國家體系與社會文化。
　　★經濟體系與社會文化。
　　★生活世界的社會文化。
◇生活世界的社會文化活動。
　　★族群本土文化。
　　★社會運動與公民文化。
　　★商業與休閒消費文化。
　　★傳播科技與大眾文化。

　　其中閱讀的文獻多數為西方理論文獻，即使有中文文獻，其內容仍是介紹西方思想為主。

　　再次以博士班的研究方法論而言，依其第三單元的課程綱要加以分析，發現其課程主要目標在於讓「學生了解社會科學和人文科學的知識內容和探究方法」，其主要授課內容包括以下四部分：

1.實證主義社會現象的解釋。
2.現象與詮釋學語言轉折後，社會現象的理解和詮釋。
3.批判理論社會現象的理解和社會改造。

　　◇學說。
　　◇研究策略。
　　◇研究戰術：歷史社會學分析、文本分析和「民族誌」。

4.社會研究政治學：理論與實際。

其參考書目清一色爲西方理論觀點及文獻。據此可知，即使是方法論，博士班學習的內容是從社會科學和人文科學的知識內容和探究方法開始，未能直接深入成人教育學本身的方法論論述。此外，就探究的內容而言，其方法論係探就研究取向論述研究方法的利弊得失及其論述的Arguments，未能轉到研究內容與方法適配性的後設分析角度，故無法深入探究本土性方法論內容，當然無法貢獻本土性成人教育學之建構。據此，如以建構成人教育學爲主要的學習目的之觀點，該方法論的課程未具有效度，急需批判修正。

　　目前三所研究所的課程，無論在成人教育專業基礎科目及專門科目上，都有很多移植西方的現況，未具有本土化的深入探究。同時，在專門領域方面，由於成人教育的領域廣泛，其社群又未對本土教育問題、社會文化現象做深入探究，僅參考英、美兩國部分大學之成人教育課程，將成人教育領域或依教學對象，或依問題，分類成各科課程，以致使課程因不同的分類規準，其課程內容出現太多重複部分，未具有垂直及水平的課程系統性。同時，因國外研究所多爲在職生，故其研究所課程偏重專業基礎之研究，對專門領域未有具體而清楚的重點，使成人教育人才之培育偏重專業基礎之學習，而較少專門主題之深入探討，難以培養學有專精之實務、理論人才，使目前既有的成人教育研究所難以發揮培育專業人才之功能，有鑑於此，今年新成立的暨南國際大學成人與繼續研究所，其課程規劃兼重專業理論基礎與專門領域，根據課程規劃小組之研究，其課程仔細分析幾個重要影響因素，包括台灣成人教育發展現況、利弊得失；成人教育研究所發展現況，社會發展的現代化，後現代化特質，目前的學校教育問題、社會問題的分析，以及目前台灣成人生活的現象的特質，再經過成人教育愛，成人存有發展（to be）的教育價值觀念，全所

師生起點行為與特質，以及成人教育學建構的成果與發展階段等因素之過濾，決定成教所的課程主要包括「成人教育專業基礎」和「成人教育專門領域」兩大類。前者所開設課程儘量統整，後者則又區分為專門領域共同基礎課程類及專門主題。前者是指該所規劃出的四大學習專門領域的基礎：

1.成人博物館教育。
2.親職與家庭教育。
3.企業中的勞工教育與成人教育。
4.遠距教材發展與自學輔導之診斷與諮詢。

以上四大學習專門領域的共同基礎則是因為教育的資源與起點是文化命脈與特質，文化命脈及特質品味的提昇有賴全民的文化素養教育。它變成其他重點專門領域教育能否有成效的先決條件，因之，該所課程基於前述三個研究所課程規劃的弱點，企圖兼重專業基礎與專門領域知能的課程內涵。依此規劃理念實有其專業發展之合理性基礎，但這套課程目前仍是形式課程，尚未實施，其成效是否能達到預期的目標，有待觀察。

學術專業團體已發揮部分研究、推廣功能，但未能協助專業社群的建立，也未能普獲專業人員的認同

台灣唯一的成人教育專業團體：成人教育學會成立已達九年之久，除了出版年刊、期刊之外，更積極與美國、大陸進行學術交流，並有二位專職人員從事學會相關工作，在提供成人教育研究者及實務工作者的資訊及學術交流上，有其顯著的貢獻。只是學會相關學術研討會及年刊，都為邀請制，侷限於少數學者才有

機會參加，未能開放給全體會員，具有同等被考量參與機會的均等。此外，晚近的學術交流，偏重於與大陸之交流，未能延續以前與美國或其他國家之交流，同時交流的參與者多只限於少數理事，不是每位會員都有報名交流成長之機會，以此而言，其難達到該會協助會員專業成長之目的，對於整個社群之建立，亦因侷限於次級團體的重複服務，而非每個會員都有權利受到服務，難以開展學術社群的廣泛互動、理解及專業成長，是為較可惜之處。

學術研究社群人員質與量都感不足

從教育白皮書及聯合國「終身學習：內在的財富」中，可知學習革命是二十一世紀人類品質及品味的重要經營策略。教育品質，學習品味的人性化、精緻化是千禧年的重大事件，我國在此潮流的衝擊下，加上過去教育弊病的沈痾，成人學習成為教育改革的重點之一，其比重與數量龐大的學校教育並駕齊驅。然而，以目前研究成人教育的學者而言，總共才二十二人，其數量顯然太少，尤其與學校教育的研究人口比較之下，更顯得勢單力薄，難以擔負與學校教育同等重之成人教育活動。加以這二十二個人的研究取向只有三位較專注於成人教育理論之研究，其他都以應用性研究較多，同時所做專案百分之九十五以上都是教育部贊助之經費，合法化教育決策與推廣活動的成份居多，殊難永續紮實地奠立一個獨立自主學門的深入基礎性研究。

綜上所述，我國成人教育發展現況，無論就政策、實務、理論、課程、研究、專業團體及研究人員素質，都只是在受重視階段，在投資及成效的品質上，仍難臻中等層次的專業化水準；同時呈現政策與實務發展較快，而理論、課程、研究及人員素質等

條件發展較慢，且素質不佳的狀況，很難開展成人教育專業化的境界。

成人教育學發展的影響因素分析

根據台灣成人教育學的發展，可知成人教育學的發展階段正處於力求改進，邁向專業化的反省性階段。與西方較進步國家的成人教育學已邁向專業建構期，顯然有很大的不同。在這樣的發展階段，出現了幾個成人教育學發展上的重要特徵：

1. 台灣成人教育學的理論體系之建構尚在啓蒙前階段。
2. 台灣成人教育的研究方法論仍在借用人文及社會科學階段，尚未建構「準」獨特性的方法論。
3. 台灣成人教育人才培育之課程尚未完全專業化，專門探究領域不確定且未統整。
4. 台灣成人教育研究在質量上都還很貧乏，且缺乏認識論、方法論及成人學習的系統性研究，是成人教育停滯於反省期的主要癥結。

上述發展的特徵，係受到成人教育內外在因素的影響，以下加以說明。

學術內在因素的影響

成人教育重實務，輕理論與學術

目前成人教育的政策導向正符應學習社會發展的熱切需求，

但理論及學術則因發展條件不足，甚或有些學者認為成人教育是實務工作，不應做太學術化的研究，造成成人教育學無法在妥切的理論與實務的論辯中，開展深厚的發展根基，形成成人教育流於活動化、技術化的危機。

成人教育的基礎性研究貧乏

成人教育的基礎性研究量太少，且區域分佈不均，以具有引導成人教育研究的《社會教育》學刊而言，每年約有五篇是屬於成人教育的基礎性研究，約佔所有篇數的一半。以國科會補助的專案而言，從民國八十六年到八十八年，成人教育共計二十四件研究補助案，其中高師大佔了七件，中正有十二件，師大僅有三件，而基礎性的研究只有一件，簡直是鳳毛麟爪。

成人教育研究缺乏階段性支持的研究機制

成人教育學是教育學門中新興但卻非常重要的領域，除了國科會的贊助支持外，教育部社教司或企業單位宜具有特定的補助方案與機制，以增加成人教育研究的速度與成果。

脫離文化根基的成人教育課程內涵

從三所現有的成教及相關系所的課程結構來看，成人教育的課程雖有少數的文化課程，但其內涵卻未能深入剖析及評論台灣當前的文化體質、特色，而其他課程，在內涵上幾乎百分之九十九移植西方的理念、語彙、概念，更遑論能與台灣特有的歷史、文化的脈絡連結，發揮使成人教育植基於文化的深層結構，開創文化發展新元質的功能。例如，台灣人島國的文化特性，以及外來政權，使台灣人的權變性，移植性格強過自主性；又如台灣歷史中類似二二八的悲情記憶，以及抗日等歷史事件，如何影響到成人歷史、文化的學習情結或歷程，殊值得深入探討，但到目前

為止此類研究議題，尚乏人問津。

成人教育未形成專業學術社群的文化，僅存有學閥的行為與次級文化

成人教育分成北、中、南四所，由於爭取研究、推廣資源，以及學術領域的不同，儼然具有不同次級團體的特質及文化。然而，二十二人的小學術團體，並未經由深入的互動、溝通，以及深刻的專業熱誠，共同理想與願景，而形成具有永續專業關懷與實踐的社群行為。

此外，由於社群人數太少，很難形成精緻的專業分化，故很多重要的成人教育主題，例如，難度很高、研究速度無法加快的理論基礎、方法論、認識論、文化研究，欠人耕耘。同時成人教育研究者多留學英、美，深受實證主義方法論影響。留學德國者僅有詹棟樑與作者二人，在實證主義支配成教育研究的領空，是否能開展深厚多元的學術研究觀，真有窒息的壓迫感。而從二十二人的成人教育教學、研究者的背景加以分析，可發現百分之九十八的人都專長於成人教育專業基礎科目的某一科或二科內涵之研究，對領域知識的建構及方法論的批判力，認識論的探索興趣與能力都太貧乏。加上，他們鑽研成人教育的學齡百分之六十七未超過十年，其研究的程度，尚未能發揮到較理想的專業化程度，故成人教育研究發展仍在幼兒期，嗷嗷待哺。

學術外在因素的影響

在影響成人教育的外在因素方面，具有政治力、經濟力、社會力、宗教力、文化力的強勢影響或不當干預，形成成人教育發展的資源也是阻礙，以下分別加以闡述。

政治力凌駕教育專業力的成人教育政策

從過去七次的全國教育會議、行政院教改總諮議報告書、教育白皮書等的政策擬訂過程與政策內涵，都可以發現教育常常成為政黨或國家機器的工具。當政治的意識型態或價值體系需要傳承，教育自然成為悠久且有效的工具；當國家需要培養有素質的人力資源，提高國際舞台上的競爭力，教育自然成為人力投資的公器。過去執政黨如此以「工具理性」處理教育專業，現在民進黨亦復如此文化再製，最典型的例子便是社區大學的案例，就是社區大學乃是培養民主鬥士、改變政治參與意識型態與價值的場所。

在政策及實務推動上，政治的需求是主角，教育的專業視野與理念、設計只是配角，通常只是被用來合法化教育成為政治力擴散的公器事實，很難與政治因素對等互動，發揮成人教育的專業自主性。因之，考查成人教育發展史，可看到成人教育在早期被用來解決學校教育問題造成的不良後果，以及社會問題的工具，目前則被視為發展個人潛能，提高社會、國家競爭力的主要工具之一，尚未有專業的自主化性格。

成人教育財政分配模糊，未具有社會正義的切當性

從前述的分析，可知成人教育由於深入研究尚且不多，專業影響力仍然相當侷限，加上教育專業深受政治勢力角力影響，因之，歷來成人教育半數左右都在符應民意代表的政治需求，例如，將經費預算大量投注在特殊教育、原住民教育、婦女教育等具有票源意義的社會福利對象上。較少經由社會正義的論辯，省思成人教育的價值論基礎，去詮釋批判政治意涵中選民的教育需求如何滿足的問題，因之，教育決策單位一直將大半的經費投注在不利地位族群的成人教育。相對地，一般人的成人教育的深入

活動，所能獲得的經費則相當有限。這種現象已造成實踐社會正義，反而因矯枉過正的補償心理訴求與措施，而形成新的人為不正義，殊值得批判省思。

市場和機制模糊成人教育專業深度

資本主義經濟私有制對於教育的影響，即是使教育活動市場化、商品化，尤以成人教育最為明顯，因之，成人教育往往受制於看不見的市場機制，讓需求、價格與政治強力導引支配了成人教育的發展，成人教育的專業深度在教育商品化、行銷化過程中，逐漸出現了危機。

宗教力與文化力對於成人教育的影響力有未逮之處

根據國外的成人教育發展史，可發現宗教組織對於成人教育實務的影響甚大，然而我國宗教活動在其儀式活動的成效，幾乎取代成人教育活動，兩者較少互動，分工合作。在成人道德行為的信念模塑上，宗教力量大於教育力量。在批判思辯能力的涵育上，教育策略實有比宗教活動優越之處，但兩者對人的認知、情感、意志力的提昇，並未專業分工，而是互相取代與支配。

至於文化上的民俗、民德對成人教育實施的影響，隨著劇烈的社會變遷，日趨疲軟，如何重新詮釋文化規範、民俗行為，以為推動成人教育之助緣，是文化與成人教育關係的基點。此外，在成人教育的研究、思惟及理論觀點、方法論的研究上，與文化脈絡互不相干的現況，亦值得檢視。

成人教育的實質專業聲望尚低

目前成人教育雖然在政策的重視，以及民眾需求日益高漲的狀況下，形式聲望逐漸提高，然而，公共的專業聲望，以及社群專業的自我認同，仍有待加強。從前述成人教育公共決策的過程

中，成人教育研究者專業介入的機會不高，且機會不多，亦看出成人教育的專業影響力仍然不高，其專業被認可的情況也不高。

總之，成人教育學的發展，深受民主政治反應民意之壓力，市場機制、財政分配之規準，文化及宗教規範，以及大眾對成人教育的專業認可所影響，尤以負面影響大於正面影響，形成成人教育專業化的阻礙因素。

建構台灣成人教育學的途徑

從前述成人教育學發展的四個階段，可發現台灣的成人教育正處於啟蒙反省的階段，為不滿意的非專業化時期。形成今日專業發展貧乏，缺少深厚理論研究、良好課程、優質實務的困境，實因成人教育發展過程中，存在著內外在的阻礙因素或資源不足所形成。

為建構台灣成人教育學，宜從內外在體系因素，加以處理，才足以加速並厚植成人教育的根基。

就內在體系之因素改進而言，有以下犖犖大者，急需努力實踐：

提昇成人教育學發展與建構的專業資源

積極培育優秀的成人教育學者

一方面將現有的成人教育學者二十二人，從充斥因專業分化、區隔形成的學團現象，提昇到真正的「學術社群」境界，讓所有的研究者有更高品質的教學、研究、推廣的專業表現，同時

在共同的專業視野與願景中，建立令大眾認可的專業聲望。另一方面積極增加成人教育機構，培育足以建構成人教育方法論、認識論的研究者。

改善現有專業團體的功能並成立新的專業團體

根據前述研究，目前成教學會對於每個會員的專業成長功能不彰，且學術交流只侷限於大陸，如何更開放地擴大影響力及交流層面，是該學會努力目標。然而單一的專業團體，在結構上很容易形成支配專業資源的現象，如何成立重要的其他專業團體，殊值得考量。

澄清建構成人教育學發展的理念及概念架構

1.成人教育學的發展有其階段性，每個階段的發展在政策、實務、理論、研究、教學的成就特質及弊病，都有其不同的風貌。而一個學的發展往往在上述的專業條件下源遠流長地累積其深厚的根基，並非一蹴可幾。因之，成人教育學當前的發展，宜面對反省期的困境，以及建構期的願景，努力建構當前成人教育學的優質環境，以開展成人教育學的發展成果。

2.成人教育政策決策者、實務工作者、教學研究者宜洞悉成人教育學專業發展的動力因素，分工合作加速成人教育學的發展：從前述的分析，可知成人教育學的發展主要受到三種因素的影響：

◇成人教育研究者的專業能力。
◇成人教育研究者的專業影響力。
◇成人教育研究者的專業影響速度。

目前前二者動力因素最弱，最後一項由於有實際的民眾需求

及政策的大量倡導，而有加速的情形。因之，成人教育教學研究者宜努力突破目前基礎研究之缺乏，專業理論體系內涵闕如的專業窘境，發揮專業影響力，建立專業聲望。

3.確立成人教育學建構的概念架構：成人教育學為何要建立？如何建立？要包括那些重要內涵？由誰來決定？是當前發展成人教育學建構的重要議題。

從成人教育的發展史，可知成人教育學與學校教育性質有很大的分野，其中之一是成人教育比學校教育更不機構化，更接近生活現實（life world）及社會現實。因之，成人教育的知識體系顯然會與學校教育不同，其實踐性知識、民俗學習論、大眾文化認識論、非正式知識都值得探究。同時其知識體系如何由學習者、研究者、生活者，透過何種互動過程，以及共享的時空觀、文化脈絡、認識論、方法論而建構，是台灣成人教育學建構的核心工作。據此，本文嘗試從前述成人教育學發展的歷史脈動及內外在影響因素之視野脈絡，洞見建構成人教育學體系因素的概念架構圖（圖2）。

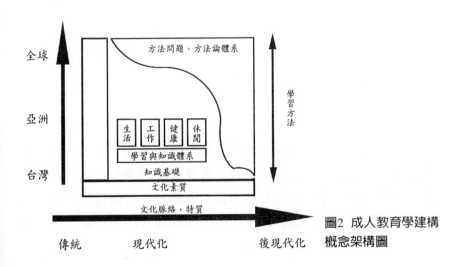

圖2 成人教育學建構概念架構圖

從（圖2）的成人教育學建構概念架構圖，可知建構成教育學主要考量以下幾個要素：

時空因素

就時間而言，台灣社會文化發展屬於傳統時期？現代化時期？或後現代化時期？抑或各個區域的所處階段不同？

此外，台灣成人教育學的建構旨趣及哲學是要建構封閉式的本土成人教育學？或要建立亞洲地區的區域性教育學？或國際性教育學？均是影響成人教育學理論內涵的性質與範圍。

文化因素

成人教育學建構的主要立論有其文化發展脈絡的依據，文化與教育學的發展具有歷史辯證性，如何深入剖析台灣或不同區域、不同時期、文化發展的特質，爲建構教育學內涵的基礎工作。

學的體系因素

包括成人學習的主要內涵之探究，以及影響主要學習內涵的「學習與知識體系」、「一般知識基礎」以及「文化素養水準」等因素之探討，成人學習內涵範圍廣泛，因之很難界定。很難界定的範圍，就很難專門化、專業化。爲了釐清成人教育的重點，界定成人教育的核心成份，本文從大眾生活元質，歸納出四大要素：生活能力、工作能力、休閒能力、學習能力之涵育，爲成人教育的主要內涵。

有了內涵，需要有學習方法及研究活動，有了學習及研究，則急需方法論體系，才可以使成人教育學要素連結成體。因之，學的體系因素可分成內涵及方法體系兩部分，共同建構的獨特造型。而其獨特造型一部份源自獨特的內涵與方法論體系，另一部

份源自不同時空背景下的不同文化特質與發展動勢。

廣泛吸取成人專業論辯（professional discourse）的專業發展資源

就專業發展資源而言，人及專業理論資源都是成人教育資源的重要發展條件。目前成人教育的社群太少，急需有教育或相關學門的研究者，例如，人類學、文化人類學、本土心理學、社會心理學、方法論或教學哲學者的學者，依其專業背景，與成人教育學者共同合作，促進成人教育的專業研究品質及數量，加速成人教育專業發展的速度。

就專業理念而言，文化政治學、教育政治經濟學、教育哲學、社會哲學、本土心理學、社會科學方法論等研究論點與成果，都可找到快速發展成人教育的專業，故成人教育研究及工作者，宜更開放地與其他專業社群的卓越份子互動，以獲取專業論辯的理念資源。

從事成人教育研究的方法論、認識論之基礎研究

一個可立基於本土文化沃土，又可瞭望國際視野的成人教育「學」之研究，急需有獨立自主的本土認識論及方法論之研究，而目前我國有關之研究只有一篇，實無法開展成人教育學，值得成人教育社群者之反思與沈浸於領域之研究。

就外在體系因素之改進方面，可從經費、政策、社會品質三方面著手：

依成人教育的專業價值及民眾需求殷切程度，合理編列及
分配各項經費

　　依成人教育的重要性及目前經費佔所有教育經費的比例而
言，成人教育的財政政策顯然急需改進。而各項經費的分配又偏
重於原住民及少數不利地位之族群，例如，婦女、老人、單親、
受刑人家庭、收入較低之家庭，是否會排擠正常成人的社會教育
效益，形成補償社會正義過程中的不當正義扭曲現象，殊值得反
思改進。因之，教育財政分配的政治、文化、正義基礎分析，是
重新審視成人教育經費分配額度及優先次序的考量依據。

成人教育的政策決策宜深植於台灣社會的價值論與目的，
而不宜只反應選民短暫的表面需要

　　從成人教育政策的影響因素分析，可見其政策方向及內容，
深受民意代表，尤其立法委員的論見影響，成人教育的專業力，
常常只是合法化政治利益的工作。有些成人教育研究者無意識地
成為不良社會政策的共犯，有些成教者則為了研究補助、自身聲
望利益，而甘於棄守專業倫理行為的堅持，無形中複製成人教育
做為社會福利，以爭取選票及政績的意識型態，無法反應社會價
值及目的的成人教育政策哲學，是當前的政策品質粗糙之問題所
在。如何使政策立基於專業判斷、社會價值基礎、人類存有學
上，是未來專業化的成人教育政策的基礎。

提高成人教育的專業聲望

　　成人教育工作者從增加專業實踐能力及專業風範，以及從田
野研究及推廣服務與民眾的優質互動中，建立高度的專業聲望。

從文化政治學及學習虛擬化的全球村視野，反思台灣成人教育學的發展地位與特色

　　成人教育科學的發展與本土文化傳統及發展特質密切相關，且與全球文化發展權力版圖密切相關。加上資訊化社會，全球文化發展的動力形成統一的可能性提高，台灣在目前成人教育發展僅限於啟蒙時期的弱勢發展狀況，如何承接本土文化發展特色與價值，建構出具有區域性的專業自主特色之成人教育學，又能與全球成人教育學發展的趨勢與主流，相互辯證發展，而不失去其主體性，是非常必要的。

增加與先進國家成人教育社群的平等交流

　　重新思索成人教育學在台灣的發展，如何保有本土化的專業自主，開創以特色貢獻全世界成人教育學的養分，是未來台灣成人教育社群的共同專業職責。因之，增進與先進國家的交流、研究、教學之合作，建立以相互尊重、相互比較，以共同促進成人教育學的發展，是未來努力的目標。

　　總之，從臺灣成人教育學發展的脈絡及內外在體系的影響因素之分析結果，可知臺灣成人教育學的建構條件立基於理論之建構，文化之省思，教學研究品質之提昇，以及政策，外在資源的充沛，以快速增進成人教育學的拓展與專業化。

參考文獻

中文書目

中國教育學會（1968），《社會教育研究》。台北：商務印書館。

王秋絨（1991），《批判教育論在我國教育實習制度規劃上的意義》。台北：師大書苑。

王秋絨（1997），《成人教育的思想與實務》。台北：心理出版社。

王秋絨（1997），《社區教育的模型與發展》。台北：心理出版社。

王秋絨等譯（1999），《二十世紀的成人教育思想家》。台北：心理出版社。

任鷹等譯（1997），《文化與自我》。台北：遠流。

李建興（1981），《社會教育新論》。台北：三民書局。

李建興（1985），《社會教育與國家建設》。台北：景文。

相菊潭（1970），《社會教育》。台北：正中書局。

胡夢鯨（1998），《成人教育學理論與模型－國中補校文科教學的一項質性研究》。台北：師大書苑。

馬逸邦（1997），〈淺析成人教育科學研究的本質及其發展前景〉，載《香港明愛成人及高等教育服務》。成人教育新紀元。

教育部（1988），《第六次全會教育會議報告》。

教育部（1988），《第四次全會教育會議報告》。

教育部（1990），《社會教育工作綱要》。

教育部（1995），《中華民國教育報告書：邁向21世紀的教育遠景》。

教育部（1997），《學習社會》。

教育部社教司（1990），《成人教育》。台北：台灣書店。

陳益興（1992），《我國社會教育析論》。台北：五南。

黃富順（1995），〈成人教育學術領域的發展〉，載於《成教學會，成人教育專業化》。台北：正中書局。

楊振華（1988），《社會教育館的重要性及其功能》。台北：市立社教館。

楊國樞（1998），《中國人的蛻變》。台北：桂冠。

楊國賜（1987），《社會教育的理念》。台北：師大書苑。

楊國賜（1987），〈成人教育的理論與模式初探〉，載於《社會教育學刊》十六期。

鄭明東（1979），《社會教育論文集》。台北：志成印刷。

英文書目

Chiou-Rong Wang Yang(1999). Exploring Epistemology and Methodology of Adult Learning in Taiwan. Toronto: Annual Conference of the Comparative and International Educational Society.

教育學發展的女性主義觀點：女性主義教育學初探

潘慧玲

摘要

　　長期以來的教育系統，往往將女性排除於權力之外，而傳統教育學亦未能適當地納入女性經驗與觀點。當身處一個具有不同性別學生的教育環境時，尤其是當女性常淪為社會結構中的被壓制者時，我們必須質問傳統教育學是否具有適用對象的周延性。女性主義者便是在這樣的文化脈絡下，企圖建構具性別觀點的教育學理論。女性主義教育學自一九七〇年代發展至今，雖仍未能形成完整的理論體系，但在尊重人之為人的存有權與追求全人教育理想的前提下，它確實提供吾人一個思考教育學建構的不同視窗。本文即以女性主義教育學的發展脈絡與理論模式為二重點進行論述。

前言

　　自有人類以來，便有教育的活動，人們透過教育的活動逐漸累積教育經驗。就在這些教育經驗的累積與教育思想的創發下，歷經漫長的歲月，逐漸發展，形成了教育學（pedagogy）。有關教育學的發展源流，可以溯及幾個重要人物：首先提出建立教育科學思想的是蘇格拉底；首先在科學分類中將教育學作為一門獨立科學提出來的是培根；首先撰寫系統的教授學的是康米紐斯；首先將教育問題作為近現代問題提出的是洛克；以文學作品將教育問題變成強大的思想體系的是盧梭；將教育學當成一門科學在大學正式講授的是康德；在盧梭思想體系與裴斯塔洛齊經驗基礎上進行探究，初步建立教育學體系的則是赫爾巴特（1776-1841）。

赫氏綜合了歸納法與演譯法建構了此一理論體系，其於一八〇六年撰就的《普通教育學》被視爲第一部的教育學著作（成有信，1993，頁349）。

教育學後來歷經幾番轉折發展，至今已發展成爲涵蓋多支的理論體系。本文的重點不在論述教育學的發展，而在指出教育學的發展過程中，女性經驗、感覺與認知幾未被納入，致使有關女性的論述，多充滿以男性爲中心的偏誤思維。以下爰引數例，以爲佐證。

在盧梭的教育名著《愛彌兒》中，對於愛彌兒的教育方式，描述的鉅細靡遺，但在處理索菲（Sophie）時，則僅於書末作一附帶性的敘寫。身爲女性的索菲，在盧梭看來，是一個必須順從先生、聽取先生意見，且無法受教的個體：

> 每個女孩都應該有其母親所信仰的宗教，而每個女人則應有其先生的宗教。如果該宗教是錯誤的，順從將使母親與女兒符應自然的順序，讓上帝看不到此錯誤。因為女人並非處於一個自己可以作判斷的地位，他們應該接受父親與先生的決定，就像教堂的決定一般（Rousseau, 1979, p. 377）。

當進一步論述男女特質時，盧梭再度暴露其對女子的偏頗看法：

> 在以哲學立場研究（philosophize）人類的心時，男人作得比女人好，但是女人較之男人還會洞察男人的心。女人是去發掘實驗道德，而由我們（指男人）將之化約為系統。女人有較多的機智，男人則較天才；女人作觀察，男人則作理性思考（reason）（Rousseau, 1979, p. 387）。

其次，以教育心理學說爲例。佛洛伊德（S. Freud）在其一九二五、一九三一、一九三三年有關性別發展的主要論著中以男性爲常模，認爲女性因缺乏男性生殖器而產生「陰莖嫉妒」（penis envy），以致自覺羞愧，無法與男孩相匹敵（Rohrbaugh, 1997）。另郭耳保（Lawrence Kohlberg）所提出的道德發展理論，認爲一個人達到最高的道德發展階段時，所依持的是普遍化的正義原則，郭氏並據此論斷女性的道德發展，結果發現女性的發展層級通常較男性爲低（潘慧玲，1998；Gilligan, 1982）。這種強調抽離情境的理性思考，正符應了西方哲學中的康德傳統，這樣的思維模式是否可普及化應用於不同性別的個體，是需再斟酌的。

西方自一九六〇年代末期興起第二波的婦女運動以來，對於教育領域的性別議題，有了更多、更深入的關注。女性主義者將教育視爲終止女性附屬地位整體努力中的一環，故除了進行解構的工作、全面檢視現存的性別不平等與背後潛藏的結構因素外，女性主義的觀點更溢入教育學的土壤，豐碩了教育學的內涵，開展了女性主義教育學（feminist pedagogy）。[1]

女性主義教育學的發展脈絡

在閱讀女性主義教育學的相關文獻時，可發現其內容十分龐雜。這種情形一方面可能由於學者所採的理論觀點不同，致使所呈顯出來的是相互殊異的教育學主張。另一方面則可能由於學者們來自不同的學術背景，例如，有些來自大學中的「婦女研究」（Women's Studies）學程、系，有些則來自大學中的教育學院。這些源自不同學術背景的學者在進行論辯時，往往有不同的重點。故而如僅閱讀個別學者的論著，恐將見樹而不見林，難以掌握女

性主義教育學整體的發展狀況。唯在進行本文的撰寫時，受限於時間與精力，無法全面蒐集到所有的相關文獻資料，故對女性主義教育學至今發展的全貌或未能掌握得宜，僅希冀本文發揮拋磚引玉之功，能引發更多的人參與此一領域的耕耘。

　　一九七〇、八〇年代，當女性主義學者在探討社會中的女性地位時，也開始分析女性在教育系統中的角色，並且注意到了女性與權力的隔離現象。在此時期有一批人投入「性別與學校教育」研究（Kenway & Modra, 1992），分析的重點在於檢視課程與教室中的性別不平等。這些研究結果對於教育政策產生了影響，政策呼籲實施涵蓋性別（gender-inclusive）的課程、擴展女學生學習數學、科學與體育的管道等，而課程內容也開始給予女性應有的代表空間與地位。性別平等的教育是此時期「性別與學校教育」研究的主要目標（Luke & Gore, 1992a）。

　　與上述女性主義教育研究約略同時發展的是「女性主義教育學」的建構。女性主義教育學的興起主要是源自對於大學教室中所提供的傳統知識內容與理論所做的回應。長期以來，西方男性白人菁英的經驗與觀點常被視為全人類的經驗；其他族群（包括：女性、有色人種、工人階級等）的歷史與經驗，常被視為是次一等的，甚至是偏離正軌的。尤有甚者，為了普遍化上述優勢族群的經驗，科學方法更派上了用場。經過實徵資料的蒐集、檢證與傳播，便建立了所謂的「真理」、「客觀的事實」（Maher, 1987）。不滿於教育中充斥父權的思想，有些學者（例如，Bunch & Pollack, 1983; Cully & Portugues, 1985; Davis, 1985; Maher, 1985a, 1985b; Schniedewind, 1985; Schniedewind & Maher, 1987）開始提出新的教育模式，重新認知婦女的學習方式，並使婦女在環境中能建立其主體性，這一類主題的探究便匯成了「女性主義教育學」（引自Maher, 1987）。在此時期女性主義教育學的對話，

Luke 和 Gore（1992a）認為有兩種流派：一是源自婦女研究部門所建構出來的女性主義教育學，這類學者對於男性作者的教育學論著鮮為留意，唯弗雷勒（Paulo Freire）的作品是一例外；另一則是教育領域中女性主義教育學的建構，此類學者主要在探討出現於「婦女研究」教育學中的對話，對於男性的教育論著常未能加以挑戰。

在女性主義教育學的論述中，可以見到學者們受到不同理論的影響。例如，要瞭解個體的發展，以尋求其對教育學建構的意義時，心理學說（例如， Gilligan, 1982; Walkerdine, 1984）便成為重要的參考來源。Gilligan（1982）與Walkerdine（1984）分別針對郭耳保與皮亞傑理論所提出的另一詮釋道德取向與認知發展的主張，對於女性主義學者研究教育時有重要的啟示作用。此外，植基於教育理論與社會思潮的批判教育學（critical pedagogy）亦為女性主義學者在建構另類教育學時，提供了寶貴的資糧。Weiler（1991）曾經提及女性主義教育學通常對於知識、權力與政治行動均有其基本的假設，此可溯及學術領域之外一九六〇年代婦女運動的政治行動主義（political activism），這種希冀透過教育轉型的功能達到社會變遷的看法，在那時期是巴西學者弗雷勒教育學的基礎；女性主義教育學和弗雷勒教育學一樣，立基於社會變遷的觀點。由此可見女性主義教育學與批判教育學間的緊密連結。

至一九八〇年代中期之後，我們開始看到後結構主義對於女性主義教育學者的影響。傅柯（Michel Foucault）的英文譯著問世後，其對權力與對話（discourse）的分析開始出現在教育的實踐和理論中，此可見於 Gore（1992）、Grumet（1988）、Lather（1991; 1992）、Luke（1989）、Walkerdine（1984）等人的作品中（Luke & Gore, 1992a）。事實上，收錄於Luke 與 Gore一九九二年

所編的《*Feminism and Critical Pedagogy*》一書中的文章作者多屬後結構主義立場的學者（例如，Valerie Walkerdine, Carmen Luke, Jennifer Gore, Elizabeth Ellsworth, Patti Lather等）（Luke & Gore, 1992b）。誠如該書編者 Luke 與 Gore所言，該書各篇作者的撰稿時間大多是在一九八〇年代後期，故其作品正處於轉換至後結構主義的過程當中（p.9）。

由上述女性主義教育學發展脈絡的描述中，可知以「女性主義教育學」為標籤進行論述者，多與高等教育機構中的婦女教育、成人教育的教師有關，且其談論的教育對象多是成人。雖然，Kenway 和 Modra（1992）在分析女性主義教育學時，亦將出自大學教育學院中的「性別與學校教育」（gender and schooling）研究囊括在內，然這類學者誠如 Kenway 和 Modra 所言，甚少提及「女性主義教育學」一詞。由此可見，女性主義教育學如作廣義的解釋，可將女性主義的相關教育研究都涵蓋在內。但如作狹義解釋時，則女性主義教育學係指不滿於父權的學校教育，意圖建構一納入女性經驗的教育學，此流派與「性別與學校教育」所處理的教育對象不同之處，在於前者處理的主要是成人，而後者則主要是中小學學生。

女性主義教育學的模式

當要分析女性主義教育學的內涵時，可採用不同的角度。如由學者所在的學術機構劃分，誠如前述，可有兩個支派。一個支派源於「婦女研究」系，研究側重於教育學中的教學面向（instructional aspect），學者例如，Margo Culley、Carolyn Shrewsbury與 Nancy Schniedewind 等；另一支派源於教育院系，

研究側重女性主義，學者可如 Madeleine Grumet 與 Frances Maher 等（Gore, 1992, p.55）。

另一分析女性主義教育學內涵所使用的角度即在檢視其所植基的理論觀點。Maher（1987）嘗試對討論教學實施的女性主義教育學進行分析，說明其源自兩類的教育模式：一為解放（liberatory）模式；另一為性別（gender）模式。解放的教育學模式主要是來自弗雷勒、吉魯（Henry Giroux）等人的思想，旨在尋求教室中的被壓制者與沈寂者能開展其能量（empowerment）；性別的教育模式係以新近女性發展的理論（例如，Belenky, Clinchy, Goldberger & Tarule, 1986; Gilligan, 1982; Miller, 1976）為基礎，旨在從女性的經驗中找尋較為主觀、表達式的與參與式的學習模式（Maher, 1987, p.92）。Tisdell（1995）以Maher（1987）的分類為基礎，進一步將女性主義教育學分成三類：心理學導向模式、解放模式、定位教育學（positional pedagogy）。其中的心理學導向模式相當於 Maher 所稱的性別模式；定位教育學則為心理學導向模式與解放模式二者之綜合。三年後，Tisdell（1998）為了對於其所關懷的「定位」（positionality）與「差異」（difference）議題作進一步的發揮，特將後結構女性主義教育學（poststructural feminist pedagogies）獨立分出來，提出女性主義教育學有三個支派：女性主義教育學的心理學模式、女性主義教育學的結構模式以及後結構女性主義教育學。

本文此處為了由不同的理論觀點透視女性主義教育學的內涵，故參照上述作者的分類，以性別模式、結構模式與後結構女性主義教育學等三個模式作為分類架構，進行分析。然需說明的是，此處所進行的分類，旨在協助吾人較有系統地作瞭解，各類模式間並非截然不同可作清楚的劃分，其彼此間事實上亦有共同關心的要素。以下在進行三類理論模式的分析時，亦將討論女性

主義教育學通常會處理的幾個核心問題…權力／能量（power）、知識的建構、學生的發聲（voice）、教師的權威與族群的差異。[2]

性別模式

受到自由女性主義與精神分析女性主義的影響，有一類的文獻專門探討如何創造一個環境讓婦女得以學習與認知。這類學者大多在討論婦女成為一養育者（通常是媽媽）的社會化歷程，並討論如何提供一安全的環境，讓婦女身處其中得以發聲（voice），發聲議題成為大多數女性主義心理學文獻的探究核心。Gilligan（1982）、Belenky、Clinchy、Golderberg 和 Tarule（1986）與 Miller（1976）等人為此類模式的代表人士，這類學者重視婦女的解放，但其秉持的觀點係從個人心理層面出發，而非大社會結構中的權力關係及其對教育產生的影響。

對於將女人視為一個整體，描述女人具有與男人不同特質的論說，亦是此模式學者的一個特點。她們認為女人透過關係的感知（relational sense）接觸世界，因此較男人為敏感，並較富同理心。這種特質的形成並不是一種缺失，反倒是一種長處。此外，論者亦提出婦女在建構世界觀時，所關切的是與他人的關聯（connection）與關係（relationships），而非自主、成就或正義（Gilligan, 1982）。另婦女看待權力的方式亦有所不同，其為「分享權力」（power with），而非「行使權力」（power over）（Miller, 1976）。

至於婦女的認知方式，Belenky 等人（1986）在其《Women's Ways of Knowing》一書中，有著十分清楚的解析。她們晤談了135位婦女，詢問受訪者什麼方法最能讓其學習與認知，結果歸納出五類婦女的認知方式。此處對於教育學有所啟示的是，Belenky 等

人提到婦女在一種連結式（connected）的教學環境中學習得最好，最能認知到自己擁有建構知識的能力。在這種連結式的環境中，許多婦女開始認知到並聽到自己的聲音。

性別模式提供了女性主義教育學─知識論的立場，那就是重視思考歷程的主觀根源，重視個人經驗、情緒、價值與所知的關連。論者挑戰現今主流形式的概化、抽象、理性的知識；她們認為所有知識都是「性別的」（gendered）、「階級的」（classed）、「文化的」（cultured）（Maher, 1987）。

在挑戰理性、抽象知識的情境中，性別模式學者主張連結式的學習。在這種學習環境中，每個學生的想法與意見都是被重視的，教師的角色就如助產士一般，要引出學生所擁有的。教師在此模式中有其責任與權威，但權威是以合作而非壓迫為基礎；教師的權威在學習環境中是和參與者共享的（Tisdell, 1995）。

至於「power」在此模式中所意指的不是結構中的權力關係，而是個人的一種能量。Belenky等人（1986）重視讓學生意識到自己的能量，且能發聲，進而改變他們的生命。雖然個人生命的改變最後可能帶動社會變遷，但此模式的學者較不關注結構的改變與政治行動。

性別模式的主張者，並未觸及有關差異的議題。論者將所有女人視為一體，未進一步處理不同種族、階級的女人，在心理需求與認知方式可能有所不同。易言之，此模式雖重視為婦女營造一安全的學習環境，但未慮及當教室中有不同族群的女人時，黑人女學生對於學習環境的安全感受可能遠不及白人女學生。

結構模式

影響此類模式的理論可溯及批判教育學與結構女性主義。批

判教育學旨在關切在教育系統中，強行灌輸白人菁英份子的世界觀給受壓制者所產生的影響。弗雷勒曾提及強行灌輸壓制者的知識給受壓制者，不但否定了那些失學者的讀寫能力，也否定了那些人的身份（Freire, 1970）。受壓制者僅能透過壓制者看待他們的方式看待自己。因而，受壓制者是需要解放的。

受到批判教育學與結構女性主義的影響，此類模式主要的關注點放在結構權力關係的本質，以及性別、種族、階級與年齡等連結而成的壓制（oppression）與特權（priviledge）系統。分析的單位為壓制的社會結構或系統，諸如父權或資本主義。在不同的結構女性主義中，所檢視的壓制系統有些不同。例如，激進女性主義認為父權為壓制系統；馬克思女性主義以父權與資本主義為壓制系統；社會女性主義則挑戰多元的壓制系統，包括前所述的父權、資本主義與白種優越（Tisdell, 1995）。

結構模式與性別模式不同的是它超越了對於個人的關懷；營造一安全的學習環境非其重視的焦點。它關心的是社會結構、結構對學習產生的影響以及知識生產的政治，故而課程中的知識是如何決定的、是誰決定的，是必須質疑的問題。

許多女性解放教育理論主張者提出在職場與家庭中婦女與邊緣群體的壓制常在教室中被複製。受到結構女性主義的影響，此模式探討教育系統如何複製了現存原已不公的制度。此結構取徑試圖說明為何婦女、有色人種與工人階級經常是沈寂的、缺席的，為何他們的貢獻在社會的公領域中常被忽視或貶抑。不去重視個人如何建構知識，此模式重在檢視控制知識生產歷程，以及婦女、有色人種貢獻被邊緣化的政治與社會機制（Tisdell, 1995）。

結構模式主張者企圖幫助婦女釐析教室內與教室外（包括：知識界與社會）權力間的關係。她們意圖讓學生知曉婦女經驗的

被否定與先生／雇主讓女人成為附屬者是相互平行發生的，因此教師讓學生注意教室外的世界有助於婦女對於自己所被給予的權力作分析。此外，論者希望婦女和有色人種可以自己發聲，故試圖將這些人的作品放入課程中，並鼓勵學生積極參與討論。一位黑人女性主義者 Bell Hooks 曾討論她在教室中所使用的教學方法。她利用教師權威讓學生檢視存在於教室中因性別、種族、階級所產生的不平等權力關係（Hooks, 1989）。比較 Hooks（1989）與 Belenky 等人（1986）所採的教學模式，Hooks 相形之下要直接地多了。她不在營造一個安全呵護的學習環境，而要學生在感受所處的社會情境後發聲。而當談及教師權威時，此模式著重的是善用權威以促進學生的學習與發聲，而不是完全地放棄權威（Hooks, 1989）。由於強調檢視環境中的權力關係，故此模式顯然注意到了環境中不同組成份子的差異（例如，種族、階級、性別等）。

後結構女性主義教育學模式

此模式在洞察前兩種模式的利弊得失，並受到後結構主義的影響，逐漸發展形成。後現代女性教育學論者對於批判教育學的侷限性提出了批判，例如，Ellsworth（1992）指出批判教育學重視理性，忽略情緒作用，如此將複製社會中享有理性優勢者的權力關係。Gore（1992）則對批判教育學中的「empower」提出異議。她解析「em-power」指稱了給予權威、使有能力（enable）的意義（p.56）；其中蘊含了一行動者（agent）去給予他人權力或引發他人能量的意義。在批判教育學中，通常授權賦能（empowerment）的行動者是老師，對象是學生，故 Gore（1992）對此提出質疑。她指出當教師受到其所處父權機構、傳統教育學

意涵與社會脈絡的侷限時，如何對學生發揮授權賦能之功？後結構主義者認為往昔的理論忽略了個體的能力，事實上，個體在面對某種型式的結構壓制時，仍能發揮一些能量（power），掌控自己的生命。Ellsworth（1992）在運用了批判教育學的處方後，亦對「empowerment」提出疑義。她在教授大學部一門反種族課程時，使用了批判教育學中的重要方法一對話（dialogue），結果發現學生並未因此而增能（empowered），因為在現有社會結構中，並非所有的聲音都具有等量的正當性與權力。

後結構女性主義教育學誠如其名，其對話係建立於結構女性主義理論的批評之上。此派論者認為僅將焦點置於結構上是不夠的，故而重視性別與其他壓制系統的交錯作用（intersection），這種交錯作用對於自我的建構具關鍵性影響，「定位」（positionality）乃成為此模式首要關心的議題。在這些後結構女性主義教育學中，個人與特權、壓制結構系統的交錯，上述二者之間的關聯（connection between）為此模式的分析單位，而此關聯將影響個體如何建構知識、如何討論他們的經驗以及如何在教室中互動（Tisdell, 1995; 1998）。

在此模式中，學者所強調的「定位」實則涉及了學生與教師兩方面。前者旨在幫助學生檢視其自身與他人如何在一個社會結構中被定位，因而要求學生檢視自己與所學知識間的關係、自己與他人間的關係、自己在建構知識的過程中如何受到社會與政治力量的影響（Tisdell, 1995; 1998）。後者則對於教師在一教學環境中的定位問題加以探討。Tisdell（1993; 1995）指出不同種族、性別，甚至是不同性取向的教師，其課堂上的學生常有不同的行為表現。一些非裔美國教師討論到自己的種族與性別如何影響學生對他們的看法；而一些同性戀的教師也反應自己的性取向很明顯地影響了學生的學習（Tisdell, 1995）。

當論者談及定位問題時，實則已注意到了群體中的差異問題。後結構女性主義者基本上對於「婦女經驗」具普遍性與一元性的概念是持保留態度的。婦女身為一個主體，非物體，並非在一個靜態社會結構中固定不變的，而是經常地在被創造、自我創造，並努力嘗試在世界上生活的新方式（Weiler, 1991, p.467）。職此之故，「婦女」在後結構女性主義教育學論者眼中，並不是一個統稱詞，它包含了不同種族、階級的婦女，此外，「婦女」亦是一經常在作改變的個體。

　　對於「權力」，此模式論者開展了不同於批判教育學的概念。Gore（1992）質疑批判教育學認為權力是一種財產的觀點，她認同傅柯的權力觀，主張權力無所不在，它是一種網絡，每個人皆身處權力當中並行使著權力。此外，「知識」是後結構女性主義教育學檢視的另一個重點。她們雖然反對普遍真理的找尋，但與後現代主義論者有所不同。「反基礎的」（anti-foundational）知識論是後現代、後結構主義的核心主張，然而植基於認同（identity）、差異以及找尋歷史位置政治學的女性主義，卻不放棄其企圖改變性別政權的基礎（foundations）。她們甚至認為後現代論者雖講求「多重敘事」（multiple narratives）與「邊界的跨越」（border crossings），然男人是否放棄了身份與權威，仍令人存疑（Luke & Gore, 1992a, pp. 5-6）。Hooks（1990）曾言「當你已有一個身份時，要放棄身份是容易的」（p.28），但在今日的社會中，女性主義者在還無法取得充分的身份認同時，無法灑脫如男性，可以揚言放棄為自我認同與身份所作的奮鬥。因而，後結構女性主義學者的任務不僅是要去解構以男性主體規範做為衡量所有他者的準尺，更要去檢視在現代解放的對話中，女性是如何被定位的。她們抗拒以歷史中的男性主體作為所有真理與知識的基礎，而提出以差異（difference）為基礎的知識論，並認為知識一直是

「暫時性的、開放的、且由當時各種關係所決定的」（Luke & Gore, 1992a, p.7）。

解構二元對立的類別，例如，男/女、白/黑、理論/實踐、發聲/靜默，也是後結構主義的特色。在許多女性主義作品中，常將發聲與知識、增能連結在一起（例如，Belenky et al., 1986），然而，後結構女性主義者嘗試解構發聲/靜默的二元對立；靜默並不見得就意味著缺乏聲音。Goldberger（1996）在研究具有兩種文化的婦女後，指出靜默有時是一種抗拒、權力，甚或是一種知識的積極建構。有時聲音是透過靜默、藝術、舞蹈、姿勢以及其他非語言的形式而發出的（Tisdell, 1998）。

至於教師的權威問題，Maher 和 Tetreault（1994）在其女性主義教室的研究中，提出教師的角色在幫助學生「用第三隻眼看」（to see with a third eye）：看自己所建構的知識與他人的關係，看自己與他人位於何種社會結構中，而在該社會結構中，個體如何享有特權，而同時又如何受到壓制。後結構女性主義教育者認為教師應扮演一挑戰不平等權力關係的角色，並運用 Hooks（1994）所稱的「涉入的教育學」（engaged pedagogy），在學習中側重情緒與批判性思考，且致力於改變社會。

國際女性主義教育學研究對國內的啓示

以原有性別與教育研究為基礎進一步建構女性主義教育學

台灣在近十年來，受到西方婦女運動、女性主義思潮以及本土婦運的影響，性別議題開始熱門起來，成為一個新的研究焦點。然而在這十年中所累積的與教育相關的性別論述，在質與量上仍有不少的改進空間。讓我們看一下相關的統計數字，較有助於掌握研究的實際發展狀況。

謝小芩、楊佳羚（1999）曾就十年來台灣性別與教育相關的研究論文與碩博士論文作了初步回顧。可惜的是她們所做的後設分析未能包括近幾年於相關研討會上所發表的論文，雖是如此，其分析結果仍可讓我們一窺國內性別與教育研究情形之端倪。經過資料檢索，她們找到了309篇刊載在期刊、雜誌上的研究論文以及121篇的碩博士學位論文。從其（表3）與（表4）得知，自一九九〇年之後，論文數量有較大幅度的成長。如果我們再進一步探究論文的主題，可發現並未出現以女性主義教育學為題的相關論文。在謝小芩、楊佳羚（1999）所分類的十三類研究論文中：概論/縱論、婦女教育、教師/諮商員、教育機會、課程與教材/空間、教學與師生互動、學習成就、認知結構/學習態度/適應/生涯規劃、就業與工作、性別意識與性別角色、色情/愛情，性傾向，性論、性教育、性騷擾，由「性教育」文章拔得頭籌，共113篇，佔總篇數的36.6%（計算自謝小芩、楊佳羚，1999，表3）。另在碩

博士論文部分，研究者除了使用「女子教育史」不同於上述的類目外，餘則大同小異。此部分的論文數量的分佈情形有些不同，最多的有三類，唯彼此間的差異不大：首先是「學生性別角色」類的論文，共20篇，佔所有論文數的16.5%；其次是19篇的「學習成就/態度/認知/生涯規劃」相關論文（佔15.7%）；再其次則是以「教師/諮商員/性別角色」為題的論文，計16篇（佔13.2%）（計算自謝小芩、楊佳羚，1999，表4）。

在這些為數甚多的性教育、學生性別角色、學習成就/態度/認知/生涯規劃等論文中，其立論依據多未具性別觀點，對於父權性別價值觀的不當與影響性別差異的社會結構因素亦未能加以批判與反省，這部分的論述顯未受到女性主義觀點的影響。然近五年來，對於教育機會以及教育歷程中影響兩性受教品質的各種研究紛紛出現，探討最多的主題是課程，尤其是教科書中性別意識型態的分析；其次則是教室中的師生互動，另也出現了一些探討教學的論文。台大婦女研究室於一九九七年所舉辦的「推動大專院校兩性平等教育學術研討會」中，有三篇論文針對大專院校中性別研究通識課程的課程目標、教學及師生互動作了探討，而令人欣喜的是這幾篇文章係國內首度以女性主義教育學理論為基礎的文獻，這是一個良好的開端。

Hughes（1995）曾經提出改革父權教育體系有三個連續性階段：批判─建構─崩潰的連續體。在第一階段中，理解了教育系統是為男性所設計的，故所致力的是檢視各級各類教育中存在於正式課程與潛在課程的性別偏見。在第二階段，女性主義者開始抗議應用於女性身上的「不足論」（deficit model），學者主張女性之所以有不同於男性的表現，並非源自其能力或特質的不足，而是該檢討教育制度的提供是否因應了女性的需求。有些女性主義學者（例如，Belenky et al., 1986; Gilligan, 1882）探掘存在於男女

間的差異，而這些差異是無法歸因於社會化因素的本質性（essential）差異。此階段開始以「婦女」為一統稱詞，建立其主體地位，故呼籲「對女孩友善的」（girl-friendly）學校教育、在大學中設立「婦女研究」學程、系，並提供不再是訓練一位好的持家者的成人教育。到了第三個階段，開始對於「婦女」本身這個類別失去信心，在女性主義陣營中，對於婦女之間的差異重新作了評估。事實上，對於「婦女」除了其最原始的生物性意涵外，是否能形成一個有意義的類別，引發許多的爭論。這樣的爭論形成了後結構主義論辯的一部分（Hughes, 1995, pp.216-217）。如以Hughes 的三階段論解析國內性別與教育研究的發展，可發現前幾年國內的性別與教育相關研究多偏重在現況的檢討、批判與省思，故而處於Hughes 所說的「批判期」。這兩年來，開始有一些兩性平等教育實施的相關研究出現，除了前所提到的三篇大專院校中性別研究通識課程的論文，今（1999）年高雄醫學院兩性研究中心主辦的「邁向二十一世紀兩性教育國內學術研討會」中，有四篇文章直接討論到了實施兩性平等教育的過程或是大學中性別相關課程的教學問題。此外，在教育部「兩性平等教育委員會」的推動下，透過學者與中小學的合作，亦出現了許多行動研究相關成果，發表於不同的研討會與研習會中。這些論文的出現，顯現我們已逐漸超越「批判期」。雖是如此，距離女性主義教育學的建構尚有一段距離，這是仍待努力之處。

女性主義教育學的建構須注意適用對象的全面性與內容的綜合性

西方女性主義教育學自一九七〇年代發展至今，雖有二、三十年的歷史，但尚未能建立一較為完整的理論體系。透視其不同

的理論模式，實各有所偏。例如，性別模式重視女性特有的學習經驗與策略，其偏向本質論的看法，曾遭致不少的批評，論者認為本質論的主張將使女性再度陷入不利之地位。對於造成女性不利地位的壓制的本質未加重視，使得性別模式沒有去處理教室中權力與權威差異的問題。「女性」與「男性」被視為兩個大類別，所有的差異都分別被隱入這兩個大類別中了。此外，性別模式由於重視個人經驗，故未能留意集體政治意識的抵抗經驗（resistance experiences），要在一個「行使權力」的社會中，講求與他人「分享權力」恐怕十分不易！

與性別模式不同取向的結構模式，其對造成壓制的社會結構進行反省、批判，正好是補了性別模式之缺。然其忽略私領域，以及貶低了個人在結構中可以發揮的能力，是其欠缺考量之處。後結構女性主義教育學雖是綜合性別與結構兩種模式之主張，且進行了截長補短的工作，然總覺其僅是處理了幾個重要概念，例如，知識、權力、發聲、權威、差異等，未能形成一個具有體系的教育學理論。另源自大學女性主義學者對於父權教育體系的不滿，所建構的女性主義教育學，在教育對象的適用上是否有所限制，是一個值得思索的問題。因為，大學中教授婦女相關課程的教師，當其為了使自己所秉持的理論得以落實，於是在實踐過程中產生理論與實踐的對話，以此進而形成以大學生或成人為對象的教育論述，是否也能適用於中等學校以下的學生，實須進一步探究。

再者，當綜觀以「女性主義教育學」自許的文獻時，可發現其所談論的內容往往僅偏重在教室中的教學面向。Kenway 和 Modra（1992）在使用 Lusted對於教育學的界定[3]，進行女性主義教育學的分析時，亦有相同的論斷。她們提到「婦女研究」的教育學所側重的面向較窄，其一般僅以歷程與教室互動為焦點，鮮

少提及課程。反觀在一般女性主義教育學中未被提及的 Noddings（1984; 1992）的作品，我倒覺得是一較為完整且具女性觀點的教育學理論。Noddings（1984; 1992）以關懷倫理學（caring ethics）為核心，建構出一套涉及教育目標、課程規劃、師資與評鑑的教育學理論，值得做為我們建構女性主義教育學時的參考。

性別與教育相關研究、理論的本土化工作有待開展

國內自一九七〇年吹進女性主義風潮後，至今已二十年餘年，然女性主義在教育上的影響，在最近幾年方日漸顯現。一九九五年行政院教育改革委員會將兩性平等教育議題放入教育改革諮議報告書中，開啓了女性主義的教育主張在正式體制內發揮效用的先端。兩年後，教育部於一九九七年成立了「兩性平等教育委員會」，兩性平等教育成為教育部訂定的國家政策。為了加快提昇與保障婦女權益的時程，行政院婦女權益促進委員會於今（1999）年元月所召開的第五次委員會會議中，決議由教育部研擬我國的「婦女教育政策」。

事實上，不管在教育部推動兩性教育的過程中，或是在我參與研擬我國的「婦女教育政策」的過程中，均耳聞或感受到性別與教育研究的不足。例如，教育部在推動兩性平等教育時，常會面臨教師反應兩性平等教育的眞諦與所依據的理論基礎為何，以及該如何教、如何編製教材的問題；而我們在研擬婦女教育政策時，也會覺得婦女相關的基礎研究十分欠缺。例如，國內並沒有足夠的研究可以得知我們的婦女其認知發展與情意發展的情形為何；其認知方式與學習策略為何；其有何特殊的價值取向與次級文化；以及婦女終其一生的發展歷程為何。因而，許多有待推展的研究主題便紛紛寫進了我們的婦女教育政策草案中，此可如：

婦女發展與學習之基礎研究、婦女認知與學習之基礎研究、台灣婦女認識論之研究、婦女生命經驗與生命史之研究、婦女次級文化之研究、婦女認同與價值教育之研究、不利地位婦女學習阻礙因素之研究、婦女學習方法與策略之研究、性別教育教師專業發展之研究等（王秋絨、潘慧玲、黃馨慧，1999）。為提昇婦女主體地位，有效落實兩性平等教育，國內有關本土性別與教育的研究有待充實與開發。

　　在致力於教育研究本土化時，除以在地人為對象進行研究，事實上最重要的是去檢視我們是否盲目地套用西方的問題、概念與理論。面對二十多年來西方吹進的女性主義思潮，至今我們所看到的國內學術圈似乎仍是移植自西方的思考觀點。為了孕育一植基於本土環境具女性觀點的教育學，女性主義理論的整合與轉化，是目前國內教育學者所面臨亟待展開的艱鉅任務。

註釋

1. 由於女性主義教育學的內涵分歧，故其英文有時以複數出現—feminist pedagogies。
2. 在女性主義教育學的相關文獻中，雖非每位作者均處理相同的概念，但綜合不同學者的論著，發現權力/能量（power）、知識（knowledge）、發聲（voice）、權威(authority)與差異（difference）是幾個較常被討論到的概念，可參見Ellsworth（1992）、Gore（1992）、Tisdell（1995; 1998）、Weiler（1991）等人之文。
3. Lusted 認為教育學必須關注教什麼、如何教、如何學，以及知識與學習的本質。

參考文獻

中文部份

王秋絨、潘慧玲、黃馨慧（1999），《婦女教育政策草案》。教育部委託專案報告。

成有信（1993），〈簡論教育學的形成與發展—兼論教育經驗、教育思想、教育政策和教育科學的關係〉。出自瞿葆奎主編，《教育與教育學》，頁346-356。北京：人民教育出版社。

潘慧玲（1998），〈檢視教育中的性別議題〉，《教育研究集刊》，41輯，1-15。

謝小芩、楊佳羚（1999），〈教育研究中的性別論述：十年來台灣性別與教育的文獻回顧〉。發表於「邁向二十一世紀兩性平等教育國內學術研討會」。高雄：高雄醫學院兩性研究中心。

英文部份

Belenky, M., Clinchy, B., Golderberg, N., & Tarule, J. (1986). *Women's ways of knowing*. New York: Basic Books.

Ellsworth, E. (1992). Why doesn't this feel enpowering? Working through the repressive myths of critical pedagogy. In C. Luke, & J. Gore (Eds.), *Feminisms and critical pedagogy* (pp.90-119). New York: Routledge.

Freire, P. (1970). *Pedagogy of the oppressed*. New York: Herder and Herder.

Gilligan, C. (1982). *In a different voice: Psychological theory and women's development*. Cambridge, MA: Harvard University Press.

Goldberger, N. (1996). Cultural imperatives and diversity in ways of knowing. In N. Goldberger, J. Tarule, B. Clinchy, & M. Belenky (Eds.), *Knowledge, difference, and power*. New York: Basic Books.

Gore, J. (1992). What we can do for you! What can "we" do for "you" ? Struggling over empowerment in critical and feminist pedagogy. In C. Luke, & J. Gore (Eds.), *Feminisms and critical pedagogy* (pp. 54-73). New York: Routledge.

Grumet, M. (1988). *Bitter milk. Amherst*, MA: The University of Massachusetts Press.

Hooks, B. (1989). *Talking back: Thinking feminist, thinking black. Boston*, MA: South End Press.

Hooks, B. (1990). *Yearning: Race, gender, and cultural politics. Boston*, MA: South End Press.

Hooks, B. (1994). *Teaching to transgress*. New York: Routledge.

Hughes, K. P. (1995). Feminist pedagogy and feminist epistemology: An overview. *International Journal of Lifelong Education*, 14(3), 214-230.

Kenway, J., & Modra, H. (1992). Feminist pedagogy and emancipatory possibilities. In C. Luke, & J. Gore (Eds.), *Feminisms and critical pedagogy* (pp.138-166). New York: Routledge.

Lather, P. (1991). *Getting smart: Feminist research and pedagogy with/in the postmodern*. New York: Routledge.

Lather, P. (1992). Post-critical pedagogies: A feminist reading. In C. Luke, & J. Gore (Eds.), *Feminisms and critical pedagogy* (pp. 120-137). New York: Routledge.

Luke, P. (1989). *Pedagogy, printing and Protestantism: The discourse on childhhod. Albany*, NY: State University of New York Press.

Luke, C., & Gore, J. (1992a). Introduction. In C. Luke, & J. Gore (Eds.), *Feminisms and critical pedagogy* (pp.1-14). New York: Routledge.

Luke, C., & Gore, J. (Eds.) (1992b). *Feminisms and critical pedagogy*. New York: Routledge.

Maher, F. A. (1987). Toward a richer theory of feminist pedagogy: A comparison of "liberation" and "gender" models for teaching and learning. *Journal of Education*, 169(3), 91-100.

Maher, F. A., & Tetreault, M. (1994). *The feminist classroom*. New York: Basic Books.

Miller, J. B. (1976). *Toward a new psychology of women*. Boston: Beacon Press.

Noddings, N. (1984). *Caring: A feminine approach to ethic and moral education. Berkely*, CA: University of California Press.

Noddings, N. (1992). *The challenge to care in schools: An alternative approach to education*. New York: Teachers College Press.

Rohrbaugh, J. B. (1997). *Theories of gender development: Major approaches to diversity, statuses, and power*. Unpublished manuscript, Department of Psychiatry, Harvard Medical School, Harvard University.

Rousseau, J.-J.(1979). *Emile*. London: Penguin.

Tisdell, E. J. (1993). Interlocking systems of power, privilege, and oppression in adult higher education classes. *Adult Education*

Quarterly, 43(4), 203-226.

Tisdell, E. J. (1995). *Creating inclusive adult learning environments: Insights from multicultural education and feminist pedagogy. Information Series No.361.* Columbus, OH: ERIC Clearinghouse on Adult, Career, and Vocational Education.

Tisdell, E. J. (1998). Poststructural feminist pedagogies: The possibilities and limitations of feminist emancipatory adult learning theory and practice. *Adult Education Quarterly, 48*(3), 139-156.

Weiler, K. (1991). Freire and a feminist pedagogy of difference. *Harvard Educational Review, 61*(4), 449-474.

Walkerdine, V. (1984). Developmental psychology and the child-centered pedagogy: The insertion of Piaget in early education. In J. Heniques, W. Holloway, C. Urwin, C. Venn, & V. Walkerdine (Eds.), *Changing the subject: Psychology, social regulation and subjectivity* (pp.153-202). New York: Methuen.

Weiler, K. (1991). Freire and a feminist pedagogy of difference. *Harvard Educational Review, 61*(4), 449-474.

「教育學發展的女性主義觀點：
女性主義教育學初探」評論

莊明貞

女性主義、教育學發展和教育研究中討論實踐，大多基於以下考量：第一，女性主義是一種實踐主義同時也是政治學和價值體系；第二，批判理論與女性主義，以及其他哲學批判觀點都在創造實踐的意義；第三，透過女性主義的課程、教學與實踐，達成自我反省的個人知識建構；第四，顛覆現代的知識論與方法論，從後結構與後現代主義質疑科學實證的一致性、父權、客觀性、中立的觀點，並對傳統以來學校教育強調自律性和理性個體作為唯一的教育目標之概念提出質疑。

女性主義關注教育學中的性別論述，而究竟什麼是女性主義教育學？作者將之界定為「教學習者增能為一個表現負責且將學習成果付諸社會行動者稱之」，那麼女性主義教育學基本定義有以下規準：即教學能反應「教師的角色和權威性」；對傳統知識論的挑戰—強調個人經驗和感覺的主觀知識建構，作者也舉出後結構女性主義觀強調女性主義觀點的差異性，基於此，女性主義教育學的目標在於提供學生能培養女性主義的政治技能並提供另類的經驗和異於傳統的教育詮釋觀點。

女性主義教育學的主要論述，在於教學過程中不可避免地會去碰觸到意識形態、理性主義和主（客）觀知識形成的問題。傳統高等教育學府的教學大多複製男性中心的學術傳統，也因為太講求客觀實證的科學傳統，不自覺地複製了師生間不平等的權利關係。在建構本土女性主義教育學實踐過程中，我認為教師在教學過程中，不免會面對女性主義的反挫力量，也會遭逢學生在重塑性別平等經驗的價值抗拒。但無疑地，開設「性別」與教育的課程本身即提供一個女性主義實踐的場所，讓師生透過教室中性別角色的論述，共同去發展一個批判的理論而朝向一個性別意識的轉化，跳脫傳統女性主義和本質論的後現代女性主義之狹隘思維。

在女性主義教學方法方面，我國目前因為兩性平等教育政策的推動，教師對自己的實踐必須時時意識反省（此即為一種定位，即幫助學生檢視自身與他人在社會結構中的角色），並積極鼓勵學生批判思考，強調知行合一，將自己的價值判斷付諸實踐。女性主義實踐必然將女性主義理論融入課程內容，並運用女性主義理論與知識社會建構觀點為基礎，發展出特有的教學方法。

在這方面作者指出Nodding以關懷倫理為核心建構出一套教育目標、課程規劃、師資培育以及評鑑的教育學理論，開啟了女性主義教育學實踐的新的視窗，為全人教育提供完整可行的教育學思想。在女性教育學的教學法，是重視學生的經驗知識，連結性學習，尊重彼此的發聲、分享、成長與質疑，對談甚至激辯中讓教室的每一個成員都能因而自覺、自省並發展自我。女性主義教育學認為學生本身的敘述經驗即是知識建構主體，在女性主義的知識脈絡中師生關係是非階層化的。透過批判既存的性別權力結構，增能弱勢學生的主體力量，追求平等與解放。

作者在文中分析，大致上是從婦女經驗中尋求形式與意義，而不是如傳統實徵研究中講求預測和控制。整體而言，女性主義的研究問題有：第一，在研究歷程中探究權利關係。（Riddell, 1989）；第二，研究方法論之反省（Lather, 1991）；以及在歷程研究中研究者的主觀性敘述和個人的投入（Stamley & Wise, 1990）。這類研究方法論國內已從批判期過渡到課程轉化期（將婦女研究成果轉化為合法課程）。

在擬訂女性婦女政策中，研究方法的適切性一直都被討論，事實上，婦女的研究並沒有特定的研究方法，女性研究內涵即是一種實踐的形式；它終極關懷的是研究歷程與研究實施的關聯，是一種社會正義的實踐方式。尤其是後結構的女性研究更強調「哪裡是社會，哪裡即是性別」，致力於探究社會關係中的性別現

實，特別是父權社會的女性生活經驗，其致力解構宰制論述，並從女性生活經驗中獲得新的推論。在文中作者已指出女性主義的知識論，是重視經驗與主觀論述；在實踐範疇拒絕二元對立論（例如，理論/研究，男/女，心智/勞動），也反對方法論/知識論的對立。本土女性主義教育學的實施在現階段必須致力於西方移植性理論的整合，教育主體的行動和價值的辯論，以及性別社會建構的觀點，釐清性別平等教育推動的知識基礎，在社會文化建構出性別的差異。

　　基於以上的討論，女性主義教育學在本土的實踐，除了作者指出教科書的意識型態檢視、婦女研究基礎轉化主流課程以及師生互動研究以外，我認為依然有下面幾點尚待努力：第一，以多元女性主義觀點建構性別平等教室；第二，發展合於文化脈絡批判性論述、跳脫後殖民論述；第三，發展本土女性主義教學法，重視學生的聲音與主體性經驗；第四，教學實施的性別化，重新定位師生的權力關係，教師成為意識啟發者，知識是來自個人和社會的交互經驗，而非科層組織位階。

第六部份

教育的心理學

柯華葳

教育和心理學的關係

　　教育的實作和心理學的研究一直有合作的關係。根據Resnick和 Ford的記錄，早年Thorndike寫的《數學心理學》(*The psychology of arithmetic*) 就是把他的學習理論用在數學學習上。一九五〇年代B. F. Skinner的工具學習論也用在編序教學上。一九六〇年代，Dienes以J. Brunner的認知發展理論為根據，發展可以操作的教具（Resnick and Ford, 1981）。一九七〇年代，J. Piaget本人雖對教育理論的涉入不多，但他所提出的認知發展理論被科學教育廣泛採用（Metz, 1995）。近年來，認知心理學是心理學的顯學，教育的走向自然也受到影響。這可以由各師範院校近幾年紛紛開設認知心理學的課程一窺其影響力。

　　心理學和教育學本質上是不太一樣的。心理學提出的是描述性（descriptive）的理論，而教育學要求的是處方式（prescriptive）的理論（Glaser and Resnick, 1972）。心理學敘述在某一情況下，人的行為表現及其表現機制。教育則探討在學習情境下，如何使人有合乎期望的表現。以思考為例。心理學的研究著重呈現個體的思考歷程，教育研究者則進行促進思考的工作。兩者本應相輔相成。心理學提供理論，教育學實作後，結果可以回饋心理學或是肯定或是修飾其理論。在此狀況下，教育心理學可以說是心理學和教育合作下的產品。然而由教育心理學的歷史來看，教育心理學似乎只是學習心理學和發展心理學的應用[1]。兩者工作的模式是心理學→教育→結束。教育應用的結果未回饋心理學。應用過程中或許有一些不適用，卻沒有被處理，一直到下一個心理學的理論被提出並取代前一個理論為止。因此我們觀察到一些現象，

學院裡的教育學者引進了許多的心理學理論，但實際教學的老師對新的理論並不熱衷甚至失去信心，常有換湯不換藥的感嘆（柯華葳，幸曼玲，林秀地，民85）。更甚者，多數教師的教法並不隨理論或科目不同而有所改變（柯華葳，民79）。

追究其中原因：

心理學的研究未及教育的需求

例如 ，Metz於1995年提出發展心理學對科學教育的功過評鑑。文中指出目前關於「學前和學齡」兒童的認知發展理論較少觸及特定領域的認知發展。也就是說，目前的理論偏向一般領域的認知發展且與教學無關，較少顧慮環境對認知發展的影響。只是如前所述，心理學與教育的本質不同，心理學重在描述，對「心理學的研究未及教育的需求」的批評，有許多心理學研究者是不在乎的。

教育學的應用未及心理學本意

在此又可以分：1.教育實務只是隨心理學趨勢起舞。2.教育因面對「人」，問題很多，因此只要有一道曙光，就以為有良藥。因此有人以為給 「獎品」就是應用工具學習理論，而忽略「增強」的原則。有人以為教 「保留概念」就是應用Piaget的理論，而忽略 「認知發展階段」的原意和知識改變的機制。若1.屬實，教心本身不可能是一門學問，也不值得討論。若是2.，因教育需求嚴重，以至於病急亂投醫，則情有可原。但面對千萬學習者，我們有必要回頭檢視教育心理學的本質，定義它的研究範疇，使教育的處方是有效能治病的。

張春興（民84）曾提出教育心理學的學科性質是應用的，但不是應用心理學的原理原則，因為直接應用心理學的原理原則不能與學校教育的實際配合，教育心理學應是一獨立體系的學門。在此前提下，本文希望透過對教育心理學本質的澄清，指出教育心理學在目前認知心理學的影響下，如何配合教育的實際使自己成為一門學問。

教育心理學的本質

教育心理學，顧名思義，有教育也有心理，因此他要滿足描述的特色，也要滿足處方的本質。 誠如：R. Sternberg（1984）曾提出教學理論要滿足下列的條件：

1. 特定的（specification），他要能提供老師一個清楚完整且特定的描述，教師因此知道如何去應用。這是處方的本質。
2. 學科相關的（content relevance），要適合某特定學科內容。
3. 年齡相關的，要適合某特定年齡群。

2.和3.兩個條件是描述的本質，但這兩個條件也定義出教心的範疇。也就是說，教心的研究要考慮學習者的條件（包括：年齡）和學習者要接受的學習項目，或是數學，道德，或是體育等等。

4. 能與心理學理論相配合。

由上面的原則，我們肯定教育心理學是一門研究學習歷程的學問。定義教育心理學為研究 「學習歷程」的一門學問應是可以接受的。由過去教心大都採用心理學的學習理論來看，他所關切

的確實是學習的問題。事實上，沒有其他學科比教育心理學更關心「學習」。

研究學習歷程，追根究底要回答「知識如何改變與成熟（學習機制）」的問題。因此，教心除作「描述」外，要進行「處方」研究。處方研究可以透過實作實驗。實作的目的之一在確定所臆測的知識改變（學習）方法或途徑或歷程理論是確實的。因此心理學<=>教育互補合作，形成教育的心理學理論。我們以目前的認知心理學為例，說明教心如何與之相輔相成[2]。

認知心理學（本文包括認知發展心理學）是什麼？認知心理學研究人的認知系統。這系統包括：有限容量的訊息傳遞與處理系統、認知策略系統、知識的系統，以及監控認知的系統（鄭昭明，1993）。認知發展則由發展的角度看認知歷程。認知心理學所關心的議題與教心的定義是相似的。教心是否因此可放心以認知心理學為尚方寶劍？當我們細讀其描述而非處方的本質，我們預期若直接引用認知心理學或認知發展的理論，教心的結果與過去不會有多大差異。由Metz（1995）的批評已見端倪。 若不再掉入舊有的泥沼中，重要的是我們要認真思考目前認知心理學提出的一些論述，以學習者和學習項目檢查他們的描述。

認知心理學帶來的訊息

對學科的假設

專家和生手的研究指出不同領域有不同的知識結構，因此造

成不同領域的專家跨領域解題時的表現不如在本領域中的表現。這就是爲什麼許多研究者在探討知識的改變時，將其定義在領域特定中（例如，Vosniadou and Brewer, 1992; Wiser, 1995; 柯華葳，1994）。領域特定是指一個自給自足（self sufficient）的知識結構（有學者稱「理論」），它可以解釋、推理其間命題的關係，並有其排除不與其相似的命題或概念之理由。由此延伸的問題是知識可以分爲陳述性知識與程序性知識。兩種知識在學科中的交互作用會受學科性質的影響。例如，人文學科中，受試有較多的知識與理論，也有情感上的投入，常使推理上的表現不如對物理學問題的表現（Kuhn, Garcia-Mila, Zohar & Andersen, 1995）。這樣的描述似乎有一隱含的假設，若推理歷程是可以跨學科比較的，推理能力則是跨領域，不是領域特定的。是有學者提議程序性知識是泛領域，陳述性知識才是領域特定（Penner and Klahr, 1996）。

由教育面來說，領域特定，不論包括陳述性知識和程序性知識兩者或是只談陳述性知識，對討論知識的改變和知識的遷移兩問題都有關係。

知識的改變

知識是漸增漸豐富（enrichment）或是全新概念（new ontological categories）的建立？若知識是漸漸增加，以既有的基模爲基礎，依基模假設，個體只能學習基模所引導注意的刺激。如此，此領域雖會更堅固卻也限制了知識的發展。Carey （1996, Carey & Spelke, 1994）提出「跨領域配對」（mapping across domains）以產生新的，原則性知識改變的機制。例如，物理學家以數學符號描述物理（兩個領域），然後在數學描述中找出原則，再翻譯成一般語言就是物理定律了。這在肯定領域特定下的臆測若屬實，我們得思考那非學科專家（其實是一般人）怎麼學習？

不同學習者有不同的先前知識，學科有不同的結構，由學科研究來說，領域特定或許是必須的。由學習者來說，這可能是一個很不一樣的問題。過去的研究曾指出生手在遇見一知半解的問題時會引用不同領域的知識來填補（repair）他所遭遇到知識上的缺失，如以0＋N＝N解0－N＝N（Resnick, 1987）。對學習者來說他方便的抽取已有的知識來解決他不太熟悉的問題，他的知識結構是領域特定或是領域一般？若領域特定的特色是只對同一領域的知識作反應，對某領域的生手來說，例如，Di Sessa（1993）指出一領域的生手對此領域只有片斷且以現象為主的直覺（phenomenological intuition），尚不構成一理論。因此生手在此領域的知識稱不上領域特定。有學者也提出科學思考與日常生活中一般大眾（包括成人與兒童）的思考是不一樣的。一般成人與小孩只利用事實（facts）沒有理論為基礎做推論，因此常會因事實的衝突而自相矛盾（Harris, 1994; Kuhn, Garcia-Mila, Zohar, & Andersen, 1995）。若非學科專家的認知結構中沒有所謂領域特定的結構，專家領域特定的認知結構是怎麼形成的？

　　S. Gelman, Coley和Gottfried（1994）以本質特色論（essentialism）來說明我們的概念是否是領域特定。本質特色論指的是我們對外在世界的結構及它如何表徵在我們的類別系統（基模）中有隱含的信念，假設每一事物（例）之所以為此事物（例）有其本質。這信念讓我們可以辨別、可以推理。根據S. Gelman, Coley 和 Gottfried的推論，孩童原有的是一個廣泛的信念包括：traits、biological essences、beliefs 和 desires、race、gender 及任何兒童以為有本質的事物。這信念可以讓他對不同領域做因果上的推理以習得新領域的知識。基於此，S. Gelman 等人不以為孩童初始概念是領域特定。基本上Gopnick和 Wellman （1994）、R. Gelman 和 Brenneman（1994）都同意此推論。由發展觀點來看，

在知識逐漸豐富後，才整理成領域特定的形式。這由基模理論來說，或由學習來說是肯定的，因越用越專業。心理學者比較專家和生手的知識結構與解題策略也顯示此特色（Chi and Glaser, 1988）。

　　不過，當我們要接受此推論，必須提另一筆正興起的研究就是嬰兒認知推理的研究。

　　嬰兒認知的研究指出，嬰兒小至3個月有基本的物體概念（matter and physical concept），也能分辨動（animate）與不動（inanimate）的物體（Baillargion, 1993; Spelke, 1990）。由嬰兒的反應，例如，Baillargion（1993）在介紹關於嬰兒對物體（object physics）的反應研究後，提出嬰兒是有一核心原則（core principle），一高限制（highly constrained）的學習機制，只對特定的知識作反應。因此嬰兒的物體知識是領域特定的。

　　心理學描述了知識領域特定的嬰兒，非學科專家的學習者和學科專家的特色，然而由嬰兒到非特定學科領域的學習者（包括：兒童和成人）再到學科專家的歷程中，知識如何改變與遷移？若學習領域和年齡是考慮的條件，教心學者有需要以心理學的理論為基礎，為不同的學習者在不同領域中的學習提出假設和研究。一些有關學習遷移的問題如下：

學習遷移

　　若程序性知識是跨領域的，由於一般性技能是弱勢方法，該設計怎樣的情境來學習跨領域的技能？ 傳統上，教心提出的學習方法是跨領域可用的，例如，Thorndike的數學心理學雖是以數學為例，但他提出的學習理論基本上是不分領域皆適用的。在認知心理學肯定學科領域特定下，我們要考慮學科的影響，也要考慮一般性技能的遷移，因此學科內容如何限制程序性知識的學習遷

移就需要我們的關心了。若研究結果指出各學科，不論程序性或陳述性知識皆學科特定，目前國民中小學要談整合，不論是學科整合或技能整合都需要重新再考慮。只是，我們有的研究資料可能不夠我們對此議題做任何建議。國外文獻中談領域特定幾乎只涉及陳述性知識。是有研究者針對知識習得過程中學習者使用的策略做研究，例如，Kuhn、Garcia-Mila、Zohar和Anderson（1995）、Penner和Klahr（1996）、Siegler和他的同事（1989; 1991; 1995）等，但這方面須要有更多的研究，[3]才能回答類似合科的問題。

當我們回顧嬰兒的概念研究和學生在學科學習所產生的迷思概念，我們也要回答為什麼小時了了，大未必佳。因這關係著如何因應由嬰幼兒轉變到學科專家的課程與教學設計的問題。

若先不論嬰兒的認知結構，由泛領域到學科特定，我們可以藉用專家的認知歷程與知識組織為某一領域學習至終的目標來設計教學，但我們要能先在學科，年齡，跨不跨學科的考量下回答生手如何變專家，才有依據設計處方。

對學習者的假設

Piaget以後，心理學者同意學習者主動建構知識。學習者不是抄襲，而是依其舊有（先前）知識來建構。這由基模的理論（Rumelhart, 1980）與迷思概念（Resnick and Gelman, 1985）研究可以一覽究竟。例如，閱讀的時候，每位讀者對文章有不同的推論（Anderson and Pearson, 1984）；做數學題時，兒童有自己的解題主張（Resnick, 1986）；對自然科學現象，學習者也各有理論（Champagne, Gunstone and Klopfer, 1983）等。

這裡常有年齡與知識豐富與否之爭。 Chi （Gobbo and Chi,

1986）和A. Brown（Brown, Kane and Echols, 1986）都提出知識的考量重於年齡的考慮，因此Piaget的階段論受到批判。但仍不斷有研究指出年齡仍是一學習上的限制（Brown and Kane, 1988）。年齡與知識的互動需要我們去研究，以回答什麼時候揠苗助長是不合適的，什麼時候卻是必要的，更進一步可以指出助長最適切的方法。

社會互動的吸引力和迷思

　　Vygotsky認為智能和智慧的運作是蘊藏在文化社會中，社會互動是兒童成長的媒介。孩童在生活中因經驗的獲得對周遭人事物自然有一些因應的概念產生。這些概念與學科概念或社會成規不一定相容，因此需要成人或較成熟同伴的引導。這個說法平易近人，又似乎是每天運作的模式。因此有許多的研究投入探討如何的互動有益認知發展（例如，Howe, Tolmie, Greer and Mackensie, 1995; Hughes and Greenhough, 1995; Tudge and Rogoff, 1989）。若歸類，這些是比較屬處方式的研究，但他們沒有描述互動的機制是什麼，也就無法回答知識是怎麼被改變的。有可能互動只是增加訊息的來源。若是如此，由電腦上網取得大量訊息是否也有同樣的結果？

　　雖然互動下知識如何改變還沒有定論，但目前已有一些心理和教育學者使用對個體學習特色的描述與個體和社會互動的好處，設計處方放入領域特定的教學實驗中。

　　其一是Griffin、Case和Siegler（1994）的Rightstart方案教低社經地位4至6歲兒童數概念。教學過程中包括小組做數量的遊戲，一旁有老師督導。學生在遊戲中除猜答案外要說出理由來。老師在一旁會鼓勵學生間的交談。Griffin、Case和 Siegler 認為此

實驗的特色有：

1. 依發展順序呈現活動（個體的，描述性的）。
2. 活動將學童對數的認識與數應有的結構連結（個體的，描述性的）。
3. 活動以多元的方式呈現數的結構（個體的，處方式的）。
4. 活動的呈現讓不同理解、不同學習速度的學生都可以學到一些（個體的，處方式的）。
5. 活動讓學生有認知、情意、社會、語言及物體（教具）上的互動（社會的，處方式的）。

其二是Brown 和Campione （1994）。他們也將個體的知識與團體的互動一起考慮，設計生物學科的教學方案。他們設計的主要特色有：

1. 分辨學生的知識程度（個體的，描述性的）。
2. 教師對學生的知識程度要有認識（個體的，處方式的）。
3. 小組討論，包括：一般小組、交叉小組、教師或專家參與的小組（社會的，處方式的）。

這兩個方案實施結果都是成功的，學生在要學的學科知識上都有進展。只是當我們要問哪一個處方是造成學生概念上改變的最主要因素，這些混合各種變項且成功的研究並不能回答我們的問題。但他們對教育是好的，因他們證實1 + 1的效果是等於2 甚至大於2。他們成功的結果鼓勵教師在課堂上要多採納各種有理論根據的方法〔例如，Griffin、Case和 Siegler的3.4.5.及Brown 和Campione的2.3.〕，會有助於學童的學習。只是這樣的結果對教心理論建構似乎沒有太大助益，因為我們不清楚哪一個處方是知識

改變的緣由。

我們的研究

　　為了瞭解台灣在教育心理學方面的研究，我們曾翻閱國立台灣師範大學民國六十九年後出版的《教育心理學報》和國立政治大學民國七十五年以後出版的《教育與心理研究》對其中與教心有關的論文，並作一些分類。我們將論文分為描述研究，教學研究，方法研究，及本文認為教心應有的描述與教學研究和其他等五項。 五類的例子與解釋如下：

描述性的研究

　　◇吳璧純（民87），國小低年級學童生活中的科學問題探究
　　◇陳李綢（民75），國中學生認知能力與創造力的關係研究
　　◇張景媛，王勝賢（1998），青少年學習與適應模式之驗證

教學研究

　　◇吳麗娟（民75），理情教育課程對國中學生理性思考，情緒
　　　穩定與自我尊重之影響
　　◇張景媛（民79），回饋方式目標設定與後設認知對國小學生
　　　數學作業表現及測試焦慮之影響
　　◇陳李綢（民84），「學習策略訓練方案」對國中生閱讀理解
　　　學習之影響

方法研究（包括統計）

◇宋德忠，林世華，陳淑芬，張國恩（1999），知識結構的
測量：徑路搜尋法與概念構圖法的比較。

其他

◇量表設計，教心理論介紹。至於輔導研究若有治療處理則
屬教學研究。

描述、教學

◇林清山，陳李綢（民76），科學學習材料具體化程度對中小
學生認知學習的成效研究。
◇林清山，程炳林（民84），國中生自我調整學習因素與學習
表現之關係記自我調整的閱讀理解教學策略效果之研究。
◇張景媛（民84），國中生建構幾何概念之研究記統整是合作
學習的幾何教學策略效果之評估。

這三個「描述和教學」的研究都有一理論依據，先描述學生
的狀態而後進行教學。例如，林清山，陳李綢（民76）借用J.
Bruner認知理論，分辨學生認知發展之差異，而後以動作，影
像、符號的搭配進行教學探討加速 VS 不加速的學習效果。結果
發現先動作而影像而符號的教學能促進四年級學生能學習六年級
的教材。他們支持了Bruner所謂的：任何學科的主要概念都可採
用某種心至上的真實方法教給任何學童。

分析這兩個期刊後，我們發現其中論文以描述性研究佔最

多，每一期有60%至90%的論文屬此類別。描述與教學研究嚴格來說只有上述三篇。以這樣的研究成果，我們不意外為什麼教心學者不能改變教育的實際運作。因為我們只做到描述現象，未開處方。

結語

　　教育心理學關心學習，因此一定要回答學習機制的問題，也就是知識改變與成熟的問題。其中兩個關鍵議題是學習者的背景和學習項目。教心的研究題目在此範疇下其實是很單純的：學習歷程（學習者×學習項目）。例如，我們想知道五歲幼兒的認字教學、國中學生的認字教學、或閱讀困難者的認字教學。雖三者都在問如何教認字最有效，但因學習者條件不同，其認字歷程會不同，因此教學設計上會因此而有根有據的不同。教育心理學必要先描述不同學習者的認字歷程，再開教學處方。

　　過去我們一直向心理學取經，心理學的理論不斷推陳出新，教育也緊緊跟隨，只是實務界並不很熱衷。目前認知心理學和認知發展理論提供我們對於學習有更多更詳細關於學習的描述，但仍不能滿足我們面對「百樣人」的需求。與其日後對認知心理學失望，這不失是教育心理學者朝既教育又心理方向走的好時機。我們仍要借重心理學的理論，但需要為真實的學習負責，不但要考慮學習者和學習項目，也要回答實際的教育問題如合科，助長，社會互動等問題。因為沒有其他學門比我們更關心「學習」。因此，教育心理學有自己的研究範疇─教育的範疇，或更精確的說，是在學習的範疇中找出不同個體學習不同領域的行為及歷程，以設計更合適的教學處方。為此，我們要努力為教育發展教

育的心理學。過去只留於描述性的研究，一定要再進一步配合所描述的學習者特徵作教學研究。而過去只做教學的研究，也要先瞭解所要教學的對象。唯有將描述與教學緊緊結合，才能使教育心理學不再只是心理學的應用。教心還是會參考心理學的理論，但它是一門有自己範疇理論的獨立學問。

註釋

1. 張春興（民84）在〈應用科學基礎上建立教育心理學的獨立體系〉一文中指出，教育心理學源於十九世紀初的教育哲學心理學，並非出自現代心理學。而後因教育哲學心理學只能指出教育方向，無法在教育實踐中獲得驗證，E. L. Thorndike及後繼者採科學實證研究（動物學習實驗）的原理原則為教心的主要內容，因而使得今日教心有緊跟著心理學原理原則走的趨勢。

2. Glaser 和 Resnick.（1972） 曾提出以認知研究為教學研究基礎與範疇的教學心理學（Instructional psychology）。之後以Cognition and Instruction命名的書不少，也有期刊，但它似乎未成為顯學。大家仍習慣以教育心理學來涵蓋Cognition and Instruction中的研究和理論。

3. 在研究方法上。Siegler和Kuhn等一些研究者提出以Microgenetic method 來研究認知發展的機制。所謂Microgenetic方法是以較長時期觀察受試如何解一個不熟悉的問題到熟悉的變化過程。在此過程中，研究者已有結構的設計（處方）密集收集受試知識量上的改變及受試使用的不同解題方法和策略（描述）。研究者給的問題如船速（Kuhn et al., 1995）、電視收視率的判斷（Kuhn, et al., 1995）、簡單加法（Siegler & Jenkins, 1989）、數保

留（Siegler, 1995），＋／－符號轉換（Siegler and Stern, 1998）等問題。 透過此方法可以瞭解個體知識的改變（Siegler & Jenkins, 1989：Siegler, 1995）、跨領域解題的策略是否相似（Kuhn, et al., 1995）、跨年齡的解題機制是否相似（Kuhn, et al ., 1995）等發展上的問題。Microgenetic方法是我們可以採用來研究知識改變和遷移的方法之一。

參考文獻

中文部份

林清山，陳李綢（民76），〈科學學習材料具體化程度對中小學生認知學習的成效研究〉，《教育心理學報》，20，17-36。

柯華葳（民79），〈學生與教師在國小改編本教材中的地位〉，《國教學報》，3: 196-234。

柯華葳 （1994）〈問題解決教學模式及其在環境教育上的應用〉，《科學教育學刊》，2(1): 1-37。

柯華葳，幸曼玲，林秀地（民85），「小學日常教學活動之生態研究」，行政院教育改革審議委員會。

柯華葳 （1994），〈問題解決教學模式及其在環境教育上的應用〉，《科學教育學刊》，2(1): 1—37。

張春興（民84），〈在應用科學基礎上建立教育心理學的獨立體系〉，《教育心理學報》，28期，頁1—14。

鄭昭明（1993），《認知心理學》。台北：桂冠。

英文部份

Anderson, R. and Pearson, P. (1984) A schema-theoretic view of basic processes in reading comprehension. In P. Pearson (ed.) *Handbook of reading research*, NY: Longman.

Baillargeon, R.(1993) The object concept revisited: New directions in the investigation of infants' physical knowledge. In C.E. Granrud (ed.), *Visual perception and cognition in infancy, Hillsdale*, NJ: Erlbaum.

Brown, A., Kane, M., and Echols, K. (1986) Young children's mental models determine analogical transfer across problems with a common goal structure, *Cognitive Development*, 1, 103-122.

Brown, A. and Kane, M. (1988) Preschool children can learn to transfer: Learning to learn and learning from examples, *Cognitive Psychology*, 20:493-523.

Brown, A. and Capione, J. (1994) Guided discovery in a community of learners, in K. McGilly (ed.) Classroom Lessons: Integrating cognitive theory and classroom practice, *Cambridge*, MA: MIT Press.

Carey, S. (1996) Cognitive domains as modes of thought, in D.R. Olson and N. Torrance (eds.) *Modes of thought: Explanations in culture and cognition*, NY: Cambridge University Press.

Carey, S. and Spelke, E. (1994) Domain-specific knowledge and conceptual change, in L. Hirschfeld and S. Gelman (eds.) *Mapping the mind: Domain specificity in cognition and culture*, NY: Cambridge University Press.

Champagne, A., Gunstone, R., and Klopfer, L. (1983) Naive

knowledge and science learning, *Research in Science and Technological Education*, 1(2):173-183.

Di Sessa, A. (1993) Toward an epistemology of physics, *Cognition and Instruction*, 18(2-3): 105-225.

Gelman, R. and Brenneman, K. (1994) First principles can support both universal and culture-specific learning about number and music, in L. Hirschfeld and S. Gelman (eds.) *Mapping the mind: Domain specificity in cognition and culture*, NY: Cambridge University Press.

Gelman, S., Coley, J., and Gottfries, G. (1994) Essentialist beliefs in children: The acquisition of concepts and theories, in L. Hirschfeld and S. Gelman (eds.) *Mapping the mind: Domain specificity in cognition and culture*, NY: Cambridge University Press.

Glaser, R. and Chi, M. (1988) Overview, in M. Chi, R. Glaser, and M. Farr (eds.) *The nature of expertise, Hillsdale*, NJ: Erlbaum.

Glaser , R. and Resnick. L. (1972) Instructional psychology, *Annual Review of Psychology*, 23:207-275.

Gobbo, C. and Chi, M. (1986) How knowledge is structured and used by expert and novice children, *Cognitive Development*, 1: 221-237.

Gopnik, A. and Wellman, H. (1994) The theory theory, in L. Hirschfeld and S. Gelman (eds.) *Mapping the mind: Domain specificity in cognition and culture*, NY: Cambridge University Press.

Griffin, S., Case, R., and Siegler, R. (1994) Rightstart: Providing the central conceptual prerequisites for first formal learning of arithmetic to students at risk for school failure, in K. McGilly (ed.) Classroom Lessons: Integrating cognitive theory and classroom practice, *Cambridge*, MA: MIT Press.

Harris, P. (1994) Thinking by children and scientists: False analogies and negelected similarities, in L. Hirschfeld and S. Gelman (eds.) *Mapping the mind: Domain specificity in cognition and culture*, NY: Cambridge University Press.

Howe, C., Tolmie, A., Greer, K., and Mackensie,m. (1995) Peer collaboration and conceptual growth in physics: Task influences on children's understanding of heating and cooling, *Cognition and Instruction*, 13 (4): 483-503.

Hugh, M. and Greenboygh, P. (1995) Feedback, adult intervention, and peer cpllaboration in initial logo learning, *Cognition and Instruction*, 13 (4): 525-539.

Kuhn, D., Garcia-Mila, M., Zohar, A., and Andersen, C. (1995) Strategies of knowledge acquisition, *Monographas of the Society for Research in Child Development*, Serial # 245, V. 60, No. 4.

Metz, K. (1995) Reassessment of developmental constraints on children's science instruction, *Review of Educational Research*, 65(2) 93-128.

Penner, D. and Klahr, D. (1996) The interaction of domain-specific and domain-general discovery strategies: A study with sinking objects, *Child Development*, 67: 2709-2727.

Resnick, L. (1986) The development of mathematical intuition, In M. Perlmutter (ed.) *Perspectives on intellectual development: The Minnesota Symposia on Child Psychology*, V. 19, Hillsdale, NJ: Erlbaum.

Resnick, L. (1987) Constructing knowledge in school, in L.S. Liben (ed.) Development and learning: Conflict or congruence, *Hillsdale*, NJ:Erlbaum.

Resnick, L. and Ford, W. (1981) The psychology of mathematics for instruction, *Hillsdale*, NJ:Erlbaum.

Siegler, R.(1995) How does change occur: A microgenetic study of number conservation, *Cognitive Psychology*, 28(3): 225-273.

Siegler, R. and Crowley, K. (1991) The microgenetic method: A direct means for studying cognitive development, *American Psychologist*, 46(6): 606-620.

Siegler, R. and Jenkins, E. (1989) How children discover strategies, *Hillsdale*, NJ: Erlbaum.

Siegler, R. and Stern, E. (1998) Conscious and unconscious strategy discoveries: A Microgenetic analysis, *Journal of Experimental Psychology: General*, 127(4): 377-397.

Spelke, E. (1990) Principles of object perception, *Cognitive Science*, 14: 29-56.

Sternberg. R. (1986) Why the marriage sometimes ends in divorce, in R.F. Dillon and R. J. Sternberg (eds.) *Cognition and instruction*, NY: Academic Press.

Tudge, J. and Rogoff, B. (1989) peer influences on cognitive development: Piagetian and Vygotskian perspectives. In M. H. Bornstein and J. Bruner (eds.) Interaction in human development (pp. 17-40), *Hillsdale*, NJ: Erlbaum.

Vosniadou, S. and Brewer, W. (1992) Mental models of the earth: A study of conceptual change in childhood, *Cognitive Psychology*, 24(4): 535-585.

Wiser, M. (1995) Use of history of science to understand and remedy students' misconceptions about heat and temperature, in D.N. Perkins, J.L. Schwartz, M. M. West, and M. S. Wiske, (eds.) *In software goes to school: Teaching for understanding with new technologies*, NY: Oxford University Press.

「教育的心理學」評論

張景媛

心理學的研究範疇很廣，教育心理學則是針對教育情境中有關人的問題進行研究。因此，舉凡與人有關的問題，例如，學習、認知、思考、推理、動機、自尊、策略、情緒等，都可以涵蓋在教育心理學的領域之中。過去教育心理學只對這些問題的現象提出描述性的說明，或提出一些普遍的原則供大家參考。這種呈現訊息的方式，較無法達到教育情境中所要求的處方性功能。

　　我們不能期望新手老師能將教育心理學中學到的這些理論和原則立即運用在教室情境中。而且學到一知半解的理論對新手老師也是有害無益的。舉專家導師和新手導師的研究為例，專家/新手導師都接受人本心理學人性本善的說法，乍看之下，以為雙方的想法一致，但是專家導師認為「人性本善，而學生是會犯錯的，從錯誤中可以學習成長，教育就是要協助學生成長」；新手導師認為「人性本善，而學生會愈變愈壞，教育就是學生要聽老師的話，老師要把學生教好（包括成績要好）」。由於雙方對人性及教育的看法有所不同，導致雙方行動策略有很大的差異存在。專家導師的信念、認知與行動相當一致，並能從處理事情中獲得成就感；而新手導師的信念、認知與行動經常出現矛盾與衝突，導致對教育的失望與挫折。如果研究到此結束，就如柯教授所說，心理學只研究到描述現象而已，如果能依據專家/新手導師的研究成果，改進教育學程中「班級經營」的課程內容與教學策略，並針對教育實習的學生進行實際教育情境的研究，就具有處方性的功能。這個例子是典型的教育心理學研究的範疇，也就是將心理學與教育結合起來的研究歷程。它兼具描述性與處方性兩者的特色。

　　教育心理學的研究除了要兼具描述性與處方性的特質外，還有許多因素要考慮到，例如，特定領域的學科心理學、不同年齡學生的認知發展與學習歷程、不同文化下的思考歷程，以及認知

與情意對學生產生的交互影響等，都是教育心理學關切的主題。以不同文化學生的思考歷程來看，一般學生對「A>B，B>C，所以A>C」都可以理解，但是對學體育的運動選手來說，卻百思不解，因為他認為「A隊贏B隊，B隊贏C隊，但是A隊不一定會贏C隊」。這是他們熟悉的思考方式，老師要能理解他們的問題才能對症下藥。

　　在認知方面，教育心理學運用大量的認知心理學研究的成果，但是教育心理學不等於認知心理學。認知心理學在實驗室的研究中獲得許多寶貴的訊息，例如，敘述性知識表徵（基模、命題、心像等）、程序性知識表徵（生產法則、領域廣泛、領域特定等）。但是這些研究無法立即運用到教育情境中，也因此有些大學生認為認知心理學是理論，對教育是毫無幫助的。教育心理學與認知心理學不同的地方是能將認知心理學的研究成果放在教育情境中加以檢視，設計處方性的教學策略與學習策略，並從實際應用中發現問題加以改進。例如，認知心理學提到的敘述性知識、程序性知識，以及基模等理論，都是目前教育心理學經常應用到的理論，但是教育心理學不僅重述這些理論而已，它要能將這些理論應用到教育情境中，協助教師專業成長，瞭解學生的認知歷程，採用適當的教學策略讓學生能主動的進行知識的建構或修正。舉例來說。國中國文有一課是教「雅量」，課文是「如果他可以從這一扇門看到日出的美景，你又何必要他走向那一扇窗去聆聽鳥鳴，你聽你的鳥鳴，他看他的日出，彼此都會有等量的美的感受。」一般教師會針對課文進行講解，但是學生的認知基模卻認為：「老師最沒有雅量，一天到晚說不可以這樣，不可以那樣。你上你的國文，我看我的漫畫，彼此都會有等量的美的感受。」這個例子中，學生對雅量的認知有所偏差，教師如果不能覺察到這個問題，學習的效果就無法彰顯。由這個例子，我們很

清楚的看到認知心理學研究的成果必須經由教育心理學的轉化，讓教師能覺察到學生的認知歷程或發現學生的迷思概念，再經由教師採用適當的策略，讓學生進行思考與辯證的工作，才可能修正學生原先過度概括化 （overgeneralization） 的情形，達到基模精鍊（schema refinement）的狀態。

柯教授的這篇文章中，提到許多未來教育心理學可以研究的方向，例如，研究知識是如何改變與成熟的、不同的認知發展歷程中應有的學習策略、專家/生手的研究在教育上的意義、領域特定/領域廣泛的研究取向、學習遷移的問題等，都有待新世紀中的教育心理學者多加注意與研究。在此，我再提出兩點意見，一是未來教育心理學的研究更強調科際整合的概念，如同洪蘭教授所說，二十一世紀最需要的是能整合科學與人文的人才。由於教育心理學研究的內容涵蓋學習中的各個領域，因此，教育心理學者必須結合人文與自然學科領域的人才共同進行研究，才能對教育問題有深入的瞭解；其次，我認為教育心理學之所以未能變成教學心理學（Instructional Psychology）或是認知與教學（Cognition and Instruction）的原因，主要是因為教育心理學包含的範圍很廣，只是近年來受到認知心理學的影響，整個研究偏重在探討學生的認知歷程，而情意的研究則被忽視了。未來，我們必須兼顧學習歷程中的動機、自尊、情緒等問題的探討，只有對學生的問題進行全盤的瞭解，才有可能提供全人的教育環境。

最後，感謝柯教授對教育心理學做了一項檢視。教育心理學要成為獨立的一門科學，但是不必和心理學或教育學劃清界線，彼此應保持合作的關係，但是要能突顯教育心理學不可取代的功能，針對不同學科、不同文化、不同年齡等的問題做深入的研究，提出既具有描述性的理論，又包含處方性的理論。

從知識論的辯證談課程發展問題
－以台灣課程改革為例

甄曉蘭

摘要

　　課程發展深受哲學思潮與社會脈動的影響，不斷擺盪起伏於「解構」與「重新建構」之間，其間所處理有關「學校教育目的」、「課程知識內容的選擇與組織」、「教學與評量的方法」等層面的問題，與知識論所處理有關知識的本質、來源、種類、範圍，以及獲知的方法等問題，可說是息息相關。隨著課程背後知識論假設的更迭，常衍生出不同的課程實踐取向，因此，課程知識論的辨證乃是課程發展論述中所不可輕忽的課題。在課程理論建構的國際化與本土化的爭議之外，本文企圖透過課程知識論的辯證反思，在課程發展的社會學分析潮流中重新喚起課程的哲學思維。基於此，本文首先說明知識論的主要辯證課題，從而探索課程取向背後所反映的知識論假設以及知識興趣的轉移與當代課程典範遞變的關係，又因知識社會建構論的興起對當代課程理論與實務產生極大的衝擊，本文亦企圖分析社會建構論的知識觀對課程理論的影響，然後，從課程發展實務角度來解析課程組織所反映出的知識佈局問題。另外，本文特別以台灣當前國民教育階段九年一貫課程改革為例，來說明九年一貫課程改革背後知識論假設與教學觀的轉換，及其對課程實踐可能產生的影響，藉以激起課程意識的覺醒，注意到新課程背後的知識論假設所架構出的課程精神，或許能為台灣當前即將開展的課程實踐找到「合情理」的依據。

緒論

　　知識論（epistemology），或譯作認識論，又稱作知識的理論（theory of knowledge, gnoseology）（Lacey, 1986），乃是「探求人類知識現象的邏輯基礎，進而研究真確知識的可能性、本質，以及其範圍的一門學問」（孫振青，民79：4）。 基本上，知識論的主要課題在於普遍意義的知識（knowledge in general），而不在於個別的知識，主要處理有關知識的本質、知識的來源、知識的種類、知識的範圍以及獲得知識的方法等（黃慶明，民85；趙雅博，民81）。

　　因為知識的現象極其複雜，其「存有」，常由主體、客體，以及認知行為互相配合而成。欲釐清知識的本質，瞭解知識的性質與構成的因素，最常探究的問題便是：知識的先天因素是什麼？什麼是後天的因素？認知行為是怎樣的一種行為？知識本身是由客體決定？亦或是由主體決定的？其間，感官與悟性的功能又各是如何？若就知識的來源來分析，通常最先處理的是有關獲得知識的方法問題，一般認為有透過感官經驗的「知覺」（perception）方式，透過邏輯推理、概念分析的「理性思維」（reason）方式，以及毋須間接推理而是直接把握到的「直覺」（intuition）方式。但是，有關知識來源的先天或後天的問題方面，以及有關知識有效性或確定性的先驗（a priori）或後驗（a posteriori）的問題方面，理性主義（rationalist）和經驗主義（empiricist）就產生很大的歧見，而彼此立場對立，一派主張知識是不從經驗而來並且帶有必然性的，另一派則認為知識是來自於經驗而不帶有必然性的。至於，有關知識的種類與範圍，各家主張也是不盡相同，有人強調在探究知識的種類的時候，必得先釐清「知」的種類，譬

如說，知道「什麼」（knowing that）、知道「如何」（knowing how）、知道「一事物」（knowing a thing），以及知道「一眞相」（knowing a truth）等；有人則就知識的可能對象，將之分爲內心的、外在的、以及形而上的；有人則就知識所涉及的問題處理層面，將知識的範圍界定爲五類，包括：第一，外在物理世界的知識，處理有關知覺的問題；第二，自己或他人心靈世界的知識，處理有關信念的問題；第三，過去世界的知識，處理有關過去以及記憶方面的問題；第四，未來世界的知識，處理有關歸納論證的問題，以及第五，獨立於人心世界的知識，處理有關倫理學、美學、形上學的問題等（參見黃慶明，民85）。

　　有關知識論的辯證課題，若進一步推敲，其實都深深牽繫著課程知識內容的「選擇規準」、「組織型態」以及「教學轉化方式」等，是課程發展論述中所不可輕忽的根本課題。然而，近二十年來的課程論述較多傾向課程實踐的社會學批判，而較忽略課程發展的哲學基礎分析，以致有關知識與課程的探究常常有所闕漏，未能審愼處理課程發展中有關知識假設的根本問題。面對當前資訊爆炸、變遷急遽的社會發展，課程改革的呼聲不斷，有關課程理論建構以及課程實務發展的主張，常出現觀點歧異、定義混淆以及實踐方式曖昧不明的現象，再加上所謂後現代主義的喧天價響，更使得課程的理論與實務出現了前所未有的擾攘紛雜局面。職是，與其爭議課程理論建構的國際化與本土化的問題，倒不如重新回到課程發展的根本問題來反省檢視課程背後的知識假設，或許能爲台灣的課程實踐架構出「合情理」的理論基礎。

　　爲鋪陳課程發展背後知識論的辯證對課程實踐的影響，本文首先說明知識論的辯證與課程理論演繹間的關係，藉以解析當代重要課程典範的遞變，進而剖析知識社會建構論對課程理論的顚覆與影響，並且嘗試從課程發展實務角度來解析課程組織所反映

出的知識佈局問題。然後，本文特別以台灣當前課程改革為例，來說明新課程（九年一貫課程）背後所潛藏的知識論假設與教學觀，及其對課程目標的訂定、內容的選擇與組織，以及實務實踐的方式所產生的影響。希冀藉著本文所探討的議題，能提昇所謂的課程意識，正視課程背後的知識論假設，使得在課程發展過程中，因著課程意識的覺醒，能夠較妥善地處理有關課程知識論、課程意識型態以及課程組織的問題。

知識論的辯證與課程理論的演繹

課程取向背後所反映的知識論假設

在深入解析課程發展與課程實踐的定位時，必得先釐清「學校教育的目的為何？」、「什麼知識是值得傳承、教導的？」、「怎麼來發現這些知識？」、「如何來溝通、建構這些知識？」、「我們如何在傳統學科課程結構之外，再來取決慎選出一些重要卻被忽略的知識領域？」、「應如何組織課程以反映知識結構背後社會與文化的影響及其間的複雜依存關係？」等問題，而這些根本問題背後，又都涉及哲學思維有關「本體論」（ontology）、「知識論」、「方法論」（methodology）以及「價值論」（axiology）的假設（Schubert, 1986; Tanner & Tanner, 1980；陳伯璋，民74）。像是潛藏著不同的知識觀與意識型態的宗教正統論（religious orthodoxy）、理性人本論（rational humanism）、進步主義（progressivism）、批判理論（critical theory）、再概念論

（reconceptualism）及認知多元論（cognitive pluralism）等，對課程與教學的定位與實踐都各自有其影響作用（甄曉蘭，民83）。抱持不同教育哲學立場的課程論者（包括學者專家與實務工作者），對課程與教學問題自會有不同的觀點與見解，以致在課程領域常引起學理的辯解與實務的爭論，出現了旨趣歧異的「課程概念」（curriculum conceptions, Eisner & Vallance, 1974）、「課程取向」（curriculum orientations, Miller, 1983; Eisner, 1985）或「課程意識型態」（curriculum ideologies, Schiro, 1978）等。這些不同的課程取向或意識型態可說是課程的主導思想，對課程的目的、內容的選擇與組織、以及課程的實踐有極大的影響（參見Schubert, 1986; 陳伯璋，民74；李子建、黃顯華，民85），若深入解析不同課程取向所蘊繫的課程宗旨與課程焦點，將不難看出不同課程概念背後，其實都潛藏著不盡相同的知識論解釋與偏執（參見表1）。

基於這些課程取向背後的不同知識假設或側重知識的本質、或說明知識的來源、或強調認知的方法等—在在使得課程理論出現意見分歧、莫衷一是的局面。不但課程的定義有從狹隘的「課程即成品」（curriculum as product）的概念到「課程即過程」（curriculum as process）的觀點（Grundy, 1987; Schuber, 1986），而許多有關課程的辯爭課題，更產生了從古典人文學派（classical humanism）的「知識中心論」到進步主義（progressivism）的「兒童中心論」，進而到重建學派（reconstructionism）的「社會中心論」的辯證演繹（Walker & Soltis, 1986; 甄曉蘭，民84）。

知識興趣的轉移與當代課程典範的遞變

綜觀當代課程理論，其發展深受哲學思潮有關認識論的辯爭以及人文社會科學「典範轉移」（paradigm shifts）的影響，亦出

表1 課程取向背後的知識假設

課程取向	認知發展	學術理性	個人關聯	社會關聯	課程即科技
課程宗旨	協助學生學習如何學；提供機會發展學生多元心智潛能	培養學生在學科方面的智力發展；發展學生的理性	強調個人意義的重要；提供資源豐富的環境幫助學生成長	幫助學生具備社會技能、適應社會變遷；認識社會問題強調社會改革	應用有效手段實現預定行為目標；系統化及可預測方式進行教育計畫
課程焦點	解決問題；思考技巧；數學	經典巨著；科學；博雅課程	自我實現；與個人相關的主題（師生共同計畫）	社會爭議課題；兩性教育；政治課題；多元文化	具編序特質的測量性課程
知識假設	知識是心智的結構，人具備「先天」建構知識的本能，知識是可以自行發現的	知識是理性探究成果的累積，透過傳承方式學習而得的	知識是個人主觀的經驗，從實際參與做的經驗過程中而獲得的	知識是社會建構的產品，受意識型態所影響，是可質疑辯證並且可以推翻改變的	知識是客觀的事實，是絕對的，可藉由正確的方法來發現事實與真理

現了所謂課程典範的遞變，由以Tyler（1949）的技術原理（technical rationale）為依歸的技術典範，轉移到秉持Schwab（1969）的實用和折衷主義（practical & eclectic approach）精神的實用典範，再遞變到發揮Freire（1970）的解放教育學（emancipatory pedagogy）主張的批判性實踐典範（參見Bredo & Feinberg, 1982; Carr & Kemmis, 1986; Schubert, 1986; Walker & Soltis, 1986; 李子建、黃顯華，民85）。無論所謂「課程典範」是

用來作爲「課程分類系統」、對「課程探究的假設」、或界定「課程的向度」（李子建、黃顯華，民85），當前課程研究所反映出來的典範對話現象，均一再呈現出課程並非價值中立的，不同的知識論假設反映出不同的價值體係與意識型態，進而衍生出不同的課程實踐。誠如Eisner（1985）所指出，每一種課程取向都含有一種潛藏的教育價值概念，並且有助於促成某些特定教育措施的合法性。基於Habermas的《知識與人類興趣》（*Knowledge and Human Interests*, 1971）一書中對探究典範有極詳盡的比較分析，是當代最常被引用的知識理論，Schubert（1986）引介了Hultgren根據Habermas的知識理論、Bernstein的社會政治理論以及Giroux的批判課程理論，所發展出來的典範知識興趣取向對照表，來呈現各典範的理性基礎的差異（參見表2），而從這些典範旨趣（paradigmatic interests）的差異，也就不難理解課程實踐產生差異的緣由與關鍵影響因素。

基本上，技術課程典範受到「工具理性」（instrumental rationalism）的影響，其興趣在於控制學習環境及學習經驗讓學習者產生可欲的學習。這種典範將知識視爲一套規則、既定的程序和不可質疑的眞理（Grundy, 1987），是獨立於人類經驗之外，可當作一種物品傳遞、一種達到目的之手段，所以，課程實踐的主要任務就是要讓學生的學習結果達到教育目標的要求，以致Hirst（1972）建議課程內容依「知識的形式」（forms of knowledge）來分類，而Phenix（1962）則建議課程當以「意義的領域」（realms of meaning）作爲個人學習知識的基礎。

實用課程典範則主張課程乃是教師與學習者之間的互動，只有鼓勵教師和學生一起運用詮釋和判斷能力的課程內容才算是理想的課程設計（Grundy, 1987）。其所支持的知識觀是實徵的實用主義（pragmatism），認爲所有人的知識都具有演化的性質，因此

表2 典範興趣取向的理性基礎對照表

科學／探究型式	實徵／分析	詮釋	批判
興趣取向	技術	實用	解放
社會機制	工作	互動	權力
理性基礎			
	訂定控制與確定的原則	強調理解與溝通互動	強調意識批判和行動的重要性
	各種運作乃是為了滿足法則般可經實徵檢證的命題	「人」乃是知識的主動創造者	企圖揭發迫害者與強勢者
	假設知識是價值中立的	探尋日常生活結構下的假設與意義	要求對錯誤意識有敏感度
	假設知識是客體化的 重視效率與節約	「實在」乃是交互主觀運作而構成的，並且共享於同一歷史、政治、社會情境中	將被扭曲的概念與不公正的價值觀問題化
	毫無疑問地接受「社會實在」即其原本面貌	敏銳地透過語言的使用強調意義的重要	檢視並解釋探究背後所根據的價值系統與公正概念

譯自Schubert （1986:181）：*Habermas's Comprehensive Theory of Knowledge.*〔附註：為配合討論主題，將此表就其內涵予以重新命名。〕

反對理性主義有關普遍知識的主張，所以主張課程內容的選擇要能考慮學生的興趣和需要，強調「教育即過程」的觀點，認為課程設計的中心課題在於決定甚麼性質的內容可以促進學習者的

「發展過程」(Kelly, 1986)。因此,就實用典範的觀點來看,課程內容的合理化在於其對學習者的成長和發展方面具正面影響,其內容當以學科、活動或教育經驗形式出現並不是爭論的焦點,因為兒童透過學科學習的經驗比學習學科內容更為重要(參見李子建、黃顯華,民85)。

至於批判課程典範則認為課程的作用是為「解放」(emancipation),這種觀點與技術典範不甚協調,但與實用典範的立場則較為相容(Grundy, 1987),意謂著教師要從實用性與興趣的基礎轉化其意識。批判典範強調學習者可以透過批判性實踐(critical praxis)得到解放,最關心的是課程內容能否促進「批判意識」,強調「知識」本身不僅是反映真實,並且為個別學習者所相信和擁有,因此,學生擁有知識真確性(authenticity)的絕對主權,而非教師或教科書享有此主權。批判課程典範認為課程理論中有關認識論的、社會的以及實用的問題仍有待解決(Grundy, Ibid.),否則不能完成促進批判性意識的使命。對批判典範而言,解決具有解放意義的課程問題,例如,教師與學生之間的權力關係等,才是燃眉之急。

綜而言之,課程取向以及課程典範的建立,主要是為了把課程現象予以理性化,以便能夠以有效和適當的推理線索來解釋課程的特徵。然而,一般課程取向或典範分類方式,究竟有助於抑或侷限課程探究的發展,仍有待進一步的探討。畢竟,石實際的教育實踐裡,課程取向並不是以單純的形式出現(Eisner, 1985),而是以主導、共同主導(co-dominant)方式、或其他組合表現出來,更何況課程取向對課程決策的影響,往往是依情境脈絡而決定的。因此,在分析影響教育思想與課程理論的知識概念方面,我們需瞭解:不同認識論的教育哲學概念,諸如實在主義(realism)、理想主義/觀念主義(idealism)、或實驗主義

（experimentalism）等，或許有助於我們探究課程與教學的基礎（Schubert, 1986），但大部份源自於各種「主義」的教育應用，並沒有帶來眞正的教育實效。即使是以知識興趣取向的課程典範分類方式，如前所描述的實證／技術、闡釋／實用、及批判／解放典範，若不能坦然地在現實情境中面對教育問題與爭議，也將無法帶來有意義、具實用價值的教育啓示。

知識社會建構論對課程理論的影響

　　長久以來，傳統知識觀視知識爲心智的產物、普遍的眞理、絕對必然的概念，一直影響著教育理論與實務，直到最近三十年才有一些學者，逐漸開始致力於重新詮釋在社會科學與教育領域所謂的知識本質與內涵（例如，Bernstein, 1971; Bloor, 1976; Greertz, 1983; Gergen, 1982; Young, 1971等）。根據Bruffee （1986）的分析，本世紀在繼Dewey, Heidegger及Wittgenstein對傳統的知識觀提出質疑與挑戰之後，再加上最近三、四十年 Kuhn （1970）及Rorty（1982）等人的鼓吹，使得知識論的辯證愈益的活躍而堅實。基本上，反對傳統知識觀的學者認爲，知識並非單純藉由心智的發現與洗煉而產生的，而是透過知識同儕社群的互動而醞釀、建立、進而共同維持的。換句話說，這些學者認爲知識乃是社會建構的、是社會運作的結晶，而且，語言在此互動、辯證的「知識社會建構」過程中，扮演著不可忽視的重要角色（Berger & Luckman, 1966; Bruffee, 1986; Gergen, 1985）。誠如：Bruffee（1986）所指稱，知識事實上是從信念的社會辯解過程中以及在各類社群的「常態論述」（normal discourse）中取得其「威權」（authority）的。但是，在這當中卻也產生極爲有趣的現象，亦即

任何一個社群或社會維繫其客觀的傳統資產，其實都是藉由具主觀意義的表達活動而達成的（Berger & Luckmann, 1966）。基於這樣的二元特質，社會建構論者不免要激進地質疑平常認為「理所當然」（taken-for-granted）的世界，認為一般所謂對世界的論述（discourse about the world），並非真實世界的「絕對」反射，而是相互交換意見下的「相對」產物（Gergen, 1985）。

　　基本上，知識社會建構論者認為知識現象除了包含「認知主體」、「被認知的對象」以及「認知行為」三項要素以外，還要加上「社會環境」和「語言」的因素（甄曉蘭，民84），因為人類知識的內涵與發展，深受認知主體所處社會環境的影響。並且知識社會建構論者還認為認知主體與被認知的客體間存在著一種「辯證」的關係，所以世界和知識既是被發現的也是被創造的。「理論」與「資料」、「事實」與「價值」、「手段」與「目的」是不可分離的，當個體建構他們的世界和知識時，便存有著「多重」的實在（multiple realities），而這些實在乃是相對地存在於個體與社會架構的互動關係中。根據Berger & Luckmann（1966）的分析，實體、知識、思想、事實、符號、語言、身分等等，皆為「自我」（self）與「他者」（others）在同一時空（宇宙）內，透過辯證過程而相互促生出來的「構念」（constructs）。換言之，就知識社會建構論而言，認為我們所處的世界本身，即是經由社會及語言互動所建構出來的實體，所以有關知識生成的核心概念當以「整體觀」及「脈絡關係」為主要依歸。另外，知識社會建構論者特別強調語言的重要性，認為語言乃是主觀實體與客觀實體間持續交流辯證的主要工具，是日常的互動行為。因著這樣的「社會學的覺醒」（Sociological awareness），許多人開始覺察到教育事務不僅只是教師、學生及書本之間的互動而已，這些互動乃是受限於體制結構內的既有特色與傳統，進而深深地影響學生的知識建

構等。於是，許多學者便開始將課程研究與社會分析連結，並且大聲疾呼教育態度與教學方式的改革（Bourdieu & Passeron, 1977; Bernstein, 1971; Young, 1971; Bruffee, 1986; van Manen, 1990）。

因為知識的創建與傳遞乃是一種相當程度的「權力運作」，受到知識社會建構論的衝擊以及批判課程典範的影響，許多課程研究開始探索潛藏於知識創建背後的駕馭勢力和影響因素，認為課程是社會建構、歷史制約和政治導向的（Apple, 1993）。於是，有學者致力於探究教育知識的社會組織之結構層面、知識的階層化過程（the stratification of knowledge）及教育工作者表達知識階層變化差距的方式（Young, 1971）；也有學者企圖探究被傳遞的教育知識結構中所含涉的權力和控制因素，並且藉之探討知識的界限概念（Bernstein, 1971）；更有許多當代課程領域代表紛紛解構當前的教育實踐，藉以探索深植於課程決策背後的潛在意識形態霸權對教育實踐的影響（Apple, 1990, 1993; Giroux & McLaren, 1989）。這些課程批判學者，最喜歡問的問題便是：課程中呈現的是誰的知識？是為了誰的興趣？是誰的「文化資本」被安置在課程之中？並且喜歡將研究焦點投注於課程編訂過程背後的潛在駕御勢力或潛在動因，認為這些潛在勢力對課程決策與實踐的影響相當地深遠。有許多課程學者專家（例如，Cheeryholmes, 1988; Grundy, 1987; Schubert, 1986; Walker & Soltis, 1986）指出，各種課程主張背後的典範旨趣，乃是造成課程實踐產生差異的最重要因素。而Apple（1990; 1993）、Giroux和McLaren（1989）等人則強調，蟄伏於課程決策背後的意識型態霸權與假設（ideological hegemony/assumptions），才是教育學上文化範疇與政治向度的構成要素與影響因素，必須藉著「提昇意識」（raising consciousness）與實際改革行動來改善課程實務與教學實踐。

總而言之，有關知識的社會建構與教育實踐的關係，並非單

純的知識社會學或教育社會學的爭議，而是關係著課程的重要議題，包括：教材內容的選擇、概念化、組織、及其背後所秉持的理念與意識型態等。在課程發展變得越來越具挑戰性的今日，我們確實需要「課程意識」（curricular consciousness）的覺醒，以更多瞭解課程組織背後所含蘊的知識假設，及其所潛藏的意識型態對教育實踐所造成的影響。

課程組織實務與知識佈局

　　課程發展的核心要務在於課程組織，因為，課程是透過組織結構來呈現其內涵與本質。基本上，構成課程的知識內容與教學要素是經過安排而呈現出相互關聯、先後順序的，這些要素包含了教學計畫與大綱、學習材料、設備與裝置、必備的教學專業知能，以及測驗與評量的設計等。但是，所謂課程的組織，其範疇並不單指各科教學內容大綱的訂定而已，其所涵蓋的層面，尚且包括了學習環境、學校及教師的目標與價值觀、以及學生的學習經驗等。其間最大的挑戰就是：如何將不同的認知方式（ways of knowing）與內容知識（content knowledge）相配合。一般而言，課程組織的形式（forms）反映出對知識用途及其本質的理解與處理方式，猶如地圖疆域標記出不同特徵的氣候或政治界線一樣。實際上，各國、各地的課程組織形式並非決然統一的，而是隨著當地特殊的情況與興趣做出最適合的安排。換言之，有關教育價值與目標的假設（Hirst & Peter, 1975; Sockett, 1976; Walker & Soltis, 1986）、學科的內容與結構（Phenix, 1962; Schwab, 1975）、以及有關學習者及學習情境的要件（Dewey, 1990）等，都應視實況所需而含涉於課程組織之內。

基本上，按「科目」（subject matters）來劃分知識類別，是歷史最久且最被廣爲接受的知識分類組織方式，例如，傳統的學校課程設計，大多以歷史、數學、國文、英文等「學科」（discipline）分類結構爲主。而這種形態的課程組織最廣爲人知的特質，就是它的「方便性」，無論在系統化處理教學內容方面、在記錄學業學習經驗方面、在新的課程內容方面、以及在調整課程以因應新的專門知識方面，學科課程設計都是最便捷、經濟的方式（Tanner & Tanner 1980）。由於受到「某些特定概念在實質上與某些特定學科有所關聯」的知識分類假設的影響，歷來有許多課程學者企圖由知識本質的顯著差異，例如，意義的範疇（realms of meaning, Phenix, 1962）、知識的形式（forms of knowledge, Hirst 1972）以及概念和語法結構（conceptual and syntactical structures, Schwab, 1975）等，來辨識和區分不同的學科領域。然而，若從知識的整體觀來看，似乎就沒有任何知識分類與規劃可以／或必須以「學科分類」爲絕對的標準，誠如Schrag（1992）所提醒，任何領域的分割區隔，都可能會曲解概念、技術、以及探究和表達方式的發展或消失的複雜過程，即使是Habermas（1971）藉由認知興趣取向（cognitive interests）來區隔學科範圍的努力，也是如此。

　　從某個層面來看，課程組織也是在探索、釐清什麼知識與經驗是有價值的、在課程安排上應予以優先考慮的；什麼是較無價值的、可以排除在正式課程之外的（Brady, 1989）。特別在此科技發達、知識爆炸、資訊充斥、社會變遷迅速、學科專門領域不斷擴充的時代，課程組織並非易事，需要相當審愼的判斷與決策，知道如何「選擇」或「統整」各種不同學科領域的不同意見，編訂出合適、可行的課程來教授給學生。Cherryholmes（1988, p.149）就曾特別指出：「課程的常態基準（the norm for curriculum）並非一致、穩定的，或毫無爭議的；而是充滿衝突、

不穩定性及爭議的，因為課程發展是一連串建構、解構、又再重新建構的循環過程…是以學生的學習機會（opportunity to learn）為考量。」所以，課程組織應以較多元的方式呈現出另類的知識佈局（alternative knowledge mapping, Schrag, 1992），以便反映出學科領域的不完備，但卻極具發展性與競爭力的可開發空間。於是，便有統整性課程（integrated curriculum）設計的呼籲，包括所謂多學門（multidisciplinary）、超學門（trans-disciplinary）、多科目（multi-subjects）、科際整合（interdisciplinary）、交叉課程（cross-curriclum）的課程設計主張（Jacobs, 1989），以及對生活、經驗和課程統整的強調（歐用生，民88）。畢竟，有關課程組織的最大問題是：如何發展課程的一般性結構，一方面能允許各學科的獨立自主，另一方面不至導致整個課程的分崩離析，或知識的支離破碎？而這也就是台灣目前九年一貫課程改革所欲努力突破的困境。

當前台灣課程改革的現況

為因應社會的急遽變遷，課程改革的呼聲不斷，教育部自民國七十八年著手進行各級學校課程標準的修訂（前課程標準為民國六十四年版），於民國八十二年完成國小、國中新課程標準的修訂與公佈，於八十五學年度開始逐年於各級學校實施。基本上，新課程標準是為配合學術潮流的發展，適應多元社會的需要而擬訂的，強調人性化、本土化、國際化和現代化等基本精神，重視學生的「主動學習、思考、創造及解決問題的能力」以及「價值澄清和價值判斷的能力」，使學生不僅能自己生產知識，解決問題，而且能批判思考、價值澄清，能自我判斷、善作決定，成為

獨立自主的個人（吳清基、林淑貞，民84；歐用生，民85）。然而，新課程標準仍存有許多嚴重的課程組織問題，諸如：國民中小課程科目林立，將知識且劃分得支離破碎，有礙整體知識的學習；科目本位主義濃厚，教學時數的分配流於利益之爭；以及各教育階段課程結構的銜接與連貫不夠緊密，常造成學習適應困難，或導致學習內容重疊或脫節。

因此，行政院教育改革審議委員會在民國八十五年底的「教育改革總諮議報告書」，便具體提出了課程與教學的改革建議，其重點內容如下：

在課程與教學改革方面，宜以生活為中心進行整體規劃，掌握理想的教育目標，訂定課程綱要取代課程標準，強化課程的銜接與統整，減少學科數目與上課時數。國中階段合併地理、歷史、公民為「社會科」，合併理化、生物、地球科學為「自然科」或「綜合科學」。國小「道德與健康」科亦可與自然科、社會科或其他生活教育活動等合科。國小之團體活動、輔導活動和鄉土教育等，應融入各科教學或學校活動之中，不宜單獨設科教學。課程與教學的改革，希望加強培養學生學以致用的能力，可以手腦並用、解決問題、適應變遷、適性發展。課程實施應與科技相結合，建立網路學習環境，並充分發揮圖書館功能。國小學生應學習英語字母之辨識與書寫。積極規劃與準備國小學生必修適量英語課程。研議通過用音標系統之可能性，以減輕國小學生學習國語、母語、英語不同音標系統之負擔。（行政院教育改革審議委員會，民85：摘9）

教育改革審議委員會的建議雖然不盡完善，但針對教改審議委員的各項建議，教育部組成了國民中小學九年一貫課程發展委

員會，著手進行另一階段的課程改革任務，處理、規劃國中小科目配當、授課時數、學習領域、以及各年級能力指標問題等。根據「國民中小學課程發展小組」的規劃，教育部於民國八十七年九月三十日正式公佈將以國中、小學九年一貫「課程綱要」，取代現行的課程標準。而九年一貫「課程綱要」的重點將在培養學生「具備帶著走的基本能力，以取代背不動的書包與知識導向的課業教材」。明訂出以「語文」、「健康與體育」、「社會」、「藝術與人文素養」、「數學」、「自然與科技」、「綜合活動」為七大學習領域，並且規定學習重點在於培養學生十大基本能力，包括：第一，瞭解自我與發展潛能；第二，欣賞、表現與創新；第三，生涯規劃與終身學習；第四，表達、溝通與分享；第五，尊重、關懷與團隊合作；第六，文化學習與國際理解；第七，規劃、組織與實踐；第八，運用科技與資訊；第九，主動探索與研究；第十，獨立思考與解決問題（教育部，民87）。

　　九年一貫課程將特別強調「活潑、合科統整與協同教學」，將打破各科互不連貫的現象，各學習領域將由不同專長的教師合作教學，使學生的學習具有邏輯性和連貫性。預計自九十學年度起，國中、小學九個年級每週授課節數，將較現行大幅縮減六至十一節不等；分科教學也將配合七大學習領域的設計，改採合科協同教學，各校未來應成立課程發展委員會及規劃小組，依當地特色排定授課內容。而九年一貫新課程將分一、三、五、七年級分段推行，九十二年達成全面實施的目標。至於七大學習領域將以學年度為單位，區分為「基本授課節數」和「彈性授課節數」，前者佔總授課節數80%，後者佔20%，希望發揮基本能力取代學科知識、國小實施英語教學、重視學習領域的統整、注重學校本位課程設計、完整結合課程教學與評量等五項特色。

課程改革背後知識假設與教學觀的轉換

　　若深入分析九年一貫課程綱要的內涵、特色及其背後的理念，不難發現九年一貫課程的理念深受當代學術思潮「第三勢力」的影響，諸如心理學領域的人文主義（humanism）及多元智能理論（the theory of multiple intelligences）、社會學的批判理論（critical theory）、以及知識論的建構主義（constructivism）等，以致在課程的組織結構與內容的安排設計方面，乃是植基於「課程統整」（curriculum integration）概念，朝向更加開放、更加多元的方向發展，除了強調人性化、生活化、適性化外，也重視培養學生批判思考、善用科技與資源、解決問題的能力，以及促進文化參與、採取社會行動的能力。其所訴求的課程理想，是以「做一個現代化國民所需具備的素養」的角度來思考，較重視「個人關聯」（personal relevance）和「社會關聯」（social relevance）取向的教育目的，強調知識是個人的主觀經驗，也是社會建構的產品，所以學校教育應加強學生學習經驗與社會生活經驗的關聯性，讓學生從實作過程中來參與知識的建構，而比較不再那麼強調「學術理性」（academic rationalism）取向，只重視智力的發展，透過傳承的方式來強化知識的累積。這樣的九年一貫課程綱要的修訂，不僅反映出「打破傳統」、「改弦更張」的殷切渴望，更反映出「反集權」、「反知識本位」、「反精英導向」的時代精神（陳伯璋，民88）。因為九年一貫課程背後所反映出來的知識論假設，包括知識的本質、知識的種類、知識的範圍、特別是獲得知識的方法等，自然大大地迥異於傳統的思考方式。

　　傳統知識觀與教學觀，由於受到實證主義與行為主義的影響，將知識視為一種客觀存在的事實，學習則是「刺激－反應」

聯結後的行為改變，因此，課程與教學乃是建立在教師「傳授」、學生「吸收」（transmission-absorption）的教學觀點上，認為知識是不變的真理，具有無可置疑的確定性，需藉由正確的途徑與方法來「發現」，教師的教學任務在於傳遞給學生既定的事實、技巧和概念，而學生學習的首要之務，乃是要專注地接收教師所教授有關教科書中所記載的知識結構。所以，較重視行為目標的建立、邏輯結構的分析、以及學習結果的評量，而較忽略知識形成中的過程因素。在課程的教學實踐方面，教師和教科書乃居於核心地位，秉持著傳統教學觀的假定，認為教學是知識和技能的傳遞歷程，所以教學方式較偏重直接教導和練習，為達到教學的既定目標，並訴求教學上的效能與效率，常以成就測驗方式來評量教學的成效，而且較傾向於在學科的內容與格式上要求學生符合標準答案，卻較忽略學生解題的過程與概念的釐清，以致於學習常流於記憶、背誦、和模仿的方式，未能真正達到培養學生應用所學知識概念解決實際生活問題的理想。

如前所述，台灣當前的課程改革深受人本心理學、多元智能理論、社會批判理論、知識建構論、以及課程統整理論的影響，使得國民小學到國民中學階段的教育，呈現出從封閉到開放、從傳遞到參與、從接受到質疑的變革局面，主張課程與教學應建立在自由開放、師生共創的基礎上，認為唯有讓學生主動參與探究、運思、質疑、辯證的互動過程，才能產生有效的學習，進而建立共享的知識。其重點不在以習得教科書的知識為最終目標，而是重視學生知識概念的釐清與知識建構的過程，以及參與知識建構過程中的溝通表達技能與合作學習的態度等。這樣的變革，對許多習慣於傳統教學的教師而言，帶來極大的衝擊。教師教學必須一反過去以「教師的教學行為」為中心的「傳遞式」傳統教學主張，改以「學習者的學習活動」為中心的「建構式」教學主

張，教師必須重新調整自己的角色成為佈題者和協調者，以學生的經驗作為選擇教學內容和決定教學策略的依據，讓學生成為解題者、成為學習活動的主體。因此，無論在教學目標、教學活動設計、教學情境與教室文化、以及教學評量等方面，新課程背後所牽繫的教學觀自然與傳統教學觀產生極大的差異。

然而，要讓長期受傳統知識觀念影響的教師，一下子改變他們的課程想法與教學信念，接受新課程理念與新教學主張，似乎是項極為艱鉅的任務。在推動實施九年一貫新課程階段，培養老師對新課程綱要實質內涵的瞭解，以及提供教師親身檢視、省思自身的知識假設、課程概念與教學信念的機會，都是極為必須的。因為，教師的知識假設左右教師的課程意識與教學信念，而教師的課程意識與教學信念對其教學行為具有關鍵性的影響。在倡導課程改革之際，若不先幫助教師打破「既有」的課程概念，認真反省課程背後的知識假設，並且改變「已習慣」的教學傳統，勇敢嘗試不一樣的教學方式，必無法真正有效地落實九年一貫課程的改革理想。

結語

課程是不斷發展的動態歷程，深受當代思潮與社會脈動的影響。無可諱言地，課程領域在理論的建構過程中移植（或借用）了許多其他學門領域的理論，而台灣的課程理論建構與課程發展實務，更是移植了國外（尤其是英、美）的課程理論與實務經驗。如此現象，若是為理論建構的交互滋潤繁衍（cross fertilization），則無可厚非，反而有可能開創出課程實踐的新契機；然而，若只是圖一時之便，囫圇吞棗，則不免過於天真，極

可能在攀援附會之際產生理論濫用與誤用的流弊。值此課程改革之際，有關課程理論建構的國際化與本土化的問題，是非常重要的省思與檢視，但有關課程知識論的辯證反思，卻是課程發展實務中更重要的哲學思維與意識批判，唯有透過對課程知識論的反省與批判，才可能建構出紮實的課程理論與可行的課程實踐方案。

　　何為課程知識？該知識如何產生？誰決定知識的選擇與分配？學校課程中呈現了誰的知識？反映了誰的利益？怎樣的課程組織才是合理適切的知識佈局？如何溝通、建構值得學習的知識？等問題，不僅僅是課程意識型態問題，也反映出課程知識論的問題。本文藉著知識論的辯證假設來解析課程理論的演繹與課程典範的遞變，從而剖析當代知識社會建構論對課程理論的影響，其目的主要是要強調批判、解構取向的課程研究的重要，如此才能正視課程背後的知識論假設，有效釐清課程組織與知識佈局的實務問題，也才可能真正提昇課程意識，促使課程發展或改革過程中，課程決策能夠更趨合理、適切。另外，本文也特別以台灣當前課程改革為例，來省思、說明新課程背後知識假設與教學觀的轉換，希望藉此強調「課程即實踐」（curriculum as praxis）的概念，課程理念與知識假設絕對與課程目標的訂定、內容的選擇與組織、以及教學方式息息相關，唯有促進教師的課程覺醒，加強教師的課程專業認知與行動實踐力，才可能在提昇課程改革過程中所應具備的前瞻性與周全性，並且增加「新課程理想得以落實」、「新課程精神得以實踐」的可能性。

參考文獻

中文部份

行政院教育改革審議委員會（民85），《教育改革總諮議報告書》。行政院。

教育部（民87），《國民教育階段課程總綱綱要》。教育部。

吳清基、林淑貞（民84），〈我國中小學課程標準修訂的理念與做法〉，載於台灣省國民學校教師研習會編印，《國民小學新課程標準的精神與特色》。

李子建、黃顯華（民85），《課程：範式、取向和設計》。台北：五南。

陳伯璋（民74），《潛在課程研究》。台北：五南。

陳伯璋（民88），九年一貫課程修訂的背景及內涵。《教育研究資訊》，7(1)，1-13。

孫振青（民83），《知識論》。台北：五南。

黃慶明（民85），《知識論講義》（再版）。台北：鵝湖出版社。

甄曉蘭（民84），〈合作行動研究－進行教育研究的另一種方式〉，《嘉義師院學報》，9，297-318。

趙雅博（民81），《知識論》（三版）。台北：幼獅。

歐用生（民85），〈二十一世紀的學校與課程改革－台灣學校教育改革的展望〉，《國民教育》，38(3), 2-9。

歐用生（民88），〈從「課程統整」的概念評九年一貫課程〉，《教育研究資訊》，7(1)，22-32。

英文部份

甄曉蘭（民83），Toward a pedagogical transformation of curriculum. 八十二學年度師範學院教育學術論文發表會。台南：國立台南師範學院。

Apple, M. W. (1990). *Ideology and curriculum,* (2nd ed.). New York: Routledge.

Apple, M. W. (1993). *Official knowledge: Democratic Education in a conservative age.* New York: Routledge.

Berger, P. L. & Luckman, T. (1966). *The social construction of reality.* New York: Doubleday.

Bernstein, B. (1971). On the classification and framing of educational knowledge. In M. F. D. Young (Ed.). *Knowledge and control: New directions for the sociology of education* (47-69). London: Collier-Macmillan Publishers.

Bloor, D. (1976). *Knowledge and social imagery.* London: Routledge & Kegan Paul.

Bourdieu, P. & Passeron, J. C. (1977). *Reproduction in education, society and culture,* translated by R. Nice. Beverly Hill: SAGE.

Bredo, E. & Feiberg, W. (Eds.). (1982). *Knowledge and values in social and educational research.* Philadelphia: Temple University Press.

Bruffee, K. A. (1986). Social construction, language, and the authority of knowledge: A bibliographical essay. *College English*, 48(8), 773-390.

Cherryholmes, C. (1988). *Power and criticism: Poststructural investigations in education.* NY: Teachers College Press.

Dewey, J. (1990). *The school and society* and *The child and the curriculum* (combined edition). Chicago: The University of Chicago Press.

Eisner, E. W. (1985). *The educational imagination: On the design and evaluation of school program.* NY: Macmillan.

Eisner, E. W. & Vallane E. (Eds.). (1974). *Conflicting conceptions of curriculum* (pp.176-192). Berkeley, CA: McCutchan.

Freire, P. (1970). *Pedagogy of the oppressed.* NY: Continuum.

Geertz, C. (1983). *Local Knowledge.* New York: Basic Books.

Gergen, K. J. (1982). *Toward transformation in social knowledge.* New York: Springer-Verlad.

Gergen, K. J. (1985). The social constructionist movement in modern psychology. *American Psychologist,* 40(3), 266-275.

Giroux, H. A. & McLaren, P. (1989). *Critical pedagogy, the state, and cultural struggle.* NY: SUNY Press.

Grundy, S. (1987). *Curriculum: Product or praxis.* Philadelphia, PA: Glamer Press.

Hirst, P. H. (1972). Liberal education and the nature of knowledge. In P. H. Hirst & R. S. Peters (Eds.), *Education and development of reason,* London: Routledge & Kegan Paul.

Hirst, P. H. & Peters, R. S. (1975). The curricululm. In E. Eisner & E. Vallance (Eds.). *Conflicting conceptions of curriculum* (pp. 176-192). Berkeley, CA: McCutchan.

Kelly, A. V. (1986). *Knowledge and curriculum planning.* London: Harper & Row.

Kuhn, T. S. (1970). *The structure of scientific revolutions.* (2nd ed.). Chicago: University of Chicago Press.

Lacey, A. R. (1986). *A Dictionary of Philosophy* (2nd ed.). London: Routledge.

Phenix, P. (1962). The disciplines as curriculum content. In H. Passow (Ed.). *Curriculum crossroads* (pp.57-65). NY: Teachers College Press.

Schiro, M. (1978). *Curriculum for better schools: The great ideological debate*. Englewood Cliffs, NJ: Educational Technology Publications.

Schon, D. A. (1987). *Educating the reflective practitioner: Toward a new design for teaching and learning in the professions*. San Francisco: Jossey-Bass.

Schrag, F. (1992). Conceptions of knowledge. In P. W. Jackson (Ed.). *Handbook of research on curriculum* (pp.268-301). New York: Macmillan.

Schubert, W. (1986). Paradigms in curriculum. In *Curriculum: Perspective, paradigm, and possibility* (pp.169-187). NY: Macmillan.

Schwab, J. J. (1969). The practical: A language for curriculum. *School Review*, 77, 1-23.

Schwab, J. J. (1975). The concept of the structure of a discipline. In E. Eisner & E. Vallance (Eds.). *Conflicting conceptions of curriculum* (pp.162-175). Berkeley, CA: McCutchan.

Sockett, H. (1976). *Designing the curriculum*. London: Open Books.

Tanner, D. & Tanner, L (1980). General education and the search for synthesis. In *Curriculum development: Theory into practice* (443-517), (2nd ed.). NY: Macmillan.

Tyler, R. (1949). *Basic principles of curriculum and instruction*.

Chicago: University of Illinois Press.

van Manen, M. (1990). *Researching lived experience: Human science for an action sensitive pedagogy*. NY: SUNY Press.

Walker, D. & Soltis J. (1986). *Curriculum and aims*. New York: Teachers College Press.

Young, M. F. D. (1971). An approach to the study of curricula as socially organized knowledge. In M. F. D. Young (Ed.), *Knowledge and control: New directions for the sociology of education* (pp.19-46). London: Collier-Macmillan.

教育科學的國際化與本土化　比較教育叢書9

主　　編╱國立台灣師範大學教育學系教育部國家講座

出 版 者╱揚智文化事業股份有限公司

發 行 人╱葉忠賢

總 編 輯╱孟樊

責任編輯╱賴筱彌

登 記 證╱局版北市業字第1117號

地　　址╱台北市新生南路三段88號5樓之6

電　　話╱886-2-23660309

傳　　眞╱886-2-23660310

印　　刷╱偉勵彩色印刷股份有限公司

法律顧問╱北辰著作權事務所　蕭雄淋律師

初版一刷╱1999年11月

定　　價╱新台幣NT.600元

ISBN╱957-818-058-6

E-mail╱tn605547@ms6.tisnet.net.tw

網址╱http://www.ycrc.com.tw

國家圖書館出版品預行編目資料

教育科學的國際化與本土化 ／ 國立台灣師範大學
教育學系教育部國家講座主編.　　-- 初版.--
臺北市 ： 揚智文化，　　1999〔民88〕
面 ；　　公分. --（比較教育叢書；9）

ISBN 957-818-058-6 （平裝）

1. 教育 - 論文, 講詞等

520.7　　　　　　　　　　　　　　88012622